青年学术文库

Youth academic library

清初庙堂理学研究

王胜军 著

岳麓书社·长沙

此书获教育部2012年度人文社会科学研究
“西部和边疆地区项目”（12XJC770001）资助

前言

对于本书的议题，我常怀有自信，又颇存有疑惧。自信的是，儒家精神是如此不可磨灭，在清初那样一个时代，一个山河破碎、社稷倾覆的时代，一个社会失序、人心失范的时代，一个民族隔阂与仇恨加剧冲突的时代，儒学的光芒，不仅暗地里慰藉着那些志行高洁的隐逸之士，还攀登到政治的高峰向王权发出了告诫并挥手指引。这使我深信，儒学揭示的是宇宙的本源，是人世的法则，是心灵的律令。它是实学，是科学，不是玄说，不是臆断。因此，每当人类历史出现了最复杂、最危急的问题，儒学就能大放其异彩，挽狂澜于既倒，扶大厦于将覆——对于每个人的心灵也是如此。

我又有深深的疑惧，就是儒学在不断蜕变，儒家精神在不断向现实妥协。任何学说都不可能仅停留于言说，正如儒学，一旦当它走向现实，是否能够保持自身的独立价值，却不能不被打上一个大大的问号。儒学究竟如现代学者所谓的在历史上是思想的主流？还是如朱子认为的“未尝一日得行于天地之间”？考诸清初的那段历史，只能说儒家的理想国还远远没有建立。可畏的是对它的曲解，可畏的是枉尺直寻，这种可畏不仅存在于儒学与王权之间，也存在于儒学与士大夫以及社会诸阶层之间。所以，孔子说：“必也正名乎！”何以正名？孔子又说：“人能弘道，非道弘人。”然而反己以求为难。

我之有深深的自信与深深的疑惧，还因为本书的议题与当今的时代有如此紧密的联系。不是吗？这也是一个儒学复兴的时代，为什么儒学又要复兴？因为中西文化在冲突，因为物质文明的泛滥正在使人类心灵枯竭，因为功利主义的追求对社会秩序的稳定在形成巨大隐患……新文化运动以来，斯文一脉几坠万劫不复之深渊，而有识之士，奋臂一呼，则影从云集，遂大灿其光，这是何等的伟力！我深信这必是基于天理的伟力！

然而，我又怀疑惧。疑惧的是在这样一个时代，紫之夺朱，长久以来，儒学不断被有意或无意地修饰、曲解、利用，儒学的真精神究竟何在？儒学的真精神与其在历史中的具体形态之间关系又如何？或者是计其成败，不求其是非，大讲“中庸”之道；或者是手持意识形态思维的利剑，身披儒学“正统”的傲慢华衮，抛弃了格致诚正而大讲修齐治平；或以片段的知识代替格致诚正，盛气以求人者多，虚心反求诸己者少。至于利用儒学，遂其私欲，又等而下之了。所以，没有冷静的思考、缜密的分析、准确的判断，并付之笃行，那儒学又何以复兴其真精神呢？

对于本书的议题，我还有一种反求于己的信心与疑惧。我之有信心是认为这个议题极其重要，纵然有读者不会去认真翻阅，纵然在这个学术著作出版目不暇接的时代它终将被淹没，但是我的思考会伴随着我——本书将是我对儒学、对历史进行思考包括自我反思的一个里程碑。当然更多的是疑惧。惧是本人学术素养不足，所论断者尚多错漏；疑是对某些问题还缺乏更为清晰认识、还远未达到孔子所谓的“不惑”。因此，我更愿意将本书出版作为一种自我鞭策，更希望学界同仁能对本书大力鞭挞，以便使我在疑惧中不惮于前驱，去找到那对天理的终极的自信。

王胜军

乙未年夏于筑城照壁山

目录

绪 论

开篇明义，本书主要研究的是清初顺治、康熙朝（1644—1722）进入国家意识形态的，以康熙帝、魏裔介、熊赐履、李光地、汤斌、张伯行等人的理学思想以及朝廷编纂的诸种御纂儒家经典，比如《朱子全书》、《性理精义》、《周易折中》、《日讲四书解义》及《日讲五经解义》等为代表的程朱理学，概称之为“清初庙堂理学”。作为参与到清初国家意识形态中的那一部分儒学，清初庙堂理学不仅反映与论证了当时经济形态、政治制度以及社会秩序的合理性，更重要的是在相当程度上对它反映和论证的对象产生了影响。

第一节 问题的缘起及意义

二十世纪五六十年代，美国学者列文森在《儒教中国及其现代命运》一书中曾指出中国的传统文化将像陈列品一样走进自己的博物馆。[①] 虽然从七十年代以来，列文森的这一论断便饱受批评、屡有争议，但是一种悲观的情绪仍然笼罩在现代儒学研究者的头顶。[②] 比

① 约瑟夫·列文森：《儒教中国及其现代命运》，中国社会科学出版社，2000 年，第 383 页。
② 李景林：《儒学之“魂”的附“体”与新生》，《天津社会科学》，2007 年第 6 期。

如，有学者将现代儒学比喻为“游魂”，可能也只是怒其不争，严肃地抛出问题，并期待于现代儒学能够走出这种困境。这种心境，应该是许多儒学研究者共同拥有的。究其原因，很大程度上是儒学在外王走向上的屡屡受挫和难有振作。

新文化运动以来，儒学被冠以“专制护符”的恶名，于是在许多海外新儒家的研究中，一个重要趋向就是去儒学的政治化，力图将儒学限制在道德修养的“私领域”中，或者是发展出一套与西方哲学抗衡的“崭新而有说服力的道德推理”；然而，这“究竟还算不算儒学恐怕不能说不是一个问题”，儒学是内圣外王、体用不二之学，依其本义，它必然要从格致诚正走向修齐治平。近代以来，以天下为己任的知识精英又引进“德先生”（Democracy）、“赛先生”（Science），以期打倒孔子这尊神圣偶像，但是，在大幅度引进西方制度及思想之后，造成的制度与制度背后精神脱节的问题、思想与传统之间的不融合问题都逐渐凸显。因为中国拥有自己独特的国情与悠久的历史传统，民众的宗教信仰、文化心理、精神追求、生活方式等方面的历史惯性都与儒家对外王政治的追求和影响有千丝万缕的联系。近些年来，大陆出现了以蒋庆、陈明、康晓光等为代表的一批新儒家。由于生长在内地，与海外新儒家不同，大陆新儒家特别要求恢复儒家的政治功能，这很大程度上基于他们对现实生活的思考，也是儒学本义中修齐治平的自我冲动。就此来看，从内圣外王或体用合一的角度去研究传统儒学势在必行，清初庙堂理学作为理学进入庙堂之后的产物，它既深刻地展现了儒学与政治之间的复杂关系，也是儒学学理层面研究进一步深化的必然要求。

对儒学与政治之间关系的认识，也影响到学术界对历史的考察，并进一步影响到现实学术及政治等诸多方面的判断。清代是距离我们最近的古代社会，是学术界研究的重要领域。虽然这个末代王朝离开我们才一百多年，但是今天的学术界，对于清军入关及其所维持的近三百年之久的统治却已经是褒贬不一，甚至判若天渊。虽然，在这个新王朝的统治下，中国现今的辽阔版图得到奠定，诸民族逐渐认同、中华民族的观念渐趋形成，甚至出现了中国历史上最长的民安物阜之局——“康乾盛世”，中国文化也在考据学的繁荣中得到一次大总结。按道理说，它所取得的成就放到历史上任何一个朝代都毫不逊色。然而，统治者的异族身份以及它所面临的西方近代文明，都成为这代王朝的“致命伤”，这两者都与儒学有关。一是庙堂理学究竟对这个异族王朝起到了怎样的作用，亦即清王朝是“满化”还是“汉化”的问题——曾为清史研究界所热议①，其实它从清初士人对新朝认同或不认同的态度和行为就已经展现出来；二是庙堂理学作为国家意识形态对近现代历史的影响，面对欧美文明的输入，究竟是促进的、还是阻碍的。前者关乎国家统一和民族问题，而后者关乎传统文化复兴的合法性问题。笔者认为，庙堂理学不仅会为处理民族关系提供一种独特的视野，或异于传统史学叙事或新清史的史学叙事，它还将提出一个国家或社会治理的重要命题，即怎样才是开万世太平的世界。比如，近现代的西方文化建立在机器大生产的基础之上，追逐的是物质文明；但是儒家却关心的是分配是否公正、社会是否和谐、生活是否安定，② 为此并不支持以功利为导向的工商资本的发展，新文化运动的先驱们在进化论的鼓动下，将两千余年来的中国看作一个长期停滞的历史，然而这却与儒家关心的问题风马牛不相及。因此，认清近代中国以来的历史得失，以及对明末清初的历史剧变甚至整个清王朝作出客观评价，都有必要深入研究清初庙堂理学这一国家意识形态。

对清初庙堂理学进行研究，还可以使传统儒学在政治、民族、外

① 杨念群：《何处是“江南”——清朝正统观的确立与士林精神世界的变异》，三联出版社，2010 年，第 3—11 页。

② 参见《论语·季氏第十六篇》，当时鲁国权臣季氏将伐颛臾，孔子对冉有说：“丘也闻有国有家者，不患寡而患不均，不患贫而患不安。盖均无贫，和无寡，安无倾。”这些观念与儒家一向追求治平而非物质积累的社会理想是一致的。

交等方面所蕴藏的凝聚力、吸引力、感召力得以“复活”，从而对我国现在的文化软实力建设起到推动作用。软实力（soft power）是由美国著名学者约瑟夫·奈于二十世纪九十年代提出的，[①] 传入我国之后成为政府部门和知识精英的热门话题，提法也逐渐转变为“文化软实力”。[②] 儒家文化具有文化软实力的特征，它体现为儒家所提倡的王道政治，与霸道相对立，具体来讲，它主要包括以“仁德”为核心的价值观念，以“礼乐”为手段的制度体系，以“教化”为施展文化软实力的途径。[③] 因此作为儒学形态，庙堂理学具有文化软实力的构成要素；作为国家意识形态，它处于文化软实力的核心地带。目前，中国正处在五千年巨变之际，要自立于世界民族之林，就不能对西方亦步亦趋。相反，必须依托于自己的传统，即以“儒家核心价值观念”与西方对话。[④] 清初庙堂理学登上历史舞台，或深或浅地影响清代二百余年，无论得失，它作为国家意识形态、作为中国历朝国家意识形态之集大成，都是历史留给我们的宝贵财富。今天政治、学术、道德、文化中的各种问题，以及它们产生的原因、存在的形式，或多或少都可以追溯到我们的传统中去，从考察传统、尤其是清初儒家文化如日中天之际时的传统，从中取精去粗、去伪存真，我们有理由相信，研究清初庙堂理学，对于今天我们复兴民族文化、致力于国

---

① 参见《注定领导世界：美国权力性质的变迁》一书及同年《对外政策》杂志中《软实力》（Soft Power）一文，约瑟夫·奈将国家实力分为软实力、硬实力两种，认为软实力是硬实力的基础和动力，它能通过吸引力而非威逼利诱达到目的，这种吸引力来自一国的文化、政治价值观和外交政策，它涵盖了意识形态的范畴。参见张国祚《文化软实力蓝皮书——中国文化软实力研究报告》，社会科学文献出版社，2011 年，第 2 页。

② 参见胡锦涛《高举中国特色社会主义伟大旗帜为夺取全面建设小康社会新胜利而奋斗——在中国共产党第十七次全国代表大会上的报告》，《求是》，2007 年第 1 期。

③ 朱汉民：《中国古代“文化”概念的“软实力”内涵》，《湖南大学学报》，2010 年第 1 期。

④ 杜维明：《以儒家核心价值观对话西方》，《中国社会科学报》，2012 年 1 月 12 日。

家强盛，对于如何贯彻中央意志，如何廉洁官僚队伍，如何促进学术独立，如何淳良社会风俗，等等，有极为重要的意义。

第二节　儒学与国家意识形态

“意识形态”（Ideology）一词，最早出现于十九世纪之初托拉西（Destutt de Tracy）《意识形态的要素》一书，其后许多学者对其进行过阐释，但是争议非常大，以致被称为文科领域中最为复杂、最难理解的概念之一。① 本书之所以仍然要引入“意识形态”这个概念，是因为它最能体现儒学与政治之间的互动关系，最适宜表述两者之间联系的性质和功能。当然，由于意识形态概念的极端复杂和存在广泛争议，本书有必要对其进行重新界定。

在学术界的一般理解中，意识形态往往被缩小到政治领域中去，尤其是天然地被认定为马克思主义的专属概念，其实不然。② 实际上，意识形态是一套关于宇宙、历史、社会和人生价值的观念，是人类精神与现实社会互动的产物。从广义来看，意识形态可以分为个体、群体两个方面，本书的概念倾向于后者，指某个时代具体社会集团的意识形态。意识形态作为一套观念，来源于人类对社会的认识过程，因而在相当程度上是特定经济形态和政治制度的反映，并且这一反映具有阶层性、地域性、时段性。同时，意识形态也表现出人类在认识社会的基础上改造社会的意愿，因而又具有一定的独立性、前瞻

---

① 托拉西之外，前后对此问题进行关注的有培根、黑格尔、费尔巴哈、马克思、曼海姆、霍克海默、阿尔都塞等著名学者，可参考伊林·费切尔为俞金吾《意识形态论》所作之序（上海人民出版社，1993 年），林存光《儒教中国的形成——早期儒学与中国政治文化的演进》第二章第一节《意识形态的内涵》（齐鲁书社，2003 年，第 47—56 页）对这一概念亦有详细梳理。

② 卡尔·曼海姆：《意识形态与乌托邦》，商务印书馆，2000 年，第 56 页。

性，亦即并非机械地对社会存在进行反映；意识形态还具封闭性、排他性，它有强调自己内部认同的冲动。

从阶层性来看，国家意识形态是全社会诸意识形态金字塔中的最高一级，它在本质上是统治阶级提供给社会成员的一套包括世界观、历史观、人生观、价值观等多个维度的观念组合，这套观念组合自觉地、系统地、直接地反映当时特定的社会经济形态和政治制度；作为社会意识诸形态中构成观念上层建筑的部分，它也是统治阶级意志的综合反映。它凭借自身强大的社会整合功能，从文化心理结构层面引导民众对国家进行政治、经济、文化认同，并以自己的理念为民众描绘出未来的美好蓝图及其实现方式。长期以来，儒学为国家意识形态提供理论依据；除此之外，儒学也会为其他社会阶层的意识形态提供滋养，从而形成民间的儒学、士大夫的儒学。不过一个稳定的时代，国家意识形态是其他诸社会意识形态的整合，处于最高一级。

儒学在历史上与国家意识形态有密切而又复杂的关系。从理论上看，儒学既有“独善其身”、“格致诚正”的内圣诉求，又有“微言大义”、“修齐治平”的外王冲动。于是，就出现了这样一种景象，即儒学与统治秩序一体化，从理论依据上为现存制度辩护，为现实政治服务；同时它又没有完全意识形态化，而是始终保持着学术性，并分化衍生出新的学术形态，拥有批判现实与批判自身的功能。学术与意识形态的最大不同在于：学术拥有理性反思的能力，而意识形态是既定观念；学术是某一时代精英思考的最高层次，而意识形态则是指导人行动的一般的、普遍的认识；学术能超越时代，它具有批判性；意识形态则只能局限于特定的时代，以灌输为特色。

从历史来看，作为学术主流的儒学与国家意识形态是同一的，又是不同一的：东汉以前，今文经学立于学宫，是学术主流和意识形态，古文经学则流行于民间；东汉以后，古文经学渐成学术主流，至唐立于学宫；理学作为新儒学，在宋代是学术主流，但至宋末也未完全成为独尊的官方学术；元、明、清三代皆立程朱理学为官学，而明中叶以后阳明心学却发展为学术主流，乾嘉及晚清则又是古文经学和今文经学交替成为学术主流。总而言之，儒学本身不断分化衍生，当一种儒学形态上升为国家意识形态之时，儒学基于其内在的学术冲动，又必然分化出新的与之对抗的学术形态。这说明，处在不断分化衍生中的传统儒学具有学术与政治、超越与现实的二重理性，是学术与政治、道统与治统、社会意识形态与国家意识形态的统一，确切地说，只有与王权结合的、上升为统治阶级意志的儒学，才能称为国家意识形态。

儒学成为国家意识形态是依靠“道统”、“治统”、“学统”三者来完成的。这三个名词由宋明时代的理学家揭橥，传之久矣，近现代学者关于道统、治统、学统的划分、界定和命名与古人颇有差异，自己内部也不尽相同。[①] 因此也有必要对“道统”、“治统”、“学统”的内涵进行简要说明。“统”之意为“纪”、“绪”、“始”、“总系”，依笔者来看，它表现了某一意识形态在诸意识形态中的绝对地位和唯一合法，将诸社会意识形态构建为一个以它为起始、总纲、统率的儒学传承谱系。“道”、“治”、“学”与“统”的结合，实际上是儒学在这三个方面同社会进行互动的产物，因此道统、学统、治统都具有强烈的社会意识形态性，是儒学成为国家意识形态必由之路和不可或缺的组成部分。

道统意识在儒家由来已久，理学时代的道统发端于韩愈的《原道》一文，但是作为一个有哲学意义的名词被提出来则是南宋的理学大师朱熹。从外延上来看，理学家所提倡的“道统”仅仅只是一个按时间排列的人物序列，既不涉及制约现实的政治理论，也不涉及

---

① 相关学者对道统、治统、学统的理论阐释，可参考贺麟《学术与政治》、牟宗三《略论学统、道统、政统》、郑家栋《当代新儒家的道统论》、蒋庆《儒家的生命之道与政教传统》、李明辉《当代新儒家的道统论》、王思睿《政统、道统与学统》等文章。

心、性、理、气等具体概念；但是就其内涵而言，道统将理学诸概念推向现实社会，在很大程度上保障了理学在与现实政治博弈中的神圣性、合法性，是其实现外王理想的重要支柱和根本前提。具体来讲，理学道统担负着某种终极关怀的作用，是文化心理认同的基础，又表现为一定阶层或社会集团的“话语权”。正是因为有这三个方面的作用，道统不可避免地成为王权争取的对象，以便为自己存在的正当性寻找依据，从而促成民众对它的认同。

“治统”又称“政统”，指儒学视域中王朝传继的合法性以及这种合法性所依赖的儒学对王权影响而形成的政治传统。治统的合法性基础来自于道统，儒家认定某一政权是否符合为治统是看其在多大程度上接受了儒家的政治精神，朱熹《资治通鉴纲目》以地狭民寡的蜀国为正统，便展现了理学在衡量治统时使用的主要标准。治统在传统社会中由王权来代表，它本身对民众有权力意义的权威性、神圣性，是增进同一政权下民众向中央认同的心理基础之一。治统中儒学成分是其合法性依据的主要来源，大如井田、封建、学校等制度，小如乡举里选、嫡长子继承制等成法……统治者可以因时、因地对它进行损益，但是其基本原则却要向儒家精神靠拢。当然，影响治统的绝非仅是儒家，佛家、道家、法家等各种思想都有可能为其提供合法理论依据，只要民众认同，这种合法性就会存在。历史上对治统影响最大的当属儒、法两家，概言之，儒家治统观可以称之为“王道”政治，与法家功利主义传统的“霸道”政治相对。

“学统”含义亦多歧，古代在使用学统时多与道统相同，比如熊赐履《学统》，出于研究的必要，本书将之界定为基于概念的义理分析及章句训诂考释的儒家学术传统。儒学自形成以来，学术层面就极为重要，无论是儒家内部学派流衍，还是它对意识形态的影响，往往都会与儒学学术的变迁有关。宋明以来，儒学的学术化特征越来越突出，到清代中期甚至出现了以学统代替道统的潮流。[①] 理学在学统上的表现以义理分析为主要风格，濂、洛、关、闽、湖湘、浙东等众多儒学派别的理学基本上都是围绕着心、性、理、气等概念而展开，但是这些概念的使用，在不同学派、不同学者甚至不同情形之下，往往有它特定的含义，这也成为自赵宋以降诸理学学派彼此区别的学术基础。这种基于学术的传承形成的传统便可以名之为“学统”。

就道统、治统、学统三者关系而言，道统是儒学与王权结合的理论前提，治统是儒学影响王权的现实基础，学统是道统、治统的学理依据。相对于道统、治统，学统最接近于学术、最远离政治，突出地展现了儒家在学术层面的客观性、超越性、纯粹性。道统通过儒学人物的序列，将儒学学理与现实政治紧密地联系起来，是儒学在教化层面的具体展开，它以极具宗教色彩的信仰凝聚力、文化渗透力、话语号召力，将儒学推上作为评断现实政治“法官”的神圣宝座，是在传统社会维持自身独立品格和制约王权专制的重要武器。治统中儒学成分之多寡，是儒学能否纲纪朝廷、泽及生民的关键。宋明以来，理学家们的最终理想社会“三代之治”便是治统与道统合一，[②] 亦即现实政治运作的彻底儒家化，而两者结合的前提，又在于学统的确立和显扬。可见，道统、治统、学统三者相辅相成，最终推动儒学成为国家意识形态，从而影响着中国两千余年来的历史发展进程。

在一般理解中，儒学作为国家意识形态似乎具有天然独尊的特性，其实不然；秦王朝以法家思想罢封建、置郡县，废井田、开阡陌，为后来两千余年来的政治制度及经济形态确立了“纲领”，儒学虽然在历经焚书坑儒的浩劫后与法家作斗争，并最终取得了几乎占据绝对优势的话语权，但是却很少在现实中去突破法家提供的“纲

---

① 张寿安：《打破道统·重建学统——清代学术思想史的一个新观察》，《中央研究院近代史研究所集刊》第52期，中央研究院近代史研究所出版社，2006年，第55—111页。

② 朱熹：《中庸章句序》，《四书章句集注》，中华书局，1983年，第14—16页。

领”，理学大师程颐、朱熹甚至将汉、唐时代的盛世伟业视作“以智力把持天下”的霸道政治。另外，佛、老之学自魏晋以来便对中国历史产生着广阔而深远的影响，很多时候对皇帝及官僚士大夫的影响往往超出儒学之上，放眼历史，信仰儒学的皇帝百不一见，追捧佛老者却比比皆是，韩愈谏唐宪宗迎佛骨失败就是一个有力的说明。更重要的是，儒学上升为国家意识形态，往往也大量夹杂着其理想精神的蜕变，也就是说，改变自身的某些理论和价值并试图以此枉尺直寻得君行道，汉朝的叔孙通就是这样一个典型的人物，为行道而媚主，鲁儒所不耻，却被司马迁称为“汉代儒宗”，其所传之儒学究竟丧失或保留了多少儒学精神呢？凡此种种都说明，各个时期儒学与国家意识形态的关系是极为复杂的，有必要进行具体分析。

第三节 清初庙堂理学界说

儒学从本质上作为一种内圣外王之学，在成为国家意识形态的过程中，又不断分化传衍出新的形态，这是清初庙堂理学出现的根本原因。春秋之前，学在官府，是为“王官之学”；宗周既衰，私学兴起，出现了“天子失官，学在四夷”的局面，一时之间儒、墨、道、法、阴阳等百家诸子群星斗耀，班固《汉书·艺文志》最早对官方的庙堂之学下移为民间学术这一文化变迁做了概括总结。[①] 从此，中国的学术在文化领域中便形成了庙堂之学与民间之学的两大分野。清初也是一个学术大分化时期。儒学自南宋以来，“心性之辨愈精，事功之味愈淡”[②]，王学兴起之后，更加专注于心性方面，整个明朝“文章事功，皆不及前代，独于理学，前代之所不及也，牛毛茧丝，

① 班固：《汉书·艺文志》，中华书局，1962 年，第 1729—1745 页。
② 钱穆：《中国近三百年学术史》，商务印书馆，2005 年，第 6 页。

无不辨晰"[1]，承明亡之痛，藉一场对王学甚至整个宋明理学的大反思、大批判，"崇实黜虚"成为当时学界的主流思潮，不仅考据学作为一个新的儒学形态出现并蓬勃发展，以程朱、陆王为代表的理学也走向了崇实的道路；与此同时，宋代以来理学家所提倡的天理秩序、三代蓝图以及经筵、宰相、宗法、井田、封建、学校等一系列圣王制度被推向历史舞台。明代中后期形成的以程朱理学为国家意识形态、以阳明心学为学术主流的包括其他社会意识形态所构成的统一的文化秩序出现崩解，带有游牧文明特有思维方式的新意识形态进入到这一秩序中。文化多元而无章，各自变革又彼此碰撞，呈现一种"天崩地解"的失范状态。由此，清初庙堂理学被赋予了重整文化秩序的艰巨使命。

清初庙堂理学得以成立，还基于清初社会经济形态及政治体制的结构特征。相对于欧美国家，中国传统社会具有自己独特的生产方式、政治模式、伦理习惯、社会风俗，"反映经济关系的阶级关系非常模糊，而反映政治身份的等级关系则要清楚得多"[2]，其中王权政治是其重要特征。王权是基于社会经济又超乎社会经济的一种特殊存在，表现在古代主要为帝王——贵族、官僚集团[3]。以此角度而言，官方与民间实际是构成中国古代社会的两大对立、统一的阶层。两宋以来世族门阀退出历史舞台之后，尤其是在君主集权高峰的明清时代，这种超乎经济基础之上的以王权为中心的官、民两极社会结构就愈发明显。也就是说，秦汉以降的中国社会的结构特征更主要的表现于政治层面而不是经济层面，政体构成及其运作方式等在传统社会结构中起着主导作用。疆域辽阔、人口众多、民族各异、经济发展不平

① 黄宗羲：《明儒学案·发凡》，中华书局，1985年，第14页。
② 刘泽华：《专制权力与中国社会》，吉林文史出版社，1998年，第96页，更详尽的论述请参照该书第四章《政治权力与古代社会的阶级关系》。
③ 刘泽华：《王权思想论·序》，天津人民出版社，2006年。

衡等因素，往往也导致处于这两极中的人群出现意识形态的重大差别，从而造成帝国在大一统上的危机及社会秩序的不稳定。因此，君主集权专制社会主要通过科举取士制度以及儒学教化对官、民两个阶层进行沟通，庙堂理学在其中扮演了极其重要的角色。

清初庙堂理学也是清初士大夫两极分化这一特殊历史时代的产物。明末清初的剧变是由于满族入主中夏，游牧与农耕两种异质文明不断冲突而形成的。唐朝以降，新一轮的民族融合虽有元、明两次形式上的统一，但远未能从共同文化、更未能从共同心理结构上结成一个比较有凝聚力的新民族，中国的概念仍局限于汉民族。元朝所统一的有金、夏、宋及大理等多个民族政权，而清王朝所面对的却是山海关以内大河上下、长江南北远比前代更庞大、更有凝聚力的民族共同体。在其所征服朱明的辽阔疆土中，绝大多数都是汉人，满族游牧文明特征的生产方式、政治模式、宗法观念、思维逻辑、生活习惯、伦理原则都与明王朝所固有的文化传统不同甚或抵触。明王朝近三百年间夷夏之辨的精神熏陶，使满族以异族入主方式建立的新王朝比之元之代宋而获得士人的支持更为艰难。明清鼎革，忠与孝、出与处、生与死，种种理论问题与人生际遇，给士大夫造成了强烈的心灵焦虑并使这一群体出现分化。王夫之、顾炎武、黄宗羲、陆世仪、张履祥等理学家以明遗民自居，怀抱夷夏之辨，继明代后期阳明学派在民间的讲学之势，开始探索理学在民间的发展问题；而魏裔介、汤斌、熊赐履等人却高举“道统”之帜出仕新朝，认为儒家文化应该在当时新帝国的秩序恢复中发挥作用，要求与现实王权进行合作、对其施加更为有力的影响。出仕新朝的士大夫渴求“道统与治统合一”的愿望，与满族在关外的“政教合一”传统很相似，于是两者一拍即合，儒学与政治、学术与王权的结合从此开始形成。与宋明时代的理学偏重心性研修相比，清初庙堂理学有更为强烈的外王冲动和意识形态特征，它要解决的问题不再仅仅局限在自我成圣，也不是单纯作为帝国统治笼络士大夫的点缀品，而是要真正去解决、也必须去解决当时时代所存在的诸如文化秩序失范、王权式微、经济衰退以及文明和民族冲突乃至儒家士大夫内部的阶层性分裂等一系列重大问题。

要言之，清初庙堂理学与儒学本身不断分化并上升为国家意识形态，与传统社会官、民对立统一的社会结构，与清初特殊时代的民族融合以及游牧、农耕两种文明的冲突，与明末清初儒家士大夫的分阶层走向等都有一定的关系。它是顺治、康熙时期与王权政治进行博弈从而渗透到国家意识形态中的那一部分理学。这一部分理学，既起到过制约王权的作用，同时又被王权打上了深刻的烙印。清初庙堂理学就是儒学与王权既斗争、又统一的产物。在理学与王权的对立、统一的矛盾之中，理学占据着主体地位，而王权却起着主导作用。

清初庙堂理学是参与到国家意识形态中的那一部分理学，并非帝国国家意识形态的全部。当时，清代的政体与政治传统仍然延续着法家的理念，从中央到地方的体制较之前代没有什么根本变化。而且，满洲贵族除了深受原始萨满教影响之外，对于藏传佛教黄衣派也极尽崇敬之能事。即使是走入低谷的道教，只要不违碍清王朝的秩序，也都得到了足够的优遇。如是看来，清初庙堂理学与法家传统、佛道思想等社会意识形态在王权的作用之下其实颇有杂交之态。同时，这种渗入到意识形态中的理学本身也在蜕变，它实际上吸收了一些法家理念与满族人特有的思维方式，这是理学论证当时主要以法家理想为代表的政治经济体制的必要，是作为统治阶级上层的满洲贵族向整个帝国贯彻其意志的必然——只是它在表达方式上以程朱理学的面目出现，这就更增加了问题的复杂性。因此，我们在分析清初庙堂理学时，有必要考察理学是否蜕变、如何蜕变以及蜕变的原因；自战国秦汉以降，儒家与法家在某些地方结合得过于紧密，甚至连为一体，评判异同，实属不易，然而这又是学术研究的必然要求，还原儒学的真精神终要走这一条路。总之，不能过高估计理学在意识形态中的分量，不能将清代的国家意识形态简单地全部视作理学。当然，庙堂理学在国家意识形态中处于核心地位。

就这一部分渗入到国家意识形态中的理学而言，程朱理学是它的绝对核心。从当时的学术界来看，有虽遭批判却势力仍存的王学、走出低谷重振雄风的朱学、方兴未艾批判宋儒的考据学……或多或少都与庙堂有关系，程朱理学却最终占据了核心地位。程朱理学之所以能登上清初的庙堂、占据其核心，与当时学术变迁及程朱理学对秩序的追求有重要关系。在程朱理学登上庙堂之后，与它对立的陆王心学从总体上就被边缘化了，这是任何帝国构建社会秩序的必然选择，是意识形态排他性、独尊性的必然要求。因为只有核心价值观念确立之后，才能够有力地、有效地去协调其他社会意识形态，最终促使社会秩序达到良性的稳定的状态。就其组成部分而言，清初庙堂理学在核心内容上是道统、治统、学统三者的有机统一体，这三个部分缺一不可，共同构建起了清初庙堂理学这一座摩天大厦。首先，道统是清初庙堂理学合法性的前提，占据首要位置，它有对新王朝统治合法性进行论证的功能，道统确立最终使占帝国人口最大多数的汉民族对这个新政权产生了认同；治统是清初庙堂理学的现实基础，它要在儒家理论框架之内最大限度地对当时的经济形态及政治制度进行引导，体现了儒学与王权的斗争，治统的儒家化或者说儒家治统的纯粹化程度体现了儒学对王权的影响程度；再次，学统是治统与道统的理论基础，同时又往往溢出两者、超越国家意志，表现了它摆脱王权进行独立思考的冲动，属于清初庙堂理学作为学术的超越性一面。

清初庙堂理学具有儒学的双重性，既有学理部分也有意识形态特征，其意识形态特征占据了主要方面。现在学界所谓“朱子学”、“阳明学”等往往倾向于学术、义理，实际上学术、义理方面，不是理学作为儒学的全部特征。因而，我们有必要特别认清清初庙堂理学不仅仅是学术、义理层面的程朱之学。“学术”一词中国古已有之，它包含了“学”与“术”两个层面，与我们现代所谓“学术”的意思不太相同。“学术”在现代意义上一般是指对某种专门之学的系统研究，相当于英文中的“Academia”。很明显，儒学从总体上绝不能算作是一般意义的学术，它的内涵要广阔得多，比如，朱汉民教授就将儒学分为“道”、“学”、“术”三个层面[①]，笔者认为是极有道理的：学术只是儒学“学”的层面，而意识形态作为既定的观念、信仰是接近于儒学“道”的层面。当然，庙堂理学并没有在整体上失掉它的学术特征，它是建立在学术与政治统一的双重性基础之上的，它在道统尊奉、概念运用、经典研习、秩序追求等方面仍是以程朱理学为主体的。因此，我们依然称其为“儒学”或“理学”。总之，在判断清初庙堂理学时，我们既不能对其学术层面全无探讨，又不能因为学术的探讨而将其作为意识形态的特殊规定性忽略掉。

清初庙堂理学与民间理学及其他社会意识形态之间表现为既冲突又合作的关系。由于所依据的经济基础及政治、文化氛围的不同，矛盾冲突是首要表现。清初庙堂理学直接面对着清初王权衰微、社会失序、经济崩溃、文明冲突、民族仇杀、边疆迭警，等等。它必须有力、有效地协调这些存在于政治、经济、文化、民族中的问题，同时又对它的这种有力、有效的协调做出同样有力、有效的论证说明。民间理学等社会意识形态所回答的问题与庙堂理学有某些相似之处，只是它所关注的范围、所采取的方式、所秉承的理念、所产生的影响、所构建的蓝图具有明显的差异。从学理角度来看，两者是各自选择了理学中适应自己的那一部分进行阐释。它们之间的互相依存关系是，庙堂理学的学术资源、人才资源多来自于民间，而民间理学诸社会意识形态又是在官方所划定的社会秩序中运行的。

清初庙堂理学在其成形状态中的表现是相当复杂的，具体到庙堂理学人物及言论时更是如此。清初庙堂理学是基于儒学与政治之间互动的结果，任何一方都不能缺失——无论是学术主张还是官僚身份。清初一些身在民间的学者即便在许多理论上与官方一致，但由于其民

① 朱汉民：《宋明理学通论——一种文化学的诠释》，湖南教育出版社，2000年，第10页。

间身份，亦不构成庙堂理学的组成部分；对于庙堂人物及言论也应加以具体考察，并非所有朝廷中人所言所行皆能构成庙堂理学的组成部分，它必须反映王朝的意志。比如顺、康两帝虽在庙堂理学确立中起到了重要作用，但是文化倾向并不仅仅限于理学，顺治帝更是儒、释、道、耶并举。就康熙帝周围的重臣而言，除了熊赐履、李光地之外，还有徐乾学、明珠、余国柱等人，南书房建立之后，又有高士奇、张英、王鸿绪等入参机密，这些名臣既受传统理学的熏陶，又多热衷于功利，不是比较纯粹的理学家。如此等等，我们必须对清初庙堂理学作进一步分析。

第四节　前人研究成果概述

对于“清初庙堂理学”，学术界尚无专门著作，但是许多学者已经认识到其存在价值及研究之必要，他们的相关思考零星地散布在一些著作、论文当中。要而言之，主要集中在清初庙堂理学内涵界定、康熙帝与以李光地代表的理学名臣的理学思想研究，以及清初庙堂理学对当时社会政治的影响等几个方面，以下笔者从本书角度作一些粗略的分析与评价。

第一个时期是清季与民国，主要表现在从总体上对此问题给予揭示和定位，但是由于历史时代的特殊性，传统的“夷夏之防”精神深深地渗透在这些论断中。笔者目之所及，刘师培大约是第一个关注此问题的学者，他将汤斌、熊赐履、李光地等理学名臣及其学术视为一个整体，认为汤斌“腼颜仕门”，魏裔介、李光地“尤工邪佞”，朝廷则“利用其学术而以朱学范民”。[①] 梁启超也比较了“伏处岩穴暗然自修”的民间程朱学者与“名臣兼名儒”的学者群体，以“一

① 刘师培：《清儒得失论》，中国人民大学出版社，2004 年，第 259 页。

文不值”的态度将孙承泽、李光地、汤斌、魏裔介、魏象枢、熊赐履、张玉书、张伯行等人划到了后者的阵营。① 钱穆不仅将“正统道学”以其阶层分为“在野”与“在朝”,② 还进一步指出以东林为代表的民间之学“起于山林，讲于书院，坚持于牢狱刀绳”，而“康、雍、乾、嘉之学，则主张于庙堂，鼓吹于鸿博，而播扬于翰林诸学士，其意趣之不同可知矣”。③ 这些论断虽是只言片语，但为后来的研究开辟了道路、树立了规范。

第二个时期是从改革开放到二十世纪末，这一时期表现为研究态度相对客观化、内容相对具体化、切入相对多角度化，在肯定前贤对清初理学官、民两分的思路上，一定程度地深入到某些相关人物理学思想的研究之中，甚至试图为庙堂理学作出界定。比如，侯外庐、邱汉生、张岂之编《宋明理学史》认为在康熙帝的倡导之下，有“一批理学宿儒”，“不讲华夷之辨，单讲君臣之义，认为清廷统治是‘天理’的体现，以此为清朝张目，同时也为他们自己俯首新朝的行为作辩护”④。王茂、蒋国保等《清代哲学》将清初理学分为“殿堂理学”、“馆阁理学”和“草野理学”三种类型，认为殿堂理学“不是学术的，而是政治的”，其目的在于镇服明末以来放纵的人心，为满洲贵族与皇帝灌输理学常识，并保持理学的独尊地位。⑤ 陈祖武《清初学术思辨录》则揭示了理学从民间到庙堂的渐进过程，认为这一过程是由张履祥、吕留良诸人开其端，经陆陇其等人而渐入庙堂，至熊赐履、李光地推波助澜而最后形成。⑥ 台湾学者黄进兴《优入圣

① 梁启超：《中国近三百年学术史》，天津古籍出版社，2003 年，第 119 页。
② 钱穆：《清儒学案·序》，《中国思想史论丛（八）》，安徽教育出版社，2004 年，第 358 页。
③ 钱穆：《中国近三百年学术史》，商务印书馆，2005 年，第 21 页。
④ 侯外庐、邱汉生、张岂之编：《宋明理学史》（下册），人民出版社，1984 年，第 892 页。
⑤ 王茂、蒋国保等：《清代哲学》，安徽人民出版社，1992 年，第 13 页。
⑥ 陈祖武：《清初学术思辨录》，中国社会科学出版社，1992 年，第 307 页。

域——权力、信仰与正当性》则选取了“孔庙祭祀”这一特殊视域，对道统与政统这一重大问题进行了深刻论述，黄进兴提出“政权意识形态道统观”这样一个概念，认为在认同清政权的前提之下，“这种独特的意识形态是超越程朱与陆王学者之间的哲学歧见的”。[①] 总体来看，这一时期相关研究的深度仍显不足，庙堂人物理学思想是其主要内容，研究涉及的人物范围还不够宽广。

第三个时期是新世纪以来，代表性著作有《清代理学史》（上册，史革新著）及《中国儒学发展史》（黄宣民、陈寒鸣编）。前者作为第一部清代理学史专著，也仍然将清初理学家分为“高居庙堂的理学家”（熊赐履、陆陇其、李光地）与“民间的理学家”（陆世仪、张履祥、吕留良）两类进行介绍，认为前者是一个身份特殊的理学家群体，由于其政治身份，对于理学的提倡非一般士人可以比拟。[②] 后者则将庙堂、民间两分的思想融入到整个儒学发展史之中，对清代尤其注意，表现在对康熙及李光地等人的理学思想作了较深入的梳理。[③] 此外，高翔的《清初理学与政治》是一篇具有高度理论性的学术论文，该文从史学角度出发，指出清初理学“绝非纯粹的学术思潮，而是一种在明清鼎革的独特历史时期，具有明确目的，真正见诸实践，并且取得重大成功的社会学说”，通过“清初理学”意识形态中反阳明学的政治立场、“正君心”的政治目标，包括道统与治统合一、帝王理学教育、理学官僚增加、以皇权为核心的官僚政治体系形成等四个方面，不足之处是对清初理学官、民两分的特征没有特别注意。[④] 从总体来看，新世纪的研究成果，表现在对庙堂理学人物

---

① 黄进兴：《优入圣域——权力、信仰与正当性》，陕西师范大学出版社，1998 年，第 99 页。

② 龚书铎编，史革新著：《清代理学史》，上册，广东教育出版社，2003 年，第 158 页。

③ 黄宣民、陈寒鸣：《中国儒学发展史》，文史出版社，2009 年。

④ 高翔：《清初理学与政治》，《清史论丛》2002 年号，中国广播电视出版社，2002 年，第 178—210 页。

的确定更加明确，尤其是皇帝的理学也被作为庙堂理学的重要组成部分纳入其中，相关理论也有进展，《中国儒学发展史》甚至认为儒学发展一直存在官、民两种路径，这为清初庙堂理学成立及研究提供了广阔的历史背景和学术基础。当然，这一时期的研究仍然没有将理学与历史发展结合起来，主要表现也仍然集中在了相关庙堂理学家思想的研究，而某些纯粹的历史研究虽时有创获却又往往缺乏理学观念在其背后的关照。

综上所述，我们可以看出：前人对清初庙堂理学的研究已经取得了一定成果，表现在确认了庙堂理学作为一种特殊理学形态存在的这一客观事实，大致勾勒了它的构成群体，并且发现了它融合朱陆、超越具体学术形态的意识形态特性。由于儒学本身天然具有学理、政治双重性，所以在现有成果中，由于研究角度等原因所限，学者们多未能从儒学双重性的角度对此问题进行辩证看待，同时以熊赐履、李光地等为代表的庙堂诸子的著作也有待深入发掘，从儒学特有的思路进行论述也还不够；因此，在此基础上，笔者拟提出“清初庙堂理学”这一个新概念，以期对以往的研究有所突破。

第五节　本书的研究思路

为了使本书的论述更加准确、集中、深入，诸如“清初”、“庙堂”以及“理学”等关键词语都有必要进行界定。“清初”作为一段历史时期，学术界的划分并不一致，笔者将其确定为顺治、康熙两位皇帝在位的近八十年时间（1644—1722），这一时期的政治运作、意识形态、社会风貌、学术特征等方面不仅体现了由明向清的转变，也是整个清代理学的定型时期，之后近二百余年不出此范围，当然，某些事件也会延续到雍正时期或者乾隆初年。其次，“庙堂”借指朝廷，即中央政府。与“官方”、“钦定”、“御用”等词汇相比较，它既表现出清代中央政府的权力高度集中，又展现了皇帝之外朝臣对国家意识形态的作用，以及庙堂理学统治、管理的双重职能及其独立性，避免了“官方”可能引起的泛化、“钦定”对皇权意志的过度突出和“御用”不利于纯客观研究的贬义色彩。对于“理学”，学界有“新儒学”、“性理之学”、“心性之学”、“道学”等多种称谓。“新儒学”侧重于学术形态的变化发展，“性理之学”、“心性之学”侧重于儒学的内圣一面，“道学”的主体偏重于“师儒”，却非清初庙堂理学的侧重方面——“君相”，只有“理学”一词不仅区别于汉唐经学，又同时容纳了儒学在外王方面的走向。

同时，笔者截取康熙帝、魏裔介、熊赐履、李光地、汤斌、张伯行等六人作为文章的主要人物，由此间及其他如陆陇其、魏象枢、张履祥、孙奇逢、顾炎武等官方或民间学者。主要理由是：康熙帝是当时王权政治的核心人物，他上承顺治时期立国之统，下开雍、乾及其后的治国之道，对清初庙堂理学的形成及特征具有某种决定性影响，诚如孟森先生所讲“康熙朝之达官，几有北宋士大夫之风，而道学一脉，历雍、乾两朝，名臣迭出，以《学案小识》所载，考其渊源，皆自康熙朝理学诸臣所传播种子，盖圣祖种其因，而后代收其果”①。从魏裔介到张伯行都是清初的理学名臣。魏裔介主要活跃在顺治时期，历任谏垣，一生上疏二百余道，在大清王朝初创之际，为以理学影响其政治理念作出过重要的贡献。熊赐履主要表现在他是康熙帝习学程朱理学的“启蒙老师”，对于确立程朱理学在康熙时期的核心地位起了极重要的作用。汤斌先任侍读，后出任江宁巡抚等封疆大吏，是康熙帝以理学名臣治理地方的标志性人物。李光地是清初庙堂理学名臣的代表，在他的努力之下，许多重要的、代表庙堂意志的儒家典籍得以纂修、颁布。张伯行一生多数时间任地方大员，其编书事业及对于书院传统的改造，代表了庙堂理学在既成之后在民间的传播。这

① 孟森：《明清史讲义》，中华书局，1981年，第447页。

六个人物各有特色，且缺一不可。

此外，御纂经典具有将一般思想学说上升为国家意志的作用，它代表了皇帝及臣僚们的共同意志，因此无论从内涵或外延上管窥清初庙堂理学，其他细节或者可以忽略，但是却仍然要最大限度地考量诸如御纂的《日讲四书解义》、《日讲五经解义》、《孝经衍义》、《朱子全书》、《性理精义》、《周易折中》，以及从历史观层面确立新王朝合法地位的《明史》编纂，等等。

在整体的思路上，将以三条线索贯穿其中，使本书成为一个有机整体：第一条线索是将清初庙堂理学置于游牧文明与农耕文明斗争与融合之中来进行考量，突出满族及清初官方在庙堂理学确立过程中所起到的主导作用；第二条线索是从儒学发展角度将清初庙堂理学放在程朱与陆王之间斗争融合的角度以及它与佛、道诸社会意识形态之间关系中进行考量；第三条线索是将清初庙堂理学放到理学与王权之间斗争妥协的历史发展过程中来进行考量。除这三条线索之外，最后笔者还希望本书在考量清初庙堂理学之时能够多少参比西方历史文化的发展。

具体研究方法分为四种：一是以“动态”为主，兼以“静态”观察，力图在清初理学与王权政治互动过程中去寻找理学本身在理论建构、价值取向等方面的转变，并由此而构建出一种新理学形态；二是以义理为主、辅以考证之法，着重从理学“学理”层面对当时社会政治文化进行关照，力图勾勒出理学与专制王权之间既斗争、又妥协的双面性，更多地还它的历史原貌；三是专题与个案研究结合，比如对庙堂理学家进行专题研究，对某些重大问题尽可能提供个案；四是在理学学理的统摄下多种视角相结合，适当的范围内参考某些经济史、宗教史、书院史以及现代政治、西方哲学的观念或术语。

总之，本书力图在往哲前贤的相关研究基础之上，取长补短，在儒学两重性的特殊角度下，进一步以更坚实的资料从理论上对清初庙堂理学作一整体而深入的梳理，希望对清初庙堂理学的内涵、外延作出较明确的界定，对其组成部分道统、治统、学统进行界定说明，对道统、治统、学统三者之间的相互关系及在整体中的作用进行论证说明，同时考量作为参照系的民间学术与其之间的互动，以清初这个特殊时代为背景和依托，建立起一种学界认同的新儒学形态以及考察传统儒学的新观念、新范式。并在此基础上，对清初庙堂理学在历史上的利弊得失作出相对客观的评价，为儒学在两千余年历史发展中外王领域的开拓提供一个样本，也为当今儒家文化复兴及我国文化软实力发展提供某些可资借鉴的理论。

第一章　清初庙堂理学的确立

秦代以降，郡县制所缔造的大一统国家虽然疆域辽阔、人口众多，但是也存在着政权组织涣散、社会意识形态过度分散的问题。这些问题发展到宋代，除了内部的“三冗”之外，便突出地表现为中央王朝对周边民族行政上的无力以及意识形态认同的薄弱。而这一时期的儒学，主张从天理、人欲之辨入手，通过社会风俗的改造，来为大一统帝国的长治久安进行服务，并通过正君心等一系列与现实政治紧密联系的行动，引导这个大一统国家走出秦汉以降的霸道政治、走向三代的王道理想。

然而，历史却未必如理学家所设想的那样，它还是在“历史周期率”中呈现着一治一乱的循环；到明朝末期，天理、人欲的大防处处崩塌，社会风俗的腐朽与朝廷朋党的纷争以及民间对官方的仇恨，持续地消耗着帝国的元气。陕北农民军揭开起义的序幕之后，整个帝国引以自豪的辽阔疆域、众多人口反而成了不堪承受的重负。这一时期，周边少数民族对中央王权的认同也跌进底谷，女真族在王朝的东北边境自立政权，还宣布“七大恨”，起兵反抗原来曾经臣服过的皇帝……所有这些，都表明明王朝意识形态构建的失败，近者不悦，远者不来，于是在农民军的狂风暴雨和满洲铁骑的“联合”绞杀下，明朝最后日沉西山，结束了近三百年的统治。

清王朝建立之初，这些矛盾实际上并没有解决，相反，入主中夏的异族政权与汉民族原有的意识形态、政体模式大不相同，由之而带来的游牧文明与农耕文明之间的冲突使这些矛盾进一步加深。从清军入关到三藩之乱结束，近四十年间战乱不绝，天灾不断，生产停滞，人口锐减，政治腐败，明末的一切乱局仍旧延续……因此，如何调节游牧、农耕两种文明的冲突，将满、汉为主体的诸民族置于统一王权之下并使之对新王权产生认同，使生民摆脱战乱流离之苦，求得国祚的久安长治，已经成为当时最急迫的问题；而加强王权、统一意识形态又一次成为新王朝使用的“武器”，理学与王权也再次走向结合并对时代产生影响，庙堂理学逐渐登上了清初的历史舞台。

第一节　满族文明及其汉化

庙堂理学与清王朝建立前后的文化政策有非常紧密的关系，或者说很大程度上为它的文化政策所影响和决定，因此要了解庙堂理学的确立过程，必须先探讨清王朝建立前后的文化政策及其体现的意识形态的变迁。清王朝的创建者——满族，是一个生于游牧、渔猎文明却又带有若干农耕色彩的民族，入关之前在东北中国与汉民族有过相当漫长的交往史。这个民族有与以往汉族王朝并非完全相同的、极具其民族特性的文化意识，从根本上导致了清王朝建立前后种种文化政策的施行，并不断与汉民族的理学文化传统碰撞、磨合，最终成为庙堂理学得以成立的某种决定性力量之一。

一、满族固有的文化习俗

满族本是女真族的一支，是建州女真族各部累年争战、融合而新形成的民族。[①] 其历史最早可以追溯到三千多年前的“肃慎”，主要生活区域在长白山以北、黑龙江中上游及乌苏里江流域。肃慎以骑射闻名，通过纳贡与中央王朝时相往来。唐代时期的黑水靺鞨是满族的直系祖先，后发展为女真。女真族驱逐辽宋建立了金国，立国一百一十九年之后为蒙古所灭。元明时期的东北女真族，逐渐形成了三个大的部族：海西女真、野人女真和建州女真。这三部女真是明人的划分，实际上每部女真又散为众多部落。就经济形态而言，三部女真不尽相同：野人女真“无市井城郭，逐水草为居，以射猎为业”[②]，是比较纯粹、典型的游牧经济。建州女真华风最重，海西女真介于两者之间。

建州女真的华风表现在以渔猎为生活主体，也从事一定的畜牧与农耕。[③] 当然女真族之所以有农耕经济的存在，多是奴役汉族或朝鲜等他民族人为之，本民族还是以采集、渔猎的游牧生活为主。[④] 建州女真最后成为清朝的建立者，与其经济发展有重要的关系。明朝嘉靖之前，建州女真还处于氏族社会阶段，嘉靖间建州女真各部不断南迁，逐渐地以富饶的苏子河流域为中心，重新集聚起来。[⑤] 在该地区，建州女真与汉族农耕文明接触、融合，逐渐推广了牛耕，学会了铁器制作，并能生产麻布，以马市为主的商贸相当繁荣，生产方式也变成“户知稼穑，不专以射猎为生”[⑥]，费阿拉、赫图阿拉等地区更

---

① 王锺翰：《谈谈满洲名称问题》，《王锺翰清史论集》，第1册，中华书局，2004年，第11—16页。

② 宋濂等：《元史》卷五九《地理志二》，中华书局，1976年，第1400页。

③ 苕上愚公《东夷考略》有载“大抵女真诸夷并忍诡好盗，善射驰猎，耐饥渴……建州尤负固，解耕纴，室居火食，有华风”，可见建州女真诸部在生产方面与纯粹的游牧民族之不同。参见《清入关前史料选辑》（第一辑），中国人民大学出版社，1985年，第62页。

④ 李洵、薛虹主编：《清代全史》，第1册，辽宁人民出版社，1991年，第350—355页。

⑤ 戴逸：《简明清史》，上册，人民出版社，1984年，第34页。

⑥ 苕上愚公：《东夷考略》，《清入关前史料选辑》（第一辑），中国人民大学出版社，1985年，第69页。

是“土地肥饶，禾谷甚盛，旱田诸种，无不有之”①，这均表明女真族已经处于从游牧经济开始向农耕经济的过渡期。随着建州女真领土的不断开拓，大量的汉人、蒙古人、朝鲜人及非建州的女真诸申加入，逐渐取代了建州贵族成为生产主体，而集诸民族于一体的新建州女真随之逐渐分化为显贵阶级、奴隶阶级（阿哈）、依附民阶级（诸申）。② 比如，努尔哈赤在取得辽沈地区之后，便令女真人与当地汉人合居，由汉人供应住房、粮食、耕地，因此女真贵族实际上则仍然从事战争与掠夺，总体上保持着旧有的生活传统和文化心理结构。

作为政治社会主要组织形式的牛录、八旗展现了女真族狩猎、生活以及军事为一体的民风。女真族在进行较大规模的狩猎活动时，习惯上将每十人编为一组，是为“牛录”，每个牛录会推一人为首领，称为“牛录额真”，余人听从其指挥，以便协调狩猎这一集体行动，这在努尔哈赤时期被固定下来，成为经常性组织，军事活动亦按此进行。八旗制度是在牛录制度基础上发展起来的。为区分诸牛录，协调狩猎与军事行动，努尔哈赤以黄、白、红、蓝四色旗帜为标志，称为“四旗”，其后由于牛录之增加又增设四旗，共有八旗，即：正黄、正白、正红、正蓝、镶黄、镶白、镶红、镶蓝。最高领袖“汗”由八旗共推产生，各旗均有旗主（贝勒），但八旗彼此互不统属，每有军国大事，均在大汗的领导之下合议解决，颇有氏族社会军事民主合议色彩。

由于脱胎于氏族社会未久，满族风俗淳朴，伦理关系松弛，但受奴隶制度的影响，主尊奴卑的思想比较严重。关于满族的纯良风俗，有史料记载说“清兴关外，俗淳朴，爱亲敬长，内悫而外严”③，人

① 李民寏：《建州见闻录》，辽宁大学历史系1978年印本，转引自张杰、张丹丹《清代东北边疆的满族》，辽宁民族出版社，2005年，第132页。

② 刘小萌：《明末女真社会氏族制度的瓦解》，《满族的社会与生活》，北京图书馆出版社，1998年，第69—76页。

③ 赵尔巽等：《清史稿》卷四九七，中华书局，1977年，第13730页。

们以“窃人之财为耻”，“牛马猪鸡之类无失者，失十余日，或月余，必复得”[①]，“夜不闭户，无相窃也”[②]；朋友之间相当信任，“互相借贷，不需立契，只凭口头相约，恪守信义”，而“邻里相处，有难必帮”，“一家缺米大家凑，一人打柴大家烧”，[③] 外地人来“率不裹粮，遇人居，直入其室，主者则尽所有出享”[④]，热情好客如此。可见，满族形成之初，还保留着相当的氏族社会遗风，社会伦理关系简单，整个社会虽然未达于开化，而敬长、诚信、互助等道德却能见诸实行。满族的伦理关系松弛表现在多个方面，比如建州女真实行幼子继承制，这是与其长期的渔猎采集生活要求最大限度控制家庭人口，以便分散经营、流动生产、辗转迁徙联系在一起的，[⑤] 与农耕文明定居生活、聚族而居、财产共有、家长支配不同，因而兄弟关系不比汉族嫡庶长幼分明；汉族社会崇尚“夫为妻纲”，女子地位较低，满族中女子地位却很高，七岁幼童即以木制弓箭练习射鹄，见客亦不是如汉人“别内外”，努尔哈赤便曾担心女儿“凌侮其夫，恣意骄纵”；满族婚姻伦理也很松弛，“男子偶有所悦……遂不动色而逐之”[⑥]，甚至“嫁娶则不择族类，夫死则子妻其母”的现象亦时有发生。

当然，满族人的淳朴善良及其“民主”都具有鲜明的族群意识。尤其是在掠夺大量汉民、朝鲜人作为奴隶而进入奴隶社会之后，其等级意识也逐渐明显，大汗居于最高地位，其次诸贝勒、大臣，再次为阿哈（奴隶），这三个阶级地位差别格外明显，旗下之人与旗主均是奴主关系，各旗旗主对其部属有无上权力，比如规定“无论是谁对

---

① 杨宾：《柳边纪略》，商务印书馆，1936年，第58页。

② 张缙彦：《宁古塔山水记域外集》，黑龙江人民出版社，1984年，第52页。

③ 杨英杰：《清代满族风俗史》，辽宁人民出版社，1991年，第165页。

④ 杨宾：《柳边纪略》，商务印书馆，1936年，第63页。

⑤ 刘小萌：《满族习惯法探析》，《满族的社会与生活》，北京图书馆出版社，1998年，第120页。

⑥ 方拱乾：《绝域纪略》，《丛书集成续编》，第228册，新文丰出版公司，1988年，第81页。

汗的亲戚不逊时，如果打，手触时就处死”①，而阿哈仅等于其主人（额真）的私有财产，或为奴为妾，或从事农耕、采参等杂役，而且还被相互买卖，毫无人权保障。平等与压迫就这样奇异地存在于这个民族的社会运作中。

满族在宗教上崇信萨满教与藏传喇嘛教，也包括一部分汉传佛教。“萨满”是女真最原始的宗教，也是东北亚少数民族普遍信仰的宗教。萨满（Saman）是阿尔泰语系通古斯语族称呼跳神巫人的音译。崇奉萨满教的民族认为人生的祸福、宇宙的各种现象，都有神灵在冥冥之中主宰着，人与神灵之间必须而且能够沟通。萨满信仰有一个共同的思想基础，就是相信万物有灵，以自然神崇拜为主体。②“天地互渗”、“天人感应”以及“人神合一”的思想与精神，是北亚或东北亚文化圈各民族萨满信仰的核心。“堂子”是满族人敬天、祭神、祭佛之公所，地位相当重要，出征或凯旋以及元旦等重要节日都要到堂子中拜祭，在堂子进行的这些活动堪称满族最为隆重的典礼。萨满教作为东北亚氏族社会一种长期存在的古老宗教，它深刻影响了满族人的社会伦理，最明显的表现就是“祖先崇拜”，满族对于“家族”、“孝道”等观念非常重视，“礼神”与“敬祖”是其精神世界的最核心的部分。

佛教对满族的影响也是极为深远的。最重要的是喇嘛教，又称黄教、黄衣教，是原来在西藏地区传播的一支佛教，后经蒙古传入东北，努尔哈赤、皇太极等满族早期领袖都对藏传喇嘛教极度尊崇，到后来顺治、康熙、雍正、乾隆等亦无不如此。藏传佛教的一个重要特点是“政教合一”，认为宗教领袖也是天然的政治领袖，这与满族当时的政治组织形式是一致的；另一个重要特点是“僧俗不分”，这也

---

① 《重译满文老档·天命七年正月》，《清初史料丛刊第一种》（第二分册），辽宁大学历史系1979年编，第97页。

② 庄吉发：《萨满信仰的历史考察》，文史哲出版社，1996年，第109页。

与满族人既信宗教又不出家的风俗接近。藏传佛教的传入，对于凝聚满族各部落、形成统一体起着重要作用。汉地佛教以关帝等崇拜为代表。明朝后期，蒙古、女真部族首领与明朝将领盟誓，照例都会请出双方都崇信的关羽神像。① 天命间，努尔哈赤于赫图阿拉建佛、道庙宇七座，内塑关羽像，标志关帝崇拜在建州地区的流播，折射出满族人对于勇武、忠义精神的崇尚。这样，从总体上看，天人合一的思维方式、家族孝道的伦理习惯、勇武忠义的生命追求、尊上卑下的宗法道德，加之藏传佛教的政教合一的政治追求，以及淳朴民风之下对宗教信仰的高度虔诚，都构成了满族旧有文明最集中的体现和左右这个民族精神世界的主导力量。

二、太祖、太宗时期的汉化

建州女真的旧有习俗制度主要适应于民族社会独特的“小国寡民”状态，而且与其从事游牧的地域也有很大关系，随着领土不断拓展，尤其是所辖汉民族人口规模逐渐扩大，原有的生产方式、文化习俗等势必要作某些调整，最主要就是如何吸收在农耕文明基础上形成的汉文化。事实上，满族每一步的发展直到最后定鼎中原、统一全国，均与其对汉文化的吸收是分不开的。

从建州女真南迁汉族聚居区后，游牧、农耕两种文明就悄然地进行着融合，到努尔哈赤时期建州女真开始迅速勃兴，两种文明出现了最初的紧张。就努尔哈赤本人而言，正是两种文明矛盾的结合体。据史载，努尔哈赤“幼时爱读《三国演义》及《水浒传》”，青年在远游抚顺互市时对汉文化了解逐步加深。之后又在明朝辽东名将李成梁帐下供事，与李成梁关系十分密切，彼时更深一层地接受了汉族文化。明天启元年（1621），努尔哈赤统率后金军攻克辽阳，宣布辽东

① 庄吉发：《萨满信仰的历史考察》，文史哲出版社，1996 年，第 69 页。

的明朝旧官可担任原职，人民各守旧业，表现出对汉文化一定程度的尊重。努尔哈赤在前中期，很能重用汉人，开创了清因明制的先河。[①] 当时女真有文化的汉人极少，于是努尔哈赤便任命“文理未尽通”的龚正六来教育其诸子，并赐给群妾，“家产致万金”，尊称“师傅”[②]。后来，努尔哈赤还将汉人方孝忠、陈国用、陈忠、刘海等都罗致帐下，尤其是用刘秀才、邵秀才两人教授两旗子弟“汉书”长达二十年之久，对汉文化在女真地区的传播起到了重要作用。[③]

不过游牧精神仍是努尔哈赤思想的主导，尤其是晚年。比如，努尔哈赤要求建州女真人与汉人同住，但却要求汉人供给粮食、耕地，实际上是要将其游牧文明建立在对于农耕文明的压迫与盘剥之上，将汉人作为女真人的奴隶来使用。建州女真构建起来的这种生产方式显然与汉文化的精神不合，因此引起辽东汉人不断暴动和逃亡。对此，努尔哈赤则给予血腥镇压，天命十年之后，几乎所有辽民，皆被编为庄丁，成为后金汗和贝勒的奴隶。[④] 由此，努尔哈赤也开始疏远、排斥汉族官僚。

太祖努尔哈赤去世之后，四贝勒第八子皇太极（1592—1643）即位，年号天聪，是为清太宗。清太宗的才能、智慧并不下于乃父，早在天命时期，就跟随努尔哈赤，一起创建后金国，在辽东、辽西战场上屡立奇功。皇太极时期，一改努尔哈赤晚年对汉人的敌视，开始大规模有意识地吸收汉文化，进而调节后金国由于汉人日益增加而造成的两种文明的冲突问题。

---

① 史革新：《清入关前对汉文化的初步吸收——以努尔哈赤推行的文化政策为例》，《清代以来的学术与思想论集》，社会科学文献出版社，2011 年，第 145 页。

② 王锺翰：《朝鲜〈李朝实录〉中的女真史料选编》，辽宁大学历史系，1979 年印本，第 251 页。

③ 王洁、吴景芳：《汉文化对努尔哈赤及女真文化的影响》，《新宾清前史研究论丛》，辽宁人民出版社，2003 年，第 212 页。

④ 朱诚如：《清入关前对辽东汉区统治探微》，《管窥集》，紫禁城出版社，2002 年，第 42 页。

后金时期，满族政权在意识形态方面仍旧杂有较多的满洲旧习。太祖定都赫图阿拉，称“汗”，国号“大金”，并多次以金人后裔自命。[①] 意识形态的束缚不仅对后金社会的政治运作、经济发展模式有阻碍性影响；同时，由于宋代汉民族深受金国的祸乱，汉人对女真人积怨很深，[②]“金”作国号显然容易引起汉民族的敌对心理。况且，当时满族统治地区其实已有满、蒙、汉、朝鲜等多个民族，“金”的国号对于团结部众尤其是满、汉两族实是不妥。于是，崇德元年（明崇祯九年，1636 年），皇太极称帝，改国号清，新国号的使用不仅标志着国家组织形式向汉民族靠拢，同时对于拉近汉民族心理也有积极作用。

在人才运用上，皇太极一反其父晚年诛戮汉族儒士的政策，大力起用汉人，如范文程、宁完我、孔有德、尚可喜、洪承畴等等，并授以军政要职。皇太极在位时间（1626—1643）与崇祯帝朱由检（1627—1644）几乎相当。与崇祯帝动辄委过于人、不断诛戮大臣相比，清太宗对臣下尤其是汉臣极为宽宏。袁崇焕诛皮岛毛文龙，其部将孔有德、耿仲明渡海来降，皇太极不顾众人的反对，行“见抱礼”以示优隆。宁锦名将祖大寿降而叛，叛而降，反复不定，太宗一概不予计较，最终赢得了祖大寿的倾心归顺。洪承畴被俘之后，只求速死，皇太极也恩养之，对洪承畴说：“尔时与我军交战，各为其主，朕岂介意?”[③] 并授以执掌镶黄旗汉军的要职，使之竭力效命。清太宗还在军事上另设汉军八旗，提高汉人地位，经济则令满汉“分屯别居”，减少两族间冲突。

皇太极当政时，满洲政治在组织上也向汉文化靠拢。崇德元年

---

① 为了区别两宋时期女真完颜部所建立的金帝国，史称“后金”，皇太极即位之后改国号清，后又复改为金，最后又确定为清，一直延用到近代。

② 孙文良、李治亭：《清太宗全传》，吉林人民出版社，1983 年，第 266 页。

③ 赵尔巽等：《清史稿》卷二三七，中华书局，1985 年，第 9468 页。

(1636)，太宗仿照明制，改文馆为国史、秘书、弘文三院，史称“内三院”，仍旧负责“编纂国史、收藏书籍”，又命库尔缠等仿汉人“起居注”记注国政。内三院职能相对于文馆进一步细化，使之对汉文化的吸收大大加强。太宗以身作则，一次到文馆，看到库尔缠在修书，一问才知是记述皇帝言行的“起居注”，便立刻回避并说“此史臣之事，朕不宜观”①。

皇太极十分重视译书，即位之初，即命达海、刚林等翻译汉文书籍。相关译书有《刑部会典》、《素书》、《三略》、《万宝全书》、《通鉴》、《六韬》、《孟子》、《三国志》及《大乘经》等。② 其中《三国志》是对满族政权影响最大的一部汉文化经典，满族人在这部名著中不仅学到了军事谋略、政治经验，更是被其中的忠孝节义等伦理精神所感染；《素书》也值得注意，此书将“道、德、仁、义、礼”作为治国的理论基础，已经透露出深浓的儒家伦理的味道；更有甚者，代表理学文化精髓的四书之一——《孟子》也最先传到了建州地区。这些表明，满族人对于汉文化的接受，从最开始的政治军事层面逐渐向文化层面深入。

太宗本人也不再一味迷信武力与神灵。即汗位时年号为“天聪”，称帝后即改为“崇德”，与“天命”、“天聪”相比，很明显是将“德”字作为其文化政策的核心价值。同时也表现出对“理”这一概念的重视，认为“惟天不论国之大小，止论理之是非。我国循理而行，故仰蒙鉴佑”③。太宗还力倡仁义说：“自恃其力，而恣行杀夺，未有不败者也；克尽其道，而力行仁义，未有不兴者也。天运循环，但易其君，不易其民。若天意所与，则敌国之民即我民也。今日

① 《太宗文皇帝实录》卷八《天聪五年正月乙亥》，《清实录》，第2册，中华书局，1985年，第110页。

② 孙文良、李治亭：《清太宗全传》，吉林人民出版社，1983年，第408页。

③ 《太宗文皇帝实录》卷二《天聪元年正月丙子》，《清实录》，第2册，中华书局，1985年，第31页。

天心所向，岂能预知？朕惟欲体仁行义、制敌养民而已。”[①] 这些，都是在努力运用汉民族的理论术语来更新自己的意识形态。

清太宗皇太极在吸收汉文化的同时，还统一满语、满服，将满洲松散的部落在意识形态诸多方面进行统一。在其努力下，“满洲”作为一个脱胎于女真又与女真不同的新民族诞生了。原来满洲部族有多种名号，如满洲、哈达、乌喇、叶赫、辉发等，在天聪九年定名为满洲之后，各个部落进一步融合，自我认同进一步加强。一定程度上可以说，满族在意识形态上是以女真文化为主又吸收汉、蒙古、朝鲜等其他民族的文化尤其是汉文化而最终形成的。[②] 新民族的形成展示着它的勃勃生机。在此基础上，清太宗进一步加强对明朝的用兵，先后亲率大军两次入塞，掳掠大量汉人到东北，并用计离间明朝君臣，使袁崇焕被杀，在去世前，又凭借松山一役，击溃了由洪承畴统率的明朝最后的精锐部队，为清军入关、统一中夏开辟了道路。

三、顺治时期汉化的冲突

满族的汉化过程并不是一帆风顺，不仅努尔哈赤晚年转向了敌视汉人，太宗时期满洲贵族中很多人就并不太满意皇太极的改革。不过由于当时满族还在关外，国家尚小，生活方式变化不大，矛盾并不是特别突出，而入关之后，人口、领土、文化、习俗等一系列的变化将满、汉之间的矛盾迅速激化了，尤其是顺治时期。顺治朝可以分为两个阶段：多尔衮摄政时期与世祖福临亲政时期。入关前一年即崇德八年，太宗皇太极暴卒。由于皇太极没有指定继承人，满洲贵族内部便对皇位展开了争夺，经过一番短暂而残酷的权力角逐，太宗第九子、

---

① 《太宗文皇帝实录》卷九《天聪五年七月庚寅》，《清实录》，第2册，中华书局，1985年，第126页。

② 王锺翰：《康熙与理学》，《历史研究》1994年第3期。

年仅六岁的福临（1638—1661）即位，是为世祖，而多尔衮取得了实权，封为摄政王。

世祖即位之次年三月，李自成大顺政权的农民军攻陷北京，崇祯帝自缢于煤山，在京的绝大多数官员都争先恐后地向农民军投降①，历时近三百年的明王朝倾覆了。当时，山海关守将吴三桂对大顺政权的诱降彷徨不决。多尔衮在范文程等人的劝说下，当机立断，起倾国之兵，许吴三桂裂地封王的待遇，与之联合，同李自成农民军在山海关展开了一场殊死搏斗。结果李自成战败，清军随即入关，多数明朝官员又转而投向清朝。是年十月福临入北京，郊告天地，在武英殿举行登极大典，清王朝作为一个新时代开始了。

多尔衮摄政期间，一改原来掠夺之习，严明军纪，减免赋税，对汉民族进行安抚；同时，对明朝的降官一律招降纳用，开科取士，大规模地引入汉文化。其中，迁都北京的决策最为重要，对此某些满洲贵族并不同意，他们只想退回关外继续过传统的游牧生活，多尔衮毅然力排众议，决意迁都，从而将满、汉两个民族不可分割地联系在了一起。在入关后的两年中，清军以秋风扫落叶之势，迅速西入关中，南下江浙，将李自成的大顺政权和南明弘光政权都荡平了。从此，清王朝真正开始了它对中国的统治。

满洲在关外的不少文化政策在入关之后都遇到了问题，比如圈地、投充、逃人法等，其中，在发服制度的推行上表现得最为显著。自努尔哈赤以来，满洲人都将发服制度看作本民族优良传统是否得以保持的外在标准，也被赋予对汉民族等进行心理征服的意义。因此，汉人剃发在辽东地区早就一次次被执行。然而，汉文化独特的感召力却有增无减。到皇太极执政时期，某些满洲贵族萌生了从汉人衣冠、发式的要求，甚至有些满族女子也学汉族人裹小脚，如此等等，都引起了清太宗的高度警惕。太宗痛恨金熙宗及完颜亮毁废女真人的语言

---

① 王戎笙主编：《清代全史》，第2册，辽宁人民出版社，1991年，第23—24页。

服饰等制度而改从汉俗，认为正是两人“耽于酒色，盘乐无度，效汉人之陋习”①，最终才导致亡国。因此，剃发、满服长期以来都是满人立国的基本国策，并被强制予以执行。

多尔衮率清军入关之初，为了赢得汉民的拥戴，没有将剃发政策立刻从关外推行到关内。然而军事上短时间的大获成功，使以多尔衮为首的满洲贵族对自己的文化开始陶醉了。于是在弘光政权覆亡不久，剃发令便又发布了。在多尔衮看来，发服是一种制度，分别代表了明、清两个国家和满、汉两个民族，因此，对汉臣求免剃发者说：“近览奏章，屡以剃头一事，引礼乐制度为言，甚属不伦。本朝何尝无礼乐制度，今不遵本朝制度，是何诚心？”②

发服制度对于汉民族与对满族一样重要，束发右衽、宽衣博带一直是汉民族的传统，孔子就曾经说“微管仲，吾其披发左衽矣”。强行改变习俗是一种心理征服，也是一种人格侮辱，对当时汉民族的伤害比社稷易主似乎还大。因此，剃发令一出，立刻引发了近二十年的战乱。本来清王朝的统一进程特别顺利，结果一切迅速改变了，就像清朝统治者所感叹的：“一年之内，中原归顺，捷于风草；迄今三载，负固弥坚。”③“宁为束发鬼，不作剃头人”④这样的口号在江南地区传播，反剃发斗争风起云涌，其中以江阴、嘉定两地最为坚决。反剃发斗争延续时间长，范围波延也广，直到顺治末期，湖南瑶族地区的少数民族还在坚持斗争。反剃发斗争还揭开了汉民族第二次反清高潮的序幕，成为其他一系列抗清活动的导火索。然而，多尔衮也将此看作新王朝生死存亡的大事，不肯让步丝毫。

---

① 《太宗文皇帝实录》卷三二《崇德元年十一月癸丑》，《清实录》，第2册，中华书局，1985年，第404页。

② 《多尔衮摄政日记》，“顺治二年五月二十五日条”，陈具庆等辑，民国间铅印本。

③ 《顺治三年三月一日浙江道监察御史吴达揭帖》，中国第一历史档案馆藏，转引自叶建华，《浙江通史》，第8卷，浙江人民出版社，2005年，第20页。

④ 《绍兴县志资料》，第一辑，成文出版社，1983年，第2601页。

顺治七年（1650），摄政王多尔衮猝死。次年，世祖福临亲政。年轻的福临有着远大的抱负，虽然在南部中国的反清运动又一次达到高潮，但是福临却没有仅仅将目光停留在军事征伐上，而是毅然决定从文化建设入手，以之作为底定天下的根本大计。顺治帝以冲龄即位，又是来自关外文化朴陋的满族地区，初看奏章，茫然不解，于是发愤读书，前后九年，劳累至呕血亦不吝惜，学问也由此大增。世祖不仅“好汉语，慕华制”，对汉文化的熟稔程度远超其父祖，同时对佛教、道教甚至从西方传来的基督教都极有兴趣。

顺治九年（1652），福临举行了隆重的“临雍大典”，勉励太学师生笃守“圣人之道”，“讲究服膺，用资治理”。[①] 次年，又颁谕礼部，把“崇儒重道”作为一项基本国策确定下来。十二年，再谕礼部：“帝王敷治，文教是先，臣子致君，经术为本。……今天下渐定，朕将兴文教，崇经术，以开太平。”[②] 两年后的顺治十四年九月，清廷举行了清代历史上的第一次经筵大典。十月，又祭告孔子于弘德殿，进一步宣示对汉文化的接近。顺治帝的一系列行动虽然形式大于内容，但却具有重要的导向意义，比起多尔衮辅政时期对汉文化的吸收更进了一步。

顺治帝也更加明确地认识到“书籍关系文教”[③]。十二年正月，御制《顺治大训》，载记历代忠臣孝子、贤人烈女，用以表忠励俗。十三年正月，令儒臣编纂《通鉴全书》、《孝经衍义》等；八月，《内则衍义》撰成；十二月，再敕修《易经通注》。是年三月，责成各省学臣购求遗书。除编书、求书之外，朝廷还曾将《资政要览》、《范

---

① 《世祖章皇帝实录》卷六六《顺治九年九月辛卯》，《清实录》，第3册，中华书局，1985年，第539页。

② 《世祖章皇帝实录》卷九一《顺治十二年三月壬子》，《清实录》，第3册，中华书局，1985年，第712页。

③ 《世祖章皇帝实录》卷一一七《顺治十五年五月庚申》，《清实录》，第3册，中华书局，1985年，第915页。

行恒言》、《劝善要言》、《人臣儆心录》颁发异姓王公以下、文官三品以上各一部，试图更大范围地扩大尊崇儒家的政治理念。

虽然顺治帝在亲政十年间，为推行汉化政策作出了种种努力，但是也不免触动了满族保守势力的利益，因此很多政策都不同程度受到满人贵族与议政王大臣会议的抵制。满人守旧势力以孝庄皇太后为代表，她“甚厌汉语，或有儿辈习汉俗者，则以为汉俗盛则胡运衰，辄加禁抑”①。顺治帝信用汉人，当时内秘书院大学士陈名夏，仅因说过“只须留头发，复衣冠，天下即太平”，便为议政王大臣会议罗织罪名，要求将其处以绞刑，顺治帝为之堕泪却又无可奈何；顺治帝去世之后，孝庄皇太后与辅政四大臣，更是篡改世祖的遗诏，改称“罪己诏”，全面否定了顺治在世时的种种汉化政策。②

第二节　康熙亲政前清帝国的情形

意识形态不能脱离一国之政治、经济尤其是文化传统而独立存在，相反它是一国国情的反映。清初庙堂理学能够确立，亦不外此。清初社会文化是明清易代的产物，主要表现在：王权衰微，地方割据，朋党倾轧；人口极度锐减，经济全面崩溃；思想界意识形态芜杂，社会伦理秩序混乱。概言之，清初的政治、经济及文化的现状均与满、汉为代表的两种文明冲突相关，呈现满、汉二元特征。在两种文明剧烈冲突之下，整个国家满目疮痍，百废待兴，呼唤着王权加强与意识形态的统一，以便建立稳定的社会秩序。

① 吴晗辑：《朝鲜李朝实录中的中国史料》，第9册，中华书局，1980年，第3938页。
② 白新良：《康熙皇帝传》，百花文艺出版社，2001年，第14—15页。

一、王权式微与认同危机

顺治一朝十七年间（1644—1661），清廷一直处于对农民军及南明诸政权的战事之中，民族仇恨一次次在血雨腥风中上演。直到康熙元年（1662），吴三桂入缅甸俘杀永历帝朱由榔，帝国的统治秩序才初步稳定下来，然而由铁蹄带来的和平掩盖不了认同危机，明遗民是其中最具代表性的群体。顾炎武的嗣母王氏闻听常熟城陷，绝食十五天死节，谓顾炎武“勿事异代”，于是顾在抗清失败后，北游二十余年，老死不与新朝合作。黄宗羲在抗清失败之后，一度到日本乞师，不果，于是讲学甬上、著书终老。王夫之为了避免剃发的羞辱，窜身瑶洞，改名换姓，变身瑶民。还有很多汉人选择了祝发为僧，像方以智、归庄，以致出现“今日东林社，遗民半入禅”① 的景象。

因此，在顺治一朝，虽然新朝颁布了一些新政，但是由于满汉之间的矛盾并未真正得到解决，各种现实威胁和潜在的危机仍然比较严重。比如，“各处奸徒窃发，动辄以朱三太子为名……指不胜屈”②，民间的各种会党等秘密组织也逐渐发展起来，严重干扰着正常的社会秩序；福建的郑氏家族先是占据金、厦，后来又割据台湾，始终威胁东南各省，郑经还提出“照朝鲜事例，不削发”③，企图分裂中国而自立。以吴三桂为首的三藩驻扎在云贵及两广、福建，俨然独立王国。平西王吴三桂不仅能任命将领，也拥有独立的财政权，甚至还向全国选派官员，号称“西选”，清廷吏、兵两部不能掣肘。顺治末、康熙初的情形，使志在恢复明朔的朱之瑜倍感振奋，在《中原阳九

① 屈大均：《过吴不官草堂赋赠》，《屈大均全集》，第2册，人民文学出版社，1996年，第1037页。
② 《大义觉迷录》，《清史资料》，第4辑，中华书局，1983年，第6页。
③ 江日升：《台湾外志》，齐鲁书社，2005年，第217页。

述略》中分析说："顺治不死，取之较易"，"乱离纷杂，恐江北以致分崩"![1] 这些都说明，清王朝虽然从武力上大体将中国的主要地区征服了，但是要使这样一个人口众多、民族复杂、历史悠久、疆域辽阔的大帝国稳定下来、维持长治久安的局面，恐怕还有相当的距离。

入主中夏之后，满族的政治传统也不能适应新形势。其旧有的议政王大臣会议[2]，对中央王权多有干涉。其成员多为满洲权贵，权力甚大，"每朝期，坐中左门外会议，如坐朝仪"[3]，在处理国家重大事务问题上，"诸王大臣佥议既定，虽至尊无如之何"。[4] 顺治去世后，清廷实行四大臣辅政制，康熙帝即位时年方八岁，大权实际掌握在索尼、苏克萨哈、遏必隆、鳌拜等四大辅臣手中。四大辅臣作为上三旗的王公贵族，地位显赫，实力雄厚，而鳌拜又是大权独揽。索尼死后，鳌拜更加骄横，班行章奏皆首例，还与其弟穆里玛、侄塞木特等人有事先于家中议定，视朝廷如无物。苏克萨哈心中不安，请离朝守先帝陵，却被鳌拜议罪二十四款，要求凌迟处死，抄家没产，康熙帝先是坚持不允，鳌拜攘臂上前，强奏累日，最终被迫同意。

鳌拜集团乘康熙年幼"率复旧制"，推行了一系列与汉化相反的政策。比如康熙元年（1662）二月，翰林院被裁，侍讲学士、侍讲也一并撤消，内阁被废，朝廷又恢复了入关前的内三院。这期间，满洲贵族的保守派还极力打击汉族官僚士绅，制造了"哭庙之狱"、"江南奏销案"、"庄廷鑨明史案"等一系列文字狱。鳌拜在权力一步步集中时，更加肆无忌惮，屡屡矫诏，无视皇帝的存在，形成了对王权的最直接威胁。由此，皇权与辅政机关的矛盾，又具体表现为汉化

---

① 朱舜水：《中原阳九述略》，《朱舜水集》，中华书局，1981 年，第 13 页。

② 议政王大臣会议，又称"国议"，创建于太宗崇德二年（1637），撤消于乾隆五十七年（1792），带有满洲军事民主合议的强烈色彩，也有一些诸如范文程、安达礼、宁完我等非满族亲信加入，雍正时期军机处建立之后，议政王大臣会议名存实亡。

③ 昭梿：《啸亭杂录·议政大臣》，中华书局，1980 年，第 93 页。

④ 谈迁：《北游录·纪闻下·国议》，中华书局，1960 年，第 368 页。

与满族保守思想的斗争，中央许多利于稳定现实的政策无法推行，满汉文化的冲突日趋激烈。

满族各旗也是矛盾重重。太祖时期，努尔哈赤亲领两黄旗，地位高出他旗，是最高权力的象征之一。但是八旗制度实际上有军事民主的传统，王权观念微弱，因此，皇太极掌握政权之后，以其属下两白旗为两黄旗，而改太祖时两黄旗为白旗；掌握太祖两支白旗的多尔衮一派上台之后，又采取各种手段打击太宗的两黄旗。康熙初年，四大臣辅政，以鳌拜为首的两黄旗又试图夺回并扩大太宗时的权益。由于各旗都拥有较强的军事政治实力，新君确立往往受其左右，自太祖努尔哈赤以来，王权的交接总不免要经历一场残酷的政治斗争。[①] 以前王权交接之所以未造成分裂，主要是由于满族淳朴的军事民主之风尚存。但是入关之后，满族人的淳朴之风正在“锦衣玉食”中消退，如果没有王权集中，满族内部的分裂可能随时发生。

清初官僚集团主体上是由明朝降官组成，旧朝的党争之习也随着汉族官僚的大量起用，迅速弥漫于朝廷，并与八旗制度衰败了的各自为政的惯习一拍即合，破坏力之大不亚于晚明。顺治时期，清廷就对“前代朝臣分门别户，植党营私，蒙蔽把持，招权纳贿”[②] 保持着高度警惕。在康熙亲政多年之后，党争问题仍然对中央王权困扰不已。江苏昆山人徐乾学、徐元文与徐秉义先后以文采为康熙帝赏识，徐乾学（1631—1694）是当时汉族官僚的领袖式人物，倾心接纳后进，东南文学之士猎取功名者，均与“三徐”结为党援，称为“南党”；作为满族人，大学士明珠则与汉人冯柱国等沆瀣一气，结为“北党”。两派官僚相互斗争，严重影响到王权的正常实施，加剧了官场的腐败。

---

① 太祖去世之后，据说应由多尔衮继位，却为皇太极所攫取，多尔衮生母被逼生殉。皇太极去世之后，多尔衮虽拥立福临为帝，但太宗之子豪格仍被冤死。

② 邓洪波、龚抗云：《中国状元殿试卷大全·清顺治三年（1646）丙戌科策问》，上海教育出版社，2005 年，第 1324 页。

满洲贵族进入中原之后，成为特权阶层，生活迅速腐化，质朴的传统变为粗野，又对汉族治理天下的礼仪制度漫不经心。据史载，康熙帝因诸王大臣朝仪不整，有逾越班行交头接语者，有轻佻僖跳者，命都察院对失仪者应即参奏。另外，清初从朝廷到地方除了满洲贵族之外，大部分仍然是明朝官员，正如孟森所指出："旧臣之肯效用，即后世所定为贰臣，其人风骨自不足信……士大夫之风范，未有闻也"①，前朝官场腐败的习气不仅未能有所消除，还与满洲贵族的堕落纠缠在一起，使问题更加严重。朝廷不得不一次次申明整饬官场风气的禁令，比如"今直隶各省提镇等官凡遇寇警，不亲身领兵前往，差委末弁。此系相沿故明陋习，贻误地方，自图安逸"。②"近闻在外文武官，尚有因循陋习，借名令节生辰，剥削兵民，馈送督抚提镇司道等官。"③"各处收税官吏……巧立名色，另设戥秤，于定额之外恣意多索；或指称漏税，妄拿过往商民挟诈；或将民间日用琐细之物，及衣服等类，原不抽税者，亦违例抽税；或商贾已经报税，不令过关，故意迟延措勒。"④ 这些都是生动的说明。

帝国的边疆民族对中央的认同也存着在很多问题。不仅北部边疆的漠西厄鲁特蒙古、漠北喀尔喀蒙古分离倾向严重，西南苗疆也时常发生叛乱。更为严重的是，一个工业文明的时代渐渐由西方向东方展开了，在工业文明的催动下，不仅耶稣会士万里跋涉来华传教，欧洲列强也开始出现在东南海域和北部边疆。葡萄牙在明末就通过租用方式进据澳门，荷兰殖民者盘踞台湾三十八年后为郑成功驱逐，但西班

---

① 孟森：《明清史讲义》，中华书局，1981年，第440页。

② 《圣祖仁皇帝实录》卷一八《康熙四年十二月丁卯》，《清实录》，第4册，中华书局，1985年，第255页。

③ 《圣祖仁皇帝实录》卷三四《康熙九年九月乙亥》，《清实录》，第4册，中华书局，1985年，第459页。

④ 《圣祖仁皇帝实录》卷一六《康熙四年九月乙巳》，《清实录》，第4册，中华书局，1985年，第247页。

牙仍雄踞菲律宾诸岛，俄罗斯的势力业已达到远东，屡次侵入黑龙江、松花江流域，对当地居民进行残酷屠戮与抢掠。随着帝国内部战事的结束，人民生活渐趋稳定，边疆问题就日益凸显出来，尤其是各种外来文化的渗透，更是构成了对中央王权越来越严重的威胁。

二、经济衰退与灾难频仍

明末清初的社会大动乱若以局部而言，实际可以上推至努尔哈赤起兵征明，即明万历四十六年（1618），当时东北部中国已经拉开了攻城野战的序幕。而全国性社会大动荡则是九年之后，明天启七年（1627），陕北农民大起义爆发，这一时期北方主要地区与荆襄等地也都成为杀人盈城的战场。清朝入关之后，战火又移到南方诸省，以四川、湖南、江西等为最，直到三藩之乱结束，才略告一段落。即使除却征台之役、雅克萨之役及其后屡次对维族的战争，中国大地前后动荡也近七十年之久。这七十年之久的时间，社会经济遭到了极为严重的破坏。

长久而普遍的战乱造成人口急剧下降，到处是抛荒的土地。中原地区久经战乱、十室九空，尤以河南最为严重，“满目榛芜，人丁稀少，几二十年矣”[①]；江南各省“大兵所至，田舍一空”[②]，富庶繁华成为过眼烟云；即使是满族的龙兴之地辽河流域，除奉天、辽海城外，很多居民一贫如洗，不少村落“空无人居”。[③] 而人口之锐减最甚者莫过于四川，基本达到了“民无遗类，地尽抛荒”的程度，整

---

① 李人龙：《垦田宜宽民力疏》，《皇清奏议》卷四，续修《四库全书》史部，第473册，上海古籍出版社，1995年，第54页。

② 肖震：《请正人心以维世道疏》，《皇清奏议》卷一五，续修《四库全书》史部，第473册，上海古籍出版社，1995年，第148页。

③ 白新良：《康熙皇帝传》，百花文艺出版社，2007年，第424页。

个四川“一万八千余丁，不及他省一县之众”①，温江县“自献逆屠剿，人类几灭，劫灰之余，仅存者范氏、陈氏、卫氏、蒋氏、鄢氏、胡氏数姓而已。顺治十六年清查户口，尚仅三十二户，男三十一丁，女二十三口。榛榛莽莽，如天地初辟”②，人烟之稀少几乎呈现出原始时代的景象！据统计，死于明清易代之浩劫的人数高达七千多万，超过历史任何时期，尤其是富庶的江南自唐宋以来一千余年首遭如此重大的破坏。③ 由于人口锐减，耕地大量荒芜，据《清实录》顺治八年记载，全国在册土地面积只有二百九十万八千余顷，较之《明史·食货志》所载明万历年间的耕地总面积七百余万顷，土地锐减多达四百余万顷。

天灾也连绵不断，与旷日持久的战争一样，交互作用于凋敝不堪的经济。从万历四十七年直到崇祯末年，河南、陕西、山东诸省连续发生水、旱、蝗、雹、地震等自然灾害，农民生活无以为计，延安府已是“采山间蓬草为食”，或“炊人骨以为薪，煮人肉以为食”。④ 顺、康时期，自然灾害仍然猖獗，比如顺治初年大雨连绵，许多地区“人畜淹没殆尽”、“禾苗烂死”、“漂没田庐无算”，又如康熙元年、十年、二十年都是水灾异常期。尤其是黄河自“李自成决河灌汴梁，其后屡塞屡决”，“患有不可胜言者”，⑤ 一旦决口，多是“溺死数万”、“漂溺无算”的记载，而据统计，仅康熙元年至康熙十五年，黄河决口就有四十五次之多⑥。

农民起义、自然灾害之外，清初经济的衰退、人口之锐减与满、汉两族的民族战争及游牧、农耕文明冲突有重要关系，反过来后者也

---

① 赵尔巽等：《清史稿》卷二七四，中华书局，1977年，第10051页。
② 民国《温江县志》卷四，《四川府县志辑》，第8册，巴蜀书社，1992年，第375页。
③ 路遇、滕泽之：《中国人口通史》，山东人民出版社，2000年，第780页。
④ 计六奇：《明季北略》，中华书局，1981年，第106页。
⑤ 赵尔巽等：《清史稿》卷一二六，中华书局，1977年，第3716页。
⑥ 白新良：《康熙皇帝传》，百花文艺出版社，2007年，第460页。

深刻地影响着前者。努尔哈赤时期，满族就曾在关外对汉人展开过屠杀，入关后由于清廷推行剃发、易服等民族压迫政策，导致了顺治初年本来已经归服的南方诸省风烟再起，并由此而引发了“扬州十日”、“嘉定三屠”、“江阴之难”等一系列惨剧，据王楚秀《扬州十日记》记载，仅在扬州一城被屠杀的人口就高达八十万之众①；嘉定屠城时有“悬梁者，投井者，投河者，血面者，断肢者，被砍未死手足尤动者，骨肉狼藉”，令人惨不忍睹；江阴反剃发斗争前后死亡数十万人，清军也有七万五千人横尸疆场；人口百万的南昌城被清军围困八月，粮绝之后以人为食，继之破城，所存无几。而南明军队收复失地，对于已经剃发者也同样进行屠戮，所以江西、湖南等南方几省多次易手，民众无所适从，死者不可计算。再者，清廷为了镇压东南沿海一带的抗清斗争而实行海禁，使沿海诸如江南、浙江、福建、广东几省边海居民“尽失故业”，如屈大均《广东新语》载：“忽有迁民之令……于是麾兵折界，期三日尽夷其地，空其人民，弃赀携累，仓促奔逃，野处露栖，死亡载道者，以数十万计”，“其丁壮者去为兵，老弱者展转沟壑，或合家饮毒，或尽帑投河，有司视如蝼蚁，无安插之恩；亲戚视如泥沙，无周全之谊。于是八郡之民，死者又以数十万计”。民有误出界墙者，执而诛戮，其死者“又不知几何万矣”。② 可见由两种文明冲突所导致的长期战争，对于明代中后期富庶的江南经济与繁荣的人口造成了何等沉重的打击。

游牧文明的生活习俗、生产方式也与汉民族传统的农业文明产生对抗。满族风俗很少从事稼穑，尤其随着领土开拓成为食利者阶层之后，更只是依靠掠夺与奴隶生产满足所需，据《清实录》载，崇祯

① 对于被屠杀的人数与此书之真伪，近来多有疑义。八十万数字可能出于夸张，但相关记载却有戴名世《乙酉扬州城守纪略》、计六奇《明季南略》、吴嘉纪《过兵行诗》等，足以证明这场屠杀的恐怖性。

② 屈大均：《广东新语》卷二《地语·迁海》，中华书局，1985 年，第 57—58 页。

十一年冬至十二年春，清军在畿辅、山东一带掠去汉民四十六万二千三百余人，崇祯十五年冬至十六年夏，清军又“俘获人民三十六万九千名口”①，被掠人口基本作为旗下奴隶使用。② 为了保证大批入关八旗贵族生活，清廷在京畿等八旗驻防地区推行“圈地运动”，之后地域逐渐扩大。这场圈地运动大规模进行是顺治元年至顺治四年，直到康熙二十四年才真正意义上被废止。“圈地令”的推行使大量良田被挤占，失地的汉民或投身旗下为奴，或流离失所，如魏裔介《流民死伤堪悯疏》中所记：

> 直隶北四府，当圈占之余，民已无田无家，不过佣作旗下，苟延衣食……流民南窜，有父母夫妻同日缢死者，有先投儿女于河而后自投者，有得钱数百卖其子女者，有刮树皮抉草根而食者。至于僵仆路旁为乌鸢豺狼食者，又不知其几何矣。③

而被八旗所圈之地，却“历年未有收成，因奉命出征，必需随带之人，致失耕种之业，往往地土旷废”，由良田被荒废为牧场。圈地之后八旗旗地共达十四万余顷之多，而自耕农则十不一二。④ 由于奴隶式的掳掠与汉民族生活、生产方式不合，由圈地产生的大量旗下奴隶，其“尊卑上下”的生活，也已经远远不能适应明末以来日益松弛的主仆关系以及王学所倡的人格自尊精神，所以常有奴隶逃亡发生甚至演变为起义，这种情况到顺治时期依然严重，据记载当时“数月之间，逃人已几数万”⑤，生产秩序根本不能获得稳定。这些更使

---

① 《太宗文皇帝实录》卷六五《崇德八年五月癸卯》，《清实录》，第 2 册，中华书局，1985 年，第 889 页。

② 据韦庆远、吴奇衍、鲁素《清代奴婢制度》一书：当时化俘为奴的人数占俘获人口的百分之九十以上，至皇太极时期满洲地区奴隶总数有二百万口左右。（中国人民大学出版社，1992 年，第 15 页）

③ 魏裔介：《流民死伤堪悯疏》，《兼济堂文集》，中华书局，2007 年，第 19 页。

④ 戴逸：《简明清史》，上册，人民出版社，1984 年，第 199 页。

⑤ 《世祖章皇帝实录》卷二六《顺治三年五月庚戌》，《清实录》，第 3 册，中华书局，1985 年，第 218 页。

清初社会经济在战乱、自然灾害之中雪上加霜。

由上可见，经历明末清初天灾战乱的大浩劫，在康熙前期，人口锐减，土地抛荒，经济全面崩溃已是不争之事实。这一切对传统以农业立国的王朝而言，产生之影响是异常深刻的，紧密关系到王朝的稳定。要结束战乱，改变经济残破、人口消减之局，必须调节满、汉两族的矛盾与仇恨，必须从政治秩序上、生产方式上、宗法伦理上、民族隔阂上进行改革，意识形态的构建是其重要前提。

三、风俗颓弊与秩序失范

社会风气体现了民众素质，是政治、经济及学术的发展基础，可以分为民风、士风与官风三个方面。其中，士风上为官风的土壤、下为民风的引导，居于核心地位。明末清初的学者对社会风气的变迁特别重视，以顾炎武为甚，在其看来“教化者，朝廷之先务；廉耻者，士人之美节；风俗者，天下之大事。朝廷有教化，则士人有廉耻；士人有廉耻，则天下有风俗”①。晚明的世风概括起来就是功利、暴戾、奢靡和纵欲，文胜质衰。明末的颓败世象与满族社会的淳朴形成了鲜明的对比，张缙彦目睹宁古塔一带的风俗，十分感慨，认为关外满人那种“重民食”、“不贵货”、“夏不伐青”、“夜不闭户”、“行旅不赍粮”之类都是神农以来的古之遗风，中夏之礼已失、当求诸四裔。

对明末士风的批判，莫过于朱之瑜，在《中原阳九述略》一书中，舜水将士大夫的败坏视作国破家亡之始：

> 中国之有逆虏之难，贻羞万世；固逆虏之负恩，亦中国士大夫之自取之也……父之训子、师之教弟，猎采词华，埋头呫哔，其名亦曰文章，其功亦穷年皓首，惟以剽窃为工、掇取青紫为

① 顾炎武著、黄汝成集释：《日知录集释》卷一三，上海古籍出版社，1985年，第1038页。

志，谁复知读书之义哉！既不知读书，则奔竞门开，廉耻道丧，官以钱得，政以贿成，岂复识忠君爱国，出治临民！①

明朝立国以科举取士，很有成效，但是到后来风气日下，士人读书全是功利之心，既空疏无学，又钻营奔竞，寡廉鲜耻，甚至到了八股文都不会写的地步；而书院讲会林立，只是一片虚浮的"繁荣"。许多不学无术的士人却乐于奔竞，一度将权阉魏忠贤请进孔庙，全国各地的乡绅又争为魏忠贤建生祠，真是媚态百出。于是，很多有骨气的学者，只肯闭门读书，复社中学者到桐乡讲学，县人趋之若鹜，张履祥独不为所动。李二曲、颜习斋也都不肯交游，便是要立廉知耻，李二曲在讲学时就指出："若夫今日吾人通病，在于昧义命，鲜羞恶，而礼义廉耻之大闲，多荡而不可问。"② 顾炎武将"博学于文，行己有耻"作为座右铭，认为"士大夫之无耻，是谓国耻"，也是针对当时的士林风气而言，顾炎武还在《广宋遗民录序》中描述道："余尝游览于山之东西、河之南北二十余年，而其人益以不似。及问之大江以南，昔时所称魁梧丈夫者，亦且改形换骨，学为不似之人。"③

"纵欲"文化也反映了当时社会风气的侧面。明代中后期情色文学曾流行一时，最著名的有兰陵笑笑生的《金瓶梅》，其他传世者还有《剪灯新话》、《欢喜冤家》、《宜春香质》、《如意君传》、《情史》、《隋炀帝艳史》等，情色小说从社会底层到士大夫，影响于当时的社会秩序极大，正如鲁迅所说："瞬息显荣，世俗所企羡，侥幸者多竭智力以求奇方，世间乃渐不以纵谈闺帏方药之事为耻。风气既变，并及士林。"④ 情色文学在清初也仍然盛行，如《肉蒲团》、《姑妄言》、《百花野史》、《风流和尚》、《两肉缘》等很有代表性，而毫无文学色

---

① 朱之瑜：《中原阳九述略》，《朱舜水集》，中华书局，1981 年，第 1 页。
② 李颙：《二曲集》，中华书局，1996 年，第 76 页。
③ 顾炎武：《广宋遗民录序》，《顾亭林诗文集》，中华书局，1959 年，第 36 页。
④ 鲁迅：《中国小说史略》，人民文学出版社，1973 年，第 155 页。

彩、纯以肉欲取乐的作品更是不胜枚举。

士大夫也纵情声乐之中，清流亦如此，比如作为明朝重臣的祁彪佳，在内忧外患之际，却只专心经营小筑于某山，整日流连山水间，每见一奇石，则惊喜万分，夜间多不过看戏读书之类，北方烽火四起的消息传到南方，而其地之民仍如在醉梦之中。① 即便是清军入关之后，江南的名流达官们仍然是往返歌楼妓馆，正如孟森所讲“易代之际，倡优之风，往往极盛。其自命风雅者，又借沧桑之感，黍麦之悲，为之点染其间，以自文其荡靡之习。数人倡之，同时几遍和之，遂成为薄俗焉”②。

这种状态下很多士人对于理学所讲的仁、义、礼、智之类充满了不屑，时人如熊赐履、李光地都有类似记载，比如熊氏曾讲道：“今之学者说着《五经》、《四书》，便以为头巾语、学究气。”③ 又比如李光地记载：“有人问，古来田猎诗，以何为第一？某答之以《车攻》。问者笑云：‘又来说道学了。’”④ 因此，无论那个时代程朱理学、陆王心学在学术上如何发展，很多时候也不过是普通人的饭后谈资和士人追名逐利的敲门砖。儒学在走向民间的过程中也大大庸俗化，比如袁了凡便倡导“功过格”⑤，将儒家修身与道家因果之说结合，这种方法在民间极有市场，即使陆世仪、陈言夏等知识精英亦曾潜行之。

在士风、官风衰弊的影响之下，明末民间风气尤以江南为奢靡。汤斌受康熙帝命到江苏整饬风俗，描述当时丧礼的情形是“亲友搭

① 祁彪佳：《林居适笔》，祁氏远山堂抄本。
② 孟森：《王紫稼考》，《明清史论著集刊正续编》，河北教育出版社，2000 年，第 419 页。
③ 熊赐履：《闲道录》卷下，《四库全书存目丛书》子部，第 22 册，齐鲁书社，1995 年，第 35 页。
④ 李光地：《榕村语录续语录》，中华书局，1995 年，第 232 页。
⑤ 所谓“功过格”，本为道士自记善恶功过的一种簿册。善言善行记功，为“功格”，恶言恶行记格，为“过格”，每天进行记录，到月终进行统计。有功则得福，有过则得罪。袁了凡用之于儒家修身。刘宗周曾著《人谱》加以批评。

台演戏，殡葬绫罗收头，女婿外甥，饮酒欢呼，浮屠黄冠，喧阗杂闹”。曾经寓居南京的熊赐履也描述说：“总因习俗相沿，莫知其非。近见民间丧家，一面修斋颂经，一面演剧歌舞，甚至孝子痛饮，举家若狂，令人不忍见闻。诸如火葬焚化、跳神禳赛之类，伤财败俗，不可殚述。”① 还有民间健于争讼，多是“凌孤逼寡，诈奸诈盗；爱富欺贫，逐婿停婚；兄弟阋墙，妇姑谇语，悖伦伤化之事累累见告。……更可骇异者，兄收弟妻，弟收兄妻……乡村愚人公然嫁娶，甚至父母主婚，亲朋相贺”②。

民风中的戾气也很重，关于这一点，赵园女士在《明清之际士大夫研究》中对明清之际士人群体充满“戾气”的心态、生存于绝对道德之境的困顿、不惜一死以殉故主的偏激与狭隘的心理都有精彩的描述，正如其所指出“以戾气概括明代尤其明末的时代氛围，有它异常的准确性”。赵园女士还特别列举了一些细节，如刘谨坐谋反死，人们争食其肉，袁崇焕被磔时，京都百姓“将银一钱，买肉一块，如手指大，啖之。食时必骂一声，须臾，崇焕肉悉卖尽”，熊廷弼被捕之后，每遇朝审，行道之人必以瓦砾掷熊流血满面，如此等等，确实是“如此人主，如此百姓！这才可称末世景象……明清之交最严重的危机，即此施暴嗜杀以至受虐自戕中‘人道’的沦丧”③。

明末清初思想文化界在无序中获得的繁荣为后代学者无限艳羡，但是也不能不看到这个所谓的文化繁荣是建立在怎样的社会政治、经济基础之上的，社会发展要求秩序，民众渴望太平和安宁，这种异变是当时整个社会秩序失范包括政治、伦理及心理混乱的产物，在这种风气的败坏中，秩序的失范也是必然的事情，某些学者所看到的所谓明末的“民主”气息，实际上都是秩序失范之后的乱象。总之，以

① 《康熙起居注》，第1册，中华书局，1984年，第127页。
② 汤斌：《禁革乱俗，以正伦常事》，《汤斌集》，中州古籍出版社，2003年，第417页。
③ 参见赵园《明清之际士大夫研究》，北京大学出版社，1999年，第15、19页。

上这些思想文化界的所有特点，构成了康熙前期以理学为中心的，既有明末遗风，又有清代特色的异常复杂的思想文化状态，它昭示着清初的文化秩序必须重建，而且迫在眉睫。当然，在大时代的风俗颓弊中，也涌现出孙奇逢、李二曲、顾炎武、王夫之、朱之瑜以及庙堂中汤斌、陆陇其、张伯行等一批怀瑾握瑜、博学通识的君子仁人、清官廉吏，这些人成为清代社会风气扭转的重要因素之一。

第三节 康熙帝的理学思想

康熙帝（1654—1722），名爱新觉罗·玄烨，世祖福临第三子，庙号“圣祖”。在位六十一年间，康熙帝擒鳌拜，削三藩，平台、征蒙、定藏、拒俄，为帝国建立起了强大的王权统治。同时，康熙帝自幼便习学汉文化，之后又长期在经筵日讲中熏陶，在政治实践中考察，最终形成了自身独具特色的理学思想。康熙帝的理学思想的形成及其主要倾向，对理学在康熙朝中晚期逐渐走上庙堂成为意识形态起了决定性的作用。

一、汉学渊源

接受汉族文化是康熙帝理学思想形成的前提和基础。康熙帝母家出自汉军，外祖父佟图赖，原名佟盛年，为辽东汉人，隶汉军正蓝旗。康熙帝即位之前，依满族旧俗随保姆养在宫外，其中一个保姆就是汉人孙氏，即大文学家曹雪芹的曾祖母。从这些方面来看，康熙帝对汉文化的接受有得天独厚的优势。

与汉民族士人一样，作为帝王的康熙，其受学亦始自“四书”。彼时教其句读者为张、林二内侍，均为明朝旧人，读书颇多，教学内容以经书为要、诗文为后。康熙帝学习特别认真，“自五龄，即知读书，八岁践祚，辄以《学》、《庸》训诂，询之左右，求得大意而后愉快”，“日所读者必使字字成诵，从来不肯自欺”。[①] 孝庄太皇太后对乃孙教育也极为严格，康熙晚年回忆说：“朕自幼龄学步能言时，即奉祖母慈训，凡饮食动履、言语皆有矩度，虽平居独处亦承教以，罔敢越轶，少不然，即加督过，赖是以克有成。”[②] 这种有关身心的严格教育，也为康熙帝的理学修养提供了前提。

康熙帝正式学习理学是从经筵日讲开始的。在朝臣的呼声中，康熙十年（1671），铲除鳌拜集团之后，经筵日讲开始施行。从康熙十年至康熙二十五年（1686），经筵日讲长达十五六年之久，并且跨越了玄烨自十七周岁到三十二周岁的时段，这一时段不仅是人生求知的黄金时代，亦是个人思想奠定的关键时期。经筵日讲，尤其是日讲制度，对这位年轻的皇帝产生过深刻影响。钦定讲官前后有熊赐履、汤斌、徐元文、张英、孙在丰等，均为当时知名的理学、文学名士。康熙帝对于日讲非常重视，曾勉励日讲官员：“卿等每日起早进讲，皆天德王道修齐治平之理。朕孜孜问学，无非欲讲明义理，以资治道。朕虽不明，虚心倾听，寻绎玩味，甚有启沃之益。……凡有所见，直陈无隐，以副朕孜孜向学之意。”[③] 在正式的讲学之外，康熙帝还经常单独召对熊赐履，以咨询理学疑难，这种召对也是其学习理学的一种重要形式。

满人入关前后，风气比较淳朴，直情率遂，诚心实意，对汉文化的学习也是一样。顺治帝读书时，一心用功，竟至呕血。康熙帝为学也刻苦，少时如此，在经筵日讲中也如此，据其自述说：“及至十七八，更笃于学，逐日未理事前，五更即起诵读，日暮理事稍暇，复讲

---

① 《圣祖仁皇帝实录》卷一一七《康熙二十三年十一月乙丑》，《清实录》，第5册，中华书局，1985年，第228页。

② 《圣祖仁皇帝御制文集》第二集卷四〇《庭训》，台湾商务印书馆1983—1986年版文渊阁《四库全书》，第1298册，第704页。

③ 《康熙起居注》，第1册，中华书局，1984年，第310页。

论琢磨，竟至过劳，痰中带血，亦未少辍。”①

日讲内容涉及许多儒家核心经典，有“四书”及《春秋》、《礼记》、《易经》、《书经》、《资治通鉴》、《通鉴纲目》，等等。“四书”经过理学家尤其是朱熹的诠释，长期以来都是宋明理学的经典，是士人参加科举考试的必读之书，它所诠释的观念、所传达的思想也长期以来是汉民族基本的人生信条。康熙帝对“四书”评价很高。比如，对《论语》，认为“孔子以生民未有之圣，与列国君大夫及门弟子论政与学，天德王道之全，修己治人之要，具在《论语》一书”。对《大学》、《中庸》则认为“皆孔子之传，而曾子、子思独得其宗，明、新、止至善，家国天下之所以齐治平也”②。“五经”也是经筵日讲的重要内容，编辑成书的有《日讲易经解义》、《日讲书经解义》、《日讲礼记解义》、《日讲春秋解义》和《日讲诗经解义》等。

史学，尤其是文学也都为康熙帝所嗜爱，其中，朱熹《资治通鉴纲目》最具代表性。《资治通鉴》为宋代大儒司马光主持编纂的一部编年体通史。宋神宗高度评价这部著作，认为是“鉴于往事，有资于治道”。朱熹在此基础上，参以胡安国《通鉴举要补遗》，与门徒赵师渊合作著成《资治通鉴纲目》，该书运用春秋笔法，以理学家的视野展开，寓褒贬于叙事之中。康熙帝酷爱《纲目》一书，手批百有余条，刊为《御批资治通鉴纲目》。对汉民族的文学包括诗歌，康熙帝更是钟情，以文辞见长的徐乾学三兄弟、张英、高士奇、王鸿绪等士大夫也活跃于其周围，受尽宠幸，康熙帝的汉文化修养也由此得到了很大提升。最初，高士奇向康熙帝说诗文“向有朝代”，一看便知，康熙帝“甚疑此言”，后来确实达到了看诗文便能明白其时代的

---

① 《圣祖仁皇帝庭训格言》，台湾商务印书馆1983—1986年版文渊阁《四库全书》，第717册，第617页。

② 《圣祖仁皇帝御制文集》第一集卷一九《日讲四书解义序》，台湾商务印书馆1983—1986年版文渊阁《四库全书》，第1298册，第185页。

地步。[①] 康熙帝还将文学提升到载道的高度，在其看来，“经纬天地之谓文，文者，载道之器，所以弥纶宇宙，统括古今，化裁民物者也”[②]。

康熙帝对汉族文化的认识，以理学最为根本，而熊赐履对其影响最大。熊赐履认为“理学不过正心诚意、日用伦常之事，原无奇特。……我辈惟务躬行，不在口讲”，“学问在实践，不在空讲”[③]，以“正心诚意”的日常践履为理学，以此教导康熙帝；熊赐履强调为学工夫的彻底性与精细性，认为“应有的不令其一毫不有，应无的不令其一毫不无”[④]，“不容有一毫含糊混淆，一毫游移假借”[⑤]。这些理念对于初入学术殿堂的少年玄烨起到了重要的导向作用。康熙帝谈及熊赐履任讲官时曾说：“朕初立讲官，伊即早夜惟谨，未尝不以内圣外王之道，正心修身之本，直言讲论，务得至理而后已。”[⑥] 康熙帝晚年对《易经》特别有兴趣，与当时庙堂的易学大家李光地最为亲密。李光地易学在流派上宗法程朱，展示了浓郁的理学风格，在本质上仍然是程朱理学的展开。李光地是康熙帝晚年对其影响最大的理学名臣。

这些将理学从形上思辨下降为形下践履的做法，不仅是对明季以来王学末流禅化的一种反动，而且正好与满族风俗中注重实行、不尚讲说的真诚无伪的淳朴风气相符。康熙作为满族皇帝，对于汉人文过

---

① 《清代野史》，第6辑，巴蜀书社，1988年，第336页。

② 《圣祖仁皇帝御制文集》第一集卷一九《古文渊鉴序》，台湾商务印书馆1983—1986年版文渊阁《四库全书》，第1298册，第188页。

③ 《康熙起居注》，第1册，中华书局，1984年，第39、52页

④ 熊赐履：《闲道录》卷下，《四库全书存目丛书》子部，第22册，齐鲁书社，1995年，第40页。

⑤ 熊赐履：《下学堂札记》，《四库全书存目丛书》子部，第22册，齐鲁书社，1995年，第55页。

⑥ 《圣祖仁皇帝御制文集》第四集卷一《谕吏部》，台湾商务印书馆1983—1986年版文渊阁《四库全书》，第1299册，第402页。

饰非极为不满，却对民风淳朴的满人津津乐道，认为“汉人……凡事不务实为要，专尚虚名。满洲中尚有真正道学者”①。就其性格而言，康熙自幼便不乐佛道玄辩，据其所述说：“朕十岁时，一喇嘛来朝，提起西方佛法，朕即面辟其谬，彼竟语塞。盖朕生来便厌闻此种也。”② 不过对于佛教、道教，康熙帝还是尽可能予以尊崇。

二、理学真伪

“伪道学”长期以来都是一个困扰理学发展的重要问题，尤其是程朱理学与科举制度结合之后，士子们追逐功名利禄，理学更加工具化。在谪居龙场时，阳明看到当地夷人“直情率遂”，很感慨汉族士大夫“狡匿谲诈”，认为“士夫以虚文相诳，略不知有诚心实意”，因此主张由文返质、返朴归淳。③ 在其看来，儒学之所以败坏是因为“虚文胜而实行衰”④，因此提出“知行合一”，试图以此来弥合知行脱节的矛盾。

然而，正如王阳明自己所担心的：“吾之说虽或暂明于一时，终将冻解于西而冰坚于东，雾释于前而云滃于后，呶呶焉危困以死，而卒无救于天下之分毫也已！”⑤ 晚明以来，王学末流已抛弃了“致良知”，而是在“现成良知”的旗帜下，束书不读，从事游谈，使知行脱节的现象进一步恶化、假道学的现象进一步严重。清初对这些现象的批判都表现在王学上，然而王学连同程朱理学在当时实际上都面临着空前的信仰危机，它是需要一个时代进行解答的重大问题。

针对“伪道学”现象，康熙帝认为必须辨别理学真伪，并提出

① 《康熙起居注》，第 2 册，中华书局，1984 年，第 1194 页。
② 《康熙起居注》，第 1 册，中华书局，1984 年，第 127 页。
③ 王阳明：《寄邹谦之》，《王阳明全集》，上海古籍出版社，1992 年，第 205 页。
④ 王阳明：《传习录》，《王阳明全集》，上海古籍出版社，1992 年，第 7 页。
⑤ 王阳明：《传习录》，《王阳明全集》，上海古籍出版社，1992 年，第 54 页。

了“真理学”这样一个概念。一次，康熙帝与讲官牛钮、张玉书、汤斌讨论理学，张玉书、汤斌都认为天理本在人心，由于宋儒揭示得更为细密，遂有理学之名。康熙帝也发表意见说：

> 朕见言行不相符者甚多，终日讲理学，而所行之事全与其言悖谬，岂可谓之理学？若口虽不讲，而行事皆与道理符合，此即真理学也。①

在康熙帝看来，理学并不在于概念分析，而是是否能够知行合一；然而从儒学发展史上来看，理学却是偏向于哲思的，自晚明以来，由于援禅入儒，更增加了玄辩色彩，这正是王夫之指出的“销行入知”，而颜元批判理学说其“半日静坐、半日读书”，都有代表性，因此，重新对理学进行界定是有必要的，只有辨别真伪，才能将知行合一的理学构建起来。

在康熙帝的一生中，多次提及“真理学”的问题，在其看来，理学真伪的关键，就是知行是否能够合一。康熙三十三年（1694）五月，在丰泽园，康熙帝对翰林官员进行了一场别开生面的考试，名为“理学真伪论”，对熊赐履、魏象枢、汤斌（已故）、李光地、德格勒等人过错一一进行了批评，认为作为“道学之人”，要“忠诚为本”，不要“务虚名”、“挟仇怀怨”。② 这就是康熙帝为“真理学”下的定义：言行一致、务实、公道。

在提倡真理学的同时，康熙帝多次用“实学”这一名词。“实学”一词，起源很早，清初学者多以实学相号召，主要是针对明季学风之空疏而言的。康熙帝所提倡的实学，亦是针对明季学风，他批评明季学者“空谈性命，不务实学”，在其题考亭书院联中“实学”指

① 《康熙起居注》，第2册，中华书局，1984年，第1089页。

② 《圣祖仁皇帝实录》卷一六三《康熙三十三年五月癸酉》，《清实录》，第5册，中华书局，1985年，第785页。

称“孔孟濂洛之学”①。康熙帝所提倡的实学，亦即“真理学”，两者异名而同实，然而之所以用“实学”来解释理学，旨在进一步强调理学之真、践履之实。康熙四十三年（1704）河间水灾，饥民入京，作为直隶巡抚的李光地“自陈不职，请解任”，康熙帝又一次以实行讲理学，认为：

> 凡人口讲道学，彼即深信之。夫道学岂易言哉？孔子曰：“先行其言而后从之”，人之品行，必始终不易，朕始信之。若徒托之空言而无实事，则亦何益之有？非特此也，凡有职任者，一有所为，善恶立见，更不宜轻言也。②

两宋以来，朱、陆各派攻奸驳辩，均以道统自居，其原因是各派对理学的本质或某些特点看法不同，实际上表现了各派对于理学真伪的判定。而康熙帝作为帝王为理学树立一个这样的标准，在这一道统争论中无疑具有很特殊的意义。理学家认为，尧舜三代均是“治统”兼“道统”时代，自孔子以后则是道统与治统的分离时代，他们提倡道统论明显地有制约王权的作用。康熙帝作为身居治统之中的帝王，对理学真伪提出这样一个标准，无疑是有意识地将治统与道统合一，在其看来，两者确有同一性，“朕惟天生圣贤，作君作师，万世道统之传，即万世治统之所系也……道统在是，治统亦在是矣”③，这两者之中，康熙帝突出指出道统优先于治统，是治统的根本所系。虽然这与以前理学家的认识并无二致，但是从康熙帝身份而言，他强调道统无疑是要两者合一，更明确地说就是王权要占有原在士大夫手

---

① 福建考亭书院联为：“诚意正心，阐邹鲁之实学；主敬穷理，绍濂洛之心传。”康熙以之表彰朱熹，说明朱熹学问传承及特征，足以表现康熙帝对理学与实学关系之认识。

② 《圣祖仁皇帝实录》卷二一六《康熙四十三年四月戊寅》，《清实录》，第6册，中华书局，1985年，第186页

③ 《圣祖仁皇帝御制文集》第一集卷一九《日讲四书解义序》，台湾商务印书馆1983—1986年版文渊阁《四库全书》，第1298册，第185页。

中的用以制约其权力的旗帜。正是在这个意义上，康熙帝推崇孔子到无以复加的地位，并强调要兼道统、治统于一身："朕惟道统与治统相维，作君与作师并重。"①

康熙帝通过理学真伪的辩论，作为一代帝王，事实上掌握了对理学的解释权，很大程度上也就剥夺了士大夫对理学的诠释权。如何为理学定性，从学术层面而言，康熙帝并非无权参与，但是与一般学者不同的是，康熙帝手握王权，王权所具有的权威性、排他性、强制性，必然一定程度上导致这场"理学真伪论"的不公平。对于以道统自居的熊赐履等人，康熙帝就批评说：

> 若以理学自任，则必至于滞执己见，所累者多。反之于心，能实无愧屋漏乎？宋、明季代之人，好讲理学，有流入于刑名者，有流入于佛老者。昔熊赐履在时，自谓得道统之传，其没未久，即有人从而议其后矣。今又有自谓得道统之传者，彼此纷争，与市井之人何异？②

从史料中可以看出，在康熙的少年时代，熊赐履激情昂扬，为其传授内圣外王之学，指点其学之偏处，俨然有"帝师"的姿态，但是随着自身的理学日益成熟，康熙帝就对熊赐履由崇敬渐渐转为排斥，而熊赐履成为大学士之后"亦唯缄默自容"③。

虽然如此，康熙帝还是希望臣下能衷心悦服，而将理学定义在实行上就是重要方向。崔蔚林是康熙前期主张王学的一位理学名臣，早年曾游学于孙奇逢名下，孙奇逢希望他多和同程朱。在一次日讲中，康熙帝询问崔蔚林格物致知的含义，崔蔚林认为格物就是"穷心之理"，认为朱熹将物"解作天下事物，未免太泛"。康熙帝认为"朱

---

① 《圣祖仁皇帝御制文集》第二集卷四一《重修阙里圣庙告成遣皇子告祭文》，台湾商务印书馆1983—1986年版文渊阁《四库全书》，第1298册，第716页。

② 《康熙起居注》，第3册，中华书局，1984年，第2222页

③ 《圣祖仁皇帝实录》卷二三六《康熙四十八年春正月乙未》，《清实录》，第6册，中华书局，1985年，第361页。

子解意，字亦不差”，崔蔚林还是据大学古本而力争。康熙帝只好说“性理深微，俟再细看”①。然而由于崔蔚林居乡颇招物议，于是康熙帝就从实行角度对崔蔚林批评，说：“如崔蔚林之好事，居乡不善，此可云道学乎？”② 正如丰泽园的“理学真伪论”一样，对讲求理学而修身不济的士大夫无疑是一个有力的回击。

从积极方面讲，康熙帝提出“理学真伪”，比较好地解决了长久以来如何弥合知行之间的矛盾问题，使理学摆脱了形而上的意义，从而更加深入到社会的各个阶层，尤其是下层民众的行动之中，对于纷纭坏乱的社会意识形态秩序化有重要意义。从消极方面讲，道统、治统两者集于皇帝一人身上，大大加强了帝国意识形态的权威性、独尊性。从此如何判定二者轻重只有帝王个人的内心权衡，因而治统也就失去了道统的外在约束。理学家之失去道统，使得他们对于王权约制也失去了根本的理论依据，从而理学外王之路遭到阻遏。同时，理学也并不能全无探讨，讲行而不重知的真伪判定，也使理学逐渐走向非学理化，由此也渐渐失去了它的反思精神，失掉了它不断分化衍变的动力源泉。

三、天命人为

天人关系一直是传统儒学的重要内容，也是宋明理学的主要命题。从周敦颐的“太极”到张载的“乾父坤母”，再到二程的“天理”，都是在描绘一个从天到人的结构，认为天赋予了人中正仁义的天命之性，只是由于气禀等原因才有现实的恶。这种理论有力地回应了佛学的挑战，但是也大大消减了原来儒学中天的意志性，而“天”似乎变成了一条纯粹的“规律”。康熙帝的天命观既是宋明时代的延

① 《康熙起居注》，第1册，中华书局，1984年，第446页。
② 《康熙起居注》，第2册，中华书局，1984年，第1194页。

续，又展现出时代和民族的特色。

康熙帝对于天人关系的态度，受到萨满教的影响很大。萨满教作为一种原始多神教，相信万物有灵、天人感应，在萨满教的世界中，神灵不仅仅是从天到人的一个逻辑推理的公式，而是具有意志性，它高高在上，明鉴人间一切善恶。因此，虽然满族人自己讲不清楚什么是“忠”、什么是“义”，但是对于神灵的虔诚，使这个民族养成了忠义淳朴的风气。当然，萨满教里也有很多愚昧落后的东西，清初诸帝都进行过抵制，但是对天的信仰、对天人感应的认同却没有丝毫减退。努尔哈赤时期的年号即“天命”，又自称“天命忠诚之汗”；皇太极认为“有道者昌，无道者废，上天应感之理昭然不爽”①，与太祖一样将战争等成功归功于天意，而将一切灾变都归咎于自身德行不足，康熙帝也不例外。

由于这种原因，康熙帝在接触汉文化的过程中，对董仲舒的天人感应之学特别认同。相对于宋明理学将天视为自然运行，董仲舒的天道观却带有强烈的人格神特征，并杂有许多灾异谶纬之说。康熙帝曾评论说“虽汉之董子、唐之韩子亦得天人之理”②，不仅董仲舒在道统中的地位得到肯定，其天人感应观也得到了康熙帝的认可。在康熙帝看来：“天人感召，理有固然，人事失于下，则天变应于上，捷如影响，岂曰罔稽？”③ 将天变与政事视为一体，认为政事之失则将导致天象之变，是董学的主要内容，也是康熙帝用人施政的重要理论依据。康熙十八年（1679）夏，京师大地震，圣祖便下谕说：

> 兹者异常地震，尔九卿大臣各官其意若何？朕每念及，甚为

---

① 《太宗文皇帝实录》卷九《天聪五年四月戊戌》，《清实录》，第 2 册，中华书局，1985 年，第 126 页。

② 《圣祖仁皇帝御制文集》第四集卷二一《朱子全书序》，台湾商务印书馆 1983—1986 年版文渊阁《四库全书》，第 1299 册，第 534 页。

③ 《圣祖仁皇帝御制文集》第一集卷七《谕礼部》，台湾商务印书馆 1983—1986 年版文渊阁《四库全书》，第 1298 册，第 91 页。

> 悚惕，岂非皆由朕躬料理机务未当，大小臣工所行不公不法，科道各官不直行参奏，无以仰合天意，以致天变生耶？今朕躬力图修省，务欲挽回天意，尔各官亦宜洗涤肺肠，公忠自矢，痛改前非，存心爱民为国。①

既然天可以降灾异示人，人亦可以以德感天，所以在多次大旱中，康熙帝或坚持亲身求雨，或在宫中斋戒，都很虔诚，他还曾批评礼部“于各寺庙祈雨，所用僧人、道士，但务虚文，殊无实意”②，主张“人君对越神祇，务尽其诚敬之心，礼仪节文，宜臻明备”③。在康熙帝看来，这种用以感天的“德”就是理学的修身工夫，即要保持“诚”、“敬”之心，认为“人君惟敬修其德，以与天意相感孚……和气致祥，乖气致戾，乃古今不易之恒理，遇祥益谦，遇灾知儆，乃人君应天之实事，亦无时不致其谨凛而已”④。以“敬修其德”来严格要求自己，相信人通过这种诚心，可以与天相沟通。

康熙帝一方面以“德”来沟通天人之际，另一方面也对谶纬之学展开选择性批判，这表现在反对符瑞灾异一类的过分附会。康熙五十六年（1717），便曾对诸皇子和满汉大学士表明心志：

> 朕之生也，并无灵异，及其长也，亦无非常。八岁践祚，迄今五十七年，从不许人言祯符瑞应，如史册所载景星、庆云、麟凤、芝草之贺，及焚珠玉于殿前，天书降于承天。此皆虚文，朕

① 《圣祖仁皇帝实录》卷八二《康熙十八年七月庚申》，《清实录》，第4册，中华书局，1985年，第1051页。

② 《圣祖仁皇帝实录》卷二七五《康熙五十六年十一月癸酉》，《清实录》，第6册，中华书局，1985年，第698页。

③ 《圣祖仁皇帝御制文集》第一集卷三《谕礼部尚书哈尔哈齐侍郎常鼐》，台湾商务印书馆1983—1986年版文渊阁《四库全书》，第1298册，第57页。

④ 《圣祖仁皇帝御制文集》第一集卷二六《讲筵绪论》，台湾商务印书馆1983—1986年版文渊阁《四库全书》，第1298册，第227页。

所不取。惟日用平常，以实心行实政而已。①

康熙帝虽然接受了董学的天人感应观，坚信“德”在沟通天人之际的作用，但是他还是用理学中的“诚”、“敬”来规定德，认为人君不必以汲汲于祯祥符瑞，只要“实心实政”，自然能与“天意相感孚”。谶纬之学的衰落，实际上就与它的过分迷信附会有关，宋明理学的兴起，尤其是对“天”自然化倾向的重构便是矫其弊端，在这方面，康熙帝又接受了宋明理学的影响，而不是全盘照搬董学。归根结底，所有问题又重新回归到理学的“诚”、“敬”与天理人欲之辩中。

另外，在两汉盛行的灾异说认为，最先为灾异负责的是皇帝，如董仲舒所说“屈君而伸天”，是对君主的一种警戒；但到东汉时代若有天灾，则三公多被罢黜，皇帝不再负责，灾异说沦为君王统治下臣的工具。雍正帝就是承接东汉，将董仲舒天人感应说由人君的个人道德修养变成对全体臣民的政治训诫，进而发展为对政治反对者的暴力镇压。② 这与康熙帝将其作为个人道德修养之警戒的做法是不同的。康熙十八年京师大地震之后，作为一国之君的康熙帝虽然也借机整顿吏治，但最终还是归因于己，认为“朕躬不德，政治未协，致兹地震示警”③，当时大臣魏象枢依东汉故事，提出“非常之变，重处索额图、明珠可以弭此灾”，康熙帝对此断然拒绝，说：“此皆朕身之过，与若辈何预？朕断不以自之过移之他人也。”④

然而“天命”的含义除董仲舒所论灾异之学外，还有穷通寿夭等更广阔的人生意义。理学家之论天命，主要是从天理与穷通寿夭的意义上来说，程朱一派主张“居易俟命”，而王阳明则并不太认同

① 《圣祖仁皇帝实录》卷二七五《康熙五十六年十一月辛未》，《清实录》，第6册，中华书局，1985年，第697页。
② 高翔：《康雍乾三帝统治思想研究》，中国人民大学出版社，1995年，第142—143页。
③ 《康熙起居注》，第1册，中华书局，1984年，第420页。
④ 《康熙起居注》，第2册，中华书局，1984年，第1951页。

“惟恭敬奉承于天”，他提出“立命”的主张，侧重人之改变既定命运的一面。康熙帝也认为：“人之一生虽云命定，然而命由心造，福自己求。……若日行善事，命运虽凶，而可必其转吉。”[①] 所谓“立命”，并不是费尽心机去算计，相反它与个人的行事善恶有着直接关系。正是在这个意义上，康熙帝积极地肯定“人为”，认为“人为”来补天之不齐，他说：“天行不齐，多赖人事补救。朕仓有余粟，帑有余金，随时随地，皆可赈济。故虽逢旱岁，亦不能为灾也。”[②] 将“天命”视作人力所不能达到之境与所不能完成之事，认为“人事尽而天理见”[③]，即使是不可预测的灾异，也仍然可以用“人为”之德加以补救。

总之，一方面康熙帝批判了董仲舒的天人相类，又试图在理学范畴天人相通的情形之下，将自然之“天”带上某种人格神的特征，从而增加人们对于天理的敬畏、信仰程度。它是满族风俗给理学带来的一种新的成分，使宋明时代的天人关系在清初展示出别样的特色。另一方面，康熙帝也汲取理学关于命运的积极态度，将儒学提倡的“德”视作沟通天人和立命的基础，体现了康熙帝在理学上的创造以及在现实政治中的运用。

四、躬行务实

康熙帝修身重躬行务实。晚明讲学的空疏与其工夫是紧密相关的，当时的士大夫大抵以静坐和玄辩为优入圣域之门的方法，康熙帝

---

① 《圣祖仁皇帝庭训格言》，台湾商务印书馆1983—1986年版文渊阁《四库全书》，第717册，第646页。

② 《圣祖仁皇帝实录》卷二七五《康熙五十六年十一月癸酉》，《清实录》，第6册，中华书局，1985年，第698页。

③ 《圣祖仁皇帝庭训格言》，台湾商务印书馆1983—1986年版文渊阁《四库全书》，第717册，第662页。

却将实行作为根本，当然实行也绝非不加思索，恰恰相反，与实行相配合的是对内心欲念的不断克制。理学家之论帝王修身，便是从消除其内心最细微的私欲入手，在其看来，“人心惟危，道心惟微”，唯有如此，才能格君心之非。具体来看，康熙帝之修身理论集中于“诚”、“敬”、“心传”、“践履”等方面。

“诚”、“敬”在康熙理学中占有重要位置，在其看来，“朕自幼读书，略观经史，持身务以诚敬为本，治天下务以宽仁为尚，虽德之凉薄，性之不敏，而此心此念兢守五十年，夙夜无间”。[①] 理学家之中，周敦颐最集中地论述了“诚”的观念，康熙帝受其影响颇大。在《太极图说》一文中，康熙帝指出：“言性者纷纷，曰性恶，曰性有善有不善，曰善恶混，而性命之理不大白于天下，得周子之说而正之”[②]，甚至将理学定位于一个“诚”字，认为“朕观性理一书，大指只一诚字，人可不以诚自勉乎?”[③] 康熙帝又将他的文治武功与“诚”字联系，认为“今四海为一，八表同风，自京北至万里如同家人父子。岂有他术哉？诚而已矣”。在康熙帝看来，“诚”这种修身方法，实际上也可以推到“齐治均平”的外王一面。

朱熹也深刻讨论过“诚”，但更重要的是提倡“主敬”之学。在众多理学家当中，康熙最为推重朱熹，也高度重视朱熹的“主敬”说，认为“《性理》一书，千言万语，不外一敬字”。[④]“君子之学大居敬”[⑤]。同样，他将“敬”字也与外王相沟通，认为“人君治天下，

---

① 《圣祖仁皇帝御制文集》第三集卷一七《谕和硕显亲王颜璜等》，台湾商务印书馆1983—1986年版文渊阁《四库全书》，第1299册，第142页。

② 《圣祖仁皇帝御制文集》第二集卷三〇《太极图说》，台湾商务印书馆1983—1986年版文渊阁《四库全书》，第1298册，第628页。

③ 《圣祖仁皇帝实录》卷一八四《康熙三十六年七月甲午》，《清实录》，第5册，中华书局，1985年，第971页。

④ 《康熙起居注》，第3册，中华书局，1984年，第2465页。

⑤ 《圣祖仁皇帝御制文集》第一集卷一八《居敬行简论》，台湾商务印书馆1983—1986年版文渊阁《四库全书》，第1298册，第178页。

但能居敬，终身行之足矣”①。而且，他又指出君王之“敬”乃是治国之关键所在：“敬怠之分，治忽所由关也。无时不敬，则可以久安长治。勾践不能敬之于始，既危而后惧，隐忍图功，仅乃获济，亦幸矣哉！”②“敬”也被推向了外王。

“心传”作为尧舜授受、侧重于帝王修身的理论原则，被朱熹提高到了道统的高度，在朱熹看来，就是道心、人心的天理人欲之辨。③ 作为帝王，康熙帝推崇《尚书》“人心惟危，道心惟微；惟精惟一，允执厥中”的帝王心传，心传与“诚”、“敬”一起构成了康熙帝的修身之学。“诚”，侧重于“毋自欺”以及对待万物的方式；“敬”，力图保持判断道心、人心之辨的警惧状态。但两者又有共同的趋向，无论“诚”、“敬”，其具体展开都不外乎“人心”、“道心”或者说天理、人欲之间的斗争。“诚”“敬”之达成必须“惟精惟一”，以细微专一作保证，“允执厥中”则是“诚”、“敬”之向现实的展开。之所以强调这种克己的“危”、“微”状态，在康熙帝看来，是因为帝王身份的特殊性，如其所谓：“人主势位崇高，何求不得，但须有一段敬畏之意，自然不至差错。便有差错，也会省改。若任意率行，略不加谨，鲜有不失之纵佚者。”④ 因为帝王一念之动都事关天下万民，即“一念不敬或贻四海之忧，一日不敬或以致千百年之患”⑤。所以必须对内心最细微处欲望之动及时审察，“兢兢业业，一日二日万几，惟恐隐微之地有一端未善，故日讲求于先儒性命之学，

---

① 《康熙起居注》，第3册，中华书局，1984年，第2465页。

② 《圣祖仁皇帝御制文集》第三集卷二七《古文评论》，台湾商务印书馆1983—1986年版文渊阁《四库全书》，第1299册，第208页。

③ 朱熹：《四书章句集注》，中华书局，1983年，第14页。

④ 《康熙起居注》，第1册，中华书局，1984年，第127页。

⑤ 《圣祖仁皇帝御制文集》第一集卷二六《讲筵绪论》，台湾商务印书馆1983—1986年版文渊阁《四库全书》，第1298册，第225页。

以务尽其诚意正心之功”。①

康熙帝对于理学的本体方面存而不论，其所提的“诚”、“敬”不是本体概念，而是与它的价值目标相连，即在践履中的“诚”、“敬”。康熙对于躬行实践非常看重，甚至将这作为理学的一个根本依据，认为“学问无穷，不在徒言，要惟当躬行实践，方有益于所学”②。康熙帝虽崇朱学，但是对于朱子后学徒以读书为格致而不躬行实践的现象很是不满：“人主万几待理，自当博览载籍，扩充闻见，然所贵者在于上下古今得其要领，辨别是非，归于至当，使天下之人情物理，靡不洞悉其隐微，熟识其常变，因以措诸施行，期为有益”③，并且批评说“或以涉猎强记为能，非博也”④，康熙帝反对朱学末流的支离，正与当年象山批评朱子“晦翁之学，自谓一贯，但其见道不明，终不足以一贯”如出一辙⑤，要之就是未能约之于躬行实践中。

从这个角度看，康熙帝理学这种注重践履的特色，某种程度上很是接近于陆王之学。朱学的知识论倾向，心学尤其是陆学的践履精神，是他们各自比较鲜明的特色。象山极少侈谈本体，也更少对理学概念分析，与康熙相似；象山认为“格物”当是“在人情、事势、物理上做些工夫”⑥，学问之要应归于躬行实践。⑦ 阳明则进一步批评

① 《圣祖仁皇帝御制文集》第一集卷一七《慎几微论》，台湾商务印书馆1983—1986年版文渊阁《四库全书》，第1298册，第171—172页。

② 《圣祖仁皇帝御制文集》第一集卷六《谕翰林院掌院学士喇沙里陈廷敬侍读学士叶方蔼侍讲学士张英》，台湾商务印书馆1983—1986年版文渊阁《四库全书》，第1298册，第80页。

③ 《圣祖仁皇帝御制文集》第二集卷三十八《吴臣赵咨称其主之学不在寻章摘句》，台湾商务印书馆1983—1986年版文渊阁《四库全书》，第1298册，第689页。

④ 《圣祖仁皇帝御制文集》第二集卷三〇《博约一贯论》，台湾商务印书馆1983—1986年版文渊阁《四库全书》，第1298册，第623页。

⑤ 陆九渊：《陆九渊集》，中华书局，1980年，第419页。

⑥ 陆九渊：《陆九渊集》，中华书局，1980年，第400页。

⑦ 牟宗三：《从陆象山到刘蕺山》，学生书局，1992年，第92页。

口耳之学，从而提倡“知行合一”之说，这些也与康熙帝不重玄想，唯重“措诸施行”的思想无二致，在其看来：“毕竟行重，若不能行，则知亦空知。”① 康熙帝的见解，与阳明“尽天下之学无有不行而可以言学者”如出一口②。康熙帝穷理的路径，也与象山相仿，极重发明本心，如其《示诸皇子诗》云“读书须立体，学问更从心”③，本体之心若不先立，则必有“佻达”、“浮华”之行，康熙帝曾引胡居仁《居业录》说：

> 穷理非一端，所得非一处。或在读书上得之，或在讲论上得之，或在思虑上得之，或在行事上得之。读书得之虽多，讲论得之尤速，思虑得之最深，行事得之最实。④

认为穷理之实就在于践履之中。但是，康熙帝的高度重视践履毕竟还是与陆王不同。对康熙帝而言，践履的核心乃是朱学一派的“诚”、“敬”，而没有王学“赤手搏龙蛇”的“狂者胸次”，它不是心证式的自我体验，不是禅宗式的机锋玄辩，康熙帝理学所表现出的伦理践履都是平实的、严谨的、简易的，正如其所言：“朱子云圣贤立言本自平易，而平易之中，其旨无穷。今必推之使高，凿之使深，是未必真能高深而已，离其本指，丧其平易无穷之味矣。此最要处也。”⑤ 总之，理学应当落实在现实的伦理、政治层面。

---

① 李元度：《国朝先正事略》卷六，岳麓书社，1991年，第171页。
② 王阳明：《传习录》，《王阳明全集》，上海古籍出版社，1992年，第45页。
③ 《圣祖仁皇帝御制文集》第二集卷四九，台湾商务印书馆1983—1986年版文渊阁《四库全书》，第1298册，第771页。
④ 《圣祖仁皇帝庭训格言》，台湾商务印书馆1983—1986年版文渊阁《四库全书》，第717册，第661页。
⑤ 《圣祖仁皇帝庭训格言》，台湾商务印书馆1983—1986年版文渊阁《四库全书》，第717册，第655—656页。

第四节　康熙中后期的庙堂与理学

作为国家意识形态的一部分，清初庙堂理学得以确立，最关键的是得到了皇帝支持，但是帝国如此庞大的疆域和人口，事务之繁杂，又绝非皇帝一人所可独任，它需要一批理学官僚；同时，皇帝与理学官僚的思想毕竟是属于个人的，它必须上升为国家意志，才能真正成为国家意识形态的组成部分。从历史发展来看，到康熙中晚期，以皇帝为表率，以熊赐履、李光地为代表的理学官僚在朝廷中以比较接近的理学观念形成了一个稳定的集团，而且在“折中于程朱”的精神指引之下，一批御纂经典也相继刊布，继之朱熹也被升祀为“十哲之次”。于是，有理由认为，清初庙堂理学得到了最终确立。

一、理学名臣在朝廷的得势

清军入关之后，以理学知名的汉族高级官僚诸如魏裔介、魏象枢为代表都登上庙堂，发挥了特殊作用。其中，魏裔介在顺治间提出了一系列建议，比如《圣德与年俱进疏》请求“开设经筵日讲，以隆万世治本”①，《请举视朝大典疏》请求“逢五日期，驾临正殿”、“朝见群臣”，②《士习隳靡已久疏》请求修缮学校、整顿士习③，《流民死伤堪悯疏》请求对灾民“大发赈济”④，《请颁御制诸书疏》请求“颁赐御制诸书，以善事化俗”⑤，如此等等，很多都成为有清一

① 魏裔介：《圣德与年俱进疏》，《兼济堂文集》，中华书局，2007年，第10页。
② 魏裔介：《请举视朝大典疏》，《兼济堂文集》，中华书局，2007年，第11页。
③ 魏裔介：《士习隳靡已久疏》，《兼济堂文集》，中华书局，2007年，第16—18页。
④ 魏裔介：《流民死伤堪悯疏》，《兼济堂文集》，中华书局，2007年，第19页。
⑤ 魏裔介：《请颁御制诸书疏》，《兼济堂文集》，中华书局，2007年，第25页。

代的大经大法。

虽然顺治时期“二魏”跻身庙堂之上，但是朝廷对理学重视不足，理学作为意识形态对朝廷的影响也还比较薄弱。康熙十年(1671)，魏裔介因为被弹劾事关鳌拜朋党，不得以“乌头”之龄请求解官归乡。不过，随着经筵日讲拉开序幕，理学的时代开始来临，其中，熊赐履是对康熙帝影响最早也最大的一位理学名臣。在熊氏的引导之下，康熙帝逐渐走上研习理学的道路。从亲政到“嚼签案”之前，康熙帝对理学的寻求孜孜不倦，“唯熊青岳之言是听”①。熊赐履的出现，对康熙帝走向理学道路起到了至关重要的作用。

然而，康熙十五年“嚼签案”使熊赐履被迫退出朝廷。“嚼签案”既是熊赐履的失势，也标志着理学在朝廷的失势。据《清圣祖实录》记载，熊赐履因拟票有误，“欲掩饰己过，私取草签嚼毁，以大学士杜立德所票另疏草签，扯去纸边，改写小字，希委咎于杜立德”②，但是有学者考证，“嚼签案”有可能是康熙朝初期党争的结果，③ 对被责施舍僧人事，康熙帝也表示：“朕以为熊赐履断不为此。”④ 不论这桩疑案事实如何，熊赐履终究被迫辞去大学士之职，从而使理学在朝廷中势力大大削弱。

虽然如此，康熙帝对理学仍然抱有很大的希望，这表现在对汤斌的重用。康熙二十三年（1684），圣祖将汤斌派往帝国最富庶的江宁去做巡抚，从而为理学家出任封疆大吏树立了典型。由于汤斌治民有方，康熙帝又委以教导太子的重任，汤斌还推荐了理学家耿介。然而由于汤斌之被重用，引起了明珠、余国柱的不满，便向康熙帝进谗

① 李光地：《榕村语录续语录》，中华书局，1995年，第734页。

② 《圣祖仁皇帝实录》卷六二《康熙十五年七月甲午》，《清实录》，第4册，中华书局，1985年，第801页。

③ 高翔：《熊赐履述论》，《清史论丛》，2006年号，中国广播电视出版社，2006年，第112页。

④ 《康熙起居注》，第2册，中华书局，1984年，第1901页。

言，认为汤斌在某文告中讲“爱民有心，救民无术”是对皇帝的谤讪。康熙帝听后极为震怒，传旨诘问，汤斌不久便在汹汹人言中故去。耿介见势因病乞假，也被弹劾“诈疾”，不久即辞官回乡，理学进一步地在康熙帝心中失去其位置，在庙堂中的影响也进一步式微。

在理学官僚失势之际，朝廷便表现为明珠、索额图代表的北党与徐乾学、高士奇代表的南党互争短长。南党以文学之士为多，从意识形态上对康熙帝影响似乎更大。徐乾学八岁能文，康熙九年中探花，二十四年入值南书房，二十六年迁左都御史，擢刑部尚书。康熙帝对徐乾学极为欣赏，曾说：“作文章谁及徐乾学?”① 康熙帝对徐乾学的欣赏与重用正展现了文学名士在庙堂的地位。当时，南书房是真正的帝国中枢，它集中了张英、高士奇等一大批文学名士。为康熙所宠信者，以高士奇最为特出。高士奇（1645—1703），字澹人，浙江杭州人。少以文名，后考入太学，得到康熙帝赏识。康熙帝高度肯定高士奇，甚至说“得士奇，始知学问门径”②。此外，有秘密奏折权的王鸿绪、曹寅等人亦为文学名士。其中，曹寅与康熙帝之间的关系非同寻常，康熙帝四次南巡皆住曹家，恩遇之隆时所未有。康熙帝还一再批评汤斌、李光地、崔蔚林等人，又说：“今人好讲理学者，辄谓文章非关急务，宋之周、程、张、朱何尝无文章?”③ 晚年也曾回忆自己对文学的偏好，说“予少时颇好读书，只以广博华赡为事，刚勇武备为用”。④

理学官僚对文学派当政持一种否定态度。诚然，徐乾学、高士奇等人也算得上是清初的大儒，徐乾学以治礼闻名，亦尊崇程朱，然而

① 《康熙起居注》，第2册，中华书局，1984年，第1194页。

② 赵尔巽等：《清史稿》卷二七一，中华书局，1977年，第10017页。

③ 《圣祖仁皇帝实录》卷一五九《康熙三十二年四月壬辰》，《清实录》，第5册，中华书局，1985年，第745页。

④ 《圣祖仁皇帝御制文集》第四集卷二一《朱子全书序》，台湾商务印书馆1983—1986年版文渊阁《四库全书》，第1299册，第534页。

这些人的主张与理学派还有较大差距。汤斌针对文学名士当政的现象，指出："但今长安以'理学'二字为讳，人人以诗赋见长，耳中不闻'吏治民情'四字，可叹也！"① 表现了两派确有一定的对立性，这种对立不是党争，而是"理学"与"诗赋"、浪漫与理性、功利娱情与吏治民情之间的对决。李光地对此讲得更加明白：

> 皇上向学，时把经学好道理浇灌进去，如今发出来自是不同。孝感之后，便接上张敦复、陈泽州、叶子吉，至高澹人、徐健庵，专意破除道理、治道、经书，总是诗歌词赋不相干的话。所以如今修书，部部都是甚么菁华、诗馀、群芳谱之类，扰攘不了，使皇上谓"蛮子学问，不过如此而止"②。

在李光地看来，康熙帝的思想曾经历过一个重要转折。最初是熊赐履、张英、陈廷敬、叶方蔼等理学名臣为康熙帝"浇灌"许多"经学好道理"，这大约是康熙少年时期。至高士奇、徐乾学受宠，成年之后康熙帝的思想倾向为之一变，开始醉心于诗词歌赋之学。

康熙帝思想再次发生转变是在即位之第三十五年，这一年征讨噶尔丹胜利是康熙帝事功的一个巅峰，然而康熙帝开始敏锐地认识到"广博华赡"的文辞、"刚勇武备"的事功都不是治天下的根本，用"智谋而得人心"，必然导致"防此失彼之患"，是"挟泰山而超北海"之举。③ 随着时间的推移，君主集权专制制度之下的清帝国暴露出来的问题愈来愈多。在高度集权的情形之下，皇帝作为政治运作的枢纽，必须有清醒的头脑与强健的体魄，当圣祖步入晚年，帝国的政事也就不免逐渐废弛。康熙五十六年（1717），一次朝议时，圣祖为此发出如下感慨：

---

① 汤斌：《寄示诸子家书》，《汤斌集》，中州古籍出版社，2003年，第210页。

② 李光地：《榕村语录续语录》，中华书局，1995年，第777页。

③ 《圣祖仁皇帝御制文集》第四集卷二一《朱子全书序》，台湾商务印书馆1983—1986年版文渊阁《四库全书》，第1299册，第535页。

朕少时天禀甚壮，从未知有疾病。今春始患头晕，渐觉消瘦……前代帝王或享年不永，史论概以为侈然自放，耽于酒色所致。此皆书生好为讥评，虽纯全尽美之君，亦必抉摘瑕疵。朕为前代帝王剖白，盖由天下事繁，不胜劳惫之所致也……臣下可仕则仕，可止则止，年老致政而归，抱子弄孙，犹得优游自适；为君者，勤劬一生，了无休息……①

自康熙三十五年到康熙五十六年，这是康熙帝思想转折及帝国意识形态形成的关键时期，这一反思与康熙中晚期经济形态尤其是政治情势变化有密切关系。朋党对帝国稳定的威胁仍未彻底消除。康熙十四年（1675）胤礽被立为太子，受尽宠爱，然而胤礽后来却与索额图潜谋大事，欲提前夺取帝位，康熙帝在忍无可忍的情形之下，于四十七年（1708）废胤礽并加以囚禁，虽于次年复位而五十一年（1712）又再次被废黜。他如胤禩、胤禛、胤禟、胤禵等也都暗中结党营私，对帝位虎视眈眈。边患也仍然威胁着国家统一。康熙五十四年（1715），蒙古策旺阿拉布坦出兵侵袭西藏，一度战败清军，这场战火直到康熙六十年（1721）十月才被平定。康熙四十六年，江苏太仓州与浙江四明山几乎同时发生暴动，且高举“朱三太子”之帜。六十年春，台湾又爆发朱一贵的大规模反清起义，朱氏建国“大明”，军民蓄发，一切礼仪、服饰均仿明朝制度，并且决定横渡大海、会师北伐。

这些重要事件基本发生在康熙四十五（1706）之后，距圣祖三十五年的反思之始已有十年之久。一系列社会政治情态的变动，昭示了功利主义在治国方面的有限性。到五十六年，康熙帝已经明确地认识到这一问题，开始比较彻底地否定功利主义，进而肯定理学家们“中正仁义、老成宽信”的王道政治。

---

① 《圣祖仁皇帝实录》卷二七五《康熙五十六年十一月辛未》，《清实录》，第6册，中华书局，1985年，第695—696页。

从康熙三十五年到康熙晚期，皇帝的反思也促使理学官僚在朝廷和地方的一步步得势。三十五年之后，熊赐履入阁、李光地出任直隶巡抚，表明康熙帝的确已有所悟，开始重新思考以理学治国的问题。李光地在出任直隶巡抚期间等一系列省刑治贪的行动，[①] 逐渐赢得了康熙帝的信任，也增进了其对理学的好感。康熙帝特别重用以廉知名的理学家张伯行，张伯行先是巡抚福建，又移节于江苏，屡荷封疆重务，与康熙朝前期的汤斌前后辉映。康熙四十五年发生噶礼案，面对着能臣噶礼与崇信理学但办事能力不足的张伯行，康熙帝选择了对后者进行肯定。总之，这些都说明，以李光地为代表的理学官僚最终取得了皇帝的信任，帝国意识形态的构建发生了向理学一派的偏移。

二、御纂经典的集中刊布

御纂经典是指康熙帝下诏纂修的《日讲四书解义》、《日讲五经解义》[②]、《孝经衍义》、《大学衍义》、《周易折中》、《朱子全书》、《性理精义》等儒家典籍。以官方意志刊刻儒家经典，形成固定的文字，并以官方的强制力量为传播手段，将之颁布到广大的帝国中去、流传于后世数十百年中，表明这些经典已经由纯粹以自由研究为特征的学术上升为国家意识形态。

《日讲四书解义》是康熙朝庙堂早期御纂的一部重要经典，是日讲讲义汇纂而成，实际上的修订编纂者为熊赐履，刊刻于康熙十六年(1677)。然而在书稿付梓时，熊赐履已因“嚼签案”去职，大学士索额图、杜立德、冯傅认为熊赐履是“名教罪人，不应刊名”，最

① 陈桂炳：《试论李光地的民本思想》，《李光地研究》，厦门大学出版社，1993 年。

② 《日讲五经解义》分别为《日讲诗经解义》、《日讲书经解义》、《日讲礼记解义》、《日讲易经解义》、《日讲春秋解义》，其中《日讲诗经解义》在文津、文渊阁本原藏中有匣无书，参见张忱石《学林漫录》，中华书局，1981 年，第 240 页。

终，署名为库勒纳、叶方蔼。叶方蔼，昆山人，与徐乾学同乡，最初即以“文章受知于世祖”，后来一度入值南书房，是康熙中期与徐乾学、高士奇等一并被重用的辞章名家。《日讲四书解义》共二十六卷，按《大学》、《中庸》、《论语》、《孟子》的顺序排列，从内容上看，只是敷陈每章、每节的大意，没有特别深奥的学理研究，方向集中于修、齐、治、平的要旨，可见其主要功能是教授年轻的皇帝去接受理学大意，还偏向于具体的实用，是一部经筵性的教材。将《四书》作为儒学的总纲领，代表了理学家一贯的思路。

以《日讲四书解义》为代表，诸如《孝经衍义》（顺治十三年谕修、康熙十年成）、《大学衍义》（康熙十二年刊成）、《日讲五经解义》（康熙十九年最先颁行《日讲书经解义》）等经典也都刊刻较早，大约是在熊赐履事件、南书房成立之前后。这一时期，康熙帝初涉学问，对于儒家文化的热情非常之高。但是，编纂官学问各异，诸书尚未形成比较统一的理念，而且皇帝的兴趣很快就发生了改变。

当皇帝的兴趣转向于文学事功时，官方所刊刻的代表国家意志的书籍便也偏向于事功、文学，事功类以方略为主，有《平定三逆方略》（康熙二十一年纂修）、《平定台湾方略》（康熙二十二年谕纂）、《平定罗刹方略》（康熙二十四年谕编）、《平定朔漠方略》（康熙三十五年）等；文学类的有《古文渊鉴》（康熙二十四年谕修）、《渊鉴类函》（康熙三十三年谕修）、《全唐诗录》（康熙四十二年成）、《古今图书汇编》（康熙四十五年初稿成）、《历代诗馀》（康熙四十六年成）、《清文鉴》（康熙四十七年成）、《御定广群芳谱》（康熙四十七年成）、《佩文韵府》（康熙五十年成书）等。

领衔、主持和参加纂修的官员有明珠、徐乾学、曹寅、陈梦雷、高士奇、余正健、汪灏、张玉书、张英、王士祯、陈敬廷、李光地等人，其中很多人以诗文知名。从内容上看，大抵如李光地所说“部部都是甚么菁华、诗馀、群芳谱之类”。比如，《御选历代诗馀》是词选，以调之长短为次序进行排列，还录有唐宋以降的词人、词话等；

《御定广群芳谱》是讲植物栽培的，是将王象晋《群芳谱》加以增订而成，现代学者或称农书、或称植物志。儒家传统上都以修齐治平为目标，并不认为士大夫可以玩物丧志于农圃之间，这在《论语》中孔子对樊迟的批评已肇其端，以国家名义编修这种书籍，自是为理学家所不能认同的。

到康熙中晚期，由于圣祖意志的变化以及理学官僚的得势，帝国刊刻书籍的情况又一次悄悄地发生改变。在康熙帝的首肯和理学官僚的推动下，一大批以程朱理学为主要内容的儒家经典得以刊布，时间集中在康熙五十年之后到康熙去世之前。《朱子全书》、《性理精义》、《周易折中》这三部经典最具有代表性。

《朱子全书》共六十六卷，修成于康熙五十二年（1713）。由熊赐履、李光地负责编修，参与编辑校对者中如魏廷珍、王兰生、何焯、徐用锡等人均属李光地一系，学术宗尚相类，均是比较典型的理学官僚。该书主体框架由李光地设定，具体编纂也由李光地组织，复经熊赐履审订。[①] 当时熊赐履住在江宁府，康熙帝命李光地将"应商条件"及书卷发给熊赐履，熊赐履逐条批定，又返回给李光地进行修改，李光地再上奏康熙帝最后裁定。[②] 康熙帝则针对某些地方提出删改意见，再发回李光地处修订。[③] 君臣往复商讨，对《朱子全书》的编纂倾注了巨大心血。同时，该书校对也特别精详，康熙帝有一次回忆说："《周易折中》、《性理精义》、《朱子全书》，魏廷珍、王兰生等在朕前昼夜校对五年，不遗一字。"[④] 由此可见一斑。

---

① 参见李光地《与孝感熊先生商酌朱子全书名目次第书》，《榕村全集》卷三二，《榕村全书》，第9册，福建人民出版社，2013年，第241—243页。

② 李光地：《命移商熊赐履朱子全书条目覆奏札子》，《榕村全集》卷二八，《榕村全书》，第9册，福建人民出版社，2013年，第152页。

③ 李光地：《覆朱子全书删节几条札子》，《榕村全集》卷二八，《榕村全书》，第9册，福建人民出版社，2013年，第156—157页。

④ 《圣祖仁皇帝实录》卷二九一《康熙六十年三月庚午》，《清实录》，第6册，中华书局，1985年，第833页。

从内容上看，该书收录了朱熹几乎全部的重要著作；就其目的而言，是为了树立程朱理学，尤其是朱熹的学术地位，打击王学一派在当时的影响。康熙帝受熊赐履影响，倾向于对程朱理学的推崇，尤其最为尊崇朱熹。康熙对于程朱理学热衷，庙堂理学意识形态确立也充分体现出其意志，《朱子全书》的编纂是程朱理学走上庙堂的重要标志。康熙帝高度评价朱熹说："朱夫子集大成，而继千百年绝传之学，开愚蒙而立亿万世一定之规，穷理以致其知，反躬以践其实，释《大学》则有次第，由致知而平天下，自明德而止于至善，无不开发后人而教来者也。"①

《性理精义》成书于康熙五十六年（1717），共十二卷。从时间上看比前者晚四年，从编纂者看来，如魏廷珍、杨名时、蔡世远、李清植等也是李光地一系，也属于典型的理学官僚。从内容来看，该书对宋元理学授受系统作了梳理，以程朱的洛学、闽学一派为主线，间及张载、邵雍、胡宏等学派，还加入了宋代理学的前期开拓者欧阳修、温公学派的司马光、浙东史学派的吕祖谦及心学一派的陆象山，元代则取以许衡、吴澄等人，最主要的目标是要确立程朱理学在儒家道统中的地位。康熙帝也是从道统层面对该书进行评价的，在其看来："二帝三王之治本于道，二帝三王之道本于心，辨析心性之理，而羽翼六经、发挥圣道者，莫详于有宋诸儒。"② 通过该书，程朱理学在清初的正统地位再一次得到了庙堂的确认。

《周易折中》也是一部很值得注意的御纂经典著作。该书共二十二卷，修成于康熙五十四年，由李光地任总裁，参与校对的有魏廷珍、张廷玉、杨名时、何焯等理学名臣。《周易》深刻地影响着中国

① 《圣祖仁皇帝御制文集》第四集卷二一《朱子全书序》，台湾商务印书馆1983—1986年版文渊阁《四库全书》，第1299册，第534—535页。

② 《圣祖仁皇帝御制文集》第一集卷一九《性理大全序》，台湾商务印书馆1983—1986年版文渊阁《四库全书》，第1298册，第184页。

人的思维方式，在传统文化中的地位不言而喻。两千余年来解释《周易》的学者不计其数，除儒家之外，还有佛家、道家，正如四库馆臣所指出的："数者，《易》之本。主数太过，使魏伯阳、陈抟之说窜而相杂，而易入于道家；理者，《易》之蕴。主理太过，使王宗传、杨简之说溢而旁出，而易入于释氏。"①《周易折中》从哲学高度对当时的意识形态进行了梳理、廓清，是程朱易学的又一代表性作品。从编纂体例上看，每卦卦名均附以程颐《程氏易传》原文进行解释，具体每爻解释都是先之以朱熹《周易本义》、程颐《程氏易传》，余者则为李鼎祚《周易集解》、俞琰《周易集说》等所引征的前代学者的论说及其他相关文献，对于诸说包括程朱之说不能尽其意者，在最后另加"按语"，以体现当时代表王权的编修者的见解。同时，该书也改变了明代按时间顺序先程颐《程氏易传》而后朱熹《周易本义》的传统，将朱熹《周易本义》放在了首位。据笔者粗略统计，是书所引观点涉及作者二百一十八种，将以往两千余年的解释《周易》的相关研究都囊括其中，简而言之，两千余年的易学成就都被"折中"在程朱理学中，尤其是朱熹理学中，正如康熙帝所指出："易学之广大悉备，秦汉而后无复得其精微矣！至有宋以来，周、邵、程、张阐发其奥，惟朱子兼象数天理，违众而定之，五百年无复同异。"②以程朱之学为纲，这场大规模的对《周易》诠释史的"清算运动"，对帝国高举程朱理学的意识形态特征给予了哲学高度的确认。

诸书编成之后，都较大范围地向社会发行。康熙二十三年(1684)，《日讲易经解义》颁行全国；康熙五十四（1715）年，《周易折中》与《朱子全书》一起发付直省，分别刊刻，"以便士人购

① 《钦定四库全书总目》卷六，台湾商务印书馆1983—1986年版文渊阁《四库全书》，第1册，第130页。

② 《圣祖仁皇帝御制文集》第四集卷二二《周易折中序》，台湾商务印书馆1983—1986年版文渊阁《四库全书》，第1299册，第540页。

诵”。康熙帝对这些御纂图书特别重视，往往将它们颁赐臣下，希望臣下认真阅读，作为加强意识形态之用。比如，魏裔介于康熙十五年（1676）致仕回乡，康熙帝仍然不忘记将最新编成的图书千里赐传于他。这几部御纂经典的出现，是康熙晚期最终确立意识形态的一场大规模行动，它展示了比较成熟的政治文化理念，而非泛儒家的一种提倡，也不是随己意地进行折中，而是将有史以来众家学说全部纳入到程朱理学的体系中去。

三、朱子升祀：理学庙堂确立

“国之大事，唯祀与戎”，祭祀对任何国家和民族都有绝对重要的意义。相对于满人特有的“堂子祭”，在儒家文明中，孔庙是其进行祭祀的主要场所之一。孔庙祭祀最早为鲁哀公十七年（前478），该庙建于山东曲阜，为孔子生前所居之堂。其他地方孔庙之设约始于南齐永明七年（489）。[①] 西汉建立之后，高祖过鲁，开皇帝祭祀孔子的先河。在其后汉唐以来漫长的历史中，儒学不仅发展为国家意识形态，也成为汉民族文化的主流，而孔子一直就作为士大夫的“木铎”而存在，具有崇高的权威，正如太史公所谓“天下言六艺者皆折中于夫子”。因此，对孔子的尊崇也就成为每个王朝争取士大夫、构建国家意识形态的重要方式。

入关之初，清廷于顺治二年（1645）以孔子六十五代孙孔允植袭封衍圣公，多尔衮还亲自礼谒孔子先师庙，对儒家文化示以尊崇。然而在推行剃发的过程中，陕西道孔闻标上疏朝廷，认为自己是孔子后裔，礼之大者莫要于冠服，“臣家服制三千年来未之改变”，要求“蓄发以复先世衣冠”，被多尔衮严辞驳回，并将其革职永不叙用。

① 黄进兴：《优入圣域：权力、信仰与正当性》，陕西师范大学出版社，1998年，第147页。

福临亲政之后，也将目光投向了儒家孔庙的祭祀。顺治八年，遣官赴曲阜祭孔。次年九月，亲自到太学，释奠先师孔子，行两跪九叩礼，在聆听祭酒、司业讲经之后，又册封孔子为“至圣先师”，赐衍圣公五经博士。之后，还多次遣范文、刚林、宁完我等大臣前去祭祀。

康熙帝即位之后，继续了顺治帝对儒学的尊崇，多次派魏裔介、李霨、图海、杜立德等朝廷大臣去祭祀孔子。康熙九年（1670），圣祖亲政，在举行经筵大典之前，亲祭奉先殿及先师孔子。二十三年（1684）冬十一月，康熙帝利用南巡北返的机会，前往曲阜祭奠孔子，行九拜之礼，并亲制碑文，勒石于孔庙大成殿门左。同时，还增扩“孔林”达一千一百余亩，亲自题写“万世师表”匾额，将孔子后裔给世官以奉祠祀，并赐书、赐服，蠲税蠲粮，对年久失修的庙宇加以整饬，在竣工之际还遣皇子到孔庙告祭。当时衍圣公孔毓圻将这次盛会诸事编辑成书，名曰《幸鲁盛典》。与之随行的有许多当时的文化名人，以高士奇等为代表，这些文人竞相撰文，称颂备至。

与此同时，周公、孟子诸庙也都蒙以御文立碑的荣耀。康熙帝为孟子庙作碑文，在碑文中，盛赞孟子明道之功：

> 孔子没百有余年，浸假及于战国，杨、墨塞路，祸尤烈于曩时，子舆氏起而辟之，于是天下之人始知诵法孔子……不有孟子，使杨、墨滥觞于前，释、老推波于后，后之人虽欲从千载之下探尼山之遗绪，其孰从而求之？①

周公、孟子诸庙祭祀是孔庙祭祀重要的辅翼，他如二程、朱熹、王阳明等儒家学者的祠祀也都可视作孔庙祭祀的辅助部分。由于儒学长期作为国家意识形态存在，孔庙祭祀便成为反映一个政权意识形态的重要因素，康熙帝的一系列行动，对于笼络汉族士大夫

---

① 《孟子庙碑》，《幸鲁盛典》卷一，台湾商务印书馆 1983—1986 年版文渊阁《四库全书》，第 652 册，第 14 页。

起到了作用，由此也昭示着儒学之被新政权的认可并走上国家意识形态的道路。

随着国家意识形态构建的深入，仅仅依靠对孔子的祀典显然是不够的，儒家旗帜下众多的学术流派长期互竞雄长，要求在孔子祀典的体系中取得它应有的地位。原来，孔庙祭祀长期以来形成了庞大的系统，在孔庙中，不仅有作为万世师表的孔子，还有其他一系列从祀孔庙的儒家学者，其牌位分别放在大成殿和东西两庑。

进入孔庙或罢祀迁出孔庙的人选与国家意识形态构建往往有极密切的关系。神宗间，王安石倡导新学，新学成为国家的意识形态。崇宁三年蔡京执政，将王安石配享孔庙，位列颜回、孟子之后，靖康元年罢配享，淳祐元年从祀资格也被取消，而与之对立的邵雍、周敦颐、司马光、程颢、程颐、朱熹等理学家则进入孔庙的从祀系列。明朝立国伊始，太祖朱元璋便将孟子的神位请出了孔庙，还删节《孟子》一书的原文。因为《孟子》中有许多非君的言论，比如"民为贵，社稷次之，君为轻"，"君之视臣如土芥，则臣视君如寇仇"，都触动了这位专制皇帝的神经。相反，朱元璋对道教却特别迷信。从这个意义上讲，儒学是汉代以来传统王朝的国家意识形态，但又从来不是国家意识形态的全部。它所占的分量的多少，展示了儒学对这个政权的影响力的大小；儒学中何派在孔庙祭祀中取得优势，也展示着这个政权意识形态儒学化的走向。

其中，被祭祀的人物时代越近，其影响就越显著。明朝中后期以来，阳明心学在士大夫中间迅速发展，而将阳明抬入孔庙也成了许多士大夫的热烈愿望，万历十二年（1584），王阳明最终进入了孔庙从祀的儒者之列。这时朱熹与阳明在孔庙中祭祀的地位差不多，程朱理学自宋代以来，只是悬为官学而已，科举考试虽然规定采用程朱理学对儒学经典的解释，但是实际上最终的决定力还在于取士政策以及考官的好恶，以及其他很多原因。因此，虽然王阳明得以入祀孔庙，但仍然有朝臣“痛诋守仁之学”①。王学虽占据上风，而朱、陆之争却远未消歇。

明清鼎革，程朱理学复兴，王学大遭批判，但其朝野的势力仍然比较强大，相反，作为有资格进入庙堂成为帝国意识形态的两大学派的斗争更加激烈，朱、陆之辨开始上升为偏激的学术批判、甚至是政治批判，意识形态化的走向极为明显。学术与政治前所未有地紧密结合起来。如顾炎武所云：“易姓改号，谓之亡国；仁义充塞而至于率兽食人，人将相食，谓之亡天下……保国者，其君其臣肉食者谋之；保天下者，匹夫之贱与有责焉耳矣。”② 在他看来，明亡这一政治事件其实是文化的危机，是由于以“仁义”为本的孔孟之学被异端学说“充塞”之故。同时，以顾炎武为代表，当时的学者几乎一致将明朝后期以来的文化危机归因于王学。如张履祥批评道：“儒者不为儒者之学，反去旁求二氏之说……此百余年以来，积习之重。……率兽食人，人将相食，未知何时而已。”③ 又如王夫之认为：

> 王氏之学，一传而为王畿，再传而为李贽，无忌惮之教立，而廉耻丧，盗贼兴，中国沦没，皆惟怠于明伦察物而求逸获，故君父可以不恤，肤发可以不顾。陆子静出而蒙古兴，其流祸一也。④

吕留良言辞更为激烈：“此理之不明又数百年矣，毒鼓妖幢，潜夺程、朱之坐，以煽惑天下也亦久矣。此又孟子以后圣学未有之烈祸也。生心害事，至于此极，谁为厉阶，不知所届。”⑤ 在这场学术大批判中，王学作为学术主流的地位的巨大影响力在消逝。

---

① 沈德符：《万历野获编》，中华书局，1959 年，第 363 页。
② 顾炎武著、黄汝成集释：《日知录集释》卷一三，上海古籍出版社，1985 年，第 1014—1015 页。
③ 张履祥：《杨园先生全集·愿学记三》，中华书局，2002 年，第 777—778 页。
④ 王夫之：《张子正蒙注》，《船山全书》，第 12 册，岳麓书社，1988 年，第 371 页。
⑤ 吕留良：《与张考夫书》，《吕留良诗文集》，浙江古籍出版社，2011 年，第 9 页。

虽然尊朱辟王是为一时潮流，然而陆王之学势力仍在。以孙奇逢、李二曲、黄宗羲等为代表，一些王学学者只是反对王学末流，却肯定阳明及其心学本身，并且认为只有王学才是儒家的正宗嫡传，因此他们承东林一派之后继续对王学进行修正。正如黄宗羲所指出的："三百年以来，凡国家大节目，必吾姚江学校之人出而搘定……故姚江学校之盛衰，关系天下之盛衰。"[①] 由于明代中后期之百余年，王学一直致力于在民间的传播，对当时社会的影响不可低估，以李贽为例，当时几乎达到"家有其书"的程度，实际上王学对清初下层广大士人群体有着巨大的潜在影响。这种潜在影响与学术界对王学的大批判搅在一起，更进一步加剧了士人的焦虑程度。

清初程朱、陆王两派的争斗也深刻地反映在庙堂中。梁启超据全祖望《陈汝咸墓志》认为孙承泽是第一个排王的"领袖"。[②] 然而，从学术史上真正廓清王学的庙堂人物是熊赐履。熊氏所著《学统》一书，在道统上将阳明列为杂统，几近全盘否定。自熊赐履在道统上贬抑阳明之后，在朝批评王学者日众，如张烈、陆陇其等人亦严辨朱、陆，且其辞更甚。[③] 张烈著有《王学质疑》一书，批评阳明道："以致良知为说，窃《大学》、《孟子》之言，以文其佛、老之实"[④]，"象山言本心，阳明言良知，其弊使人丧本心、丧良知"[⑤]。在这场意识形态的斗争中，康熙帝最终选择了朱熹，表示：

---

① 黄宗羲：《余姚县重修儒学记》，《黄梨洲文集》，中华书局，1959 年，第 133—397 页。

② 梁启超：《中国近三百年学术史》，天津古籍出社，2003 年，第 119 页。

③ 关于这一点，王茂、蒋国保等指出清初的陆王之争乃是由熊赐履开端，陆陇其、张烈继之，而王学一派黄宗羲、毛奇龄等起而申辩，从而推动了有清一代学术由思辨到考据的转变。参见王茂、蒋国保等《清代哲学》，安徽人民出版社，1992 年，第 16 页。

④ 张烈：《王学质疑·朱陆异同论》，《正谊堂全书》，清同治年间正谊书局左氏增刊本。

⑤ 张烈：《王学质疑·总论》，《正谊堂全书》，清同治年间正谊书局左氏增刊本。

> 朕自冲龄笃好读书，诸书无不览诵，每见历代文士著述，即一句一字于理义稍有未安者，辄为后人指摘。惟宋儒朱子，注释群经，阐发道理，凡所著作及编纂之书，皆明白精确，归于大中至正。经今五百余年，学者无敢疵议。朕以为孔孟之后，有裨斯文者，朱子之功，最为弘巨。①

为了消解朱陆之争对国家意识形态构建的负面作用，确定程朱理学的独尊地位，清初庙堂将升祀朱熹在孔庙中的排位作为重要方式之一。

康熙帝的原意是将朱熹的牌位放到颜回等四配之后，李光地上奏认为："朱子造诣诚与四配伯仲，但时世相后千有余载，一旦位先十哲，恐朱子心有未安。"② 所谓"朱子心有未安"，其实是指难以平衡朝野王学一派对程朱理学的反对。于是，康熙五十一年（1712），朝廷下谕将朱熹的牌位从孔庙两庑的先贤祠中抬出，放于大成殿四配十哲之次。本来，大成殿中从祀者除颜回、子思、曾参、孟子所谓"四配"之外，还有"孔门十哲"，分别为闵损（闵子骞）、冉耕（冉伯牛）、冉雍（仲弓）、宰予（宰我）、端木赐（子贡）、冉求（冉有）、仲由（子路）、言偃（子游）、颛孙师（子张）、卜商（子夏），朱熹的神位进入大成殿，排在卜商之后，是为"十哲之次"。乾隆三年（1738），清高宗又将孔子弟子有若升祀孔庙大成殿，位在朱熹之先，最后形成"四配"、"十二哲"的格局。③ 其图示如下：④

---

① 《圣祖仁皇帝实录》卷二四九《康熙五十一年丁巳》，《清实录》，第6册，中华书局，1985年，第466页。

② 李清植：《文贞公年谱》卷下，《北京图书馆藏珍本年谱丛刊》，第85册，北京图书馆出版社，1999年，第348页。

③ 宫衍兴、王政玉：《孔庙诸神考》，山东友谊出版社，1994年，第119页。

④ 据宫衍兴、王政玉《孔庙诸神考》相关资料和考证所作，山东友谊出版社，1994年。

朱熹升祀孔庙表

<table>
<tr><td colspan="3">孔子</td></tr>
<tr><td>西位东向</td><td></td><td>东位西向</td></tr>
<tr><td>曾参</td><td rowspan="2">四配</td><td>颜回</td></tr>
<tr><td>孟轲</td><td>孔伋</td></tr>
<tr><td>冉耕</td><td rowspan="6">十二哲</td><td>闵损</td></tr>
<tr><td>宰予</td><td>冉雍</td></tr>
<tr><td>冉求</td><td>端木赐</td></tr>
<tr><td>言偃</td><td>仲由</td></tr>
<tr><td>颛孙师</td><td>卜商</td></tr>
<tr><td>朱熹</td><td>有若</td></tr>
</table>

朱熹在孔庙中祭祀地位的提升，是清王朝选择程朱理学作为庙堂之学的最终表达与标志性事件。当时及其后的士大夫于此皆多注目，像李清馥便在《闽中理学渊源考》中盛赞说“我朝推崇特厚，至表章朱子，典礼尤超越前代”①。此时，程朱理学才无可争议地成为进入到国家意识形态中的儒家诸派。

① 李清馥：《闽中理学渊源考》，凤凰出版社，2011年，第238页。

第二章　清初庙堂理学与道统

道统的确立是任何一个王朝统治得以长治久安的合法性基础。所谓“合法性”，就是某一事物具有被承认、被认可、被接受的基础。政治合法性（legitimacy），是指对被统治者与统治者关系的一种内在评价，是对统治权力尊严性和正当性的自愿认可。① 清王朝以异族入主，由于在文化传统上与汉民族地区不同，因此面临着巨大的合法性危机，论证清王朝在以儒家传统占据主流的中原地区的合法性，就成为清初庙堂理学的首要任务。

明末以来，意识形态世界一派混乱。大量的明遗民，或投身到抗清运动中，或隐居、逃禅不与异族合作，或作诗撰文表达对新朝的不满，强烈地质疑着清王朝统治的合法性；朱学虽然复兴，而王学百余年之余威犹存，围绕着朱陆之争，士人分帮结派，或组织讲会，或出版各种道统史著，学术界从风气上还延续着明末以来讲学的虚华；明朝末年的朋党纷争也被带到新建立的王朝中，以及文官在朝廷抗衡王权的惯习，士人群体在民间干涉地方行政的风气，都给王权的大一统带来了极大的威胁。归结起来，就是对新王朝的认同很大程度上还未达成。

为了解决清初社会意识形态中极为复杂和混乱的局面，庙堂理学

① 谢庆奎：《政府学概论》，中国社会科学出版社，2005 年，第 131—132 页。

登上了历史舞台。它一方面通过御纂儒典、《明史》等书籍的编纂，不断运用历史叙事勾画自我形象，争夺清代明祚在理论上、舆论上的合法性。同时，还将程朱理学确立为传统儒学，尤其是宋明理学发展的主线，加之康熙帝亲为表彰朱学、批判王学，一定程度消解了朱、陆在意识形态领域中的争斗。此外，打击士人及官僚士大夫以道统自任的精神，使道统的阐释权被逐渐夺取到庙堂中去。由于皇帝是最高统治者、权力中心，因此这场争夺在庙堂中又向皇帝这一帝国金字塔的塔顶靠拢，最终建构了道统与治统合一的新传统。

第一节　新王朝与儒家道统

作为一个异族王朝，满族从血缘到文化，包括宗教信仰、发服制度、生活习惯、生产方式、政治传统、心理结构等方面，都与汉民族有着较大差异。入关之初，清王朝将关外的许多传统移入到内地，尤其以剃发、易服、圈地最具代表性，从而引发了巨大的矛盾冲突。于是，到康熙朝，构建儒家道统成为治国安邦的重要策略。一方面，道统为新王朝发展的方向指明了道路；另一方面，它对新王朝的政治经济文化秩序作出肯定，从而促使士人与民众对王朝产生心理认同，使之获得了长治久安的合法性基础。

一、游牧文明与满洲传统

满族的文化传统属于游牧文明，与汉文化的农耕文明有较大的差异性，民众心理、社会风俗、生产方式、政权形式等莫不皆然。其中，自然环境所造成的原因特别重要。游牧文明一般发源于“高寒的草原地带”①，因为缺乏稳定的生产、生活资料，受气候变化影响，“整个部落或整个民族，每年因季节不同，或因其他偶发事故，时时迁移”②，并无固定的住所，畜牧、射猎、掠夺是其主要的生存方式，就其社会风俗而言，往往“质胜文则野”。

从地理上看，中国长城以北的广大地区都是游牧文明的发生带。满族地处中国东北部的白山、黑水之间，在生产、生活、风俗、宗教等方面与北部的蒙古族和西北的回族、维族以及西南藏族地区都有相当的近似性，在政权的组织形式、合法性构建上都具有游牧文明的特征。满族不仅拥有漫长的发展历史，还曾经一度建立过长达百余年的金王朝，所以它的传统文化更加深厚、政权组织形式及其合法性构建的自我认同也更强烈。

萨满教、喇嘛教对满族人的思维方式有重要影响，“敬天法祖”是满族的主要精神。对“天”的崇拜在满族文化传统中居于极其重要的地位，是其政权正当性的主要构成部分。“堂子祭”是最具体的表现，许多重大事件都要事先到堂子中进行祭祀。努尔哈赤宣布“七大恨”伐明，就举行了堂子祭。崇祯十七年（1644），福临登基，也是先到堂子行礼，然后返宫上殿受贺。胤禵西征，康熙帝亲往堂子行礼。从太祖努尔哈赤到圣祖玄烨，满族统治者对天意的重视是一贯的。努尔哈赤时期，多次对天立誓。比如天命六年（1621）的一次立誓，说：“今祷上下神祇，吾子孙中，纵有不善者，天可灭之，勿令残害，以开杀戮之端。如有残忍之人，不待天诛，遽兴操戈之念，天地岂不知之?”③ 太宗也将天视作道德性人格神的存在，在其看来：

---

① 钱穆：《中国文化史导论·弁言》，商务印书馆，2005年。

② 亚当·斯密：《国民财富的性质和原因的研究》，下册，商务印书馆，2004年，第255页。

③《满洲实录》卷六《天命六年正月十二》，《清实录》，第1册，中华书局，1985年，第301页。

皇天无亲，惟德是辅，必有德者乃克副天子之称。今朕承天佑，为国之主，岂敢遂以为天之子，为天所亲爱乎？倘不行善道，不体天心，则天命靡常，宁是恃耶？朕惟有朝乾夕惕，以仰邀天鉴而已。①

皇太极如此，其后的顺治、康熙等皇帝也如此。从太祖到圣祖，都是集政治领袖与宗教领袖于一身的，呈现出政教合一的特征。同时，管窥其思想，也可以看出汉民族的德、理、仁义等概念与满人固有的敬天法祖、天人感应、王朝兴替等观念相结合，展示着农耕文明的伦理精神与满人特有精神世界的互相融合。

在满族传统中，会将天象变化视作上天示警，从而施及政治。从太祖到圣祖，不胜枚举。比如，康熙四年（1665），彗星两次出现，尾长五尺余，圣祖便以“星象异示”，晓谕内外官员就国家利弊、民生休戚、应兴应革事宜各抒所见。康熙六十年（1721）三月，会试出榜时，黄雾四塞，霾沙蔽日，圣祖又下谕说：

或因学问优长、声闻素著之人不得中式，怨气所致；或此番中式之人将来有大奸大恶、乱臣贼子，亦未可定。邵子于洛阳天津桥闻杜鹃，即知南人有入相者，而王安石果相。此皆书册所载，信有明验。②

并以此为由，对会试卷进行复核，分别良卷、劣卷，将王兰生、留保学一体殿试，其余停科，当时的副主考李绂也被革职，发往永定河效力。群臣请举行在位六十年庆贺礼，圣祖却认为一年内两次日食，人心风俗未尽淳，官箴政事未尽理，因此正是“君臣孜孜求治之

① 《太宗文皇帝实录》卷二三《天聪九年五月己巳》，《清实录》，第 2 册，中华书局，1995 年，第 303 页。

② 《圣祖仁皇帝实录》卷二九一《康熙六十年二月乙丑》，《清实录》，第 6 册，中华书局，1985 年，第 831 页。

时”，应停止庆贺之事。①

好质恶文也是满人思维中的特别趋向。清初诸帝对汉族人的看法、对明朝人的看法无不如此。在满人看来，自己是“朴诚忠实”的。顺治朝满洲贵族入关之初，多次批评汉人“仍延旧习”，要求臣僚改变作风。康熙帝晚年也曾评说明朝“夫谗谮娼嫉之害，历代皆有，而明末为甚，公家之事置若罔闻，而分树党援，飞诬排陷，迄无虚日，以致酿祸既久，上延国家。朕历观前史，于此等背公误国之人深切痛恨”②。又说“明末朋党纷争，在廷诸臣置封疆社稷于外，惟以门户胜负为念。不待智者，知其必亡”③。康熙三十六年（1697），又批评九卿所保举人员，“非系师友，即属亲戚，是皆汉人相沿恶习”④。在康熙帝的眼中，满、汉两族风气大不相同，比如说“凡有绿营兵丁处不可无满洲兵，满洲兵纵至粮缺，艰难困迫，至死断无二心，若绿营遇此，即怨愤作乱”，“天下承平日久，汉官但能作无实之文，说现成话，至军务大事并不能尽职”⑤，“柔远能迩之道，汉人全不理会。本朝不设边防，以蒙古部落为之屏藩耳。蒙古终年无杀伤人命之事，即此可见风俗淳厚。若直隶各省人命案件不止千百，固缘人多，亦习尚浇漓使然也”⑥。

康熙帝认为汉文化发达的江南地区过度奢靡、人心不古，在派往

---

① 《圣祖仁皇帝实录》卷二八七《康熙五十九年正月己卯》，《清实录》，第6册，中华书局，1985年，第796页。

② 《圣祖仁皇帝实录》卷一五三《康熙三十年十一月己未》，《清实录》，第5册，中华书局，1985年，第693页。

③ 《圣祖仁皇帝实录》卷一五四《康熙三十一年正月己卯》，《清实录》，第5册，中华书局，1985年，第701页。

④ 《圣祖仁皇帝实录》卷二六六《康熙三十六年正月甲戌》，《清实录》，第5册，中华书局，1985年，第921页。

⑤ 《圣祖仁皇帝实录》卷二六六《康熙五十四年十一月壬子》，《清实录》，第6册，中华书局，1985年，第613—614页。

⑥ 《圣祖仁皇帝实录》卷二九二《康熙五十六年十一月丙子》，《清实录》，第6册，中华书局，1985年，第700页。

当地的官员中，多次叮嘱要求注意风俗问题。比如，康熙二十三年(1684)，汤斌任江宁巡抚时，康熙帝叮嘱说："江苏为东南重地，故特简用。居官以正风俗为先。江苏风俗奢侈浮华，尔当加意化导，移风易俗非旦夕之事，从容渐摩，使之改心易虑。"[①] 康熙二十九年(1690)，江苏巡抚郑端陛辞，康熙帝同样讲"江苏地方繁华，人心不古，乡绅不奉法者多"，郑端回答说要严明法纪，康熙帝却认为也不要吹毛求疵，"务以安静为善"[②]，实际上也是要其注意风俗的治理。

好质恶文也表现在清初诸帝的敬业、勤政、实干等方面。顺治十五年（1658）端午节，世祖巡视内院，看到办公在岗者极少，原来是众人多已经回家过节，这都是前朝的成例，顺治帝当即表示不能空享安乐，并对大臣进行了批评。康熙帝也极为勤奋，户科给事中何金兰曾以皇帝每日辛劳，请以后或三日、或五日为御门听政之期，康熙帝回答说："朕三十年来，每晨听政，面见诸臣，咨询得失，习以为常。今若行更改，非励精求治、初终罔间之道。"[③] 对于文饰，康熙帝极不喜欢，五十寿辰时，群臣欲上尊号，再三奏请终不许之。诸王及文武大臣合疏赞康熙六十年功德，又请上"圣神文明钦明睿哲大孝弘仁体元寿世至圣皇帝"尊号，康熙帝表示："从来所上尊号，不过将字面上下转换，此乃历代相沿陋习，特以欺诳不学之人主，以为尊称，其实何尊之有？"[④]

当然，这只是从历史的角度作的一种考察，绝非对两个民族进行

① 《圣祖仁皇帝实录》卷一一六《康熙二十三年九月庚午》，《清实录》，第5册，中华书局，1985年，第214页。

② 《圣祖仁皇帝实录》卷一四八《康熙二十九年八月乙卯》，《清实录》，第5册，中华书局，1985年，第642页。

③ 《圣祖仁皇帝实录》卷一四八《康熙二十九年十月壬戌》，《清实录》，第5册，中华书局，1985年，第645页。

④ 《圣祖仁皇帝实录》卷二九一《康熙六十年三月乙丑》，《清实录》，第6册，中华书局，1985年，第831页。

评判，正如孔子所讲的，文过则史，质过则野，都有不足之处。满族人虽然淳朴，但是由于不能读书明理，未免失之于野。入关之后，在新的生活环境中，淳朴之风迅速退化。由于汉民族的社会政治组织方式与彼之旧传统并不相合，在新环境中，其文化水平又不能及时补足，因而产生了一系列严重的社会政治问题，对民族间的融合造成了很消极的影响。

二、儒学道统演变及其作用

道统的提出具有强烈的针对性和现实意义。五代乱世，“天地闭，贤人隐……搢绅之士安其禄而立其朝，充然无复廉耻之色者皆是”①，赵宋兴起之后，为天地立心、为生民立命、为往圣继绝学、为万世开太平，改变汉唐经学空疏无用，以重建儒家文明的情绪和理想，在士大夫中间逐渐达成共识，“道统”成为一种群体意识。以尧、舜、禹、汤、文、武、周公、孔、孟等为代表的儒学传承谱系的被认同，为理学在学术层面的展开提供了话语权基础，太极、天理、中和、性、情、才、命等大量新概念出现也有了合法性前提。到南宋，“道统”作为理学的重要命题被正式提了出来。

从此，道统便成为理学这一新儒学的根本构成要素之一。② 这个时期，理学家道统观念的建立方式与佛家一样，也主要是通过道统史著作的编纂来完成的，或多散见于其语录或文章之中。其中，朱熹的《伊洛渊源录》最具代表性。《伊洛渊源录》主要通过考证二程及其门人，展示洛学学脉的传承关系，并树立二程洛学在当时儒家文化中

---

① 欧阳修：《新五代史》卷三四，中华书局，2000年，第369页。

② 张君劢曾提出理学有五种制度，包括道统论、反映受佛教菩萨观念影响的圣学、经典、新书院制度、新的为政和行政设施。参见张君劢《新儒学思想史》，中国人民大学出版社，2006年，第34页。

的正统地位，在理学道统确立和发展过程中具有典范意义。

理学家的道统说有两个重要特点。一方面，两汉时期围绕经典的文义从而形成师法、家法，而宋代的道统论则极为明确地以“人”为中心。从表面上看，它只是一个人物序列，在宋代之前，就是尧、舜、禹、汤、文、武、周公以及孔子、孟子，一种是兼道统、治统于一身的“得位者”，周公及其以前诸人皆是，彼时道统、治统合于一人之身；另一种情况是自孔子及其之后，道统与治统分离，在下承担道统诸如孔子者皆不得位。① 这个儒家道统人物谱系并非随意组合，而是有一条红线贯穿其中，这条红线就是朱熹在《中庸章句序》中所讲的“人心惟危，道心惟微，惟精惟一，允执厥中”的十六字心传。另一方面，理学各派提倡道统均号称接续孟子，实际上是直指当下，将自身作为道统的直接担当者。在学界的一般的理解中，两宋以来的理学派别以濂、洛、关、闽为中心，旁及陆王心学、湖湘学派、浙东事功学派或者范围还更宽广。然而考诸历史，各派之间并不完全互相认同，尤其以程朱理学确立的道统序列最为严格，朱熹批判的对象主要有两个，一为江西陆象山之学、一为陈亮浙东事功之学，到晚年尤其是如此，在朱熹看来：“江西之学只是禅，浙学却专是功利。禅学，后来学者摸索一上，无可摸索，自会转去。若功利，则学者习之，便可见效，此意甚可忧。”② 最终形成了朱、陆两大阵营的对峙。朱熹通过《伊洛渊源录》构建了从周敦颐、二程到杨时、罗从彦、李侗再到朱熹本人的宋代道统谱系，将自己的学说称为“道学”；陆九渊则称自己是“读孟子而自得之”，并不认同朱熹所谓二程接续前代圣贤的“千载不传之绪”③，甚至也怀疑周敦颐的《太极图说》，不认为太极之先有无极。要言之，我们不难看出宋代时期的道统说为各

---

① 朱熹：《中庸章句序》，《四书章句集注》，中华书局，1983 年，第 14—15 页。

② 黎靖德：《朱子语类》，第 8 册，中华书局，1986 年，第 2967 页。

③ 朱熹：《中庸章句序》，《四书章句集注》，中华书局，1983 年，第 15 页。

学派立言创造前提条件的极其强烈的现实指向性。

理学道统的确立还表现出强烈的排他性，主要指向于佛老之学、功利之学和章句之学。朱熹对此进行过全面总结，认为“俗儒记诵词章之习，其功倍于小学而无用；异端虚无寂灭之教，其高过于大学而无实。其它权谋术数，一切以就功名之说，与夫百家众技之流，所以惑世诬民、充塞仁义者，又纷然杂出乎其间”①。在朱熹看来：“异端之说日新月盛，以至于老佛之徒出，则弥近理而大乱真矣。”② 王阳明对佛、老的批评也很多，比如“吾亦自幼笃志二氏，自谓既有所得，谓儒者为不足学。其后居夷三载，见得圣人之学若是其简易广大，始自叹悔错用了三十年气力”③。对功利之学批判最典型者莫过于朱熹与陈亮的王霸之辩，当然朱熹并非否定儒学的现实功用，在程朱理学看来，儒学是体用不二、显微无间之学，朱熹批判功利之学是发“道学不明”之慨，有正本清源之意。王阳明在《拔本塞源论》中对功利之学也大加批判说：“圣人之学日远日晦，而功利之习愈趣愈下。其间虽尝瞽惑于佛、老，而佛、老之说卒亦未能有以胜其功利之心；虽又尝折衷于群儒，而群儒之论终亦未能有以破其功利之见。盖至于今，功利之毒沦浃于人之心髓，而习以成性也几千年矣。”④ 阳明所声称的“拔本塞源”，也正是“正本清源”的意思，要言之，就是树立儒家的道统。

从社会作用上看，道统与现实的人生、社会、政治都有密切的关系。首先，理学的道统论担负着某种终极关怀的作用。理学之所以提出天理到自然到社会的一系列问题及解决方法，构建出理学形而上的世界，是因为佛老在宇宙、人性、生死等终极问题的解释上有着先天

---

① 朱熹：《大学章句序》，《四书章句集注》，中华书局，1983 年，第 2 页。

② 朱熹：《中庸章句序》，《四书章句集注》，中华书局，1983 年，第 15 页。

③ 王阳明：《传习录》，《王阳明全集》，上海古籍出版社，1992 年，第 36 页。

④ 王阳明：《传习录》，《王阳明全集》，上海古籍出版社，1992 年，第 56 页。

的优势。以程朱理学为例，周敦颐被公认为开山鼻祖，周氏之贡献在于以《太极图说》由无极而太极，由阴阳再到五行，最终到男女万物，构建了理学的宇宙生成变化序列，从而使高远的天道运行、神秘的世界秩序与由男女构成的人伦现实社会紧密地联系在一起。作为程朱道统的中坚人物，张载区分了“天命之性”、“气质之性”。“天命之性”指向形而上的天理、宇宙，“气质之性”则指向形而下的与物欲相关的红尘世界，它也是从天道到人伦的展开。理学到程颢、程颐时期最终形成较完整的体系①，二程提出“天理”并认为它是万事万物的总原则，“天理”便成为理学各派构建自己学术思想体系的核心。总之，这一时期，儒学不仅在理论上走向宗教化，在现实的运作中宗教化程度也大幅度的提升。② 宋明以来繁琐的孔庙祭祀、书院祭祀，就是儒家道统具体化为中国式宗教信仰的一种表征，从而天理、人性种种概念成为构建信仰世界的助剂。其中书院祭祀最为显著，士人群体在书院中不仅接受纯理论的知识，也接受精神层面的熏陶。而从中国传统社会的现实来看，绝大多数帝国成员都是贫苦农民，识不得几个字，要求他们理解形而上的理学是根本不可能的，但是这些知识水平极低的民众却比较容易对宗教、尤其是对于文化产生信仰，因此到这个时代，道统实际上已经是“决不限于读书识字的文化人，不识字的渔人、樵夫、农民都逃不脱儒教的控制”③。

其次，道统是基于某种文化的一种心理认同。文化具有群体性，表现为一定阶层或社会集团的观念，而不是个体所有或仅具学术层面的抽象意义。理学自其道统论建立以来，就具有了批评佛、老的话语权，它不仅仅是出于学理，而且是基于一定的文化认同、以此团结了

---

① 侯外庐、邱汉生、张岂之：《宋明理学史》，人民出版社，1984年，第29页。

② 任继愈：《儒教的特点及其发展阶段》，《天人之际：任继愈学术思想精粹》，人民日报出版社，2010年，第150页。

③ 任继愈：《从儒家到儒教》，《天人之际：任继愈学术思想精粹》，人民日报出版社，2010年，第159页。

最大多数的儒家士人。晋唐以来，佛学在传播中已经形成强大的意识形态，并影响着社会诸文化群体以及民众的观念世界和精神面貌。对佛学的批判、对自身道统的树立，在相当程度上不是辨析同异、评论得失，而是选择立场。韩愈在《原道》中对佛教提出“人其人，火其书，庐其居”的极端措施，[①] 正表现出传统士大夫寻求儒家文化认同的强烈意识。北宋时期，佛学仍然有相当大的实力，正如二程曾指出“佛学，今则人人谈之，弥漫滔天，其害无涯”[②]。宋儒对佛教的批评也有鲜明的立场，程颢之所谓“杨墨之害，甚于申韩；佛老之害，甚于杨墨”[③] 就很具代表性。朱熹持论更为严格，甚至认为二程既没之后，其高弟多流于禅，[④] 对于陆象山的江西之学也以“禅学”视之。正因为如此，儒家与佛、老阵营对峙越来越明显，“禅学”成为宋代以降儒学批判异端的代名词。清初学术界对王阳明及其后学的大批判，一个重要的话语武器就是认为王学为禅或近禅。考诸历史，这种立场压倒学术的情形，看来似乎不可思议，然而它却是儒学在道统支配下成为社会意识形态的产物，也是儒家在宋代宗教化的一种必然结果，生活在社会中的人群所渴望的不是纯粹碎片化的知识和冷冰冰的理论，而是能够关怀其生命本真的一种价值取向、一个终极归宿，要言之是文化心理的认同，对于普通民众如此，对于儒家士大夫也是一样。

最后，道统还表现为一定阶层或社会集团的“话语权”。所谓“话语权”，就是一种社会舆论控制权。既然是一种权力，那么它实际上就超越了学术本身而走向了社会政治层面，具有某种强制性与支配性。《诗经》是传统社会中作为话语权最早的经典之一。在先秦，

---

① 韩愈：《原道》，《韩愈集》，岳麓书社，2000 年，第 147 页。
② 程颢、程颐：《二程集》，中华书局，2006 年，第 5 页。
③ 陈荣捷：《近思录详注集评》，华东师范大学出版社，2007 年，第 296 页。
④ 黎靖德编：《朱子语类》，第 8 册，中华书局，1986 年，第 2555—2556 页。

引《诗经》来论证自己观点的现象十分普遍，甚至应用在外交场合中。从引诗情形来看，多数甚至并非《诗经》的原义，这说明《诗经》已经成为一种代表话语权的符号，从而能超越理性从心理上得到人们的认同。人们已经不再考虑对《诗经》的解释是否符合原义，而是将其作为理论原点，这就是《诗经》所表现出来的强制性与支配性。在时人看来，不精通《诗经》，不以其立论，所讲所道就缺乏权威性，就会严重影响到理论被一定话语权下民众所接受的程度。汉代《诗经》的理论化、政治化是先秦的进一步发展，从此人们“不敢复议其非，至有解说不通，多为饰辞以曲护之”①，这就是话语权在背后所起的一种看不见的软力量。理学自产生之后，其话语权所产生的力量，丝毫不亚于《诗经》。明朝初期是“海内之士，非程朱之书不读”，“此亦一述朱，彼亦一述朱”，薛瑄更认为“周、程、张、朱之书，道统正传，舍此而他学，非学矣”②。这在王学运动发生之后，尤为明显。许多“正统”的理学家或者儒学学者，在批评李贽、何心隐等所掀起的一股“离经叛道”的思潮时，往往不是依据学理，而是基于儒家道统，认为李贽等人是为佛、老之学。当时官方以程朱之学为主，而士人这一群体也是尊孔子的，是故，一旦背离孔子的言论，势必被视为“离经叛道”，李贽等人恰恰是“不以孔子之是非为是非”，在“以理杀人”的话语权之下，最终绝望自杀于狱中。然而，王学运动却也获得了新兴市民阶层的高度肯定，《金瓶梅》、《二拍》、《三言》等市民文学兴盛，还出现了以公安派为代表的主张“独抒性灵，不拘格套”的新式文学流派；在政治领域中，党社运动也方兴未艾，其中，有不少都是以讲王学而开展起来的，它们与当时某些新式文学学派一样都在为自己争取话语权。

---

① 黎靖德编：《朱子语类》，第3册，中华书局，1986年，第972页。

② 薛瑄：《读书录》卷五，《正谊堂全书》，清同治年间正谊书局左氏增刊本。

三、“胡人”政权与清朝的合法性

由于新王朝的建立者是来自东北边疆的少数民族，其文化传统与关内广大地区的汉民族存在着紧张和冲突，因而带来了清初道统、治统之间的矛盾。考诸历史，实际上这种紧张和冲突，不仅仅是晚近才出现的。奉行华夏文化的汉族与周边少数民族之间的矛盾曾经长久的存在着，并被长期放置于儒学的视域中而载诸正史，称之为“夷夏之防”或“夷夏之辨”，而这些少数民族建立起来的政权多被称为“胡人”政权。

早在《尚书》中就有“蛮夷猾夏，寇贼奸宄”的记录。春秋末，戎狄便常入侵郑、卫、周等中原国家，管仲佐齐桓公以攘夷，孔子积极肯定管仲，对弟子说：“微管仲，吾其披发左衽矣。”孟子则说“吾闻用夏变夷者，未闻变于夷者也”。秦汉两朝主要是中原王朝与北方匈奴的对峙攻伐。汉儒进一步将这种思想发展为“尊王攘夷”说，以经学大师董仲舒等为代表，通过发挥《春秋》的微言大义，将这种学说与汉代“大一统”的观念结合在一起，认为夷夏是主仆关系，可以从文化上用夏变夷、从而混一天下。

魏晋南北朝数百年间，主要体现为北游牧、南农耕的对峙。西晋灭亡之后，王室东迁、偏安于东南，北方陷入以匈奴、鲜卑、羯、羝、羌“五胡”为代表的大混战，其后北魏统一北方，东晋则宋、齐、梁、陈四朝更替，中国逐渐进入了南北朝，而两种文明冲突之界限已由长城移到黄河、淮河。这一时期入主的少数民族，“已经不止于掠夺为事，而大都有建国称王的野心”，而且“逐渐从游牧半游牧的混乱经济，进而习取魏晋时期的生产方法与组织，转化为农业经济”①。北魏孝文帝迁都及其改革就是重要证明。总体来说，民族融

---

① 曾资生：《中国政治制度史》，上海书店，1944 年，第 16 页。

合是主流，游牧文明与农耕文明结合，最终催生出杂以胡风的隋唐王朝。

五代之后，中原政权与周边少数民族关系出现新局面。即宋与辽、金、西夏的对峙而且代有兴起。就辽、金、蒙古、西夏等地风俗而言，大抵与匈奴、鲜卑相类似，比如契丹建国之前“畜牧畋渔以食，皮毛以衣，转徙随时，车马为家”①，金人之俗为“诸部之民无它徭役，壮者皆兵，平居则听以佃渔射猎习为劳事，有警则下令部内，及遣使诣诸孛堇征兵，凡步骑之仗糗皆取备焉”②，蒙古族则更是典型的游牧民族，“生长鞍马间，人自习战。自春徂冬，旦旦逐猎”③。

汉民族的自我认同意识也空前强盛起来。理学时代的儒学高度强调“华夏”本位，一方面批评佛教、将之打入外来的胡人文化的阵营，另一方面宣传“尊王攘夷”。胡安国《春秋传》就是代表作。因此，“夷夏之防”的精神日益强烈地影响着宋、明两朝的汉民族共同体。明太祖朱元璋在征元时提出“驱逐胡虏，恢复中华”的口号，便是当时士大夫和民众心理的写照。该文出于宋濂之手，宋濂既是文学家又是理学家，主张文、道合一，该檄文从儒学的角度批评蒙元，认为元朝政府“不遵祖训，废坏纲常”，“其于父子君臣夫妇长幼之伦，渎乱甚矣”④，因此不仅仅是从驱逐胡虏，在血缘层面恢复“中华”，还有“立纲陈纪，救济斯民”，建立一种以儒家礼仪秩序来维持的理想社会。这一时期，北方的少数民族进入中原之后，特别注意保持自己的文化特征，甚至将自己的文化意识强加于彼，两种文明各自的独立意识也在加强，民族之间的隔阂较之以前更加深刻。

---

① 脱脱等：《辽史》卷三一《营卫志》，中华书局，1974 年，第 373 页。

② 脱脱等：《金史》卷四四《兵制》，中华书局，1975 年，第 992 页。

③ 赵珙：《蒙鞑备录·军政》，中华书局，1985 年，第 11 页。

④ 《明太祖实录》卷二六《吴元年十月丙寅》，台湾“中央”研究院史语所，1963 年校印本，第 401—402 页。

清王朝作为一个“胡人”政权，在这种历史情形下，其合法性受到质疑是肯定的。抱夷夏情结愈是深沉，对新王朝统治认同的程度就愈低，如王夫之、朱之瑜等学者对当时夷、夏问题均有自己的看法。王夫之（1619—1692），字而农，湖南衡阳人，晚年隐居石船山，世尊称为“船山先生”。船山虽然肯定文化礼仪应作为判定夷夏的根本标准，也曾指出过《春秋》“有时进荆、吴”①，但是从总体上并不认同可以用夏变夷，相反还特别批评这种做法的错误。比如王夫之论及汉高祖的和亲政策时说“遣女嫁匈奴，生子必为太子，谕以礼节，无敢抗礼，而渐以称臣，以为用夏而变夷，似也”。随即又指出：

> 夷狄之有余者，猛悍也；其不足者，智巧也。非但其天性然，其习然也。性受于所生之气，习成于幼弱之时。……胡雏杂母之气，而狎其言语，骄戾如其父，慧巧如其母，益其所不足以佐其所有余。故刘渊、石勒、高欢、宇文黑獭之流，其狡猾乃凌操、懿而驾其上。则礼节者徒以长其文奸之具，因以屈中国而臣之也有余，而遑臣中国哉！②

很显然，在王夫之看来，夷夏杂居并不能使夷人进于诸夏之礼，相反礼仪却成为“夷狄”的文奸之具，原因就是人性从最根本上是受“气”的影响，并在幼弱时即已养成习惯，是不可改变的。在评晋哀帝时，王夫之再次基于其“气本论”指出“夷”不可进于“夏”：

> 天下之大防二：中国、夷狄也，君子、小人也。非本末有别，而先王强为之防也。中国之于夷狄，所生异地，其地异，则其气异矣；气异而习异，习异而所知行蔑不异焉。乃于其中自有其贵贱焉，特地界分，天气殊，而不可乱；乱则人极毁，中国之

① 王夫之：《春秋家说·庄公》，《船山全书》，第5册，岳麓书社，1998年，第146页。
② 王夫之：《读通鉴论·娄敬祸天下》，《船山全书》，第10册，岳麓书社，1998年，第90页。

生民亦受其吞噬而憔悴。防之于早，所以定人极而保人之生，因乎天也。①

由上不难看出，王夫之将中国等同于“君子”，将夷狄等同于“小人”，认为决定双方道德本质的是“气”，地异则气异，气异则习异，习异而道德异。因此，王夫之并不认为“夷”人可以进化成为礼仪之邦的“中国”。

基于“夷”不可进于“夏”的理论，王夫之进一步提出夷夏之间的相处原则——王者不治夷狄，在其看来：

王者不治夷狄，谓夫非所治者也。代之北，粤之南，海之东，碛之西，非所治也。故汉之涉幕北，隋之越海东，敝已以强求于外，与王道舛而速祸。非所治而治之则自敝，所治而不治则自溃。②

王夫之认为中国、夷狄应各守其地，在地域上不能淆乱，乱则将“人极毁”。揆诸明史，崇祯时，朝廷一度重用袁崇焕，欲在五年内扫灭辽东，当时明军占有优势，皇太极曾去帝号表示臣服，要求明朝赐金印，以确立两国君臣关系，但崇祯却志在翦除其族，王夫之对此一直耿耿于怀，他指出“隋之越海东”被国内农民起义大潮所推翻，正与崇祯之征满族是“异代同时”，因此，“王者不治夷狄”，否则就会“自敝”、“自溃”。

王者虽不治夷狄，但也要攘夷、拒夷。对于清王朝定鼎北京之后对南明的征服，王夫之认为是属于“夷狄盗贼”的行径，并借古喻今说：“古之用兵者，邻国友邦之争，怒尽而止，非夷狄盗贼之致死于我而不可与之俱生……”③ 对于明朝官僚纷纷降清，则更是愤慨：

---

① 王夫之：《读通鉴论·苻坚禁富商》，《船山全书》，第10册，岳麓书社，1988年，第502页。

② 王夫之：《春秋世论·隐公》，《船山全书》，第5册，岳麓书社，1988年，第390页。

③ 王夫之：《宋论·使曹彬潘美争幽州》，《船山全书》，第11册，岳麓书社，1988年，第56页。

"春秋之世，友邦相伐，力不敌而请降者多矣。……故勾践即不沼吴，而终不为吴之臣妾。宋之于蒙古，岂其比哉？"① 认为"请降"只是外交上的臣服，而不能如"宋之于蒙古"一样将土地和人民都付之于人。此外，王夫之还指出对待夷狄的原则必须立足于自强，在其看来："君子之待恶人，中国之待夷狄，恃我之贞胜而不恃彼之召亡，则权重于己而无侥幸之心。"② 王夫之当年曾参与永历政权，在清军压境，危如累卵的情形之下，朝廷中还在廷杖、杀戮，党派间还在攻讦、斗殴，耳闻目睹的残酷现实使王夫之不难认识到"贞胜"对于战胜"夷狄"的意义。

朱之瑜的主要精神在于主张"尊王攘夷"，相比较于吕留良、王夫之更为积极主动。朱之瑜（1600—1682），号舜水，浙江余姚人，青少年时曾经参加过抗清斗争，失败之后东走日本。在日本长崎，朱之瑜受到了德川国光的高度礼遇。因此，朱之瑜讲学的主要影响在日本，多年以后日本的明治维新就是以"尊王攘夷"的旗帜来进行号召的，舜水先生便是这一运动的精神领袖。朱之瑜既没有像王夫之一样从理论上对"夷夏之防"进行论述，也没有像吕留良那样将"夷夏之防"的精神隐晦地"编织"在对科举时文的评说中。朱之瑜是非常重视实际的一个学者，在《中原阳九述略》中，他从"致虏之由"、"虏势二条"、"虏害十条"、"灭虏之策"等多个方面对于明亡的原因进行了深刻的考察。朱之瑜从感情上对于当时入主中夏的所谓"夷狄"是极为痛恨的，在《中原阳九述略》中多有表现，诸如"丑莫丑于打老鼠"、"惨莫惨于拆房屋"、"奸淫万状、科派百端"③，不一而足。

---

① 王夫之：《宋论·文天祥奉太后如元军》，《船山全书》，第11册，岳麓书社，1988年，第56页。

② 王夫之：《春秋家说·僖公三十二篇》，《船山全书》，第5册，岳麓书社，1988年，第182页。

③ 朱之瑜：《中原阳九述略》，《朱舜水集》，中华书局，1981年，第10—11页。

总体来看，儒学的夷夏观一方面基于民族血缘关系主张“夷夏大防”，另一方面也从文化礼仪的角度讲“夷夏互进”，前者可以称之为“血缘性”，后者可以称为“文化性”。民族的血缘性与文化性是传统儒学夷夏观念矛盾的两个方面，在不同的历史发展阶段及不同的社会形态中分别居于矛盾的主次方面，并由此影响着那一时代的人们。清王朝的建立是宋代以来华夷关系的逻辑演进，与辽、金、西夏、元政权有相当的接近性，亦即它是在强烈的民族文化的隔阂与意识形态的冲突中出现的。由于新王朝最初的一些民族政策，诸如强制剃发、易服等极大地损害了汉民族的自尊心，因此，明末士人选择成为遗民从广度与深度上是超越于前代的，虽然这个遗民群体比起先降闯、后降清的绝大部分士大夫而言是少数，但是他们大多数既是汉民族的博学鸿儒，又是各地的精神领袖，仍然对清王朝的合法性构成着巨大的威胁。

第二节 御纂经典中的道统精神

庙堂为树立自己的道统观念，颁布了诸如《朱子全书》、《性理精义》、《日讲春秋解义》等御纂经典。此外，朝廷主持编修的《明史》与其他道统史著一样，也具有意识形态构建的功能。御纂经典代表了皇帝和国家意志，有不可动摇的神圣性、权威性，是清朝庙堂理学构建自身道统精神的主要表征。

一、《朱子全书》与《性理精义》

道统构建在一定程度上也是在塑造人们的价值观和历史观。为了道统构建，朝廷通过颁刻儒学经典，为自己的意识形态构造准备文本依据。这些一定程度上具有法典性质的图书，以《日讲五经解义》、

《日讲四书讲义》、《孝经衍义》、《周易折中》、《朱子全书》、《性理精义》等为代表，多被冠以“御纂”、“御定”等名词，其中御纂《朱子全书》、《性理精义》是为了塑造程朱理学在帝国意识形态中的地位而编修的，具有十分重大的意义。

提升朱熹地位、编纂相关图书，始于明初。为统一帝国的意识形态，永乐十二年（1414），朝廷谕令胡广、杨荣、金幼孜等编纂四书、五经、“性理”等三部《大全》。但是因仓促成书，选择芜杂，颇有后世学者讥评，如顾炎武就认为该书是“仅取已成之书抄誊一过，上欺朝廷，下诳士子”①，朱彝尊也认为该书是“止就前儒成编一加抄录……所谓《大全》，至不全之书也”②。从时人的反映来看，重新编纂一部与朱熹著作相关的书籍、重新清理程朱理学在国家意识形态中的地位是势在必行的。

《朱子全书》主要是为了确立朱熹在道统中的地位，是清王朝国家意识形态中最核心的价值观念。因此，塑造一条以朱熹为代表、以程朱理学为中心的道统线索是该书的主要方向。《朱子全书》专设《道统》六卷（五十二卷至五十七卷），为朱熹论历代儒家学者的言语集粹，其中，第五十二卷为圣贤诸儒总论、孔子、颜曾思孟、孔门弟子、周子，第五十三卷为程子、张子、邵子，第五十四卷为程子门人、杨氏门人、罗氏门人、胡氏门人，第五十五卷为“自论为学功夫”、“论自著书”，卷五十六为自著书序跋，卷五十七为训门人。之后为“诸子”三卷，卷五十八为老子、列子、庄子、墨子、管子、孔丛子（子华子附）、申韩、荀子、董子、扬子、文中子、韩子、欧阳子，卷五十九为苏氏、王氏、吕伯恭、陈君举、陈同父，卷六十为陆氏（释氏附）。《诸子》卷是《道统》卷的辅翼。可见，该书《道

---

① 顾炎武著、黄汝成集释：《日知录集释》卷一八，上海古籍出版社，1985年，第1388页。

② 朱彝尊：《经义考》卷四九，四库备要本。

统》部分在人物选择上相当审慎、严格，主要是要确立程朱一派在学术史上的地位。同时，相对于朱熹《伊洛渊源录》综述北宋道统史而言，《朱子全书》所构建的道统观念更有贯通性，范围稍宽，另有老、庄等诸子为之辅翼。《朱子全书》不仅将道统一直追溯到先秦时代的孔孟，还将胡宏纳入到这一体系之中。胡宏（1105—1161），字仁仲，号五峰，福建崇安人，与父亲胡安国、生徒张栻是湖湘学派前后三代的领袖人物，朱熹对胡宏既有肯定，也有批评，认为胡宏对人性的认识不确切，具在《知言疑义》一书。《朱子全书》将湖湘学派纳入到道统中，展现出庙堂在道统论中拓展其社会基础的努力。此外，老子、列子、庄子、墨子、管子、荀子、董仲舒一直到宋代的欧阳修、王安石、吕祖谦、陈亮、陆九渊虽未进入道统，但也进入"诸子"之列，成为儒家道统的羽翼。当然，为了确立文化秩序的核心价值观念，《朱子全书》中的道统核心线索仍然是严格地控制在程朱一派。通过这样一条线索，朝廷确立了程朱理学在儒家文化中的绝对地位，同时，它又用程朱理学将诸子百家之学都串连起来，从而使整个儒学成为一个有中心、有秩序的体系，而这个体系的中心又集中到朱熹。

《朱子全书》以先道统、后治道的顺序来诠释朱熹的思想。李光地原本看重"治道"的重要性，并以之安排《朱子全书》的编纂次序，在《条奏〈朱子全书〉目录次第札子》中，李光地就相关情况向康熙帝进行了说明：

> 臣妄谓首十数卷论学之后，似即宜继以论治，而论治诸目，则宜以奏疏为首，然后以君道臣道、养教兵刑、用人理财等目次之。如此，则开篇数十卷之中，而内圣外王之道备矣。然后继以四书六经，以证明之，又继以圣贤诸儒、诸子百家，以折衷之，又继以历代人物，以参考之。似为得先后缓急之序，而使天下后

世学者，知为学为治之出于一，不作两意推求也。[①]

然而，康熙帝的想法与李光地不同，更倾向于道统为先。最终，《朱子全书》的顺序是先以之论学，继之以四书、六经，再继之以圣贤、诸儒、诸子、百家之说，最后是治道，治道的具体内容又分为总论、王伯、封建、论官、用人、论文、论诗、字学、科举之学、财赋、赈恤、学校、贡举、论兵、论刑、谏诤、祯异等众多类别。这种安排，并非是康熙帝忽视修齐治平之术，而是体现了对道统的重视。在该书序言中，康熙帝回忆了三十五年亲征噶尔丹的往事，认为文治武功的方略只能奏效一时，兵不可穷，武不可黩，只有程朱理学所讲的“中正仁义”、“老成宽信”才是修齐治平的根本：

天下至大，兆民至众，舆图甚远，开地太广，诸国外蕃，风俗不同，好尚各异，防此失彼之患，不可不思。若以智谋要结人心，如挟泰山而超北海也，以中正仁义、老成宽信似乎近之。[②]

因此，确立道统是大经大法，比具体的治术更为重要。同时，道统淆乱，也使确立程朱理学在学术史上的地位变得更加紧迫。从南宋以来朱熹之书便传播于世，成为文化符号，对朱熹的思想，不同的诠释者往往有不同的看法，最有影响也最具争议的诠释就是王阳明的《朱子晚年定论》。在该书中，王阳明认为朱熹晚年的学术已转向陆象山。王阳明的说法遭到了程朱学者的强烈反对，遂开启了长达数百年的“朱陆异同之辨”。其他有关朱熹的注疏就更多了，然而意义多有互歧。康熙帝对此表示说：

朕集朱子之书，恐后世谓借朱子之书自为名者，所以朕敬述而不作，未敢自有议论，往往见元明至于我朝著作，讲解万不及

---

① 李光地：《条奏〈朱子全书〉目录次第札子》，《榕村全集》卷二八，《榕村全书》，第9册，福建人民出版社，2013年，第151页。

② 《圣祖仁皇帝御制文集》第四集卷二一《朱子全书序》，台湾商务印书馆1983—1986年版文渊阁《四库全书》，第1299册，第535页。

朱子，而各出己见，每有驳杂，反为有玷宋儒之本意。①

作为该书之首的“论学”部分的排序也很值得关注。最先是小学，次之以存养、持敬、静、省察、知行、致知等工夫，之后为读书法、读经法等，再次之以大学，很明显地突出了以修养工夫为代表的“小学”。从宋代以来，作为四书之一的《大学》一直享有崇高的地位，程颐就认为《大学》是“入德之门”，朱熹的主要思想也来自于《大学》中的“格物致知补传”，与小学重视为学工夫不同，《大学》的主要方向是探讨心、性、理、气等形而上的概念。《小学》一书虽为当时朱熹所辑，然而在其思想体系中并不特别重要。《御纂朱子全书》突出小学的地位，展现了它将理学引向践履的倾向。也就是说，它不仅仅是缔造一个文化秩序，还要为这种秩序确定一个方向，它对朱熹理学也是精心诠释和构建的。

《御纂性理精义》体现为一个“精”字，是庙堂理学道统在“深度”上的表现。与《朱子全书》相比，《性理精义》从宋代开始，相对于前代近似于一部“近代史”。该书所包括的人物，其中宋代有周敦颐、程颢、程颐、张载、邵雍、欧阳修、司马光、余靖、范祖禹、吕大临、谢良佐、游酢、杨时、尹焞、吕希哲、曾巩、刘安世、邵伯温、胡宏、罗从彦、李侗、张峪、张九成、朱熹、张栻、吕祖谦、陆九渊、蔡元定、陈淳、黄幹、陈埴、李方子、杨复、程珙、真德秀、魏了翁、饶鲁、祝泾、叶采；元代有钟过、黄严孙、许衡、胡方平、吴澄、彭丝。

该书人物选择相当精审，李光地在《凡例》中指出：

> ……明初编为《性理大全》之书，其所采辑亦几备矣！然择焉不精，未免泛杂冗长之弊，其所区分门目亦颇繁碎而失纲要，是以三百年来精熟此书者鲜，是反以多为病也。今特拔去华

① 《圣祖仁皇帝御制文集》第四集卷二一《朱子全书序》，台湾商务印书馆1983—1986年版文渊阁《四库全书》，第1299册，第535页。

叶，寻取本根，必其微言大义，真与六经、四书相羽翼者，然后慎收而约载之。①

由以上可以看出，该书编纂是针对明代《性理大全》，在编者看来，明代所辑《性理大全》“泛杂冗长”，约而言之就是不“精审”，李光地所主张的“拔去华叶”、“寻取本根”、“微言大义”，正是编者们追求“精审”的表现，因此该书中截取的人物，基本上都是宋元时代思想界最具代表性的。我们可以将之与黄宗羲、全祖望《宋元学案》作一对比。《宋元学案》共一百卷，其中学案八十七个，学略两个，涉及学者多达两千多人。一方面，两书在人物选择上很有相似之处，在一定程度上展示了宋元学术的发展。但是另一方面，《宋元学案》从宋初三先生及范仲淹起，是以学术探讨为基础的，注重学术史的沿革。《性理精义》开首便是周敦颐，展示了程朱理学的中心地位，更具有价值性判断，是对国家意识形态的确立。可见该书的“深度”原则体现在对于人物的谨慎选择上。同时，《性理精义》所选取的人物只有四十五人，从数量上远远地不及《宋元学案》，也展现了它“精审”的方面。

二、御纂《春秋》诸书与夷夏之辨

对于五经中的《春秋》一书，庙堂诸子也进行了诠释，康熙帝同样极为重视，在其看来，《春秋》是“帝王经世之大法，史外传心之要典”，既有是非判断的标准，也有义例可循。② 其中，《日讲春秋解义》最具有代表性。从明代以来，宋人胡安国《春秋传》便立于

① 李光地：《御纂性理精义·凡例》，台湾商务印书馆1983—1986年版文渊阁《四库全书》，第719册，第595页。

② 《圣祖仁皇帝御制文集》第二集卷三一《日讲春秋讲义序》，台湾商务印书馆1983—1986年版文渊阁《四库全书》，第1298册，第633页。

学官，对士林影响极大。该书释《春秋》为“尊王”、“攘夷”两个方面，而“攘夷”正涉及清王朝的政治合法性。

《日讲春秋解义》的编纂总裁是库勒纳、李光地，分撰者有王封溁、高士奇、德格勒、思格则等人，该书还曾经雍正帝复加考论，最终编次成帙，共有六十四卷，时间从隐公元年（前722）开始到哀公十四年（前481）止。具体编纂方式是在原文之下进行集解，有取舍地附以《左传》、《公羊》、《穀梁》中的文句来表达自身观点，最后再加以日讲官自己的发挥。《日讲春秋解义》虽然以胡安国《春秋传》为主，但是也有很多不同，在康熙帝看来，以胡传为取士标准之后，《春秋》解说是“其说者率多穿凿附会”①，而《日讲春秋解义》是“大约以胡氏为宗，而去其论之太甚者，无传经文则博采诸儒论注以补之”②。

《日讲春秋解义》认为由夷变夏是可能的，力图消解胡安国以来建立的“夷夏之防”。比如，“成公十五年冬十有一月”条，经文为：“冬十有一月，叔孙侨如会晋士燮、齐高无咎、宋华元、卫孙林父、郑公子鳍、邾人会吴于钟离。”吴国当时被认为是蛮夷之邦，因此《左传》、《公羊传》、《穀梁传》对该条的解释都集中在“会吴”的“会”上。对“会”字的使用，《公羊》、《穀梁》两传认为“会吴”两个字是“外吴”，它是传统儒学内诸夏、外夷狄的表现，所谓“内”、“外”实际上就是先夏后夷，并非完全排斥夷狄于天子之外。胡安国《春秋传》却更强调夷、夏之间的分别，认为：

> 吴以号举，夷之也，会而殊会，外之也……意在贱夷狄，而罪诸侯不敢与之敌也……以其僭窃称王，不能居中国之爵号耳。

---

① 《圣祖仁皇帝御制文集》第四集卷二二《钦定春秋传说汇纂》，台湾商务印书馆1983—1986年版文渊阁《四库全书》，第1299册，第540页。

② 《圣祖仁皇帝御制文集》第二集卷三一《日讲春秋解义序》，台湾商务印书馆1983—1986年版文渊阁《四库全书》，1298册，第633页。

成、襄之间，中国无霸，齐晋大国亦皆俛首东向而亲吴，圣人伤之，故特殊书“会”，可谓深切著明矣。①

胡安国不仅强调夷、夏之别，而且特别指出从文化上而言华夏高于夷狄，如其所谓：“中国之所以为中国，以礼义也，一失则为夷狄，再失则为禽兽，人类灭矣。”② 这也是其“严夷夏之大防”的根本原由。《日讲春秋解义》却强调夷夏之间的互进关系，认为：

> 先儒因再书“会”，而有“外吴”之说，然圣人之恶吴，不宜过于楚，诸侯与楚会，何以无异文乎？且襄五年会于戚，吴人列序，则其说不可通矣。盖钟离柤向皆近吴，吴人在是，而晋合诸侯以会之，非会又会，无以见事情。戚，卫地，晋合诸侯于戚，而吴人来会，安得用会又会之文哉？凡此乃事殊文异义各有当，而无庸曲说者也。③

诸如此类的细节还很多，编者认为从夷到夏的转变可以而且应该能够逐步完成，这也就是“大一统”的过程。书中多引《公羊传》，《公羊传》讲大一统，自然倾向弥合夷夏间的矛盾，比如称楚人有大夫事，《日讲春秋解义》便引《左传》说：“椒者何？楚大夫也。楚无大夫，此何以书？始有大夫也。始有大夫，则何以不氏？许夷狄者不一而足也。认为“许与”是“言进之当以渐”。④ 又如对鲁定公十四年蔡国、吴国与楚国在柏举交战的事件，编者引《穀梁传》认为：“其举贵者，何也？吴信中国而攘夷狄，吴进矣。”⑤ 对于吴人黄池之

---

① 胡安国：《春秋传》卷二〇《成公十五年》，明金陵奎壁斋本。

② 胡安国：《春秋传》卷一二《僖公二十三年》，明金陵奎壁斋本。

③ 库勒纳、李光地：《日讲春秋解义》卷三五《成公十五年》，台湾商务印书馆1983—1986年版文渊阁《四库全书》，第172册，第461页。

④ 库勒纳、李光地：《日讲春秋解义》卷二四《文公九年》，台湾商务印书馆1983—1986年版文渊阁《四库全书》，第172册，第324页。

⑤ 库勒纳、李光地：《日讲春秋解义》卷五七《定公十四年》，台湾商务印书馆1983—1986年版文渊阁《四库全书》，第172册，第776页。

会事，又引《穀梁传》认为“黄池之会，吴子进乎哉？遂子矣”①，称“吴”为“子”，表示吴国最终由“祝发文身”的“夷狄之国”进化为中国的礼仪之邦。

《日讲春秋解义》在努力解构“夷夏之辨”的同时，还将其转向为“拨乱反正”的“定纲常”之作。《春秋》本身只有六千多字，虽经孔子笔笔削削，但究竟不是明确论述。“尊王攘夷”、“夷夏大防”等春秋大义都是汉宋诸儒阐发出来的，其方法论的依据就是认为《春秋》中有圣人的“微言大义”，即某些特定的词汇表达特定的涵义，是谓有“通义”、“通例”。《解义》并不主张对《春秋》进行特别地“微言大义”式的究索，在《纲领》中便借用程颐的话讲：“有重叠言者，如征伐盟会之类。盖欲成书，势须如此，不可事事各求异义，但一字有异，或上下文异，则义须别。”同时对于前贤夷夏之防阙而不论，而举之以刘向“《春秋》无通义”，邵雍“《春秋》，孔子之刑书也”，朱熹“《春秋》是圣人据鲁史以书其事，使人自观之以为鉴戒耳”。其中，还特别引胡安国“《春秋》为诛乱臣贼子而作，其法尤严于乱贼之党”的观点②，而不及其夷夏之辨的方面，实际上是消解传统《春秋》大义中“夷夏之防”在理论依据上的神圣性。该书的《通论》也是集中将《春秋》这一儒家经典视为一部正君臣之义、拨乱反正的定纲常之作。比如引周敦颐：“《春秋》正王道，明大法也。孔子为后世王者而修也，乱臣贼子诛死者于前，所以惧生者于后也。”③ 在具体的解释中，还杂入一些学者的论断，比如引赵匡之说：“《春秋》因史制经，以明王道，其指大要二端而已：兴常

---

① 库勒纳、李光地：《日讲春秋解义》卷六三《哀公十三年》，台湾商务印书馆1983—1986年版文渊阁《四库全书》，第172册，第845页。

② 库勒纳、李光地：《日讲春秋解义·总论》，台湾商务印书馆1983—1986年版文渊阁《四库全书》，第172册，第11—12页。

③ 库勒纳、李光地：《日讲春秋解义·通论》，台湾商务印书馆1983—1986年版文渊阁《四库全书》，第172册，第14页。

典也，著权制也。”[1] 这些看法有一个共同特点，就是避开“夷夏之辨”。

胡安国讲求“尊王”，这与《解义》大约相同，与《解义》所不同的是，胡安国主张从“义”、“例”等微言中去探求大义，就胡氏《春秋传》的总纲而言，仅有胡氏、孟子、董仲舒等数人而已；该书也引有程颐的话，但是与《日讲春秋解义》所引不同，比如说“《春秋》一句，即一事是非，便见于此乃理穷之要”，又说“《春秋》之法极谨严，中国而用夷礼则夷之”。[2] 在具体的解释中，胡安国更是将《春秋》“夷夏之防”特加发挥、议论纵横。比如，鲁隐公二年的一段经文为“二年春，公会戎于潜”，胡安国对此进行了长篇论述，如下：

> 夷狄举号，外之也；天无所不覆，地无所不载。天子与天地三者也。《春秋》，天子之事，何独外戎狄乎？曰：中国之有戎狄，犹君子之有小人。……以夷狄而朝诸夏，位侯王之上，乱常失序，其礼不可行也……非我族类，其心必异。[3]

而《日讲春秋解义》针对该经文却完全是另一种说辞：

> 《春秋》之例事，以时成则书时，而不书月，而隐公自元年以后，皆不书正月，虽事以月成者亦书时，故《穀梁》谓隐十年无正，隐不自正，《公羊》谓隐不有其正，皆非也。隐在位十有一年，王命五至，身既不朝，又无一介之使报礼于京师，是不奉正朔也。故不书正，以示义焉。《春秋》凡会皆讥，君臣同词者非封建之国也。[4]

---

① 库勒纳、李光地：《日讲春秋解义·通论》，台湾商务印书馆 1983—1986 年版文渊阁《四库全书》，第 172 册，第 13 页。

② 胡安国：《春秋传·纲领》，明金陵奎壁斋本。

③ 胡安国：《春秋传》卷一《隐公二年》，明金陵奎壁斋本。

④ 库勒纳、李光地：《日讲春秋解义》卷一《隐公二年》，台湾商务印书馆 1983—1986 年版文渊阁《四库全书》，第 172 册，第 33 页。

《解义》完全在“春”字上作文章，使这条经文由胡安国讲夷夏之辨变成讲君臣大义了。从《春秋》三传考察，这篇带有浓郁夷夏之辨的文字确实是胡安国自己发挥的。问题是，自南宋以来，胡安国的《春秋传》思想传播很广，在士人中间有很大的影响，已经成为了知识界认同的固有观念。对胡安国《春秋传》中这样的文字，日讲官们给异族的皇帝进行讲解，最后编纂成书并以《解义》之名刊行于世时都删除了。

在《日讲春秋解义》之外，还有一部《钦定春秋传说汇纂》，这部书共三十八卷，康熙三十八年（1699）开始纂修，大学士王掞、张廷玉等先后为总裁，到康熙六十年（1721）最终完成。从一定程度上说，它是《日讲春秋解义》的进一步发展，对于该书的用意，四库馆臣就曾明确指出：

> 初，胡安国作《春秋传》，张栻已颇有异议。朱子编《南轩集》，存而不删，盖亦以栻说为然。至元延祐中复科举法，始以安国之《传》悬为功令，而有明一代因之。……圣祖仁皇帝道契天经，心符圣义，于尼山笔削，洞鉴精微。虽俯念士子久诵《胡传》，难以骤更，仍缀于三《传》之末，而指授儒臣详为考证。凡其中有乖经义者，一一驳正，多所刊除。至于先儒旧说，世以不合《胡传》摈弃弗习者，亦一一采录表章，阐明古学。①

《钦定春秋传说汇纂》与《日讲春秋解义》相比较而言，前者重视阐释经文大义，是日讲过程中的产物，而《汇纂》则有材料汇编的性质。从内容上看，《汇纂》除了集说之外，主体上也是四家，即《左氏》、《公羊》、《穀梁》三传，外加胡安国的《春秋传》。历代春秋学相关著作何计其数，以胡传列入其中，自有其意义，原因应该是当时士林“久颂胡传，难以骤更”，当然该书对胡传也是有所删节

---

① 《钦定四库全书总目》卷二九，台湾商务印书馆 1983—1986 年版文渊阁《四库全书》，第 1 册，第 582 页。

的，比如隐公二年“公会戎于潜”，就只附有《左传》、《穀梁》及集说，而未附胡传中此条关于夷夏之防的议论。另外在不少经文条目中，《汇纂》比《解义》更为全面一些①，这些论断都以“集说”的形式加以说明。

由于“夷夏之防”这个问题特别重要，不仅雍正时朝廷改定过康熙朝御纂的《日讲春秋解义》，乾隆二十三年（1759）高宗又下谕编修《御纂春秋直解》。该书共十五卷，大旨也是试图“铲除种种迂曲之说”，“凡诸家所说穿凿破碎者悉斥不采，而笔削大义愈以炳然”。乾隆帝在御制序文中指出该书是“揭胡安国《传》之传会臆断，以明诰天下”，改变“人人各以臆见相私揣，务为新奇以相胜”的局面，四库馆臣认为《直解》与《汇纂》是“宗旨同符”，希望学者在恭读康熙帝御纂《钦定春秋传说汇纂》的时候“辨订其是非”，“以融会其精要”，使《春秋》学“更无余蕴矣”②。《直解》纂成之后，颁行学宫。对于胡安国《春秋传》给清王朝带来的意识形态的困扰，经过几次朝廷大规模对《春秋》的重新诠释，终于得到一定的消解。不过相比较元代科举衡以胡安国《春秋传》，对其中“夷夏之防”的内容漠然视之，清廷的这些行动是煞费苦心的和有其自身特色的，与蒙古人重武力征服而轻意识形态控制的统治风格并不相同。

三、《明史》编纂中的道统构建

中国古代社会修史的重要特点是，史著之中往往被注入作者、编

① 康凯林：《论清初官方对胡安国〈春秋胡氏传〉的批评》，《汉学研究》，2010年第1期。

② 《钦定四库全书总目》卷二九，台湾商务印书馆1983—1986年版文渊阁《四库全书》，第1册，第583页。

修者的价值立场，所谓孔子笔削《春秋》即是如此。《汉书》开断代史的先河，之后，本朝修前朝史成为一种传统。到唐代，中国又形成了官修正史的传统，它一方面向当代和后世传达出旧王朝被新王朝取代是天经地义；另一方面，也会将自己的价值判断注入其中，比如元代官修《宋史》的中《道学传》就是一个明显的表现。这些都可以归结为新王朝用儒家道统观念为自己政权的合法性进行论证。

《明史》也是如此，清王朝对这部史书高度重视。从纂修时间上看，它是我国历史上耗时最长的一部官修史书。早在顺治二年(1645)，清廷就开设明史馆，直到乾隆四年（1739）才最终定稿上呈皇帝，前后达九十四年。耗时如此之久，除表明清初庙堂修史的严谨态度之外，还展现出新王朝统治者面对明代历史所涉及自己合法性等一系列重大命题时的一种高度审慎。康熙帝指出："《明史》关系重大，必使后人心服乃佳。"所谓服人心就是"是非公论"，就是国家意识形态从历史观方面要对民众有说服力。康熙帝进一步指出："《宋史》成于元，《元史》成于明，其中是非失实者多，是以至今人心不服。"又道："《明史》不可不成，公论不可不采，是非不可不明，人心不可不服，关系甚巨，条目甚繁。"① 双重否定的句式，进一步突出了康熙帝对《明史》这部史书极为特殊的重视，从"公论"到"是非"到"人心"，处处涉及清王朝统治的合法性问题。

《明史》编纂首先是力图确立清王朝在两千余年来中原王朝谱系中的正统地位，消弥作为异族政权与汉民族之间的仇恨和隔阂。《明史》的意识形态特征，或者说它为新王朝辩护之处表现在两个方面：一，它隐没了满族曾经臣服于明朝的历史事实。二，它否定了顺治之后南明存在的近二十年的历史。这两个问题对于清王朝的统治合法性

① 《圣祖仁皇帝御制文集》第三集卷七《谕大学士九卿等》，台湾商务印书馆 1983—1986 年版文渊阁《四库全书》，第 1299 册，第 73 页。

是至关重要的。早在太祖、太宗时期，满族就试图抹去明朝建州卫的历史阴影，从而使明朝失去了“礼乐征伐自天子出”的合法性支持，满族政权也不再作为明王朝一个藩属而存在，不再承担弑君作乱、分裂国家的道德谴责与舆论压力。对南明政权的否定，也是清王朝建立其治统合法性的前提之一，无论是多尔衮与史可法的“春秋大义”之争，还是康熙帝在《南山集》案中一改宽容精神定要将戴名世处死，都与清军入关十七年谁为正统的争夺有关。现在官修正史对这个问题给予了一定的解决，实际上是以历史形式否定了南明政权作为合法性统治的存在。《明史》作为一部官修史书，在体例及写作上极为精审，这种精审进一步地加重了人们对这些观念的认同和信服。

同时，《明史》编纂过程体现了清初庙堂朱、陆两派的道统之争，最终达成了程朱理学的独尊。这场争论主要围绕着《道学传》设立与否，以及阳明学派的评价问题。最终，《道学传》被否定，而阳明弟子们纷纷进入《儒林传》。实际上，朱、陆两派就此问题经过争斗才最终达成妥协。

在“道统传”的设立问题上，时任总裁徐元文为程朱一派，主张仿《宋史》立“道统传”或“道学传”，意将明代程朱一派立为“道学传”，收取“薛瑄诸人”，将王阳明入“名卿列传”，其弟子入“儒林传”，其意无疑在排挤王学。但此举遭到绝大多数史官的反对，王学一派如毛奇龄自不待言，在野的黄宗羲也认为“学术之异同皆无可论，以待后之学者择而取之”[①]；连卫朱的张烈也对此表示否定，大约是他发现在朝王学一派势力较大，如立“道学传”，则阳明必在其中，因此，张烈表示立《道学传》是“成其争名利，攘富贵之私，辱圣门莫甚焉！而溯其原始，阳明实为首祸，如此而列之道学，恐天下后世稍知圣人之道者，必以史臣为无识矣！愚故疑‘道学传’可

① 黄宗羲：《移史馆不宜立理学传书》，《黄梨洲文集》，中华书局，1959年，第452页。

不立也"①。

同时，庙堂对王阳明本身的评价也有争论。毛奇龄、尤侗皆服膺于王学，分别撰有《王文成传本》、《王文成传》，拟立之于《明史拟稿》中，但是却为卫朱的张烈所不能忍受，张烈另撰《王学质疑》，批评阳明及其弟子"破坏程朱之规矩，蹂躏圣贤之门庭"②，表示反对。此外，《明史》的在野"顾问"黄宗羲、布衣而任史局"要员"的万斯同，也大大地增加了明史编纂中的王学力量。在王学实力占优势的情形之下，殿本《王文成传》最终在毛奇龄、尤侗、万斯同、王鸿绪的稿本基础上改订而成。汤斌曾两次充任《明史》总裁，学风倾向王学的一派，他肯定地指出阳明在明代学术史中的地位："阳明之学直截透快，略近象山，而与孔孟不悖……至其见地光明，发明本心，如《拔本塞源诸论》，圣人复起，不能易也。"③ 汤斌不主张立《道学传》，但他认为如果确要立《道学传》，必须将王阳明、邹守益、钱德洪、罗洪先等王学大师列入，这可能也是张烈担心的原因。汤斌又提出折中之法，即只立"儒林传"，阳明不入"儒林"亦"不碍其为大儒"，但是程朱一派的薛瑄也应与阳明一起入大传。另外，"儒林传"须将心学一派的陈献章、罗洪先、王畿、罗汝芳等人纳入。《明史》最后纂成，基本与汤斌的后一种设想相同。因为《明史》编纂过程中"道学传"等问题直接涉及清初庙堂道统精神的内容，所以不能简单给予忽略。我们固然可以将《明史》最后的定稿视为各派的斗争结果，但也应该看到《明史》相对于元修《宋史》立"道学传"实在要高明得多：它更多地融合了社会中各派系的意识形态，因而得到了较之元代更多的认同，这种认同的深度与广度是清初国家意识形态构建的主要因素。

最后，《明史》还表现出清初庙堂的某些历史观念。比如，延续

---

①②张烈：《读史质疑三》，《王学质疑》，《正谊堂全书》，清同治正谊书局左氏增刊刻本。

③　汤斌：《〈明史〉凡例议》，《汤斌集》，中州古籍出版社，2003年，第828页。

前代传统将农民起义视为流寇，对为故国死难之士进行褒扬，为建立新的社会纲常秩序作历史性的铺垫。同时，《明史》认为明亡是起于神宗之时，虽然这是不少学者的共识，但它确实又与努尔哈赤起兵攻明时间一致，从而为清之代明的合理性埋下伏笔，尤其是对崇祯皇帝的评价，认为明朝亡国不在皇帝，而在于宦官、朋党，这表现出满洲贵族对明亡原因的一般认识，这也为明遗民改仕新朝减轻了心理上的负担。

事实上，《明史》编纂在很大程度上也旨在争取明遗民对新王朝统治的认同。为了争取明遗民的认同，康熙一朝从怀柔的角度试过几种方法，正如梁启超在《中国近三百年学术史》中所讲，康熙帝的“怀柔政策，分三着实施。第一着，为康熙十二年之荐举山林隐逸。第二着，为康熙十七年之荐举博学鸿儒。但是这两着总算是失败了”①。为什么失败了呢？很明显，明代士大夫所要求的不是作官，而是如何保持传统的文化、保持传统的故国观念，由于当时大局已定，为故国存史、以存史来存道是当时遗民中的一种较普遍的思想倾向。康熙十八年（1679），清廷开始正式修纂《明史》，并以徐乾学、徐元文、汤斌、熊赐履等名臣兼大学问家为总纂修官，而黄宗羲、顾炎武、万斯同、梅文鼎等也均以遗民的身份直接或间接参与了《明史》纂修。顾炎武是明遗民的代表人物之一，早年曾参加抗清斗争，失败之后，义不出仕，足迹遍布大江南北，对士大夫倒戈新朝之种种情景不无目睹，愤慨之言良多。清廷开博学鸿儒科，顾炎武坚辞不就，《明史》开馆，总裁熊赐履欲招之，顾炎武回答说：“果有此举，不为介推之逃，则为屈原之死矣。”② 后来，汤斌出任总裁，采取通信的方式与顾炎武讨论相关编纂问题，顾炎武对汤斌的顾问表示

---

① 梁启超：《中国近三百年学术史》，天津古籍出版社，2003 年，第 17 页。

② 顾炎武：《记与孝感熊先生语》，《顾亭林诗文集》，中华书局，1983 年，第 196 页。

“深感注存”，将其所知尽相告之。[①] 黄宗羲与顾炎武差不多，也以不出仕来保全人格和声名，同时通过书信与清廷的明史编纂发生关系。在黄宗羲的首肯下，高足万斯同应徐乾学之请出山帮助朝廷修纂明史。万斯同（1638—1702），字季野，浙江鄞县人，博通诸史，尤其熟悉明代掌故。朝廷诏以纂修明史，万斯同表示不署衔、不受俸，以布衣任史局，并在《明史》的编纂过程中发挥了很大作用，甚至被后世目之为《明史》的实际编纂者。明遗民无论通过何种方式参与《明史》编纂，都在一定程度上表明对清廷的认同，梁启超也因此指出“康熙十八年之开《明史》馆”，“这一着却有相当的成功”[②]。

第三节　庙堂诸子的道统意识

清初诸社会意识形态群体确立各自道统、争夺话语权，主要都是通过道统史的编纂来完成的，代表性的作品有周汝登《圣学宗传》、孙奇逢《理学宗传》、黄宗羲《明儒学案》等。[③] 作为理学名臣的熊赐履、李光地等理学诸子通过自己道统著作和相关论断，实际上也参与了庙堂的道统构建。因此，本节将以考察庙堂诸子的道统史著及其相关论断为主，从而进一步探看清初国家意识形态中道统构建的过程及其主要方向。

① 顾炎武：《答汤荆岘书》，《汤斌集》，郑州古籍出版社，2003 年，第 1945 页。
② 梁启超：《中国近三百年学术史》，天津古籍出版社，2003 年，第 17 页。
③ 其详见龚书铎编、史革新著：《清代理学史》，上册，广东教育出版社，2007 年，第 112 页。

一、庙堂诸子的道统史著

清初庙堂诸子的道统史著作主要包括：熊赐履的《学统》，魏裔介的《圣学知统录》、《圣学知统翼录》、《希贤录》，汤斌的《洛学编》，张伯行的《道统录》、《道南源委》、《伊洛渊源续录》等。宽泛而言，张伯行的《广近思录》也有"道统论"的特色，李光地的《榕村语录》中《宋六子》、《诸儒》、《诸子》、《道释》及《榕村续语录》中《宋六子》、《诸儒》、《诸子》、《异端》等篇目，也是有关于道统的论断。此外，还有不少道统观念散见于庙堂诸子文集、语录之中。

其中，通史性著作以熊赐履《学统》最为宏巨，共有五十六卷。该书以孔子、颜子、曾子、子思、孟子、周敦颐、程颢、程颐、朱熹等九人为正统，从闵损至明人罗钦顺等二十三人为翼统，从冉耕到明人高攀龙一百七十八人为附统，[①] 又列荀子到王守仁（阳明）七人为杂统，而以老、庄、杨、墨、告子及道、释二氏之流为异统。该书体例，每一人物前列传记，后附历代诸儒对该人物及其学术的评价，最后，熊赐履自己再作按语（愚按）。以朱熹为例，其传记取自《宋史》，略作增改，比如增加了一些奏议的篇幅，传后附以李延平、黄幹、李之绍、吴寿昌、陈淳直到高攀龙等人对朱熹学行的品评，熊赐履按语则借以对阳明学大加批判，认为是"儿童之见、病狂丧心之语"[②]。《学统》收录人物及其统别详如下表：

---

① 熊赐履于该书序言中谓《附统》"于圣门得冉伯牛而下十六人；卜、曾、孟三子之门，得公羊高而下六人；秦汉以后，得丁宽而下一百五十有人六"，合计共一百七十八人，《钦定四库全书总目》亦作附统有一百七十八人，徐公喜、徐翠丽点校《学统》（凤凰出版社，2011 年版）与山东友谊出版社 1990 年影印浙江清河堂文元堂本《学统》相比较多"商瞿"一人，有待查考。

② 熊赐履：《学统》卷九《朱晦庵先生》，凤凰出版社，2011 年，第 169 页。

熊赐履《学统》人物简表

统别	人　　物
正统	孔子，颜子，曾子，子思子，孟子，周濂溪，程明道，程伊川，朱子
翼统	闵子，冉子，端木子，有子，言子，卜子，董广川，韩昌黎，张横渠，邵康节，司马君实，尹和靖，胡康侯，杨龟山，罗钟素，李愿中，张南轩，黄勉斋，蔡九峰，真西山，薛敬轩，胡敬斋，罗整庵
附统	冉耕，仲由，宰予，冉求，颛孙师，曾点，公西赤，宓不齐，原宪，高柴，漆雕开，澹台灭明，樊须，南宫绍，公皙哀，公孙龙，左丘明，公羊高，榖梁赤，乐正子春，公明仪，公明宣，乐克，丁宽，孔安国，伏胜，夏侯胜，申公，辕固，韩婴，毛苌，高堂生，后苍，胡毋生，严彭祖，杜子春，刘昆，洼丹，张兴，孙期，宋登，张驯，尹敏，周防，孔僖，高诩，包咸，魏应，伏恭，任末，杜抚，召驯，杨仁，赵晔，卫宏，丁恭，周泽，程曾，张玄（元），李育，服虔，谢该，许慎，郑玄（元），郑兴，郑众，卢植，徐苗，范宣，范宁，皇侃，沈不害，平恒，乐逊，刘焯，盖文达，王元感，褚无量，马怀素，元行冲，归崇敬，孙奭，孙复，石介，胡瑗，何涉，周尧卿，刘绚，李籲，谢良佐，游酢，吕大临，张绎，谯定，邵伯温，王当，喻樗，洪兴祖，高閌，程大昌，林之奇，林光朝，杨万里，胡寅，胡宏，胡宁，胡宪，刘勉之，刘子翚，吕祖谦，蔡元定，李燔，张洽，陈淳，李方子，黄灏，薛季宣，陈傅良，叶适，蔡幼学，刘愚，魏掞之，李心传，李道传，程迥，刘清之，魏了翁，廖德明，何基，王柏，叶味道，黄震，金履祥，许谦，陈栎，胡一桂，赵复，张𩑈，黄泽，萧𣵀，安熙，朱善，曹端，吴讷，李时勉，陈敬宗，魏骥，周桂，刘观，吴与弼，陈真晟，罗伦，章懋，陈选，丘浚，何乔新，杨守陈，蔡清，黄巩，陈琛，邵宝，杨廉，鲁铎，王廷相，张邦奇，熊浃，何瑭，崔铣，魏校，吕柟，舒芬，马理，张岳，郑世威，蔡元伟，邓元锡，顾宪成，高攀龙
杂统	荀子，杨子，文中子，苏子，陆象山，陈白沙，王阳明
异统	老子，庄子，杨子，墨子，告子，道家，释氏

魏裔介《圣学知统录》、《圣学知统翼录》均为两卷。《圣学知统录》载伏羲、神农、黄帝、尧、舜、禹、皋陶、汤、伊尹、莱朱、文王、太公望、散宜生、周公、孔子、颜子、曾子、子思、孟子、周敦颐、程颢、程伊、张载、朱熹、许衡、薛瑄等二十六人；《圣学知统翼录》载伯夷、柳下惠、董仲舒、韩愈、胡瑗、邵雍、杨时、胡安国、罗从彦、李侗、吕祖谦、真德秀、赵复、金履祥、刘因、曹端、胡居仁、罗伦、蔡清、罗钦顺、顾宪成、高攀龙等二十二人。《圣学知统录》采取人物传记体例，相关文本来源于《周易》、《尚书》、《史记》、《孔丛子》等书，并有删纂，传记之后附以朱熹、杨时、张栻等理学家以及苏轼、王世贞等学者的评论，最后以魏氏自己评论（魏裔介曰）结尾。《圣学知统翼录》从纂修体例上大体与前者相同。《希贤录》是魏裔介另外一部"道统史"著作，全书五卷，既记言又记行，囊括了从颜渊、子路、闵子骞等孔子弟子，到左丘明、公羊高、孔安国、董仲舒等经学家，再到周、程、张、朱等理学家，最后到明末学者高攀龙、金正希等儒家贤哲。魏裔介《圣学知统录》、《圣学知统翼录》人物及统别合表详列如下：

魏裔介《圣学知统录》、《圣学知统翼录》人物简表

统别	人物
正统	伏羲，神农，黄帝，尧，舜，禹，皋陶，汤，伊尹，莱朱，文王，太公望，散宜生，周公 孔子，颜子，曾子，子思，孟子，周濂溪，程明道，程伊川，张横渠，朱晦庵，许鲁斋，薛文清
翼统	伯夷，柳下惠，董仲舒，韩愈，胡瑗，邵雍，杨时，胡安国，罗从彦，李侗，吕祖谦，真德秀，赵复，金履祥，刘因，曹端，胡居仁，罗伦，蔡清，罗钦顺，顾宪成，高攀龙

张伯行《道统录》、《伊洛渊源续录》也都是通史性道统论著。《道统录》上卷载伏羲、神农、黄帝、尧、舜、禹、汤、文、武、周公、孔子及颜子、曾子、思子、孟子；下卷载周敦颐、程颢、程颐、

张载、朱熹。《附录》载皋陶、稷、契、伯益、伊尹、莱朱、傅说、太公、召公、散宜生及杨时、罗从彦、李侗、谢良佐、尹焞。人各一传，述其言行，其后杂以孔子、孟子、二程、张载、吕祖谦、朱熹、杨时等人的评论。原书名《道统传》，为山西学者仇熙所著，时代不详，张伯行购之于故书肆中，在巡抚福建时，采辑《易传》、《尚书》及诸家传记增定而成。[①]《伊洛渊源续录》是仿朱熹《伊洛渊源录》而作，该书有二十卷之多，表彰朱门弟子以及罗从彦、李侗等前辈师长，最后还附录以无文字记述者弟子八十九人和叛徒三人，主要针对明人谢铎《伊洛渊源续录》"采取未备"、薛应旂《考亭渊源录》去取太宽加以折中。[②] 以下为张伯行《道统录》、《伊洛渊源续录》人物及统别。(见下表)

另外，张伯行还有《道南源委》一书。《道南源委》是据明人朱衡《道南源委录》改订而成，由原书十二卷缩减为六卷，主要记述闽学的流衍，属于地域性的道统史著。首卷除二程之外，记杨时至江杞三十六人；次卷记罗从彦至陈绍叔八十一人；三卷记朱熹至陈总龟八十人；四卷记李东至刘季裴九十六人；外附朱子弟子张显甫等十九人，又著述可考者李琪等五十九人；五卷记欧阳佖至黄三阳五十九人；六卷记林希元至李逢基四十五人；最后以张书绅等五十一人有著述者附之。[③] 收录人物数量堪称庞大。其中，卷首二程为张伯行重订时所加，并于明代增加朱学学者八十一人，原书明代唯录陈真晟、周瑛、黄仲昭、蔡清四人。弘扬程朱理学的编纂意图是很明显的。[④]

---

① 张伯行：《道统录》，《四库全书存目丛书》史部，第124册，齐鲁书社，1995年，第653页。

② 张伯行：《伊洛渊源续录》，《四库全书存目丛书》史部，第125册，齐鲁书社，1995年，第111—113页。

③《钦定四库全书总目》卷六三，台湾商务印书馆1983—1986年版文渊阁《四库全书》，第2册，第392页。

④ 卢钟锋：《中国传统学术史》，河南人民出版社，1998年，第178页。

张伯行《道统录》、《伊洛渊源续录》人物简表①

统别	人　　物
正统	伏羲，神农，黄帝，唐尧，虞舜，夏禹，商汤，文王，武王，周公，孔子，颜子，曾子，子思，孟子 周濂溪，程明道，程伊川，张横渠，朱晦庵 皋陶，稷，契，伯益，伊尹，莱朱，傅说，太公，召公，散宜生，杨龟山，罗豫章，李延平，谢上蔡，尹和靖 游酢、杨时、谢良佐等
续统	胡籍溪，刘屏山，刘白水 张南轩，吕东莱 蔡文节，黄文肃，陈北溪 李文定，张宝章，李国斋，廖吏部 黄提刑，叶秘书，彭忠肃，詹元善，任宣献公，王忠简，王南卿，度侍郎 曹文简，黄子耕，徐文清，陈提举，陈师德，陈师复，刘文简（弟韬仲附），傅忠简，郑枢密，蔡文肃，吴安抚，项平父，董叔重，陈才卿，辅庆源 潘子善，胡桐源，潘瓜山，杨信斋，何叔京，吴伯丰，李守约（弟时处、可迁附），范伯崇，甘吉父，蔡元思，黄去私，黄毅然 [illegible]亚夫，袭梦锡，刘履之，陈器之，蔡节斋，虞复之，潘端叔（弟恭叔附），潘坦翁，郑子上，黄子洪，林子武，林择之，林熙之（弟充之附），林师鲁 杨仲思，杨与立，程正思，窦文卿，万正淳，余国秀，余彝孙，林正卿（弟安卿附），杨至之 陈俊之，王近思，许顺之，许子春，杨子顺，徐居父（弟仁父附），黄敬之，包定之，童斐卿，余正叔（弟方叔附），冯奇之，李宝之，郑文振，徐子融，徐子颜，杨子直，陈北山

① 《道统录》一书所选皆为道统人物，笔者列之为"正统"，游酢、杨时、谢良佐等张伯行赞颂于《伊洛渊源续录》序言中，以为传道之人，故亦"正统"中；《伊洛渊源续录》未分统别，其中人物凡与《道统录》相同者笔者窃取古人之意，皆列其入"正统"，余者悉入"续统"。

续表

统别	人　　物
续统	杨通老，周子清，滕德粹（弟德章附），石子重，王子正，杨伯子，郑景绍，赵履常，赵履节，林正甫 叶诚之，高颖叔，杨尹叔，傅至叔，郭子奇，朱受之，朱文之，朱敬之，程允夫，周舜弼，石子余，钱子升，李晦叔，李继善，刘德言 饶廷老，黄直翁，渠文叔，连嵩卿，冯作肃，吕德昭（弟德远附） 方伯谟，张叔澄，江德功，吴大年，李伯谏，赵季仁，赵咏道，赵致道，赵几道，赵恭文，赵良仲，杜仁仲，胡叔器，刘季文，蔡仲觉，沈庄仲，曾无疑，丁仲澄，俞寿翁，林一之，林若时，刘潜夫，陈齐仲，郭德元，游子蒙，龚云伯，郑齐卿，王伯海（弟伯礼、伯纪附），曾光祖，林丕显，林公度，郑成叔，潘立之（弟柄附），叶子是，林景文，戴养伯，陈朝弼，邵浩，冯彦忠，周贵卿，陈公直，朱飞卿 刘公度，刘季章，曾择之，林退思，李尧卿，方宾王，方若水，徐斯远，徐彦章，廖益忠，赵南纪，廖晋卿，黄谦，赵昌甫，胡季随，宋深之（弟泽之、容之附），叶晦叔，傅子期，陈朝瑞，孙季和，陈自修，汪长孺，姜叔权，刘正之（弟传之附），刘学古，丁复之，周元卿，李子能，包详道（弟显道、敏道附） 方耕道（弟耕叟），苏宜久，陈希周，郑子直，任正甫，钟唐杰，闾丘次孟，元昭，黄立之，黄达子，李伯诚，丘玉甫，江元益，林叔和，郑仲履，郭子从，冯德英，林仲参，刘淮，许敬之，刘淳叟，陈寅仲，戴明伯，徐元明，孙吉甫，杜叔高（弟幼高附），鲁可几，郭廷硕，陈廉夫，程次聊，吴伯英，江文聊，李周翰，吴直翁，林士谦，林恭甫，符舜功，符复仲，符国瑞，吴茂实，叶永卿，黄令裕，曹晋叔，林峦，戴迈，吕侁，何国材，刘平甫 黄仁卿（弟升卿附），吕子约，曹立之，诸葛诚之，应仁仲，周叔谨，康炳道，时子云，吴仲玭（弟方仲附），王幼观，周元兴，蔡行夫，游和之，欧阳希逊，陈廷秀，黎季成，张敬之，严时亨，魏元寿，钟春伯，黄先之，吴振，林德久，李长仲，吕季克，邓卫老，李公谨，祝和父，李东，彭师范（兄寻附），余景恩，熊端操，宋斌，吕乔年，詹景宪，潘文叔，彭季正，陈允初，李仲秉

汤斌的《洛学编》与张伯行辑《道南源委》一样是地域性的道统史著。该书共三卷，修撰源于孙奇逢的授意，取中州地区人物二十四人（不含附录），前编包括汉之杜子春、郑兴、郑众、服虔，唐之韩愈，宋之穆修；正编包括宋代二程以下十三人，附录二人；元取许衡以下三人，附录一人；明朝录薛瑄以下二十人，附录七人。对于这二十四人，各评其学问行谊。孙奇逢于康熙十二年（1673）为该书作序。该书所载人物及统别如下：

汤斌：《洛学编》人物简表

统别	人　　物
洛学	杜子春，钟兴，郑众，服虔 韩愈 穆修 程颢，程颐，邵雍，吕希哲（含吕居仁），尹焞，谢良佐，张绎，刘绚，李吁（附孟敦夫），朱光庭，邵伯温，程迥 许衡，姚枢（姚燧） 薛瑄，曹端，阎禹锡（附白良辅、乔缙），王鸿儒，许诰，何瑭（附周道、吕枢、刘泾），崔铣，王廷相，王尚䌹（附李士元、谢江、陈麟、董尧封），鲁邦彦，孟化鲤，吕坤，杨东明（附杨涧），徐养相，王以悟，张信民（附申志深），贺仲轼，召维祺，刘理顺，王慕祥

李光地没有专门的道统史著作，但是管窥其语录、书信，仍然可以发现比较明显的道统意识。李光地相关于道统的论断既有历史人物，又有经典著作，诸如周敦颐及其《太极图说》、《通书》，程颢及其《定性书》，程颐及其《颜子所好何学论》，张载及其《西铭》、《正蒙》，等等。对于儒家的道统，李光地用了一个形象的比喻说：

> 佛家有经师，有法师，有禅师。经师是深通佛经，与人讲解；法师是戒律精严，身体力行；禅师是不立文字，参悟正觉。儒门似亦有此三派，郑、贾诸公，经师也；东汉诸贤，壁立万仞，法师也；陆子静、王阳明，禅师也。程朱全便是三乘全修，

所以成无上正果。①

由这个比喻不难看出，李光地在道统观上总的看法是：程朱是道统的主线、正统，其余各儒家学派是支脉。李光地一方面将程朱独尊，另一方面也试图纳各派于儒家正统之中。对程朱道统中的诸理学大师，李光地也作了评论，如认为“康节之数，不如程子之理精”②，“朱子几于孟子，但偶有滞处”③。

从编纂特点来看，清初的庙堂道统着重于“通”，比如熊赐履《学统》从伏羲等传说的上古圣神起始，一时到明代末年的顾宪成、高攀龙结束；同样，魏裔介的《圣学知统录》、《圣学知统翼录》、《希贤录》也起于伏羲，终结于明末东林一派顾、高两位学者。张伯行的《道统录》、《伊洛渊源续录》也是始自伏羲、神农，终止于明末。即使是汤斌的《洛学编》，局限于地域，但也从时间上涵盖了两周至明末的数千年历史。可见，庙堂诸子都在试图创立一种跨越数千年华夏文明历史的道统，为新王朝寻找更为广阔的合法性。相比较而言，孙奇逢的《理学宗传》、黄宗羲的《宋元学案》《明儒学案》都是断代史。两者选择的对象也是不甚相同的，庙堂理学诸子选择人物的范围较为广阔，比如熊赐履的《学统》正统人物虽只有孔子等九人，但其翼统、附统却多达二〇一人；魏裔介的《圣学知统翼录》仅正统人物就达二十六人；张伯行的《道统录》、《伊洛渊源续录》等所列正统有名姓者三十八人，续录则人物更多。如此宽泛的人物选取，显然不是立足于学术本身，而是旨在学术、文化秩序的构建。

从选取人物来看，庙堂诸子大致将儒家的道统划分为几个大的阶段：孔子之前，一般从伏羲开始，到周公结束，这一时期是道统与治统合一的时代；从孔子到秦统一之前，一般至孟子结束，这一时期为

---

① 李光地：《榕村语录续语录》，中华书局，1995年，第306页。
② 李光地：《榕村语录续语录》，中华书局，1995年，第329页。
③ 李光地：《榕村语录续语录》，中华书局，1995年，第340页。

道统与治统分离而道统仍行之时代；从秦统一至宋之前，核心的人物主要有董仲舒、韩愈等人，这是道统已绝的杂霸时代；从宋至清，以周敦颐为开端，以程朱学派为主线，到明末东林学派为止。“孔子”与“朱子”分别构成了前后两个时代道统的重心。

宋明时代显然是庙堂道统最为关心的，这一时期，选取的人物远远超过前代，同时，又表现出强烈的卫道意识，主要是以程朱学派的理学家为主，推重薛瑄、胡居仁等程朱一派的代表人物，模糊阳明在明代学术史的地位，摒除陆王心学尤其明代王学一脉的学者。其中明初的薛瑄最受褒扬。薛瑄（1389—1464），号敬轩，谥号“文清”，山西河津人，其学派史称“河东学派”。河东学派产生在阳明心学之前，它的主要特点是纠正朱子后学析心物为二的倾向，强调理气合一、心物合一，是在明代与阳明心学并驾齐驱的两大思潮。考察明代理学史，虽然阳明心学盛极一时，但是这种兴盛的区域却有一定的局限性，主要集中于江浙一带。虽然也有北方王学，但主要流播仍不过山东、河南等地，势力较弱。大河南北、太行山左右的学术形态却多以朱学传统为主。

另外，这些道统史著作还有一个共同特点就是推重晚明的东林学派。钱穆在《中国近三百年学术史》中曾指出东林学派与清代学术的重要关系：“余观明清之际，学者流风余韵，犹往往沿东林”，“谓清初学风尽出于东林，亦无不可”，① 实是极有见地。从相关的“道统说”来看，庙堂诸子对于顾宪成等东林党派的推重是显而易见的。熊赐履、魏裔介的道统史著均将东林学派的顾、高作为明代道统的终结。熊、魏与东林学派有密切关系，熊赐履父亲熊祚廷曾师从东林领袖高攀龙，而魏裔介则是东林“三君”之一赵南星的外甥，东林书院是明末清初最具影响力的书院，是明末讲学风气转变的标志。汤斌、张伯行等人也都在东林书院从事过讲学活动。东林以修正王学为根本

---

① 钱穆：《中国近三百年学术史·引论》，商务印书馆，2005年，第9、21页。

精神的风气对清初庙堂产生影响是不言而喻的。更重要的是，东林学派标志着明末王学向朱学的转向，与清初庙堂确立的意识形态是一致的。

二、庙堂诸子的道统意识

庙堂诸子的道统史观以程朱为主，大体上与从《宋史》立《道学传》的精神一脉相承，但也具有自身的特色。相较于元明，代表官方的庙堂诸子，在朱、陆两大学派之间，虽然以程朱为尊，但是门户之见较浅，它在意识形态层面力图将众家折中于程朱之门。

首先，尊崇程朱，批判阳明，构建儒学正统。明代中后期，王学超越程朱成为时代的主要学术思潮，因此如何处理明代道统部分至关重要。清初庙堂诸子在其道统史著作中，都指出王学对儒学道统的破坏。如魏裔介认为："自孟轲氏既没，圣学晦蚀，火于秦，杂霸于汉，佛老于六朝，诗赋于唐，至宋乃有濂溪、程、朱继起，伊洛渊源粲然可观。其后，为虚无幻妄之说，家天竺而人柱下，知统遂不可问矣。"表示自己著书是"不揣固陋，亦欲存天理，遏人欲，息邪说，放淫辞，稍有助于国家化民成俗之意也"①。熊赐履反对王学也很激烈，他认为：

> 自尧、舜以来圣圣相传，不越一敬。敬者，彻上彻下，成始成终之道也。故凡圣狂贤愚之分，吉凶理乱之界，惟在一敬肆之间而已矣。……后世邪说倡，异学炽，猖狂恣肆，波流云扰，圣门敬字，直破碎于浮屠拳棒下矣。即如有明之季，士大夫为王氏之学者，群居聚会膜拜，诵《金刚经》，谈《指月录》，依旧参

---

① 魏裔介：《圣学知统翼录·序》，《四库全书存目丛书》史部，第120册，齐鲁书社，1996年，第117页。

和孔孟，号称讲学，时人目之为白莲。……①

两者共同指出了王学禅化所引起的社会问题，尤其是儒学与佛老之学的混淆，从道统上排斥阳明及其学派，以期厘清儒学的正统精神及其发展线索。

其次，在批判阳明学派的同时，庙堂诸子还试图将其折中到程朱理学中。熊赐履从门户之争所造成的恶果出发说明阐明正统的重要性，在其看来："邹鲁而降，历乎洛、闽以逮近今，二千余年，其间道术正邪与学脉绝续之故，众议纷挐，迄无定论。以至标揭门户，灭裂宗传，波靡沉沦，莫知所底。"② 因此，熊赐履在其《学统》中也未独树程朱，而是将儒学各派均纳置其中，并列阳明于杂统，然而杂统仍属于道统序列，《钦定四库全书总目》批评熊赐履将"陆九渊、陈献章、王守仁又以杂统而书字，褒贬之间，亦自乱其例也"③。古人书字以示尊敬，其实熊赐履并非自乱其例，而是意在褒贬之间以程朱融陆王，并未将陆王一派彻底废弃。李光地早年即尊阳明，晚年转向程朱，然而在不少地方仍对阳明有所称许，比如说："王阳明说万物一体处，言'见赤子入井，恻然救之，是赤子一体也。见禽兽被伤，欲活之，是禽兽一体也'……论皆极精。"④ "姚江之言曰：'《大学》只是诚意，诚意之至，便是至善。《中庸》只是诚身，诚身之至，便是至诚。'……愚谓王氏此言，虽曾、思复生，必有取焉。"⑤ 汤斌在《明史》修纂过程中，主张将明代道统划为三个阶段，"以薛文清、曹月川、吕泾野、胡敬斋、蔡虚斋、罗整庵"等为一部分，"王文成、邹东郭、钱绪山、罗念庵"等为一部分，"顾泾阳、

---

① 熊赐履：《学统》卷九《伊川先生》，凤凰出版社，2011 年，第 140 页。

② 熊赐履：《学统·序》，凤凰出版社，2011 年。

③ 《钦定四库全书总目》卷六三，台湾商务印书馆 1983—1986 年版文渊阁《四库全书》，第 2 册，第 392 页。

④ 李光地：《榕村语录续语录》，中华书局，1995 年，第 442—443 页。

⑤ 李光地：《大学篇》，《榕村全集》，第 8 册，福建人民出版社，2013 年，第 144 页。

高景逸、冯少虚、刘念台”等为一部分。[①] 将顾宪成、高攀龙等王学修正派列入，而不及王艮、颜钧、罗汝芳、何心隐、李贽等人，实旨在区分王学正统及其末流，从而达到折中王学的目的。

庙堂理学还试图将经学纳入到程朱理学的系统中去。经学与理学是儒学发展的两个阶段，在价值观、方法论等方面上也构成了儒学发展的两种路向。北宋时代理学兴起，除了对抗佛、老之外，另一个学术动因就是反思汉唐的注疏传统。程、朱等大师均对汉唐传注之学进行过批评，表示要自接孟子之统。到清初，顾炎武又提出过“理学即经学”的观点，反对宋人讲学，而将经学视为儒学的正宗。从历史来考察，整个清代汉学与宋学对立严重，也说明理学与经学虽同属于儒学的阵营，但是两者在价值观、方法论等方面仍然存在着比较明显的差异。从这个意义上，理学堪称是经学的一种反动形态。但是，清初庙堂诸子却试图将两汉经学一派也纳入其中。比如熊赐履的《学统》，正统、翼统之后，还有规模庞大的附统，在这些附统人物中，便有两汉经学家丁宽、孔安国、伏胜、夏侯胜、申公、辕固、韩婴、毛苌、高堂生、后苍、胡毋生、严彭祖、杜子春等，其中伏胜、夏侯胜传今文《尚书》，孔安国传古文《尚书》，韩婴、毛苌传《诗》，胡毋生传《春秋》，杜子春为东汉经学家，传《周礼》，如此等等。汤斌的《洛学编》也选择了杜子春、钟兴、杜众、慎虔等作为河南地区最初的道统传承者，这些人也都是经学大师。

两汉经学家中，董仲舒比较特殊，也具有代表性，其经学思想与汉代庙堂有紧密的关系，在儒学与王权结合的过程中起到过极为重要的作用，创建了儒学与庙堂结合的先例，因此，受到清初庙堂诸子比较一致的推崇。比如，熊赐履在《学统》中评价董仲舒说：“汉承亡秦灭学之后，六经离析，道术陵夷。董子发愤下帷，潜心大业。使学

① 汤斌：《〈明史〉凡例议》，《汤斌集》，中州古籍出版社，2003 年，第 828 页。

者有所统壹，为群儒首，可谓醇矣。”① 魏裔介也在《圣学知统翼录》中讲：

> 天运递衍，贤哲代兴，自董江都以下至高存之，或材力有厚薄，学问有浅深，时命有隆替，师友有渊源，德业不同，要皆笃志进修，挺然自立，不惑异端，潜心希古，岂非所谓豪杰之士虽无文王犹兴者耶？②

魏裔介还表赞董仲舒说：“观其《三策》所对，天人相与之际，仁义礼乐之功，更化善治之意，灿然可睹矣。……其学醇，其功大，孟轲氏之传，董子其选也。”③ 又比如张伯行在《道统录》中讲：“董子见其大意，孔明天资有暗合处，韩退之揣见仿佛，至程朱方见得尽，朱子后无人理会，真西山庶几。”④ 虽然以董仲舒未被魏裔介、张伯行等人列入正统，而多以羽翼正统的形式出现，然而能在道统中占有一席之地，较之《伊洛渊源录》强烈的门户去取，已有很大不同。董仲舒在清初被抬高，也是其他汉、唐经学家地位提升的标志。

此外，庙堂诸子还给三代名臣在道统中以重要地位。朱熹认为三代道统、治统合一，但周公本人不是天子，这种治统、道统之合一就不完全归于君主，而在清初庙堂诸子的道统意识中则有更多“臣”的精神被植入。比如张伯行的《伊洛渊源续录》中，列于正统者有皋陶、伯益、伊尹、莱朱、傅说、太公、召公、散宜生，魏裔介《圣学知统录》的正统人物有皋陶、伊尹、莱朱、太公望、散宜生等，这些表达了一个重要信息，道统与治统之合的有其君，未必无其臣，臣在其位，同样可以行道。正如孙应奎在《道统录》序中云：“……道

---

① 熊赐履：《学统》卷一六《董广川先生》，凤凰出版社，2011 年，第 194 页。

② 魏裔介：《圣学知统翼录·序》，《四库全书存目丛书》史部，第 120 册，齐鲁书社，1996 年，第 175 页。

③ 魏裔介：《圣学知统翼录》卷上，《四库全书存目丛书》史部，第 120 册，齐鲁书社，1996 年，第 183 页。

④ 张伯行：《道统录·总论》，中华书局，1985 年。

之在天下，如日月之经天，江河之行地……之为君……之为相……皆有行道之权也。孔子虽不得位，然集群圣之大成……天地无终极，是道之统，圣圣相承，亦无终极。”① 可以看出，这些理学名臣都有以道统自任的精神，四库馆臣在评价魏裔介《圣学知统翼录》时就说：

> 自序谓见知、闻知之统具载于此，然惟圣知圣，惟贤知贤，惟接道统之传者能知道统之所传，《孟子》末章惟孟子能言之耳，奈何遽以自任乎？②

康熙亦曾批评熊赐履以道学自任、批评魏裔介好多事，都与之有关。这是明末社会思潮中公天下精神的一种折射，也是宋代以士大夫为万世开太平的理想在特殊时代的反响。

最后，庙堂诸子道统观还表现在对道统的绝对性认定上，突出了“统”的统率作用及其无所不包的能力，认为它是超越一切时间和空间，是囊括了一切在秩序内运行的世间万物的总法则。正如王新命在熊赐履《学统》的序中所言：“大道之行也，如日月经天、江河行地，无论智愚贤不肖，皆共见共由者也，人心不正由于道统之不明，道统不明由于学术之不端。”③ 熊赐履也认为：

> 斯道之在天壤，终古如是也，而率而由之，则存乎其人，人之至得，继天立极以克其量，斯道统攸属焉。统者，即正宗之谓，亦犹所为真谛之说也，要之不过“天理”二字而已矣。斯理本塞上下亘古今，而实体备于圣贤。④

在熊氏看来，“统”是正宗之意，它代表着合理性，有永恒性、唯一性，一旦道统确立，其他任何言说都要向它折中。汤斌同样强调：“由汤、文、武、周公、孔子，以至颜、曾、思、孟……程、张、

① 张伯行：《道统录·序》，中华书局，1985 年。

② 《钦定四库全书总目》卷六三，台湾商务印书馆 1983—1986 年版文渊阁《四库全书》，第 2 册，第 386 页。

③ 王新命：《学统·序》，凤凰出版社，2011 年。

④ 熊赐履：《学统·序》，凤凰出版社，2011 年。

邵、朱，以至阳明……心心相印，针芥不爽。盖道之大原出于天，天不变，道亦不变，苟得其本心之同然，则千百世之上，千百世之下，固无异亲授受于一堂者矣。”[①] 认为道统的神圣性原于天理，它亘古不变地延续于千百世上下。张伯行在《道统录》中也指出：“道之在天下也，流动充满，弥纶布□，偏东西，朔南而无乎？不暨岂局一方哉？”[②] 所谓的“道”，正是“流动充满，弥纶布□”，不言而喻，道的流衍即道统的传承也具有同样的公正性，它是宇宙和人间秩序的法则。

三、康熙帝与清初庙堂诸子

康熙帝与以李光地等为代表的庙堂诸子一样，对于道统问题极为关注，从而皇帝与周围这些崇信程朱理学的朝廷重臣构成了一个整体。在这个整体内部，皇帝与大臣之间，李光地等大臣之间，既有共识，也存在矛盾。在皇帝的努力下，诸子的道统观念渐渐趋向统一，这对于帝国意识形态的最终形成起到了极为重要的作用。

康熙帝首先是反对王学，推崇程朱理学。明末清初，王学在朝野的影响仍然相当之大，在讲求理学的朝臣之中多有表现。本书所提取的线索人物，如魏裔介、熊赐履、李光地、汤斌、张伯行等人中，除熊赐履、张伯行比较明确地尊朱辟王之外，余者三子大都与王学有一定的联系，而以李光地、汤斌为甚。熊赐履虽然以尊朱的面貌出现在清初学界与政坛，但是其理论特征仍有王学余绪，正如四库馆臣所指出，熊赐履“云食知味，行知步，知性知天，亦不外此，尤不免仍涉

---

① 汤斌：《〈理学宗传〉序》，《汤斌集》，中州古籍出版社，2003 年，第 89—90 页。
② 张伯行：《道统录·序》，中华书局，1985 年。

良知之说"①。

汤斌是继熊赐履之后康熙帝高度信任的又一位理学名臣。然而，汤斌既从学于王学大师孙奇逢，又在学术上为阳明及其心学一派屡鸣不平，尤其反对当时孙承泽、熊赐履等名臣的辟王活动，这在张烈、陆陇其与汤斌的几次论辩中多有体现。汤斌反对陆陇其等人对阳明的责难说：

王文成"致良知"之教返本归原，正以救末学之流弊。……夫学者于极重难返之际深忧大惧，不得已补偏救弊，固吾道之所赖以存。学者先识孔孟之真，身体而力行之，久之徐有见焉，未尝不殊途同归。②

通过几回交锋，张烈、陆陇其并未将汤斌说服。当然，汤斌对王学的看法也与黄宗羲等不同，实际上他一直游离在程朱、陆王两派之间，甚至认为"近年有一二巨公倡言，排之不遗余力，姚江之学遂衰，可谓有功于圣道矣"③，因此，汤斌虽然不废陆王，从根本上还是认为程朱理学是"吾儒正宗"，这与其师孙奇逢是比较接近的。

汤斌之外，许三礼、崔蔚林都以讲王学而著称。康熙帝尤其不喜欢崔蔚林，康熙二十一年（1682），吏部题补内阁学士员缺时，开列名单内有崔蔚林，康熙帝便对崔蔚林进行批评，指出："伊以道学自居，然所谓道学未必是实。闻其居乡亦不甚好。"④ 又说："从来道德、文章原非二事，能文之士必先明理，而学道之人亦贵能文……如崔蔚林本无知识，文义荒谬，岸然自负为儒者，真可鄙也。"⑤

① 《钦定四库全书总目》卷九七，台湾商务印书馆1983—1986年版文渊阁《四库全书》，第3册，第129页。

② 汤斌：《〈蕺山刘先生文录〉序》，《汤斌集》，中州古籍出版社，2003年，第93页。

③ 汤斌：《答陆稼书书》，《汤斌集》，中州古籍出版社，2003年，第189页。

④ 《康熙起居注》，第1册，中华书局，1984年，第851页。

⑤ 《圣祖仁皇帝实录》卷一二〇《康熙二十四年四月辛卯》，《清实录》，第5册，中华书局，1985年，第263页。

康熙帝将李光地也划分到王学的阵营，认为："……汤斌、李光地俱言王守仁道学，熊赐履维宗朱熹，伊等学问不同。"① 李光地早年信好王学，对朱熹的学说颇多怀疑，《榕村谱录合考》有载："公尝言五十岁以前，亦不免疑朱子理先于气之说，至五十一岁后乃悟蔡、罗诸说之差。"② 学术界绝大多数学者都认为，李光地学术宗尚由王转朱是受到康熙帝的影响才转变的，比如梁启超便曾讲："康熙间，则安溪李晋卿光地善伺人主意，以程朱道统自任，亦治朱学、历算等等，以此济高位，而世亦以大儒称之。"③ "有汤斌、李光地、魏象枢、魏裔介辈，亦治宋学，颇嫽嫛投时主好以跻通显。"④ 这些讲法很具有代表性，前代学者所论是否属实，姑且不论；然而，康熙帝确实推尊程朱理学并对李光地等人进行过多次批评。

康熙帝虽然尊朱，但是并不辟王，而是希望学风由议论争胜转向躬行践履，这与张伯行尤其是陆陇其走极端化的道路大不相同。康熙帝自己曾说："朕常读朱子、王阳明等书，道理亦为深微，乃门人各是其师说，互为攻击。夫道体本虚，顾力行何如耳。攻击者私也，私岂道乎？"⑤ 对于张伯行的辟王言论，康熙帝并不以为然，曾对张伯行说"前辈不必辟他也罢了"，张伯行却不识康熙帝的用心，回奏说："论人品自然当尊敬他，论学术则不可不辨，恐贻误后人。"⑥

康熙帝力尊程朱之学，除了学术上的判断之外，更主要的目标是要为文化确立秩序，尤其旨在消弥前朝士大夫互相攻奸、结党争竞的

① 《康熙起居注》，第2册，中华书局，1984年，第1902页。

② 李清馥：《榕村谱录合考》卷下，《北京图书馆藏珍本年谱丛刊》，第85册，北京图书馆出版社，1999年，第547页。

③ 梁启超：《近代学风之地理分布》，《饮冰室文集点校》，云南教育出版社，2001年，第3201页。

④ 梁启超：《清代学术概论》，东方出版中心，1996年，第61页。

⑤ 《康熙起居注》，第2册，中华书局，1984年，第1641页。

⑥ 张师栻、张师载：《张清恪公年谱》，《北京图书馆藏珍本年谱丛刊》，第86册，北京图书馆出版社，1999年，第636—637页。

恶习。对于以理学家自命的朝臣每多行攻讦弹劾之事，康熙帝极为反感，曾表示说：“朕览世祖皇帝实录，陈名夏、刘正宗、魏裔介等展转参核，此皆明季之流习。互相攻讦，此等恶风不可长也！”① 这种习惯在李光地、熊赐履、汤斌、张伯行等人身上也都有表现。康熙帝对此曾给予了批评：

> 道学之人果如是挟仇怀恨乎？又李光地、汤斌、熊赐履皆讲道学之人，然各不相合……熊赐履所著《道统》一书，王鸿绪请刊刻，颁发学宫。凡书果好，虽不刊刻自然流布，否则虽刻何益？道学之人，又如此务虚名而事干渎乎？②

康熙帝还批评汤斌，说：“熊赐履所作《日讲四书解义》甚佳，汤斌又谓不然。由此观之，汉人行径殊为可耻！”“意见若能持久，亦自不妨，但久之彼自变易其说耳。”③

李光地与熊赐履虽以师生相称，但是实际上矛盾很深。熊赐履因“嚼签案”落职，徐乾学邀李光地一同去拜会大学士明珠，以期重新启用熊赐履。然而当三人见面时，李光地却一言不发，反到宣称“予生平不求人，亦不代人求。若是皇上问，自当以实对”，明珠不但拒绝在皇帝面前为熊赐履求情，反倒挑拨熊赐履和徐乾学的关系，结果三人不欢而散，经此次会面后，熊赐履和明珠、余国柱、李光地等人的关系趋于紧张。④ 李光地在私下批评熊赐履，诸如“平生一味大言欺人，盛气加人”，甚至认为他“罪又在徐乾学、高士奇上”⑤，熊赐履也在康熙帝面前攻讦李光地，谓其“一字不识，皆剽窃他人议论乱说，总是一味欺诈”⑥。

---

① 《康熙起居注》，第2册，中华书局，1984年，第1952页。

② 蒋良骥：《东华录》，中华书局，1980年，第268页。

③ 《康熙起居注》，第2册，中华书局，1984年，第1902页。

④ 高翔：《熊赐履述论》，《清史论丛》，中国广播电视出版社，2006年，第122—126页。

⑤ 李光地：《榕村语录续语录》，中华书局，1995年，第749页。

⑥ 李光地：《榕村语录续语录》，中华书局，1995年，第742页。

在纂修《朱子全书》、《性理精义》过程中，康熙帝力促熊赐履、李光地这两位理学名臣进行合作。李光地对此还颇有怨言，说“昨日进朱子书，皇上又命同熊孝感商量，真是气闷事”①，由于康熙帝的压力，李光地在表面上还是对熊赐履很敬重，在通信中称“凡此，皆据地浅见，仰质圣明，不敢自谓有当也。今读先生所批驳，则仍旧目次序，亦无甚碍于理，谨照旧目，另编为五卷，缮写已完，奉呈尊览。如尚有未当，亦祈一一签示，以便改正”②。《朱子全书》、《性理精义》的具体编纂基本上都是由李光地起草，最终由熊赐履审定并上交康熙帝来核定的。这两部书凝结了李光地、熊赐履两人共同的心血。总之，熊、李二人虽然原来有矛盾，但还是在皇帝的主持下进行了比较良好的合作。

对于理学名臣好“虚名”的毛病，康熙帝也着力批评，比如一次令张伯行讲“民可使由之，不可使知之”一章，张伯行竟然“全不能讲”，康熙帝大发雷霆之怒，批评张伯行喜逢迎、好虚名，“自谓知性理之书，性理中之《西铭》篇尚不能背诵，以为知性理，可乎？凡人不通五经、四书，如何能讲性理？……张伯行为巡抚时，有人逢迎，彼即喜之”③。康熙帝认为李光地也有同样的毛病，说：

> 彼专信门生，常为所诳。凡人口讲道学，彼即深信之。夫道学岂易言哉？孔子曰：“先行其言，而后从之。”人之品行，必始终不易，朕始信之。若徒托之空言而无实事，则亦何益之有？非特此也，凡有职任者，一有所为，善恶立见，更不宜轻言也。④

---

① 李光地：《榕村语录续语录》，中华书局，1995年，第749页。

② 李光地：《与孝感熊先生商酌朱子全书名目次第书》，《榕村全集》卷三二，《榕村全书》，第9册，福建人民出版社，2013年，第241页。

③ 《康熙起居注》，第3册，中华书局，1984年，第2228页。

④ 《圣祖仁皇帝实录》卷二一六《康熙四十三年四月戊寅》，《清实录》，第6册，中华书局，1985年，第186页。

康熙帝希望周围的理学名臣能够身体力行、少发议论，改掉明人重讲学轻践履的毛病，正如其所谓："古今讲道学者甚多，而尤好非议人，彼亦仅能言之耳，而言行相符者盖寡。是以朕不尚空言，断不肯非议古人。何以言之？凡人各有短长，弃短取长，始能尽人之材。"① 这对于当时朝廷风气的转变，当然有很大的作用。到康熙朝晚期，熊赐履、李光地立身行事，已经发生了不少变化，尤其是李光地最为明显，不仅仅是学术上由王学转向朱学，更主要的是开始不再以道统自居，而是将道统送给康熙帝。这样以康熙帝为中心，理学名臣慢慢地结合成为一个整体，清初以李光地为代表的庙堂诸子在道统意识上也渐渐地趋向了一致。

第四节　道统向新朝、庙堂和皇帝的转移

道统有学理与政治双重意义。道统在政治领域里要有所发展，就必然与王权政治发生关系。清王朝通过武力方式打下大明江山，却又因为异族身份缺乏足够的正当性支持，因此如何调节这种文化冲突、争取汉民族对它进行认同，便成为清初庙堂理学最重要的使命。从时间上看，清初庙堂对道统的争夺大约经历了三个阶段：一是明清鼎革之际外交斗争中的道统争夺，二是道统在王权的威压之下向庙堂集中，最后是集中到权力的中心——皇帝手中。

一、明清易代与道统的争夺

在明清鼎革之际，最先出现、最为紧迫的就是道统归属问题。南

---

① 《圣祖仁皇帝实录》卷二一六《康熙四十三年六月丁酉》，《清实录》，第6册，中华书局，1985年，第190页。

明诸王政权及明遗民需要它作为自己抗清的理论号召，为自己提供合法性论证，也需要它团结士大夫和凝聚民心。同样，满族入主中夏之后，它在治统上的正当性并不充分，这严重影响到了它的合法地位，因此也亟需以儒家理论为自己的统治进行论证。

从政治运作模式及其传统上看，满族与汉民族有较大的差异性。脱胎于奴隶制社会的满族，风气朴质，社会依俗而治，不重法令，但却又惯于对外族烧杀掠夺，并将其视为天经地义之事，没有儒家所谓的“仁义”传统。儒家从政治传统上主张仁义而反对杀戮，同时讲求礼法，讲求大一统帝国的制度式运作，讲求王权对大帝国的整合。满族入关之际是其政治风格转变的重要时期，当时谋臣范文程建议要“严申纪律，秋毫勿犯”，认为：“好生者天之德也，古未有嗜杀而得天下者。国家止欲帝关东则已，若将统一区夏，非乂安百姓不可!”①多尔衮采用了范文程的建议，一改原来的抢戮政策，打出“不屠人民，不焚庐舍，不取财物”的旗号，而历史进程也正如范文程所预料，清军于山海关一役击溃李自成，最终定鼎北京。

在此基础之上，清王朝开始逐渐熟练地运用起有关道统的理论，并在外交斗争中有力地挫败了南明弘光政权。弘光政权成立之初，清王朝为防止其道统、治统合法地位一旦确立起来不可改变，便先发制人。多尔衮致书史可法，援引《春秋》之义，认为：

> 比闻道路纷纷，多谓金陵有自立者。夫君父之仇不共戴天，《春秋》之义有贼不讨，则故君不得书葬，新君不得书即位，所以防乱臣贼子，法至严也。②

并进一步批评弘光政权坐视“李自成称兵犯阙，荼毒君亲，中国臣民，不闻加遗一矢”，称清军入关是“报乃君国之仇，彰我朝廷

---

① 赵尔巽等：《清史稿》卷二三二，中华书局，1977年，第9352页。
② 蒋良骐：《东华录》卷四，中华书局，1980年，第65页。

之德"[①]。多尔衮在书中不仅论证了清军入关的合理性，而且指出南明弘光政权"有贼不讨"，缺乏足够的政治合法性支持。

面对多尔衮对南明政权成立的合法性的质疑，史可法不得不详加解释其原因，称其"待罪南枢，救援莫及"，又称"尔时南国臣民，哀恸如丧考妣，无不拊膺切齿，欲悉东南之甲，立剪凶仇，而二三老臣，谓国破君亡，宗社为重，相与迎立今上，以系中外之心"，并指出南明的正当性在于：

> 今上非他，神宗之孙，光宗犹子，而大行皇帝之兄也。名正言顺，天与人归，五月朔日，驾临南都，万姓夹道欢呼，声闻数里，群臣劝进，今上悲不自胜，让再让三，仅允监国……凤集瑞应非一……岂非天意也哉？[②]

史可法从宗法、民心、天意、弘光帝谦让之德几个方面论证南明弘光政权的正当性，可谓煞费苦心。同时，史可法在信中还对清廷充满感激之情，称清军入关与李自成作战是"振古铄今，凡为大明臣子，无不长跽而北向，顶礼加额"，并对多尔衮以"《春秋》大义"之质问，一再解释未能及时出兵北援的原因，并引用历史上的诸多事例进行辩白。为表诚意，史可法还要求与清军共同讨伐逃往关中的李自成农民军。

很显然，史可法承认了南明"有贼不讨"的事实，要求与清军共同讨伐李自成更是进一步将这种认同强化，亦即南明弘光政权在春秋大义的道统原则之下的确存在着一定的非法性。从这个意义上讲，即便史可法列举了宗法、民心、天意、弘光帝谦让之德几个方面，也只能作为道统原则之下的"权宜之变"。由多尔衮、史可法书信及后来所发生的事件来看，多尔衮在争取正统的话语权方面无疑获得了巨大的成功。它成功地迷惑了弘光政权的政治、军事力量，让弘光政权

① 蒋良骐：《东华录》卷四，中华书局，1980年，第66页。
② 蒋良骐：《东华录》卷四，中华书局，1980年，第67页。

将力量耗费在“讨贼”征闯的筹画中。因此，当清军倾巢进攻关中时，弘光君臣只是“蹲在长江边上，为闯逆的失败而欢腾鼓噪，为不能助清军一臂之力、使彼独占‘仁义’之名而自怨自艾”①，以致最后落得唇亡齿寒的下场。清军南下时，史可法仍然执著在清、明政权的仁义方面，说：“以虏之假行仁政若彼，而我之渐失人心如此。臣恐恢复之无期，而偏安未可保也。”②

清君入关是莫大功德的思想在南明诸政权和士大夫中间普遍存在，成为清廷争夺道统的重要思想资源。而唐王、桂王与福王一样，彼此为争夺明朝正统内斗不止，没有统一的话语权，不仅丢掉了社会舆论的支持，也进一步加剧了各自所建立的政权的合法性危机。正当南明诸政权的政治正当性面对质疑、人心动荡之时，清王朝暂废剃发令以挽回人心，并及时派兵渡江，完成了统一天下的伟业。多尔衮这次成功的“正统”外交之争，有利地绕过了夷夏之防与师出不义等罪名，成为清王朝代明而有中夏的建国之理论之一。通过清军入关就是为明朝君父报仇的这一理论，清廷将明亡的原因归罪于李自成农民军，从而得出自己获得政权的合法性。康熙帝也认为：

> 自古得天下之正，莫如我朝。太祖、太宗初无取天下之心。……后流贼李自成攻破京城，崇祯自缢，臣民相率来迎，乃翦灭闯寇，入承大统。……我朝承袭先烈，应天顺人，抚有区宇，以此见乱臣贼子，无非为真主驱除耳。③

与多尔衮一样，康熙帝也认为满族入主中夏之目的是帮助明朝“翦灭闯寇”，并将明朝臣民的请降视作“相率来迎”。在康熙帝看来，崇祯自缢标志着明朝统治已经结束，与顺治朝并存长达近二十年

---

① 王戎笙主编：《清代全史》，第2册，辽宁人民出版社，1991年，第89页。

② 计六奇：《明季南略》卷二，中华书局，1984年，第110—111页。

③ 《圣祖仁皇帝实录》卷九《康熙五十六年十一月辛未》，《清实录》，第6册，中华书局，1995年，第695页。

的南明政权不具备正统的资格，“翦灭闯寇”就意味着“入承大统”，标志着新一代王朝的开始。同时，康熙帝还指出满族“承袭先烈”，是建立在先辈功业的基础上，加以“顺天应人”，是得天下的“正道”，因此，合法性不容质疑。

然而，大讲复仇对满、汉之间的民族冲突也会造成不良的影响，因为虽然崇祯帝之死确是李自成之所为，但是南明诸政权的覆亡却与清廷脱不了干系，剃发、易服、圈地、迁海、屠杀等斑斑血泪也难以历数。因此，反清复明，对明遗民仍然有巨大的号召力。三藩之乱就打出了这个旗号，并将儒家夷夏之防拿来为自己争取民众，它是又一次对清朝治统合法性的挑战。当时，吴三桂声称明朱三太子尚在，被养于军中，并对引清军入关之种种不得已作辩解，希望得到“道义之儒”的支持。清廷针对吴三桂起事，发布了讨吴檄文，说：

> 王籍言兴复明室，则曩者大兵入关，奚不闻王请立明裔；且天下大定，犹为我计除后患，翦灭明宗，安在其为故主效忠哉？将为子孙谋创大业，则公主额附曾偕至滇，其时何不遽萌反侧？至遣子入侍，乃复背叛，以陷子于刑戮，可谓慈乎？王之投诚也，祖考皆膺封锡，今则坟茔毁弃，骸骨委于道路，可谓孝乎？为人臣仆，迭事两国，而未尝全忠于一主，可谓义乎？①

“计除后患，翦灭明宗”是指吴三桂请命绞杀永历帝父子事，此事尽人皆知。起事之先，其谋士方光琛就认为这是无法化解的舆论死结，吴三桂听后也为之悚然。既然连吴三桂本人对其起事的合法性都心存疑虑，在清廷檄文以“不忠”、“不慈”、“不孝”、“不义”等儒家大义的抨击之下，自然很难得到所谓“道义之儒”的支持，虽然不少地方也响应吴三桂，相率叛清，但实际上这场战争从性质上已演变为权力之争，至于吴三桂后来称帝建周，更是大失士大夫与民心之望。王夫之对吴三桂起事，起初一度抱有某种期望，但最终发现吴并

---

① 《清史列传》卷八〇，中华书局，1976年，第6639—6640页。

没有复明之心，于是严辞拒绝为其作劝进表，道：“我安能作此天不盖、地不载语耶!”① 并逃往深山之中。李光地也正是在三藩之乱中，反对耿精忠叛乱，不肯就其“伪职”，秘进腊丸疏从而进入清初政治舞台的。究其原因，吴三桂违背了儒家的忠、孝精神，其政权就很难得到士人的认同。

这样，清初庙堂又提出了“儒家大义”在“忠”、“孝”，“君与社稷为一”、“有德者可以有社稷”的理论。康熙帝曾专门让熊赐履等大学士及词臣们就“宋高宗父母之仇终身不雪”发表议论，自己也发表观点说：

> 文天祥云：“社稷为重，君为轻，立君以存社稷，存一日则尽臣子一日之责。”实千载忠臣之语。君与社稷并而为一也。使高宗匹夫之勇，死而无悔，不顾社稷以死雪仇，又不知当时议论如何耶？天下非一人之天下，有德者可以居之。民不堪命，即有“是日曷丧”之诗，天视天听自我民始，有国家者不可以不慎。②

文中虽然是讲宋高宗与金国议和事，但是历史上有关此类的事情多不胜数，千古兴衰可资借鉴者又何止于此，康熙帝何以单单为这个问题兴师动众？这个问题在本质上是关乎夷夏之辨的，是康熙帝在为清军入关、接续明统寻找法理依据。在康熙帝眼中，民族差异根本不是问题，民族复仇是一种极为短视的行为，社稷不存君亦不必存，君不存则臣亦不必尽其责。更重要的是，康熙帝用当时流行的“天下观”来为自己解说，认为社稷是“有德者可以居之”、“天下非一人之天下”，以此模糊民族间伦理、政治、习俗、宗法包括权利等种种方面的异差和满、汉之间的仇恨，为建立一个统一的社会文化秩序扫

---

① 王敔：《大行府君行述》，萧萐父、许苏民，《王夫之评传》，南京大学出版社，2002 年，第 656 页。

② 《圣祖仁皇帝御制文集》第三集卷一九《宋高宗父母之仇终身不雪论》，台湾商务印书馆 1983—1986 年版文渊阁《四库全书》，第 1299 册，第 155 页。

清障碍。

康熙帝还极力表彰明太祖，进一步表示明与清之间换代是传承关系。以往中原各朝新立，往往指责前代残暴不仁，以此作为自己政治合法性的来源。但是，清代却不能如此，因为它的前代是汉人王朝，自己却是异族，指责前朝的残暴只会加深两个民族之间的仇恨。因此，从多尔衮到康熙帝，皆奉以清为明“报仇”的理论。明亡之后，明人的故国之情不能割舍，拜祭明陵成为明遗民的一个心理寄托，于是康熙帝选择了祭祀明太祖孝陵，将之作为一场为自身政权建立政治合法性的政治表演，并且获得了很大成功。康熙二十三年（1684），圣祖第一次亲谒孝陵，以致“父老从者数万人，皆感泣”[1]；第三次谒孝陵时（康熙三十八年），御书“治隆唐宋”，给予朱元璋极高的评价，依然是观者如睹。在《明史》中清廷也同样盛赞朱元璋是“以聪明神武之资，抱济世安民之志……崛起布衣，奄奠海宇，西汉以后所未有也”[2]。康熙帝还派官员专职以时致祭，并表示要访察明朝后裔，受以职衔，俾其世守祀事，继承“古者夏、殷之后，周封之于杞、宋”的儒家存亡继绝的传统。

当然，清王朝对自己正当性的论证是试图以绕过夷夏之防来解决的，然而由于夷夏之防精神几千年来已经积淀到汉民族心理结构中去，事实上很难被轻易绕过与抹平的；同时有清一代朝廷刻意保持满族传统，维护满族皇帝、贵族、八旗特权及利益，使之主观、客观上没有达到彻底弥合两种文明、两个民族之间裂痕的目的。因此在民间，很长时间内，以朱三太子起事者此起彼伏，这表明清王朝的初步稳定的统治秩序仍然有待进一步去完善。

---

① 王士禛：《池北偶谈》，中华书局，1982年，第74页。

② 张廷玉等：《明史》卷三《本纪三》，中华书局，1974年，第56页。

二、道统由师儒到庙堂的转移

从孔子开私人讲学之风以来，中国形成了师儒肩负道统的传统。但是理学中，却有一个与它相背的理论，就是朱熹在《中庸章句序》中提出的，认为圣人是道统、治统合而为一的，亦即如尧、舜、禹、汤、文、武、周公等君相也可以作为道统的肩负者。虽然朱熹认为自孔子之后，上述情况是不存在了，但是正君心、得君行道、致君尧舜的理想，使道统、治统合一成了一个难以避免的归宿。

自宋代以来，士大夫就以道统自任，怀抱着以天下为己任的精神参与到王朝的政治活动中。虽然这些人身为官僚，却也是师儒，并不完全代表官方意志。因此，宋明以来形成了许多自由讲学的士人团体，比如湖湘学派、浙东学派、象山心学以及朱熹闽学一派，都各倡己意，组织书院进行讲学，与当时官方的荆公新学分庭抗礼。明代中后期，阳明虽然身为高官，其讲学内容却也与官方的程朱理学不同，甚至相反。这些都展现了宋代以来师儒自任道统的精神。

这种风气在清初发生了变化。汉民族的社会结构与满族不同，明代中后期，王学运动兴起，对于个人欲望之肯定及对于宗法礼仪的不屑，都与满族相反。满族社会伦理虽疏，但是由上到下的习惯式、绝对服从式的传统却很强烈，多尔衮“父子一体，岂可违异”[①]，就反映了这一点。因此，明末汉民族聚众讲学、结社议政之风，与有深厚奴隶传统的满族社会风气格格不入。

打击士人任道精神成为清初庙堂的重要策略，主要表现在自由结社、讲学、著史等方面。江南是明末士人最活跃的地区，前有东林，后有复社。复社在明末时由张溥、张采两人领导，不仅通过公荐、转

---

① 王先谦：《东华录·顺治四谕礼部文》，续修《四库全书》，第369册，上海古籍出版社，2002年，第240页。

荐、独荐使门生子弟进入科甲[①]，还曾经一度促成周廷儒入阁，是一股能量极大的在野政治势力。顺治初，复社成员或“抱石沉渊，或流肠碎首”[②]，为故国殉难，或变异姓名，祝发为僧，或出仕新朝，最终走向解体。复社虽然解体，但是士人干政的风气仍在，顺治十七年（1660）初，清廷以“士习不端，结订盟社，把持衙门，关说公事，相煽成风”，严禁江南文人进行结社，然而次年顺治帝去世之际，结社传统就在苏州酿成了一场政治事件。事情的经过是，苏州吴县县令任维初私盗常平仓漕米献媚巡抚，以严刑逼迫当地百姓预交公粮，苏州府百余秀才，哭诉于文庙，并跪进“揭帖”，一时间聚集上千人。常平仓是一种重要的地方制度，由朱熹等儒家大师等勾画，影响深远，《哭庙纪略》称：“有明自我朝定鼎，三百年来，从未有如维初之典守自盗者也。”[③] 苏州秀才们以道统自任是当地传统，史载：“吴下士子，好持公论，见官府有贪残不法者，即集众昌言，为孚号扬庭之举。上台亦往往采纳其言。此前明故事也”[④]，“吴中故习，诸生事不得直，即作《卷堂文》，以儒冠裂之夫子庙庭，名曰‘哭庙’”[⑤]，由此可见，这次哭庙在当地文化传统中绝非特别，但对于尊上卑下、民风淳朴、政教一体的满族，却无法同情地去理解。于是，巡抚朱国治以“摇动人心倡乱，殊于国法”之名，将以金圣叹为首的十八人处以极刑。汤斌巡吴时，这种风气犹在。在汤斌的眼中，“三吴刁诈成风，沿袭有素”，“奸恶积棍，把持衙门，交通胥吏，起灭词讼，

---

① 关于“公荐”、“转荐”、“独荐”请参考陆世仪《复社纪略》，《东林始末》，北京古籍出版社，2002 年，第 232 页。

② 吴伟业：《复社纪事》，《东林始末》，北京古籍出版社，2002 年，第 189 页。

③ 乐天居士编：《哭庙纪略》，商务印书馆，1911 年，第 2 页。

④ 参见陆文衡《啬安随笔》，辑自苏州图书馆藏清光绪丁酉（1879）陆同寿刊木活本，转引自赵深琛、王大隆辑《戊寅丛编》，孙中旺等编《金圣叹研究资料汇编》，广陵书局，2007 年，第 89 页。

⑤ 参见顾予咸《雅园居士自叙》，辑自苏州图书馆藏，赵深琛、王大隆辑《戊寅丛编》，孙中旺等编《金圣叹研究资料汇编》，广陵书局，2007 年，第 83 页。

蠹害百端”。甚至有司也是“袖手旁观而不敢犯其锋”①。或“假借条陈，纷纷乱道。大则谤议朝政，小则攻讦官长”②。不过，经过汤斌、张伯行等人一系列整顿，这种风气从总体上还是渐渐衰微了。

通过私人修史以传承道统，也是汉民族源远流长的文化传统。孔子通过《春秋》，笔笔削削，寓褒贬于叙事之中，以阐释其王道理想，朱熹《资治通鉴纲目》便是仿孔子《春秋》而作。明遗民之著史，在用词、叙事上也存在着同样的精神，庄廷鑨《明史》案具有代表性。原来，作为书商的庄氏发现天启年间内阁首辅朱国祯所辑《皇明史概》，以为奇货可居，聘请茅元明、吴之铭、吴之镕等十八位学者为之润色修订，以为私纂《明史》，并加以刊版。此书在叙及南明史事时，仍尊奉南明隆武、永历年号，且多涉及清人入关前诸事，直书努尔哈赤之名，斥骂降清的尚可喜、耿仲明为“尚贼”、“耿贼”，称清军入关为“夷寇”、“夷氛”、“奴酋”。南明近二十年间的历史，与顺治朝基本平行。该书尊用明帝之号，显然否定了顺治朝统治的合法性，遭到告发后，遭受株连者达二千余人。此案发生于动荡的顺、康之交，包含了“私家明史学中反清意识与官方政权的冲突”③。戴名世《南山集》案是继庄廷鑨《明史》案之后又一个重要事件。《南山集》案发生于康熙五十年（1711），从本质上说，戴名世所犯下的错误与庄廷鑨等人是一样的，即其在《南山集》中以“春秋大义”精神将南明与“昭烈之在蜀”、“帝昺之在崖山”并论，实际上隐含地认为清王朝应从康熙元年为定鼎、顺治不得为正统。案发后，经过朝议，戴名世最后被处以极刑。这在康熙晚期宽大为政的时代，显得极不协调，有学者认为这与太子党争导致康熙帝心情很糟

① 汤斌：《访拿积蠹光棍，以靖地方事》，《汤斌集》，中州古籍出版社，2003 年，第 585 页。

② 汤斌：《严饬三吴风俗浮薄事》，《汤斌集》，中州古籍出版社，2003 年，第 611 页。

③ 乔治忠：《清朝官方史学研究》，文津出版社，1993 年，第 226 页。

有关①，其实不然，作为中国历史上很有作为的君主，康熙帝还不至于失去理性到这种地步。实际上，对于这一案件，康熙帝在处理上格外谨慎，也尽其宽仁，最终仅将戴名世一人处死。可见，康熙帝要打击的不是案情相关人本身，而是用君主的权威与帝国的意志去剥离理学中的这种师儒自任道统的精神。从历史发展的角度来看，戴名世之死对于当时儒林影响是深远的，恰如学者阚红柳所指出，从此之后，代表言论自由、评论时政的私人修史加快了走向沉寂的历程。②

依讲会而讲学是明代后期的特色，直到康熙朝前期，仍然很大程度上存在着。像孙奇逢在河北，李二曲在关中，黄宗羲在浙东，形成了几股潮流。这些地域的讲学，都与官方的意识形态有较大差异。然而清初的学风毕竟在悄悄变化。对于明代开坛说法式的大规模群众性讲学，清初学者多持议异，比如，陆世仪就认为："嘉隆之间，书院遍天下，讲学者以多为贵，呼朋引类，动辄千人，附影逐声，废时失事，甚至有借以行其私者，此所谓处士横议也。天下何赖焉?"③ 张履祥也批评说："方今天下声气之习，衰靡特甚……东南坛坫，西北干戈，其乱于世无所上下。"④ 当时桐乡所属的江南正文社大兴，周钟与邑人讲学，"远近至其门者，肩摩踵接"，然而，杨园只是与同邑邱瞻、钱一本等七八人私下磨砺。⑤ 孙奇逢在夏峰的讲学，也已与明代不同，作为夏峰的弟子，汤斌就曾经指出：

> 学当躬行实践，不在乎讲。讲则必有异同，有异同便是门户争端。当初，孙夏峰先生为一代大儒，未曾应聘开讲，不过于一室中二三同志从容问答而已。若必登坛，南面聚众而谈，何异禅

---

① 白新良：《康熙皇帝传》，百花文艺出版社，2007 年，第 563—564 页。

② 阚红柳：《清初私家修史研究：以史家群体为研究对象》，人民出版社，2008 年，第 170 页。

③ 陆世仪著、张伯行辑：《思辨录辑要》卷一，清同治福州正谊书局左氏增刊本。

④ 张履祥：《与屠闇伯》，《杨园先生全集》，中华书局，2002 年，第 257 页。

⑤ 张履祥：《杨园先生全集·杨园先生年谱》，中华书局，2002 年，第 1492 页。

门家数?[①]

讲学风气的变化，展示士大夫对出仕行道认识的转变。实际上，早在明代中后期，理学已经由“得君行道”向“觉民行道”转向。[②]民间理学由是而逐渐形成。到清初异族入主，很多抱有亡国之痛、主张夷夏之防的士人隐居不仕，进一步推动了民间理学士人群体的壮大。民间士大夫对政治的冷漠使道统更加向君相靠拢。

随着民间诸如孙奇逢等老师宿儒的离世，以及新王朝对作为意识形态的程朱理学的提倡，民间对道统的持守渐已不能与官方相抗衡，从北方到南方，在朝廷的号召和皇帝的影响下，封疆大吏积极地加入到讲学的行列当中。在北方，孙奇逢去世之后，河洛讲学的中心由百泉书院转向嵩阳书院，讲学的主要内容也转向了程朱理学，主持嵩阳书院的学者耿介虽然是孙奇逢的弟子，但却是高级官僚出身，曾经出任少詹事、被委任过教导太子的重任。当时，河南巡抚阎兴邦、王日藻也格外关心嵩阳书院的重建。在任河南巡抚期间，阎兴邦还为大梁书院、诸葛书院等多所书院的复兴或新建提供了支持。在南方，张伯行所建福州鳌峰书院最具代表性。鳌峰书院也是以程朱为学术宗尚，张伯行利用公余之暇，屡屡到书院进行讲学。书院先由当地程朱学者蔡璧掌教，之后李光地又荐蔡璧之子蔡世远主持。康熙五十六年(1717)，李光地回乡，受福建巡抚之请讲学鳌峰书院，讲学内容集为《鳌峰书院讲义》，还为讲堂题“道南嗣音”匾额。

因此，可以看出，无论经学、史学观念，还是对理学的阐释，在清初都带有了强烈的官方意志。与民间史学、理学衰落相对比，官方史学、理学却迅速发展起来。朝廷大规模修书，还将这些修纂的图书比如《日讲四书解义》、《朱子全书》、《性理精义》等颁布到各地学校中去，或者是与科举取士制度相结合，使它成为法定程试，这在前

① 汤斌：《汤斌集·门人范景手述十五条》，中州古籍出版社，2003年，第21页。
② 余英时：《宋明理学与政治文化》，广西师范大学出版社，2006年，第188—214页。

朝是不多见的。地方上的封疆大吏，如李光地、汤斌、张伯行等人，也都组织幕府，招集士人，创建书院，出版图书，举办社学，对民间所谓“淫词小说”的坊刻等进行打击。总之，清初庙堂以高度的政治危压渐渐地从师儒手中夺去了道统，原来师儒任道的传统，逐渐地向庙堂集中，道统向上集中的过程，同时也是儒学被王权改造的过程。

三、道统向皇帝的最后集中

清朝对儒林以道统自任精神进行打击与当年张居正毁天下书院不同的是，道统争夺又上升一级、最终演变为皇帝与周围臣僚对道统的争夺。两宋以来，在理学道统的熏陶之下，“天子与士大夫共治天下”，是士人们认同一个政权有无正当性存在的前提，它在一定程度上也是明代文官集团与皇权抗衡的理论依据，明朝皇帝为此不惜以廷杖恫吓，然而却导致士大夫的道统意识更加强烈反弹。而清初，却发生了道统向帝王手中集中的转向。

直言敢谏是明朝文官集团官风的主要表现，皇帝由于不尊奉理学，与受理学熏陶的那些敢言直谏理学官员形成了激烈的对抗，正如孟森所指出“廷杖虽酷，然正人被杖，天下以为至荣”①。就明代朝廷风气而言，确是如此，联名苦谏，不绝于书。不过，这却不是满族的风俗。在满族的政治传统中，皇帝既是政治领袖，又是宗教领袖，因此，虽然其政治传统有原始民主合议之风，但是尊上卑下的习惯也很明显。臣僚与可汗或皇帝消弥不同意见多是通过合议或私下进言，很少有所谓的“诤谏”，更是从来没有过那种声势浩大的苦谏。然而，这种传统是由纯朴的风气决定的，入关之后，朋党习气迅速增长。

---

① 孟森：《明清史讲义》，中华书局，1981年，第90页。

在顺治与康熙中前期，汉族士大夫们仍然保留了一定的明代的诤谏遗风，对清廷高层政治运作产生着影响。其中，顺治废皇后事件尤有代表性。第一次废后是顺治十年（1653），当时许多大臣冒死苦谏，据理力争，礼部仪制司员外郎孔允樾云：

> 窃思天子一言一动，万世共仰。况我皇后正位三年，未闻显有失德。特以“无能”二字，定废谪之案，何以服皇后之心？且何以服天下后世之心？……若夫废后一节，千古典礼所在，一时风化攸关。……臣思皇上，天下之父；皇后，天下之母。父有出母之议，为人子者，即心知母过，尚不免涕泣以谏，况绝不知母过之何事，又安忍缄口严父之侧，而不为母一请命乎？[①]

天子废后与国家礼制相关，而文官集团正是礼仪制度的维护者。在孔允樾看来，皇帝废后不仅仅是家事，而是千古典礼所在、一时风化攸关，并向顺治帝表示出“安敢存畏斧钺、顾身家之心”[②]。之后御史宗敦一、潘朝选、陈棐、张椿、杜果、聂玠等十四人再次合疏奏请“以纲常为重”[③]。虽然这次群谏没有成功，但仍然展现出清初群臣自任道统与皇帝争衡的精神。

康熙晚期立储之争，虽然与党争有关，但同时也体现了汉族政治传统中大臣对王权的制约精神，以及儒家传统中对政权正当性的一种理解。在儒家看来，嫡长子应为储君，因此群臣为胤礽废立上奏者此起彼伏，其中以大学士王掞为代表，然而王掞为废太子请命却遭康熙帝批评：

> ……似此凶顽愚昧、一无所知，不顾身命宗族，干犯叛逆之罪而行者亦不少。王掞以伊祖王锡爵在明神宗时，力奏建储之事

---

① 《世祖章皇帝实录》卷七七《顺治十年八月庚寅》，《清实录》，第3册，中华书局，1985年，第612—613页。

②③《世祖章皇帝实录》卷七七《顺治十年八月庚寅》，《清实录》，第3册，中华书局，1985年，第613页。

为荣，常夸耀于人，不知羞耻。……王掞以朕为神宗，意欲摇动清朝……朕并无诛戮大臣之意，大臣自取其死，朕亦无如之何。①

在康熙帝看来，王掞是继承了明人的传统，不顾身命宗族，总以道统与皇帝作对。于是下王掞等人于狱中，而王掞仍是“据不认罪，虚辞巧饰”。

不过，这种精神终究是渐渐淡去了。清王朝建立之初，很多官僚都来自于旧朝，由于大节有亏，多引衔自退。沈维炳在崇祯历任谏垣，顺治元年李自成军入北京，不能死，清军入关，又被起用。是年六月，沈维炳上疏请辞官说：“维炳为亡国之臣，仍旧服官，虽朝章不罪其偷生，而臣义则能无愧死？”多尔衮加以慰留。七月，沈维炳再次请辞官，朝廷仍旧不允。九月，沈维炳第三次辞官上疏说“前朝末政，未可多议”，身为明朝旧臣，不忍言明朝之非。② 钱谦益更加典型，在明末清兴之际，钱氏以风流文采为士人冠冕，既曾经是东林党的党魁，又曾官至礼部尚书，多铎引清军南下，钱谦益乃率百官出降，受尽诟病。虽然降清之后，也被授予礼部右侍郎、《明史》副总裁等官员，但是不久还是去官还乡。从总体上来看，汉族士大夫内心的羞耻感，很大程度上削弱了这种任道精神，正如孟子所讲，枉尺便不能直寻。

皇帝与讲道学的理学名臣之间的冲突是比较严重的，因为理学与道统的关系最紧密。康熙帝从道统角度，对魏裔介、熊赐履、汤斌、李光地等理学名臣都进行过批评。魏裔介久居谏垣，号称清初名相，康熙帝亲政后不久却主动辞官，有学者认为可能是因鳌拜事件康熙帝

---

① 《圣祖仁皇帝实录》卷二九一《康熙五十九年三月丙子》，《清实录》，第6册，中华书局，1985年，第834页。

② 《清史列传》卷七九，中华书局，1977年，第6534页。

对其产生了不信任①，事实上除此之外，魏裔介以道统自居、满身明末士大夫的习气可能才是症结所在，因此在《康熙起居注》中我们不止一次可以看到康熙皇帝批评魏氏“为人强悍”②、“生平实好生事”③，亦即除君主授意之外，大臣不应当有独立的议政权，尤其不能将道统作为议政的基础。以熊赐履为代表的理学名臣，与皇帝之间也发生了有关道统的争夺。比如，康熙十五年之前，熊赐履常以“帝师”姿态出现，向年轻的皇帝施教，而重新起用之后却已无复当年对皇帝的口吻，康熙帝也再未单独召见熊氏咨询理学。汤斌在性格上“老诚端谨”，深得康熙帝信任，然而在离任江苏巡抚时，因说了“爱民有心，救民无术”一句，从而被康熙帝视作“假道学”。“爱民有心，救民无术”八个字深刻地展示出汤斌的道统意识，“爱民”、“救民”在汤斌看来是一种神圣使命，这一使命就是儒家道统所赋予的，可是康熙帝却认为这个道统意识——具体来说“爱民”、“救民”只有身兼治统的皇帝才可拥有。

李光地在早年也曾被康熙帝批评讲王学，到晚年之所以关系得到极大改善，不仅仅在于其学术宗尚的转变，更是由于李光地善于维护康熙帝作为君主治统与道统合一的身份，从不僭越一步。比如，太后违豫，康熙帝坚持看护，忧劳成疾，群臣无计可施，李光地奏言，先以郑玄、朱熹稍抑古礼进行分析，认为“主上孝思维则为万世师”④，康熙帝于是应允。还有一次，康熙帝感叹“朕年高，旦夕惴惴，深以为恳”，李光地回答说“自古贤圣年益高，德益邵”，康熙认为自己

① 魏连科：《兼济堂文集·前言》，中华书局，2007年，第11—12页。

② 《康熙起居注》，第2册，中华书局，1984年，第1493页。

③ 《康熙起居注》，第2册，中华书局，1984年，第1473页。

④ 李清植：《文贞公年谱》卷下，《北京图书馆藏珍本年谱丛刊》，第85册，北京图书馆出版社，1999年，第386页。

不是圣贤，李光地进一步说“不自圣者圣益圣，不自贤者贤益贤”①，诸如此类，肖永藻称赞李光地，说其“计不遗义，辨不伤气，是向识力之定，涵养之深也”②。

由以上的简单论述可以看出，清朝初期道统由民间向庙堂过渡、最终又由庙堂集中于皇帝一人身上，从而形成了道统与治统合一的新传统。但是，这种新传统仍然是基于儒家、基于宋明理学的。其中，《古文尚书》“人心惟危，道心惟微，惟精惟一，允执厥中”十六字帝王心传是沟通理学与王权的核心理论。它认为倘若帝王能够区别人心、道心，以“天理之公”胜“人欲之私”，明辨理欲的最细微之处，那么就可以成为圣人、成为儒家道统的代表、拥有治理天下的权力。

清朝道统与治统最终能够合一，还有一个特别重要的原因，就是康熙帝本身道德与事功至少赢得了当时很多臣民的公认。李光地在这个问题上，提出过重要的观点，多为学者们所引述，但是多并未认识到这一层意义，因此不妨再次征引并作一些新的解读：

> 夫溺于技艺，滞于章句，以华藻相娱，以涉猎相高，岂独帝王哉，虽儒生非所尚也。若夫穷性命之原，研精微之归，究《六经》之指，周当世之务，则岂特儒者之所用心，帝王之学，何以加此？……肆我皇上，天挺其姿，神授之职，生知乃复好古，将圣而又多能。然皆习焉而不留，过焉而遂化，诗文字画，历算工巧，莫不精其道焉，而无所滞于心。其所以潜思实体，朝讲夕诵……非尧、舜之道，不使陈于前，非天人性命之书，不以游于意

① 李清馥：《榕村谱录合考》卷下，《北京图书馆藏珍本年谱丛刊》，第85册，北京图书馆出版社，1999年，第648页。

② 李清植：《文贞公年谱》卷下，《北京图书馆藏珍本年谱丛刊》，第85册，北京图书馆出版社，1999年，第390页。

也。臣愚无知，窃谓皇上非汉、唐以下学，唐、虞三代之学也。①

李光地这段话或许如某些学者所讲有出于奉迎的成分，但是其理论依据实在需要注意。为什么康熙帝秉帝王心法、以道统兼治统而有之呢？李光地在这里将康熙帝、殷高宗作对比，从学统的角度对康熙帝兼道统、治统而有之的地位给予肯定。其要有三：一是学要有精微之旨，二是学需有所获，三是知当世之务。从这三个方面来看，康熙皇帝恰恰是集之一身，对于儒家文化、理学精神有精微的认识，提出了对真理学的新见解，并将理学运用到现实政治中去。明朝之初，永乐皇帝也撰有《圣学心法》，又颁三部《大全》，其意图也是完成道统、治统合一这样的理想，之所以没有成功，决不能说奉迎之臣少，而是朱棣本人篡夺帝位道德有污，学问上并无见树，不仅后世不能认同，便是当时方孝孺宁可十族被夷，也不肯为之屈服。历史发展有必然性，也有偶然性。从必然性上讲，道统、治统合是王权社会与理学发展的逻辑结果，但是它能够在清初形成并且落到康熙皇帝身上，与那一时代及康熙本人的道德事功是分不开的。

---

① 李光地：《进读书笔录及论说序记杂文序》，《榕村全集》卷一〇，《榕村全书》，第8册，福建人民出版社，2013年，第256页。

第三章　清初庙堂理学与治统

秦汉以降，儒学在意识形态领域中长期占有绝对的话语权。这种话语权表现在儒学为现实王权构画蓝图、提出评判的标准。宋明时代的理学与前代不同，从思路上它渴求从内圣到外王的展开，思考的重心不再是考索典章制度，而是以修身、正君心、淳良社会风气为前提，来达成尧舜三代之治。然而，现实政治的发展未必如理学家所预期，中国历史的发展仍是走不出周期率。到明朝末季，虽然经济高度发展，但是从皇帝到士大夫、再到市井小民，讲会盛行，生员冒滥，奔竞门开，政以贿赂，缇骑四出……看似一片“民主”，实际上却是一派人欲横流的世界，最终，各地农民军大起义的烽火彻底搅乱了帝国的社会秩序，也标示着理学对明代王权及其社会影响的失败。

继起之后的清王朝，是一个起源于东北的异族，它与明代不同的是，其所受的文化传统、政治传统都是另一套制度，这套制度有强烈的游牧文明特征，它与汉民族文化政治传统形成了剧烈的冲突。在经历了明代的社会大动乱、伦理大崩乱之后，士大夫清醒地看到天理崩塌、情欲横流、多民族国家统治失序所带来的苦难，而企图用理学来再建社会秩序，用天理来重新告诫王权，并因之解决满、汉民族间的文明冲突。从顺治朝到康熙朝，通过皇帝与理学名臣的活动，通过崇三代、格君心、举贤才、正风俗、厚民生、怀远人等一系列举措，理学一步步地走上庙堂，对清初的现实政治进行了儒家化的改造。反过来，理学在很多方面也对王权作了妥协，比如，崇三代时又肯定两汉，格君心时又让渡道统，举贤才时又加强密折，正风俗时又以权力为主导，如此等等，不一而足。

庙堂理学虽然对当时政治的影响不是全面的，而它本身也有一定的“软弱性”，但是这决不意味它的影响是没有重点的，也决不意味它在根本上丧失了儒家的原则和精神。同时，它的“软弱性”、“不全面性”正是理学进入庙堂之后与王权斗争的结果，失去了这两个看似缺点的特性，它就上升不到国家意识形态，影响力就无从谈起。因此，从庙堂理学要达到的目的来看，也不失为取得了某种程度的“胜利”。

第一节　崇三代：王道理想的确立

文明、民族之间的激烈冲突，大帝国的崩解与政权更迭，战乱频仍中的伦理秩序失范，以及这一切所造成的“天崩地解”的乱象，使清初的士大夫比宋明两代更清醒地去思考理学本身所存在的诸多弊端，尤其是将理学的空疏学风与历史变迁相联系，最终集体性地返之于原始儒家的制度性构想。清初庙堂诸子及康熙帝作为重要的实践派，从理学的角度出发，又与现实政治相结合，提出了一系列的治国理念和原则。

一、取法三代，规模两汉

尧舜三代是儒家为后世构画的理想政治蓝图，也是历代王朝用人施政的合法性依据。孔子曾经盛赞尧舜三代，说“巍巍乎！舜、禹之有天下，而不与焉”、“三代之民，直道而行”、“郁郁乎文哉，吾从周”，在儒家眼中，它是一个以礼乐维系的、以道德作判断的、贤者在位能者在职的秩序性社会，与法家强调尊君卑臣、富国强兵、争城灭国的理想不一样。从嬴秦的焚诗书、“法后王”到王安石的“天变不足畏、祖宗不足法、人言不足恤”，都展现了儒、法之间关于国家与社会理想的争斗。

两宋以来，“崇三代”既是理学家梦寐以求的目标，也拥有制约皇权的绝对话语权。清初庙堂的三代理想是批判、继承前代尤其是明代而成的。三代理想在明人的思想世界中占有重要位置，随着明代理学心学化的走向，其三代理想也趋向于空谈，比如英宗八次殿试策问中，有关三代“治道”占了所提问题一半以上，而状元的对答却不过是“禹汤文武”、“实心虚心”之类的空疏玄辨。① 明朝的亡国，既激起了遗民对前代学问空疏的批判，也成了新朝构思长治久安的历史镜鉴。在“崇虚黜实”学风的影响下，清初庙堂将明朝的三代理想更多地转向为代表现实社会秩序倾向于程朱理学实有的“天理”。

在庙堂诸子看来，三代是合于“理”的时代，具体而言就是“治道”，亦即朱熹所说治天下必先之的“纲领”、“规模”，用现代语言来说就是指政治理念、基本国策，正如李光地所讲的：“治天下，样样皆当讲求，第一是要有根本。”② 或者是康熙帝所指出的“为治之道”，在其看来：

> 治天下必审择所以为治之道，然后运之有本而措之也不劳。盖得其道，则一时无赫赫之功，而久大之业可以永建而不拔；不得其道，则虽殚精敝形，而终无以几于治。故治理之方不可不审也。③

概言之，从理学的角度，就是要统治者消除私欲、不急于求利，

---

① 邓洪波、龚抗云：《中国状元殿试卷大全》，上海教育出版社，2006年，第627—666、685—700页。

② 李光地：《榕村语录续语录》，中华书局，1995年，第476页。

③ 《圣祖仁皇帝御制文集》第一集卷一八《王道论》，台湾商务印书馆1983—1986年版文渊阁《四库全书》，第1298册，第179页。

遵循天理而行，以此导民治国，这是清初庙堂确定其政治理念的第一要义，也是其由内圣转出外王的根本。

清初庙堂进一步将终极的天理具体为事物中的天理，认为治事、居官、学术、教化、富民等都要在天理的秩序中进行。对此，李光地指出："天下有道，不止是朝廷清明，连士庶人都依傍着道理上行方算。"又说："为治，事事要不拂民。独有毒水而渔，焚山而猎，却宜禁。"① 在李光地看来，朝廷应"无为而治"，而非加己之私欲于民，民众也一样要遵循天理秩序，只有一切任"理"而行，国家才能有道、拥有天理所赋予的合法性。熊赐履则认为："居官无不廉、不慎、不公、不勤之理，既是理上合该的，便是分内应做的，分内之事拿来骄世傲物，反为识者所鄙矣。"② 从天理与社会政治伦理关系角度，将"天理"作为廉吏政治的哲学基础。

道德教化是清初庙堂将天理具体化的核心，天理具体到社会人是谓之"德"，儒家提倡德政，反对刑政，以之为王道。朱熹与陈亮的"王霸之辨"，最深刻的矛盾之一就是治国理念，或者说"天理"是否具有最高的社会文化的整合意义。在清初庙堂看来，三代之治从根本上是上层以德引导民众，构建和谐的社会秩序，以养民为根本，反对损耗民力、追求功利。李光地指出：

> 教人而人服从，却有两路：一是示以心得，一是诱以功利。七十子之服从，示以心得也。汉之经学，唐、宋之诗赋，明之制艺，诱以功利也。圣人在位，躬行心得以施教化，又官不及私昵，爵罔及恶德，人材安得不盛？③

李光地接继程朱的思路，否定了汉唐包括明朝以来治国的功利之

---

① 李光地：《榕村语录续语录》，中华书局，1995年，第474页。

② 熊赐履：《下学堂札记》卷三，《四库全书存目丛书》，第22册，齐鲁书社，1995年，第68—69页。

③ 李光地：《榕村语录续语录》，中华书局，1995年，第482—483页。

术，认为应该是“圣人在位，躬行心得以施教化”。熊赐履对此也有明确表述，在其看来：“上有德政以导之，下有风俗以维之……三代之所以化行而俗美”，反之则是“居上者为之不得其方，行之未尽其诚”，认为天下治乱、风俗递降的责任在于君主与官僚阶层的道德修养程度，并由此指出：“天理、人情、圣学、王道、名教、国法，原是一事一物。”①

在道德教化思维中，清初庙堂高度肯定三代神道设教的原则。“神道设教”一词最早出现在《周易》之《观》卦，其文为“观天之神道，而四时不忒，圣人以神道设教，而天下服矣”。所谓“神道设教”，就是指三代时期依据天地阴阳变化之理治理天下，两汉谶纬之学在一定程度上即是其流衍。“神道设教”高度神秘化了王权，为其提供了来自于超现实的合法依据，同时，也树立了一个在王权之上的超实现的制约。因此，“神道设教”长期受到历代统治者的重视，清初庙堂也不例外。康熙帝在《老安少怀说》一文中就指出：

> 天地者，生民之本也。教养者，王道之原也。圣人者，功化之极也。民非天何以生？非地何以养？然天地能生养民，而不能人督其孝弟，户赐以衣食也。惟圣人出，而节民之性，阜民之财，然后长幼得遂其宜，出入得安其命。故曰：天地育万物，而圣人经天地。②

“天地生民”是对天道的神秘化，主要在于引出圣人设教，“圣人设教”表现在“节民之性”、“阜民之财”等几个方面；天道虽然与人性、人心紧密相关，但其本身并不具备教化作用，也不会自动教民为善、足民衣食——从这个方面讲，天道人格性并不表现于自作好

---

① 熊赐履：《下学堂札记》卷三，《四库全书存目丛书》，第22册，齐鲁书社，1995年，第69页。

② 《圣祖仁皇帝御制文集》第一集卷二一《老安少怀说》，台湾商务印书馆1983—1986年版文渊阁《四库全书》，第1298册，第197页。

恶，只有圣人才能则天道用以轨民于其运行范围之内。因此，“设教”是圣人的使命。

理学虽然有自然化、学理化的走向，但其中神道设教的色彩也不少。《中庸》“天命谓之性，率性谓之道，修教谓之教”，开首便从天人关系的高度对神道设教进行了论证，并认为“国之将兴，必有祯祥；国之将亡，必有妖孽”，将国家兴亡与神秘的天命联系在一起。作为理学家神道设教思想的重要经典，它也被清初庙堂作为神道设教的理论依据。李光地在阐释《中庸》时便指出圣人在神道设教中的作用：

> ……能极乎子臣弟友之分，以至通于神明者，则非圣人不能。故列引舜、文、武、周，以立之极，皆始于孝弟庸行，而终于格天、受命、飨帝、飨亲之盛。此圣人之修道，足以为后世法者，乃教之所由立。其余则必由教而入也。①

在李光地看来，使现实世界伦理秩序轨之于天道法则，必须依靠圣人立教，而普通民众以圣人为法由教而入，最终才能将庙堂理学天道观人格化地落在现实政治伦理秩序的运行中。

圣人导民入教，为万世立极，而天道又与民心紧紧地结合在一起，圣人的功业、帝王的德政以民心得失为衡量标准。康熙帝高度重视民心向背问题。亲征噶尔丹之役后，北固口总兵蔡元请筑长城，圣祖便回答说：

> 帝王治天下自有本原，不专恃险阻，秦筑长城以来，汉、唐、宋亦常修理，其时岂无边患？明末，我太祖统大军长驱直入，诸路瓦解，皆莫敢当。可见治国之道惟在修德安民，民心悦

---

① 李光地：《四书解义·中庸章段》，《榕村全书》，第3册，福建人民出版社，2013年，第50页。

则邦本得，而边境自固。①

康熙帝将民心看得比长城还重要，这与明代修长城、设九边形成鲜明对比，表现出治国理念的巨大区别。还有一次，御史拉塞上疏，认为除沿海及陕西近边地方外，“各省火器应一概禁止”，康熙帝仍以民心向背作答说：“朕思治天下人民之道，在政事之得失，于火器何与？夫火器孰有多于吴三桂者乎？因其所行悖逆，即致灭亡，观此，则火器之不足恃可知矣。所奏不必行。”② 这也表明康熙帝治理天下最重民心。

得民心最重要的就是“损上益下”，使民有余饶，李光地以《易》为据，从形而上的角度进行论证，认为：

“损下益上”为《损》，“损上益下”为《益》，最为确鉴，不是徒以虚理立论。天地施生，何处不然……“损上益下”之世，民有余饶，自然野加辟而谷加丰。是聚于上者，虽若见为损，合世间所生殖者论之，所赢不知凡几矣。……若“损下益上”，敛利而藏之府库，所藏者既无生息之源，而民间工本乏资，粪水无藉，势必弃壤而不辟，而所收亦歉。是在上者，虽若盈溢，合世间而通算之，所失不已多乎！③

“损上益下”、藏富于民与君主和官僚士大夫也是利益相符的，正如《论语》中所讲的“百姓足，君孰与不足”一样，它是易之道，也是天之理，这样民心与天道与国家也统一起来。

在具体的施政方略上，清初庙堂认为应基于现实经济形态及政治制度，先达到两汉的规模和气象。宋代以来，宗法衰落，门阀士族式微，不仅导致了皇权的集中，也使地方形成平面化的状态，因而复

---

① 《圣祖仁皇帝实录》卷一五〇《康熙三十年四月丙午》，《清实录》，第5册，中华书局，1985年，第677—678页。

② 《圣祖仁皇帝实录》卷一〇四《康熙二十一年八月乙卯》，《清实录》，第5册，中华书局，1985年，第48页。

③ 李光地：《榕村语录续语录》，中华书局，1995年，第179—180页。

“封建”、“井田”便成为理学家特别关注的一个命题。尤其是涉及中央与地方关系的封建、郡县之争最是引人注目。明亡之后，学者们对郡县制的弊端进行反思，顾炎武主张应当“寓封建于郡县之中”，黄宗羲批评秦变“封建”为“郡县”是因私废公，颜元认为“非封建不能尽天下人民之治”，这些论调形成了一种强烈的社会思潮，反映出皇权高度集中所带来的一系列问题。

相对于民间的激进言论，清初庙堂试图寻找现实与儒家理论的平衡性。康熙帝对于盲目主张“封建”并不认同，认为“泥其说而用之”，便会造成“王莽、王安石遂致流毒天下”① 的结果，在其看来，应该“师其意而不泥其迹”，即在不改变现行郡县制的框架下循序渐进地进行调整，由此一样可以“比隆成周”，否则便是泥古，便不能达成以“程朱之言为读《周礼》法”。② 康熙帝明确地宣称其王道理想是：

> 虽三代之井田、学校非后世所能猝复，而窃师其意，则惟有薄税敛以厚民生，兴礼教以正民德而已。虽然王道必积久而后成，是朕志殆终无已时也。③

在康熙帝“师其遗意”的精神指导之下，皇帝与其周围的理学名臣多是在政治体制及经济形态上认可两汉的，比如，李光地就认为：

> 治者事有条理也，乱者纷无头绪也。顾亭林云：“小官多而大官少则治。”信然。文中子曰：“唐虞、三代不可复见，舍两

---

① 《圣祖仁皇帝御制文集》第二集卷四〇《读周礼书后》，台湾商务印书馆1983—1986年版文渊阁《四库全书》，第1298册，第705页。

② 《圣祖仁皇帝御制文集》第二集卷四〇《读周礼书后》，台湾商务印书馆1983—1986年版文渊阁《四库全书》，第1298册，第705—706页。

③ 《圣祖仁皇帝御制文集》第一集卷二一《老安少怀说》，台湾商务印书馆1983—1986年版文渊阁《四库全书》，第1298册，第197页。

汉吾何之?”先儒或笑其陋。其实三代之流风善政，惟汉犹近。①

虽然李光地是从政治体制来讲的，但“惟汉近古”却是一种精神，它是三代“流风善政”的进一步发展。在处理中央与地方关系的问题上，康熙帝与李光地看法一致，也否定了“封建”的现实可行性，认为汉代做法最值得效法：“守令最为亲民。与为才辨，无宁简朴。与为精察，无宁浑厚。两汉罢斥俗吏，奖进安静悃愊之人，此吏治所以近古也。”② 总之，在庙堂看来，以井田、封建、学校的三代制度为精神引导，在现实操作中又必须以两汉作为“阶梯”，这样才能达成“渐复三代”的目的。

二、治人为先，治法为后

从传统上，儒家一贯认为“治人”重于“治法”，荀子曾明确地指出君子对于制度有本源性的意义，主张将“先治人，后治法”作为政体设计及其实施原则，这与孔子主张导德齐礼的思想大体是一致的。对此，我们常常有一种误解，即将“治人”、“治法”等同于“人治”、“法治”，其实，“先治人，后治法”是指社会风俗习惯亦即民众的政治道德水准乃是政体与法律的源泉，其中“君子”在政体、法律的运作及社会道德风俗培养中具有决定性的作用，这与理学家“由内圣转出外王”思想是一致的。

法家的思维与儒家相反，强调制度、强调律例，认为良好的制度是治道的根本，然而考诸历史，任何制度和律令都会随着社会风俗的变迁与君子道德的升降发生变化。满族入关之初，文化极为朴陋，不仅大规模地接收明朝降臣，在制度上也多袭取明朝旧制。明初有不少

---

① 李光地:《榕村语录续语录》，中华书局，1995 年，第 478—479 页。

② 《圣祖仁皇帝御制文集》第三集卷三〇《诏三公》，台湾商务印书馆 1983—1986 年版文渊阁《四库全书》，第 1299 册，第 235 页。

流风善政，比如以程朱理学为取士标准，设给事中专门针对各科道进行监督之类，多为清初学者所激赏。到晚明，世风日下，这些制度便失去了原来的作用，科举成为士人争利之具，谏官权力助长了党争发展，清王朝建立之后依然是如此，因此，正如李光地所说："天下事大概如此，不得其人，未有不弊之法。"①

为了解决清初官场的种种流弊，庙堂秉承了儒学"有治人斯有治法"的精神，将"君子政治"当作国家施政用人的总原则。康熙帝态度相当明确，认为："从来有治人，无治法，为政全在得人，人臣事君全在辨心术之公私。"② 这一观念来源于熊赐履等理学名臣。康熙十二年（1677），少年玄烨曾就此向熊赐履请教："有治人无治法，何谓也？"熊赐履回答说：

> 从来无无弊之法。得其人，变化因心，自足以治；不得其人，虽典谟官礼，亦难尽善……人才得，则政事理，不易之道也。③

"从来无无弊之法"，正是对于法家"一切准之于法"的反思，与李光地一样，熊赐履深刻地看到了现实的政治运作与具体法律条文之间的落差。

因此，惜才、用才就成为帝国实行"君子政治"的首要问题。康熙帝认为："国家致治首在崇尚宽大，爱惜人才。"④ 爱惜人才是一种政治理念，这一理念落到现实中去，那就是君主须求取人才，而臣子则须举荐人才，正如熊赐履所说："求才为圣主之远图，荐贤实人

---

① 李光地：《榕村语录续语录》，中华书局，1995年，第248页。
② 《圣祖仁皇帝实录》卷八三《康熙十八年八月辛卯》，《清实录》，第4册，中华书局，1985年，第1066页。
③ 《康熙起居注》，第1册，中华书局，1984年，第85页。
④ 《圣祖仁皇帝御制文集》第一集卷四《谕吏部等衙门》，台湾商务印书馆1983—1986年版文渊阁《四库全书》，第1298册，第63页。

臣之先务。”[①] 在其看来，无论是国家未来的发展，还是当前的急务，都不能离开人才，人才决定吏治，而吏治又是传统政体的重心。魏裔介也认为：“古今治天下之大要，吏治与人才而已矣。有吏治而人才愈盛，有人才而吏治愈淳，此庙堂所宜殷殷加意也。”[②] 在其看来，吏治与人才互为盛衰，人才关系到官吏的资源储备，其质量之优劣，会非常深刻地影响官吏选拔。

清初庙堂理学所谓“人才”，当然与法家所谓的人才不同。法家的人才要能忠实服从于皇帝，首先体现于办事能力，否则就不能彻底贯彻皇帝的意志。而儒家则不同，首在德，次在才，所谓“德”即是要忠实于“天理”所构建起来的一整套社会文化秩序，而非皇帝本人，不仅如此，还要“格君心之非”，将皇帝也纳入到这样一个体系中来，而皇帝又是整个吏治、国家风俗、礼制变迁的枢纽，君心之格为致治之本。比如熊赐履就曾指出：“风俗极其僭滥，而礼制因之日坏也。……虽然，犹非本计也。至论根本切要之地，端在我皇上之一身矣。”[③] 清初庙堂所论人才，就是儒家式的有道德操守之人。如康熙帝的观点就是：“作官有才固好，若操守不谨，恃才多事，反为民累。”[④] 汤斌则进一步指出“才”的内涵：“人身之所重者，元气也；国家之所重者，人才也。古人宦辙所至，必以咨访人才为首务。其所为人才者，非词华藻丽，驰声艺苑之谓也。必经术足以明道，才略足以匡时，有精苦之志，有沉深之谋。”[⑤] 在汤斌看来，“明道”是首位，“才”乃是从“明道”出发“匡时”的经术、才略，可见，才

① 熊赐履：《荐举人才疏》，《经义斋集》卷一，《四库全书存目丛书》集部，第230册，齐鲁书社，1997年，第235页。

② 魏裔介：《重修晋州志序》，《兼济堂文集》，中华书局，2007年，第181页。

③ 熊赐履：《应诏万言疏》，《经义斋集》卷一，《四库全书存目丛书》集部，第230册，齐鲁书社，1997年，第221页。

④ 汤斌：《内升奏对记》，《汤斌集》，中州古籍出版社，2003年，第152页。

⑤ 汤斌：《送宋牧仲分司赣关序》，《汤斌集》，中州古籍出版社，2003年，第113页。

与德需要兼备，而德是居于首位的。

清初庙堂“以德为先”的原则，具体贯彻于人才使用上，“德操为守，才具次之”是康熙朝选官、尤其是任命地方督抚的重要标准。在康熙帝看来，“崇尚清节，乃国家为治之要务。为官者皆清，则百姓自然得遂其生矣”①。康熙帝曾批评其臣下举荐人才不以德操为首，说：“大臣朋比狗私者甚多，每遇会推选用时，皆举其平素往来交好之人，但云办事有能，并不问其操守清正，如此而谓不上干天和者，未之有也。”② 道德是天理在人身的表现，不问操守清正，仅仅看重办事能力，甚至可能“上干天和”、打乱自然秩序。

康熙以儒家之“德”激励群臣，并将官吏之德具体化为“廉”，其云：“朕读《周官》六计弊吏，曰：‘廉善、廉能、廉敬、廉正、廉法、廉辩’，吏道厥惟廉重哉？朕用是审观臣僚，有真能廉者，则委以重寄，锡以殊恩，所以示人臣之标准也。”③ 康熙帝为此特著《廉静论》，将“廉”与理学家所倡的“静”联系起来，认为：

> “廉”、“静”之言立身行己之大端，制事理物之要道，凡为学者皆宜然也，况人臣之策名委质、任职临民者乎？……廉则有所不取，有所不取则有所不为，凡无礼无义无耻者，皆所不为者也。……夫有所不取之谓“廉”，有所不为之谓“静”，惟廉故静，未有不廉而能静者也。既能廉而静矣，则有所不为也，而后可以有为。④

在康熙帝看来，官吏之廉洁奉公在于有所不取，有所不取在于有

---

① 《康熙起居注》，第1册，中华书局，1983年，第631页。

② 《圣祖仁皇帝御制文集》第一集卷九《谕吏部等衙门》，台湾商务印书馆1983—1986年版文渊阁《四库全书》，第1298册，第103页。

③ 《圣祖仁皇帝御制文集》第一集卷二三《赐江南江西总督于成龙墓碑》，台湾商务印书馆1983—1986年版文渊阁《四库全书》，第1298册，第209页。

④ 《圣祖仁皇帝御制文集》第二集卷三〇《廉静论》，台湾商务印书馆1983—1986年版文渊阁《四库全书》，第1298册，第625页。

所不为，皆在于“廉”、“静”，官员由“廉”可以入“静”。康熙二十四年（1685）春，新任漕运总督徐旭龄陛辞，圣祖便告诫他说：“源清则流洁，尔为大吏，洁己率属，官吏自不为奸。”康熙四十三年（1704）四月，安徽巡抚刘光美奏该省情形，康熙帝又御批道：“自古有治人无治法，大官廉则小官守，不必多虑，只宜得人为要。”① 康熙帝还亲书“清”、“慎”、“勤”三字，颁发各省督抚，激励士大夫，也昭告帝国用人施政的准则。

廉吏政治是康熙时代的特色，于成龙、汤斌、陆陇其、张鹏翮等均以廉名知世，魏裔介、熊赐履这些理学名臣，虽不以清官知名，但也都很有操守。魏裔介五十六岁时以保和殿大学士、太子太保的身份致仕，离京时“襜帷萧然，从者数人，别无行李”，回到故里之后购“草堂三间，旧亭一座，蒉山数尺”终其天年；② 熊赐履因“嚼签案”被罢职，先后迁居江宁城北之莲花桥、溪西清凉台，“十年来未尝离清凉一步”，“和蕨羹，啖虾菜”，“寒素自持，与儒生等”③，还曾对徐乾学说：“昨年薄田无收，老弱数十口并枵腹僵卧，无以异于沟中瘠。目前青黄不接，数米而炊，杂以野菜，亦聊以免死。”④ 从熊赐履林下生活之清贫，可见其当日为官的清廉，康熙帝评价他为官“清慎”，并非虚言。

康熙帝激励廉节，也试图从法制方面惩治贪官，多次批评贪污，并将其与灾变联系起来。即位之初，灾害连绵，民不聊生，康熙帝与熊赐履一样，将吏治败坏视为主要原因之一，比如八年的一次训谕就

① 《康熙朝汉文朱批奏折汇编》，档案出版社，1984 年，第 113 页。

② 以上见魏荔彤：《魏贞庵先生年谱》，《北京图书馆藏珍本年谱丛刊》，第 73 册，北京图书馆出版社，1999 年，第 215—217 页。

③ 赵弘恩：《江南通志》卷一七二《流寓 · 熊赐履》，台湾商务印书馆 1983—1986 年版文渊阁《四库全书》，第 511 册，第 890 页。

④ 熊赐履：《答徐健庵》，《经义斋集》卷一三，《四库全书存目丛书》集部，第 230 册，齐鲁书社，1997 年，第 405 页。

提道：“迩年水旱频仍，盗贼未靖，兼以贪官污吏肆行朘削，以致百姓财尽力穷，日不聊生，朕甚悯焉。”① 对一些违法乱纪行为，康熙帝坚决予以严惩。朝廷规定对于采捕鹰鹞之人的地方官将该将军、督抚、总兵官、副都统、协领等，一律从重治罪。重臣穆尔赛违法，九卿因其身份会议不决，康熙帝表示：“穆尔赛身为大吏、贪酷已极……朕不行立断，谁肯执法耶？治天下以惩贪奖廉为要。廉洁者，奖一以劝众；贪婪者，惩一以儆百。”②

清王朝为此还推行了考核官吏的“大计”制度，考核结果分为“贪酷官”、“贪官”、“酷官”、“罢软官”、“不谨官”、“年老官”、“有疾官”、“才力不及官”、“浮躁官”以及“卓异官”等，并给予相应的奖罚。清朝与其他时代一样，也有赦免制度，但是对于贪官却是例外。比如，康熙二十六年（1687），太皇太后寿辰大赦天下，然而“见监重辟人犯，除十恶死罪，及贪官光棍不赦外”③，其余皆赦。朝廷还多次训谕，规定在“大计”中被参的贪官永不得叙用。

然而在用人及制度设计方面，康熙朝开了清代捐纳的先河，清代捐纳始于三藩之乱，当时国库财用不足，朝廷临时采取了该办法。虽然从原则上说捐纳入仕，并不能与贪腐划等号，事实却很不乐观，康熙帝自己也发现：“国家选用臣工，必得才学通敏之人，畀以职任，斯庶官无旷，实得用人之益。朕见汉军官员起家多由捐纳，从事学问者少，年未成材，便涉仕版，并无素抱，何以莅事临民？”④ 因此，康熙帝力图控制捐纳造成的不良后果。康熙二十三年（1684），为了

① 《圣祖仁皇帝实录》卷三〇《康熙八年六月丁卯》，《清实录》，第4册，中华书局，1985年，第405页。

② 《圣祖仁皇帝实录》卷一二三《康熙二十四年十一月戊午》，《清实录》，第5册，中华书局，1985年，第300页。

③ 《圣祖仁皇帝实录》卷一三一《康熙二十六年十一月壬寅》，《清实录》，第5册，中华书局，1985年，第419页。

④ 《圣祖仁皇帝实录》卷一二五《康熙二十五年四月癸丑》，《清实录》，第5册，中华书局，1985年，第334页。

赈济直隶河南，九卿议定，“如米谷不敷，请暂开捐例，限三个月停止”，康熙帝下旨说：“捐纳事例无益”，不准行。[1] 康熙二十五年(1686)，圣祖还亲自考试捐纳类官员，并对其中的不合格者进行裁汰。同时，朝廷规定捐官任职者在一定期限内，须由督、抚“保举”是否清廉等，否则就予以罢免。

虽然如此，康熙帝和政府很多官员一直没有放弃以捐纳补财政亏空的想法。对噶尔丹用兵时，朝廷财用不足，朝廷准备又行捐纳，并且规定保举也可用钱，陆陇其上疏反对，认为捐纳“贤愚错杂”，保举是其唯一的保障，如果连保举也能用钱，其流弊就不可胜言了，言辞激切，[2] 康熙帝一度欲从，后因当政大臣余国柱等人阻挠未果，李光地私下谈及，不禁为之叹息。作为廉吏、能吏的于成龙[3]，也力主捐纳，尤其是到直隶巡抚任上，更是如此，诚如李光地所言：“于振甲做巡抚时甚好，余等甚敬之”，后来“力主捐纳，始失人望”[4]，作为清代廉吏、名臣的于成龙尚且如此，可见捐纳之风虽然为理学家不耻，实际上却是比较泛滥的。康熙帝对捐纳造成的影响也不是特别重视，一次对李光地等人说：捐纳是小事，蠲免是大事。可是李光地私下却认为，免钱粮是小事，开捐是大事，在其看来：“未必一止了捐纳，天下便治。只是且止了捐纳，存了国家一点大体。”[5] 之后，李光地多次劝阻朝廷实行捐纳，一定程度上减少了朝廷产生弊政的可能性。[6] 总之，康熙朝用人是以道德操守为基础的，封疆大吏的作用，主要不是以完成王朝的赋税为目标，而是要以教化为使命，用自身的

---

① 《圣祖仁皇帝实录》卷一一四《康熙二十三年三月癸巳》，《清实录》，第5册，中华书局，1985年，第189页。

② 赵尔巽等：《清史稿》二六五，中华书局，1977年，第9935—9936页。

③ 清初有两位名臣，皆名于成龙，且以清廉著称，前者字北溟，山西永宁人，后者字振甲，汉军镶黄旗人，这里是指后者。

④ 李光地：《榕村语录续语录》，中华书局，1995年，第743—744页。

⑤ 李光地：《榕村语录续语录》，中华书局，1995年，第829页。

⑥ 李光地：《李光地传论》，厦门大学出版社，1992年，第66页。

道德力量来感化官僚队伍以及改良人心风俗。

三、安静无事，为政以宽

“主静”是宋明理学的主要概念，诚如周敦颐在《太极图》中讲“圣人定之以仁义中正而主静，立人极焉”，所谓“主静”就是无欲，因为欲念平静、心不妄动，故而能持守中正仁义之道。具体在治道上，就表现不夹杂私欲的“仁政”。从这个角度，理学认为人性本善，所为恶者只是为现实中的习染所蔽，因此治理民众、建立社会秩序的根本策略在于道德教化，这与视人性为恶，进而鄙弃道德教化、主张严刑峻法的功利主义的法家思想截然相反。

康熙帝用“清静平和”来概括自己的治国之道，说“朕从不生事，但穆然清静，处之以和平，故诸臣皆得享其福也”①。对于讲理学，尤其是对好互相攻讦的臣僚，即便是清官，康熙帝也不例外地加以批评，并希望这些朝臣少生事端，消除私欲，说：“清官多刻，刻则下属难堪，清而宽，方为尽善。”② 总之，不生事、不苛察、不奢靡、消除己欲、弥合党争，这些都成为康熙朝治国治吏的基本精神。

为了达到安静无事，康熙帝主张仁政，认为“治国之道莫要于宽舒”③，反对功利主义和严刑峻法。在《宽严论》一文中，康熙帝以之批评子产说：“昔子产之论政也，曰‘惟有德者能以宽服民，其次莫如猛’，斯殆为郑言之耳，要非致治之本论也。”在康熙帝看来，子产将严苛的“猛”政作为治道之本，只是针对郑国的具体情况而言，并不是“致治之本”，致治之本在于“宽仁”，在于以民为根本

---

① 《圣祖仁皇帝实录》卷二一八《康熙四十三年十一月壬戌》，《清实录》，第6册，中华书局，1985年，第205页。

② 《圣祖仁皇帝实录》卷二六一《康熙五十三年十二月戊子》，《清实录》，第》，第6册，中华书局，1995年，第575页。

③ 《康熙起居注》，第3册，中华书局，1984年，第2094页。

出发点，而不是将道德教化作为市恩之具。康熙帝认为：

> 今夫天化育万物，生之以春，长之以夏，成之以秋，藏之以冬，阴阳消息，四序代嬗，而其道归于生生为用，仁爱为极，夫岂春夏宽而秋冬严欤？古之圣王知其然，体上天仁爱之心，出而御物，德以道之，政以齐之，刑以范之，惟务化民于善，闲民于义而已，不忍制民以术，怵民以威也。①

从形而上的“天化育万物”出发，康熙帝指出“生”、“长”、“成”、“藏”是天地成物的自然过程，这个自然过程本身含有一种“育”的精神、一种“成就”的意味，中间深深蕴藏着“上天仁爱之心”。康熙帝进一步指出，即便是刑法也应本之于化民从善的“恻怛之心”，而苛政峻法则会引起国家危乱，“是故五刑之属三千，皆本恻怛之心以出之，而非惨刻峻削之为也。夫物刚则折，弦急则绝，政苛则国危，法峻则民乱，反是者有安而无危，有治而无乱，三代之成事无论已。”② 因而刑不可轻用之。

因此，康熙帝从人性善的角度出发，主张慎刑，在其看来：“夫生人之性有善而无不善，陷溺既久，匪僻乃生。一旦丽于邮罚，虽欲悔之，固无及已。故圣人之慎刑，所以全民衷也。”③肯定人性善是其“慎刑论”的起点，“慎刑论”在于将道德看做一种内在行为，并不认为它由外在约束就能够达成。康熙帝正是在此基础上，区分礼、刑两种治国之道，认为“圣人之治天下有礼，有刑。礼也者，所以劝民之为善也；刑也者，所以禁民之为非也”。无论“礼”还是“刑”都必须以民之教化为本，都是圣人治理天下的手段，但是刑只能禁民为非，使民为善非礼不可。从这个角度上，康熙帝认为刑罚是“圣人之

① 《圣祖仁皇帝御制文集》第一集卷一七《宽严论》，台湾商务印书馆1983—1986年版文渊阁《四库全书》，第1298册，第173—174页。

②③《圣祖仁皇帝御制文集》第一集卷一七《宽严论》，台湾商务印书馆1983—1986年版文渊阁《四库全书》，第1298册，第174页。

所不得已也”，并批评历代的刑罚之恶说：“其轻者伤肌肤，重者戕性命，天下之惨痛至刑罚极矣。”① 康熙帝还从历史的角度出发，对主张人性恶、讲求严刑峻法的李斯给予了批评，认为“秦用李斯，挟荀卿之学，行督责之令，不数年而秦亡”，进而赞扬宽大为政的汉高祖、光武帝，尤其赞美唐太宗时代“崇尚教化，而几致刑措”。

“慎刑”是为了“止刑”，康熙帝运用《周易》来进行说明：

> 在《易》之《噬嗑》，其象为明罚敕法，而即继之以《贲》，曰“无敢折狱”；《丰》之象为折狱致刑，而即继之以《旅》，曰“明慎用刑”。《噬嗑》上离下震，《丰》上震下离，于义为明为断，而《贲》与《旅》，皆有艮体，于义为止，圣人之意以为用刑之道，贵乎明断相资，而必本之于至慎，圣人之心如此其昭然而可睹也。然则慎刑者，所以止刑也。②

虽然康熙帝没有否定“刑”，但是认为用刑之道必须本乎于“圣人之心”的仁爱，最终要达到“止刑”的目的。“慎刑”是达到“止刑”的方式，在其看来：

> 盖惟刑慎则不滥，善人无误罹文网之惧；刑慎则必当不善者，无侥幸苟免之心。天下虽大，天下之民虽众，使为善必蒙福泽，为不善必不可幸免，则是非别白，大道昭明，会极归极，是训是行，而刑措不用矣。③

“慎刑”之所以能达成“止刑”，在于它能使为善有福，为不善有殃，判定是非对错，要言之，就是“政平讼理”，亦即政策得宜、司法公正，而只有“政平讼理、一民一物卒无颠连困苦之虞者”，人

---

① 《圣祖仁皇帝御制文集》第一集卷一七《慎刑论》，台湾商务印书馆 1983—1986 年版文渊阁《四库全书》，第 1298 册，第 174 页。

② 《圣祖仁皇帝御制文集》第一集卷一七《慎刑论》，台湾商务印书馆 1983—1986 年版文渊阁《四库全书》，第 1298 册，第 174—175 页。

③ 《圣祖仁皇帝御制文集》第一集卷一七《慎刑论》，台湾商务印书馆 1983—1986 年版文渊阁《四库全书》，第 1298 册，第 175 页。

才能各复其性，万事万物才能各归其位，这样，一个“刑措”的社会便到来了。

在具体的施政过程中，康熙帝也努力遵循其安静无事的主张。张鹏翮是康熙朝有名的清官，被康熙帝称作“天下廉吏，无出其右”，但是也被认为过于苛察。有一次，康熙帝对张鹏翮说：“朕非不知尔在河工能任劳苦，但听信属员，流于刻薄。从来大儒持身接物，当如风光霁月，尔平时亦讲理学，乃一味苛刻严厉，岂所谓光风霁月乎？”① 康熙帝还批评过赵申乔，认为赵申乔分文不取，确实是清官，但是又说赵申乔“好收词讼，民多受累”，认为“大凡居官，固贵清廉，尤必平和，始为尽善”，“为督抚者，为安静不生事为贵”。“较之张鹏翮、李光地、徐潮，赵申乔甚为褊浅矣”！②

考察康熙一朝的《起居注》，每日御乾清门听政，康熙帝与诸臣所讲论者，除了理学思想、大臣任免等之外，最集中的便是死刑犯的处理问题。康熙帝对待这些死刑案件高度重视，几乎每一案件都详细询问，施刑时还要依理从宽，以期存囚徒性命。因为康熙帝认为现实司法的刑讯可能造成不公正，在其看来：“或恶棍情真，忍刑不认者有之；或良善无辜，不能忍刑屈认者亦有之”，希望职司法曹“凡事只宜细鞠真情，不宜全凭夹讯”。③ 康熙帝还将儒家的伦理亲情融入到刑法中，据说，有一死囚被判死刑，因其母年愈九十，便令其回家赡养，这也彰显了清初庙堂理学“仁”的色彩。

康熙时期“为政以宽”的精神，还表现为对官员的宽宥。到其晚年更甚，不仅大规模蠲免农民的赋税，对于地方官员不能按时、按量征收赋税亦多止之不问，这些行为，致为后世学者所诟病。从圣祖

---

① 《圣祖仁皇帝实录》卷二二〇《康熙四十四年四月壬辰》，《清实录》，第6册，中华书局，1985年，第221页。

② 《圣祖仁皇帝实录》卷二二一《康熙四十二年正月丁酉》，《清实录》，第6册，中华书局，1985年，第143—144页。

③ 《康熙起居注》，第1册，中华书局，1984年，第40页。

亲政之后看，除戴名世“明史案”以外，再也没有像顺治时期或明代那样无故诛杀大臣，对臣僚也多采取批评、劝教、罢官、贬官等“慎刑”态度，对于晚年的党争，也努力进行化解。甚至户部集体贪污这样重大的贪腐案，牵连人员有六十四人之多，康熙帝却只表示说：“今事已如此，朕亦无如何也”，“反覆思之，终夜不寐，若将伊等审问，获罪之人甚多矣”。[①] 最终只是希福纳革职，其余官员勒限赔完，以便给这些人一条“自新之路”。对当时的宽政，李光地多有赞美：

> 至尊所不可及者，不嗜杀人，虽吴三桂亦不曾族诛，耿精忠亲族尚有为近臣者。前年，一大臣亲族有以叛逆论者，他已自分连坐，乃宽之不问，下谕曰：“岂有人做此等事，而谋之宗族者?”何等圣明。三代以前，想已有相及之典，故《甘誓》、《汤誓》俱曰：“予则孥戮汝。”如此盛德事，竟超绝千古矣。[②]

在李光地看来，“连坐”之法在三代时期可能就有，儒家《尚书》经典中还有记述，康熙帝不以三代的夏启、商汤为模范，宽之不问，实在是超绝千古，这种说法虽然未免太过夸张，但是“仁”作为清初治道的根本精神一定程度上渗透到当时的刑法运用之中确是事实。

合理的、美好的“仁政”的理想对社会政治的影响只能是渐进的，从当时的经济形态及政治制度出发，帝国决不可能废弃严刑峻法，相反，《大清律》的严密程度丝毫不亚于前朝律法，可见实际上，帝国“为政以宽”的理学原则是在与当时律法达成妥协的前提下才一定程度植入到意识形态之中去的。但是相比较而言，在宋明以来的历朝皇帝中，康熙帝也算是很具宽厚的气象了。雍正帝即位之

---

① 《圣祖仁皇帝实录》卷二四二《康熙四十九年四月戊子》，《清实录》，第6册，中华书局，1985年，第410页。

② 李光地：《榕村语录续语录》，中华书局，1995年，第508页。

后，认为其父过于宽仁，从而使用田文镜等酷吏，加强对赋税征收、增加国库收入，运用“文字狱”打击反对派，使康熙时期所确立的“为政以宽”的政治原则发生了很大程度的转向。当然，相对于明代“胡、蓝之狱”株连两万余人，方孝孺不肯草诏被诛十族，动辄在朝廷之上杖责大臣乃至杖死，以及剥皮实草、广设厂卫、滥用私刑种种，宽严之间相去又不可同日而语了。

第二节　格君心：朝廷政治的变革

所谓“朝廷”，主要是由皇帝、内阁、六部、都察院等一系列机关及其下属机构组成，它在权力象征上是帝国的总代表，也是国家的行政中枢。庙堂理学对朝廷的影响是最为核心的，通过向皇帝灌输理学，为理学在最高权力中枢确立了位置，同时一定程度上改进了原来君臣隔悬的问题，使最高权力运作向着理学所期望的君臣一体的方向发展。

一、经筵日讲：皇帝的理学灌输

赵宋以来君权逐渐集中，理学家们认为“天下之治乱系乎人君仁不仁耳”①，于是一反汉唐儒家对外在制度的追求，力图通过“格君心之非”即以儒家理念改造君王思想的方式，来为理学在帝国的政治体系中“立法”，程颐“君德在经筵”的理论就是在这个背景之下提出的。程颐、朱熹等大师均曾立朝一试，却旋遭失败。到清代为止，这样一个为理学立法的“机构”实际上没有能够真正付诸实施。

清代情形的特殊之处，在于它是由一支游牧民族建立起来的王

---

① 程颢、程颐：《二程集》，中华书局，1981年，第390页。

朝，满族自身拥有一整套不同于汉民族的政治传统，在血雨腥风的斗争中，不仅是理学是否能够贯彻到皇帝头脑中的问题，还有为汉民族文化争取政治生存的意义。清军入关之初，经筵最先成为汉族理学官僚最要恢复与实现的政治制度，为此在清廷掀起了一股政治风潮。顺治元年（1644），福临于十月举行入关后的登极大典，诏告天下，咸与维新，户部给事中郝杰便率先上疏，提出请开经筵的建议。次年秋七月，工科给事中许作梅也上疏请开经筵，认为经筵有益于“君心治道”。自此之后，奏疏请开经筵者如礼科给事中梁维本、科臣杨黄、工科给事中朱允显、编修曹本荣、刑科给事中陈忠靖、兵科给事中张璇、都察院左都御史赵开心等。

由于经筵制度旨在用汉文化来教导皇帝，是一国意识形态及文化所宗，遭到了满洲贵族保守势力的干涉，顺治间仅形式上举行过一次。康熙帝即位之后，鳌拜等保守势力当政，大规模地反对汉化。吏科给事中蔺挺达、贵州道御史田六以及弘文院侍读熊赐履等为首的臣僚将希望寄托在年轻的小皇帝身上，面对这股反汉化的潮流，再次呼吁请开经筵。康熙六年（1667），熊赐履趁皇帝下诏询政之机，应诏请开经筵：

> 若夫《大学衍义》一书，叙千圣之心传，备百王之治统，伏愿皇上朝夕讲贯，证诸六经之文，通诸历代之史，以为敷政出治之本。至于左右近习，必端厥选。内而深宫燕闲，外而大廷广众，微而起居言动，凡所以维持此身者无所不备，防闲此心者无所不周，则君志清明、君身强固，坐收体乾行健之成功，是皇上直接二帝三王相传之心法，自有以措斯世斯民于唐虞三代之盛。①

这就是熊赐履有名的《应诏万言疏》，在熊氏看来，朱熹所提出

① 《圣祖仁皇帝实录》卷二二《康熙六年六月甲戌》，《清实录》，第4册，中华书局，1985年，第310页。

的“帝王心传”是新皇帝应该接绪起来的。它既是“措斯民于唐虞三代之盛”的前提，又是“敷政出治之本”，是整个帝国政治运转的核心。这份万言疏对清初经筵日讲制度的作用和意义有高度的概括性，同时，它也是迎着鳌拜集团反对汉化的潮流而上的，它深刻地展现出汉族士大夫为了使理学进入庙堂、为了正君心、开太平的理想主义和不畏强权的奋争。在汉族官僚的努力下，经筵制度终于在康熙九年（1670）得以确立，次年正式举行。

不久，熊赐履又被任命为日讲官，进讲于弘德殿，日讲继经筵之后也拉开了序幕。经筵日讲从康熙九年议定到康熙二十五年（1686）结束，长达十七年之久，即便是三藩用兵、九省骚动之时，也未尝停辍[①]，而且进行得特别频繁，比如有学者统计，康熙十一年（1672）讲《论语》一百八十二次，康熙十四年（1675）讲《孟子》一百五十四次。[②] 日讲经书的次序大约是先《四书》，次《尚书》，次《周易》，次《诗经》。到康熙十五年（1676），圣祖认为经书业已讲熟，遂命日讲官进讲《通鉴》。

康熙帝对讲官极尽优沃，“或赐诗篇，或赐邸第，或赏貂皮，或交部议叙，锡赉便蕃”，在当时都属“非常之典”。[③] 讲官之礼相对前朝也进行了改革，明代经筵官必须“立讲”，康熙朝为表示对于经筵、日讲的重视，改为“坐讲”，“讲官至乾清门，候诸臣奏事毕，内侍传入。南向设御座，北向设讲官席。……敷陈经义，时有咨询”。[④] 从制度上看，明代经筵不设专职讲官，而是多由内阁首席阁臣等临时担任；清代则不然，康熙间经筵共举行八次，多由尚书、掌院学士等人专职负责，这些人物多为理学名臣或文学名士，有冯傅、

---

① 曾国藩：《条陈日讲事宜疏》，《曾国藩全集·奏稿一》，岳麓书社，1987 年，第 17 页。
② 赵秉忠、白新良：《经筵制度与康熙政治》，辽宁教育出版社，1992 年，第 26—28 页。
③ 曾国藩：《条陈日讲事宜疏》，《曾国藩全集·奏稿一》，岳麓书社，1987 年，第 16 页。
④ 吴振棫：《养吉斋丛录》卷五《讲官进讲礼》，中华书局，2005 年，第 67 页。

王熙、徐元文、梁清标、熊赐履、傅达礼、史大成、孙在丰、杜臻以及张玉书、汤斌等人。

其中，熊赐履不仅两任经筵讲官，而且又是最早的日讲官员之一。史载熊赐履“每诘旦进讲，圣祖有疑必问，公上陈道德，下道民隐，引伸触类，竭尽表里，洵明良之庆也”[1]。康熙帝也“惟熊清岳之言是听”[2]。康熙十年（1671）二月，经筵大典在保和殿举行，熊赐履便进讲《尚书·人心惟危》一节，在该讲疏中，熊赐履指出：

> “人心惟危，道心惟微，惟精惟一，允执厥中，无稽之言勿听，弗询之谋勿庸”，此舜命禹之辞，实千古帝王传心之要也……天理纯全，人欲静尽……表里交修，体用具备，治天下之能事毕矣……帝王治本于道，道本于心，惟君心正，内外大小无有不正。[3]

“十六字心传”是历代理学家所认为的帝王传心之要，如朱熹所说“尧舜授受，不过如此”，熊赐履也认为这是王道政治的精髓。熊赐履主张从道心、人心的理欲之辨入手，最终到达成治平天下的理想，又以尧、舜等圣王为榜样，为少年玄烨心中植入了理学道德主义的火种。

从总体上看，熊赐履的经筵论著以帝王修身为主要内容，比如论孟子“言近而指远”、“守约而施博”，云“自其彰于训戒谓之言，自其形于践履谓之道，远近同原，博约一致，贯通融会，圣贤之能事在兹”[4]，又如论“知、仁、勇三者天下之达德”，云“达德之本在于一

---

① 陈康祺：《郎潜纪闻二笔》卷二《熊文瑞为经筵讲官》，中华书局，1984年，第350页。

② 李光地：《榕村语录续语录》，中华书局，1995年，第734页。

③ 熊赐履：《经筵讲义》，《澡修堂集》卷二，《四库全书存目丛书》集部，第230册，齐鲁书社，1997年，第241页。

④ 熊赐履：《经筵讲义·甲戌春季讲义》，《澡修堂集》卷三，《四库全书存目丛书》集部，第230册，齐鲁书社，1997年，第504页。

诚”，“知、仁、勇三者乃天命之性……所以行之者又只在一诚而已”，而帝王之诚又须“真实无妄，恒久不息，彻乎内外，贯乎始终”①。这些都是旨在于“格君心之非”。

康熙帝本人特别好学，最初，只是讲官进讲，皇帝默听。康熙十四年（1675），圣祖认为这样“无益身心”，便表示在讲官讲完之后，要亲自试讲，直到康熙五十年（1711）举经筵时，还表示说：“朕观前代讲筵，人主惟端拱而听，默无一言，如此则虽人主不谙文义，臣下亦无由而知之。若明万历、天启之时，何尝不举行经筵？特存其名耳，何裨实用？”② 康熙帝希望将经筵日讲所得付诸实践，于是在诸臣进讲后，“每再三细绎，即心有所得，尤必考证于人，务求道理明彻乃止”③。康熙帝还寻求能讲理学的“良师益友”，熊赐履回答以“候补御史魏象枢、臣衙门翰林李光地、王宽兹三人，俱有志于理学”④。

在修身工夫上，康熙帝与熊赐履一样，也认为天理、人欲之辨只在一线，“几者，动之微”，“几动而理与欲遂分”，也主张对理欲进行极细微的分辨，认为理欲之辨是“古之圣贤于一念之发，必审之于中，曰：此为理乎？为欲乎？理则扩充之，欲则禁止之，不待其滋长显露，而后为补救也。以故理日长，而欲日消”⑤。康熙帝也常作理学式的自我反省，一次便著文晓谕诸臣说：

> 朕四十余年，孜孜求治，凡一事不妥，即归罪于朕，未尝一

---

① 熊赐履：《经筵讲义·丁丑春季讲义》，《澡修堂集》卷三，《四库全书存目丛书》集部，第230册，齐鲁书社，1997年，第504页。

② 《圣祖仁皇帝实录》卷二四四《康熙五十年二月辛巳》，《清实录》，第6册，中华书局，1984年，第432页。

③ 《圣祖仁皇帝实录》卷四一《康熙十二年正月甲戌》，《清实录》，第4册，中华书局，1985年，第551页。

④ 《康熙起居注》，第1册，中华书局，1984年，第52页。

⑤ 《圣祖仁皇帝御制文集》卷一七《慎几微论》，台湾商务印书馆1983—1986年版文渊阁《四库全书》，1298册，第171页。

时不自责也。清夜自问，移风易俗，未能也；躬行实践，未能也；知人安民，未能也；家给人足，未能也；柔远能迩，未能也；治臻上理，未能也；言行相顾，未能也。自觉愧汗……①

康熙帝还令熊赐履、李光地等人担任编纂官，将日讲的讲稿编辑成书并颁布天下，主要有《日讲诗经解义》、《日讲春秋解义》、《日讲礼记解义》、《日讲通鉴解义》、《日讲四书解义》等。从编纂体式上，这些讲稿“先列经文，次列诸儒之说，次列讲官推演之义”②。康熙帝对这些御纂书籍及讲官都有很高评价，说：“日讲起居注各官，俱以学行优长，简备顾问，讲解明晰，奉职勤劳，所纂讲义，典确精详，深裨治理。”③ 同时，还将某些日讲《解义》赐予赋闲在家的魏裔介、熊赐履等人以及外任官员如汤斌等人。

清代经筵日讲的实行，使汉族士大夫群体激动不已，如朱启昆对熊赐履作为讲官的评价：

昔我文公继孔孟之道而集周程张诸子大成，然其仕于外者仅九考，立于朝者四十日，盖道之难行而遇之穷也如此。今夫子遭遇尧舜，自壮至老，一德一心，经纬启沃，政府论思，知无不言，言无不行……观夫《奏疏》、《讲义》诸篇，可以见主圣臣贤之美，出处优裕之致。④

在朱启昆看来，道之难行，即使如朱熹亦不过出仕九年、立朝四十日而已，然而熊赐履对于康熙帝却知无不言，康熙帝从谏如流、言无不行，理学登上庙堂并为皇帝“立法”，可谓是千百年一遇。这种

① 《圣祖仁皇帝实录》卷二一八《康熙四十三年十一月壬戌》，《清实录》，第6册，中华书局，1984年，第205页。

② 曾国藩：《条陈日讲事宜疏》，《曾国藩全集·奏稿二》，岳麓书社，1987年，第16页。

③ 《圣祖仁皇帝御制文集》第一集卷一〇《谕吏部》，台湾商务印书馆1983—1986年版文渊阁《四库全书》，第1298册，第114页。

④ 张希良：《澡修堂集·后序》，《四库全书存目丛书》集部，第230册，齐鲁书社，1997年，第589—590页。

夸张的说法表现出汉族士大夫得君行道的热切之情。

对于经筵日讲及讲官的作用，理学名臣如熊赐履、汤斌等也均有深刻认识。在熊赐履看来："宋儒程颐曰：天下治乱系宰相，君德成就责经筵。是讲学勤政、二者不可偏废，而在今日尤为最切要者也。"因此，要求康熙帝于"天人理欲之分，危微操舍之界，道术是非之辨，政事得失之由，一一明晰而讨究之。""措诸事为，征诸政教"①。很明显，熊赐履对于经筵这一"立法机关"认识是很清楚的，经筵制度将通过对君主道德的培养，将儒家理念推及到具体的政治教化中。汤斌讲得更加明白：

> 讲官所职者大，宜从源头上整理。古人正色立朝，其一段至诚感孚处，有格君心于不自知者。君心正而天下治，此犹天之枢纽，转运众星而人不之见者也。讲官又是默令枢纽能转运，底是何等关系！②

在汤斌看来，讲官的责任就是"正君心"，"君心"就是"天之枢纽"，经筵讲官通过"正君心""默令枢纽能转运"，通过转运"君心"这一帝国政治枢纽最终达成天下治平，而这正是两宋理学家们"得君行道"精神的延续。

在经筵、日讲过程中，理学家所主张的仁政、所提倡的人性善、所追求的三代之治对康熙帝产生了影响。是由可见，庙堂理学志在通过经筵日讲制度——为皇帝灌输理学进而形成国家意志——并在现实政治中实施这样一个构想，是获得了一定程度的成功。康熙帝还将它作为培养未来皇帝的重要手段，在其看来："朕观古昔贤君，训储不得其道，以致颠覆，往往有之，能保其身者甚少。"③因此，先后提

---

① 《圣祖仁皇帝实录》卷二七《康熙七年九月癸丑》，《清实录》，第4册，中华书局，1985年，第373页。

② 汤斌：《汤斌集·门人窦克勤手述五十条》，中州古籍出版社，2003年，第14—15页。

③ 《康熙起居注》，第2册，中华书局，1984年，第1638页。

拔过张英、熊赐履、汤斌、耿介、李光地等理学名臣来教育皇子，康熙帝尤其对太子胤礽寄予厚望，以汤斌、耿介等理学名臣为之讲官，特别重视所谓的“东宫回讲”，汤斌称“自古来帝王教太子之勤，未有如今日者也”①，胤礽被废，康熙帝仍希望其“洗心易行，观性理诸书，以崇进德业”②。然而，由于朋党倾轧以及旗风视教师如“教书匠”，最终造成了汤斌、耿介等人先后离职，自此之后东宫再无正人在太子左右，康熙帝也犯下了“教之太疏，纵之太过”的过失。③

二、廷谕科奏：君臣悬隔的改良

礼是儒家维系社会秩序的基本原则，在传统王权社会，君臣之礼又占据核心地位。三代君臣之礼至秦一变，即法家“尊君卑臣”的理念开始渗入，君礼臣忠的双向契约关系也转变为下对上的单向绝对服从。宋明以来，尊君卑臣的思维随朝代更迭而加深，皇权的集中日益加强，理学家也提出倡道统、格君心之非、天下治乱系宰相等理论规约君权，然而君权越来越集中却是不争的事实，至明代宰相被废，“天子更无与为礼者矣”④，皇帝权力达到了高峰，因此，清代所面临的“君臣悬隔”问题较之前代也都更加严峻。

清朝君臣关系发展趋势与中国秦汉以降诸王朝的君权集中有一定的相反性，这种变化既与满族传统有关，也与作为意识形态的程朱理学的影响有关。脱胎于氏族社会的满族无论军事、政治都有“贵族共和”的遗风，表现为君臣间无繁复礼节，较为平等，而在亲密关系上与原始儒家观念比较相接。这种风气在入关之后，还有所保留，即

---

① 汤斌：《寄示诸子家书》，《汤斌集》，中州古籍出版社，2003年，第218页。

② 《圣祖仁皇帝实录》卷二三五《康熙四十七年十一月戊子》，《清实录》，第6册，中华书局，1984年，第353页。

③ 孟森：《明清史讲义》，中华书局，1981年，第453页。

④ 黄宗羲：《明夷待访录·置相》，中华书局，1985年，第6页。

便是南书房成立之后，君主权力得到加强，也没有彻底消除。加之理学本来又有以道统制约君权的传统，于是与满族旧有文化合拍，从而共同促进了清初君臣关系的改善。

从皇帝到理学名臣，清初庙堂对宋明以来的“君臣悬隔”问题都有很深刻的反思。明清之际君臣关系的重要变化，是卫、厂特务制度退出历史舞台。锦衣卫、东厂、西厂等作为加强皇权的重要措施，不仅无视君臣之礼，甚至连国家法制也置之度外。因此，虽然清承明制，但是官僚士大夫上书请复明朝各种制度，却无一言及之于此，相反“君臣悬隔”却受到格外重视。李光地对此有着精辟的看法：

> 古者君臣如朋友，情意相浃，进言亦易，畏惮亦轻。朱子云：“金人初起，君臣席地而坐，饮食必共，上下一心，死生同之，故强盛无比。及入汴，得一南人教他分辨贵贱，体势日益尊崇，而势随衰。”汉高祖初得天下，群臣固无礼，叔孙通不过记得许多秦家制度耳。杜工部云“叔孙礼乐萧何律”，其实坏事就是此二件。①

很明显，在朱熹看来，正是君臣之礼的变化直接导致了大金帝国的灭亡，虽然对于“分辨贵贱”的尊君卑臣的礼制，朱熹没有直接否定，但是却表示出自己的怀疑。清初对于秦以来传统文化的反思是一种普遍现象，在当时的学者看来，秦汉以来所谓的儒家文化不仅是道统上的人心陷溺，更重要的是外在礼制的蜕变。李光地更进一步，继承朱熹的怀疑，认为叔孙通所制之礼实为“秦家制度”，同时将秦汉以后的法律制度，即所谓的“萧何律”也视为对原始儒学的反动。民间这种倾向也很强烈，如黄宗羲、吕留良、王夫之等人都有过类似的反思。其中，吕留良讲得最深刻：“君臣之尊卑虽定，而其递降相去，只一间耳。三代以后……尊君卑臣，相去悬绝”，“嬴秦无道，创君尊臣卑之礼。上下相隔悬绝，并进退亦制于君而无所逃。而千古

① 李光地：《榕村语录续语录》，中华书局，1995年，第485页。

君臣之义，为之一变。”① 在其看来，礼制之变已经导致了儒家内在精神的变化。

康熙帝对帝国行政中“君臣悬隔”的问题也高度重视，主张君臣在既有的“君尊臣卑”的礼法框架下进行交勉和沟通。康熙十九年（1680）一次日讲毕，圣祖感慨地说：“观《尚书》内古来君臣无不交相劝勉，如此何忧天下不治?”叶方蔼回奏说：“皇上念及此，真四海苍生之福。”康熙帝还亲自己撰写《君臣一体论》，用《尚书》、《周易》等儒家经典来论证“君臣一体”的关系。在康熙帝看来，“天尊地卑，自然之定位也；君尊臣卑，百王之大经也”，“君尊臣卑”是取法于天的人间准则，《泰》卦坤上而乾下，在此基础上，乾气上升，坤气下降，阴阳二气相交为《泰》，即只有君臣交通，才能带来政治上的清明。同时，康熙帝又以《尚书》为喻，指出在三代之时都是“君都而臣俞，君吁而臣咈，同其寅焉，协其恭焉，上下交而成治功也”②。君主为“元首”，大臣为“心腹”、“耳目”、“爪牙”，这也是儒家经典中所认为的“君臣一体”。

康熙帝还时时以前代为鉴，认为明代政治运作的最大问题，在于君臣之间缺乏信任与沟通。康熙十七年（1678），视察西郊返南苑途中，康熙帝与大学士明珠等言明朝“君臣隔越”时讲：“朕虽凉德，上慕前王之盛事，凛遵祖宗之家法，思与天下贤才共图治理，常以家人父子之意相待，臣僚罔不兢业，以前代为明鉴也。”③“有明之世君臣阔绝，至有辅弼之臣经年不一见颜色者，凡出纳之命，皆假于宦竖

① 吕留良：《吕晚村先生四书讲义》卷三七，续修《四库全书》，第165册，上海古籍出版社，2002年，第634页。

② 《圣祖仁皇帝御制文集》卷一七《君臣一体论》，台湾商务印书馆1983—1986年版文渊阁《四库全书》，第1298册，第173页。

③ 《康熙起居注》，第1册，中华书局，1984年，第366页。

之手，相沿不变，以至于亡，此上下不交之所致也。”① 到晚年，康熙还时时提及明朝君臣问题，说：

康熙元年间，去明代不远，明之官员太监尚有存者。朕闻其君常处深宫，不与臣下相见，而惟与宦竖相处，既不读书，亦不勤政，所以上下之情壅蔽不通，民间疾苦，竟罔闻知。②

殷鉴于明代之失，在康熙帝看来，要改善君臣关系，首先要保证君臣之间的“交勉”。所谓“交勉”，是指君臣之间互相表达真实意见。

因此，康熙帝经常鼓励臣下“各抒胸臆，直言无隐”，并表示：“即小有得失，亦复何伤，朕焉有因议事而加罪者乎?”③ 在一次日讲中，康熙帝谕众讲官说：“从来君臣一心图治，天下不患不治。此等光景，未易多得。朕与诸臣何可不交勉之?”熊赐履对此答道：“为政端在得人……故用舍黜陟，人主出治之大权，最当审量者也。”乍一看来，熊赐履似乎是答非所问。因为康熙帝所问是希望臣下直言，而熊赐履所答却是君主应以“审量”得人。其实并不矛盾，在当时的政治体制之下君主具有绝对权力，君臣关系改善实系于君主，只有君主以诚敬来图治，臣才敢真言，并最终达到君臣交勉的目的。康熙帝感到熊赐履言之有理，所以回答说：“知人难，用人不易。然致治之道，全关于此，朕即欲不尽心，不可得也。”④ 表示自己要承担起改善君臣关系的主要责任。

康熙一朝君臣关系的改良，集中表现在听政、纳谏和会商。满人入关之初，君臣关系去原来在关外的亲密无间的传统不远，对此，康熙帝时常提及说：“我列圣相承，上下一心，志气感孚，罔不周浃。

---

① 《圣祖仁皇帝御制文集》卷一七《君臣一体论》，台湾商务印书馆 1983—1986 年版文渊阁《四库全书》，第 1298 册，第 173 页。

② 《圣祖仁皇帝实录》卷二五三《康熙五十二年四月甲寅》，《清实录》，第 6 册，中华书局，1985 年，第 516 页。

③ 《康熙起居注》，第 1 册，中华书局，1984 年，第 1026 页。

④ 《康熙起居注》，第 1 册，中华书局，1984 年，第 88—89 页。

朕嗣守丕基，临御以来，无一日不与群臣接见，恒恐席崇高之势，不克尽群下之情。”① 康熙帝鼓励臣下进谏，并扩大奏事范围，使九卿科道可与大学士一同奏事，形成了九卿会议决策的理政形式。康熙帝还主动要求臣下凡逢旱涝、地震、日月蚀、星变等天象有异时进言，并将之作为定制，表示“凡事有应商酌之处，朕必与大臣等商酌而行”②。因此，朝臣一定程度上能直言进谏，三藩之乱时，清军被困永兴，年轻的康熙帝面露忧色，都统毕立克图当面规谏说：“陛下独不观太祖、太宗乎？为军旅之事，臣未尝见眉蹙一次，皇上若如此，则懦怯不及祖宗矣，何必以此为忧也。”③ 康熙帝闻言即痛改之，后来还以此事教导诸皇子。同时，康熙帝还尽量保障朝臣不以言获罪。三藩之乱时，吴三桂兵盛，有大臣主张妥协、效法汉景帝诛晁错，诛杀主张削藩的明珠等人，而康熙帝则主动承担责任，认为撤藩是经过他自己同意的。康熙帝曾借汉代因灾异而罢相故事而表明自己处理君臣关系的态度说：

> 朕观前史，如汉朝有灾异见，即重处一宰相，此大谬矣。夫宰相者，佐君理事之人，倘有失误，君臣共之，竟诿之宰相，可乎？或有为君者，凡事俱付托宰相，此乃其君之过，不得独咎宰相也。④

康熙帝虚心纳谏、归过于己的胸襟，令汤斌极敬服，在致魏象枢信中，汤斌称赞说：

> 皇上虚怀采纳，言无不从。明良相遇，天下拭目以观太平。近复辞司寇之命，请留总宪，以汲黯自拟，皇上亦嘉悦而留之。

---

① 《圣祖仁皇帝御制文集》卷一七《君臣一体论》，台湾商务印书馆1983—1986年版文渊阁《四库全书》，第1298册，第173页。

② 《圣祖仁皇帝实录》卷二五五《康熙五十二年六月乙未》，《清实录》，第6册，中华书局，1985年，第525页。

③ 《圣祖仁皇帝庭训格言》，台湾商务印书馆1983—1986年版文渊阁《四库全书》，第717册，第623页。

④ 《圣祖仁皇帝实录》卷二二四《康熙四十五年二月丙寅》，《清实录》，第6册，中华书局，1985年，第255页。

君臣相信无间，三代而后不多见也。[①]

张玉书也认为顺治、康熙两帝是“从谏如流，不啻千载一时也”[②]。正如白新良所指出，康熙朝这种“群力决策”的形式，“对当时政局的健康发展起到了重要作用”[③]，而康熙帝的虚心纳谏，也大大地加强了君臣之间的关系。

康熙帝还通过私下对大臣的关心来改良君臣关系。康熙五十二年(1713)，李光地充任武殿试阅卷官，突发痁疾，康熙帝即命其门生魏廷珍、王兰生等前去问候，在谕中对李光地讲“义虽君臣，情同朋友”，令李光地大为感悦。[④] 熊赐履作为朝廷重臣，受得康熙帝信用和关心，熊氏既没之后，康熙帝还多次关照其家，看到熊氏家境清寒，长子又有风疾，其孙亦故，只有幼子二人，便令李煦、曹兆頫周恤其家，还在朝堂上训谕众臣说：“熊赐履屡为试官，所取门生，不下千人，身后竟无一顾恤其家者。朕于故旧大臣身殁之后，不时存问，盖共事日久，不忍忘怀……今熊赐履二子，家甚清寒，尔等亦应共相扶助，令其读书，俾有成就。”[⑤]

同时，康熙帝还推行秘密奏折制度。有朝臣提出应承袭明朝的风闻言事之制，所谓“风闻言事”，亦即不用掌握切实证据，即可参奏弹劾大臣。康熙帝却认为风闻言事：“系明末陋习，若此例一开，恐有不肖言官，借端挟制，罔上行私，颠倒是非，诬陷良善”，“尔等皆以风闻言，朕亦可尝无风闻。姑举一二端言之，君臣分义，休戚相关。当吴

① 汤斌：《上总宪魏环溪先生书》，《汤斌集》，中州古籍出版社，2003 年，第 184 页。
② 张玉书：《萧长源奏疏序》，《张文贞集》，台湾商务印书馆 1983—1986 年版文渊阁《四库全书》，第 1322 册，第 445 页。
③ 白新良：《康熙皇帝传》，百花文艺出版社，2007 年，第 351 页。
④ 李清植：《文贞公年谱》卷下，《北京图书馆藏珍本年谱丛刊》，第 85 册，北京图书馆出版社，1999 年，第 356 页。
⑤ 《圣祖仁皇帝实录》卷二九五《康熙六十年十月辛未》，《清实录》，第 6 册，中华书局，1985 年，第 863 页。

逆初叛时，诸臣中有一闻变乱，即遣妻子回原籍者，此属何心”①。杜绝风闻言事，一方面减轻了君臣之间的冲突，另一方面也高度加强了君主的权威。然而出于统治的需要，为了获取臣僚更多信息，在衡量利弊得失的情形之下，康熙开始推行秘密奏折制度，与明代厂、卫制度最大的不同就是它相对温和许多。对密奏制度，康熙帝有自己的见解：

大臣乃朕股肱耳目，所闻所见，即应上闻。若不可用露章者，应当密奏。天下大矣，朕一人闻见，岂能周知？若不令密奏，何由洞悉？即如人家奴仆，甚属微贱，朦混捐纳为官者有之，朕所知亦有一二人。此等事，尔等有所闻，不行陈奏，即如有股肱而不能运动，有耳目而不能闻见矣，焉用股肱耳目为哉？②

从中可以看出，康熙帝认为自己对密折奏事制度的思考，来自于《尚书》中将“臣”视之为“君”之股肱的政治理念，在其看来，君主有必要洞悉、周知臣僚之所闻所见，否则会导致帝国行政运转不畅。到雍正时期，这种密折奏事制度被正式确立下来。

为了进一步增进君臣之间的交流，康熙帝还主张改进文体，并为此曾训谕臣下说：“文章贵于简当，可施诸日用，如章奏之类亦须简明详要。明朝典故，朕所悉知，其奏疏多用排偶芜词，甚或一二千言，每日积满几案，人主讵能尽览？势必委之中官，中官复委之门客，此辈何知文义？讹舛必多，奸弊丛生，事权旁落，此皆文字冗秽以至此极也。”③ 改进文体事虽不大，但是它却表现了康熙帝经营君臣关系的苦心。与奏折制度一样，它也反映出来自关外的满族对汉族政治传统中繁文缛节的一种反动，更是政治实践经验的总结。

---

① 《圣祖仁皇帝实录》卷八三《康熙十八年八月辛卯》，《清实录》，第4册，中华书局，1985年，第1065—1066页。

② 《圣祖仁皇帝实录》卷二七五《康熙五十六年十一月丙子》，《清实录》，第6册，中华书局，1985年，第700页。

③ 《圣祖仁皇帝实录》卷一一四《康熙二十三年二月丁亥》，《清实录》，第5册，中华书局，1985年，第187页。

清初君臣关系的确定和变化，一方面将权力高度集中在皇帝手中，从而使帝国权力不再如明代一样假于宦竖之手，造成王权旁落、政出多门，使帝国政治运作更有效率；另一方面尽可能与臣下在廷议中对重大问题进行会商，使这种权力的运作不会过分的依赖皇帝个人意志而为滥用。这一制度被清朝延续下来，维持了其后二百余年间君臣关系的基本稳定。康熙帝自认为弥合群臣关系很成功："朕自亲政以来，断不许人怀挟私仇，互相陷害，是以三四十年间无大臣互讦之事，此一端朕颇以为善。"① 当然，这种君臣关系并没有彻底改变前代"君尊臣卑"的理论基础，也未从根本上改变宋明以来隔绝君臣的礼制，比如宫殿、舆服、嫔妃制度以及姓名避讳，如此等等，仍然处处制造出帝王与众不同的权威，造成君臣之间在物质、行动、人格、心理上的森严等级。更重要的是，道统向皇帝的转移，使士大夫在发言权上失去了优势，康熙帝多次讲"九卿会议时，但一二人发言，众俱唯唯"②，这些都说明了康熙朝君臣关系只能止步"改善"，而远远达不到尧舜三代理想中君臣如朋友股肱的状态。

第三节 举贤才：理学官僚的选用

选贤任能是儒家治国平天下的主要理念，三代秦汉以降，中国的选举制度经历过许多变化，从最早的乡举里选到九品中正制再到科举制，不一而足。在理学家看来，"治天下，以正风俗得贤才为本"③，选贤任能是国家制度建设的前提，先有治人，后有治法，良好的社会

① 《圣祖仁皇帝实录》卷二二六《康熙四十五年七月丁巳》，《清实录》，第6册，中华书局，1985年，第266页。

② 《圣祖仁皇帝实录》卷二三六《康熙四十八年正月乙未》，《清实录》，第6册，中华书局，1985年，第361页。

③ 程颢：《请修学校尊师儒取士札子》，《二程集》，中华书局，1981年，第448页。

风俗与国家制度相互为用、相辅以成，科举制是风俗递降之后不得已的一种选择，其基本精神也应该是以选贤与能为标准和再造风俗为目的的。清初庙堂在举贤才方面对前代既有继承，又有发展，将理学精神一定程度上融入到取士、养士制度中。

一、科举取士的理学化

科举制度为整个帝国上层的官僚体系提供新鲜血液，在很大程度上直接决定着政府官僚的意识形态取向，是当时帝国政治运作最重要、最根本的制度之一。反过来，程朱理学自元明以来就成为科举考试的重要内容，因此作为清帝国意识形态的庙堂理学，对当时的科举制度也有一定的影响，主要表现在清代科举制度建立、发展过程，会试、殿试的策问、答卷以及为清王朝选拔理学官僚等方面。

自科举诞生以来，就贬褒互有、利弊掺杂，它本身也不与理学天然一体，相反，很多理学家反对科举。有明一代，“非科举毋得与官”，考试标准也衡之以程朱理学，科举与理学从形式上结为一体。然而实际情况是，随着时间推移，士人离程朱理学却越来越远，据《明史·选举志》记载：“国初举业有用六经语者，其后引《左传》、《国语》矣。又引《史记》、《汉书》矣。《史记》穷而用六子，六子穷而用百家，甚至佛经、《道藏》摘而用之。”① 对这种情形，顾炎武也描述说：“生员冒滥之弊，至今日而极。求其省记四书本经全文，百中无一”，“嘉靖以后，文体日变，而问之儒生，皆不知八股之何谓矣。”②

对于科举制度，清初朝廷也历经了几番审择。清军入主北京之初，大学士范文程就指出“治天下在得民心，士为秀民。士心得，则

---

① 张廷玉：《明史》卷六九，中华书局，1974 年，第 1689 页。

② 顾炎武著、黄汝成集释：《日知录集释》卷一六，上海古籍出版社，1985 年，第 1267、1273—1274 页。

民心得矣”[①]，建议清廷举行科举，以调和满汉矛盾，争取汉族士大夫的支持，洪承畴则认为“作八股文”的士人们，“苟得富贵，旧君在所不恤”[②]。于是，顺治三年（1646），清廷在北京举行了第一次会试，标志着科举制度在清王朝的正式建立。科举制度的建立对争取汉族士人起到了重要作用。[③]“一队夷齐下首阳”的景象，也说明明朝科举取士对士人人格理想塑造的失败，科举在士人心中成了攫利的工具。

科举制度与满族旧有的人才选拔模式不同，八股文在崇尚质朴的满族统治阶层眼中也不过是“浮文”，在支持汉化的顺治帝去世之后，以鳌拜为代表的保守派便开始从各方面恢复满洲的旧传统。康熙二年（1663），清廷下谕废除八股文，改考策论，认为：“八股文章实与政事无涉，自今以后，将浮饰八股文章永行停止，唯于为国为民之策论表判中出题考试。”[④] 元代科举还曾停罢若干年，这当然不是巧合，而是基于游牧民族对科举制度的一般理解。在满族保守派看来，八股文只是浮文，并不能培养人处理政事的能力。然而八股文肩负着“代圣人立言”的使命，是汉族文化的符号，其传播也已经数百年之久。因此，短短五年之后，康熙七年（1668），鳌拜倒台，乡、会试便又复用八股文。由是可见，八股文的生命力、理学文化的生命力与中国传统社会政治运作形态之间强有力的联系。

然而，科举制度的恢复并不代表朝廷对汉民族科举模式的全盘接受。一方面，在满人的任用上，仍然遵循着关外的传统，并不经由科举。另一方面，对明末清初的科举内容和流弊，皇帝与朝臣也希望能有所改革。从总体上，汉族士大夫都认定考试制度，熊赐履、张玉

---

① 赵尔巽等：《清史稿》卷二三二，中华书局，1977年，第9353页。
② 陈怡山：《海滨外史》卷一，《涵芬楼秘笈》，商务印书馆，1916—1926年影印本。
③ 王戎笙：《科举考试与明清政治》，中国广播电视出版社，2002年，第174页。
④ 梁章钜：《制艺丛话·试律丛话》，上海书店，2001年，第13页。

书、韩菼等都持肯定意见。具体而言，比如对八股文，争议较多。康熙帝晚年还在思考文体与士风的问题，表示说："考试官令作八股时文，大都抄录旧文，苟且塞责。"因此，规定嗣后不再作八股文，只令写履历，"以三百字为限，观其书法妍丑，文理工拙，则人之优劣自可立见"①。

清代科举制度在内容、形式上较前代有进一步发展，表现为理学的渗透。康熙二十六年（1687），清廷废诏、诰之体而于第二场专用《孝经》论。这是改革明代科举的一个重要举措，对此，李光地曾说："八股取士弊坏极矣，然却四书、五经不可。……《孝经》虽圣人之经，卷帙最少，不如易以《性理》、《通鉴》。"② 希望将原来的四书、五经取士进一步扩展到朱熹所构建的程朱理学的思想体系中。康熙二十九年（1690）科举考试的内容又经历了一次改革，"兼用《性理》、《太极图说》、《通书》、《西铭》、《正蒙》"，可以看出理学在科举考试中的分量进一步加重，这都是在明代所没有出现的。

为了进一步彰显理学对科举的影响，清廷及巡抚地方的理学家还采取了一些措施。比如，对于能背诵经书的士人给予大力表扬，李光地希望进一步加强《小学》在科举中的作用，在向康熙帝的上疏中说：

> 皇上旨下学臣，使童子入学，兼用《小学论》一篇，其时幼稚见闻一新，胸中顿明古义，此则以正学诱人之明验也。然书不熟记，终非已得。宜令学臣于考校之日，有能将经书小学讲诵精熟者，文理粗成，便与录取。如更能成诵三经以至五经者，仍与补廪，以示鼓励。庶几人崇经学，稍助圣世文明之化。③

---

① 《圣祖仁皇帝实录》卷二八一《康熙五十七年十月甲寅》，《清实录》，第6册，中华书局，1985年，第749页。

② 李光地：《榕村语录续语录》，中华书局，1995年，第854页。

③ 李光地：《条议学校科场疏》，《榕村集》卷二六，《榕村全书》，第9册，福建人民出版社，2013年，第114页。

李光地的这一建议得到采用。虽然朝廷规定背诵经书只是针对童生，但是李光地门生杨名时在任直隶学政时，对秀才的考试也采取同样的方法。当然，这种不合规矩的方法传到朝廷，受到康熙帝的批评。

由于科举具有改变命运的重要力量，世风不古时，徇私舞弊就成为很难杜绝之事，整顿科场风气，也成为当时朝廷的一项重要举措。其中，主考官责任重大，康熙朝，理学讲官和名臣大量出任会试正考官，其中有李霨、杜立德、魏裔介、张玉书、李光地、熊赐履、陈廷敬、赵申乔、徐元梦、张鹏翮、张伯行、李绂等人。其中，以熊赐履最受重用，分别于康熙三十三年（1694）、三十六年、三十九年、四十二年连续四次担任会试正考官。在熊赐履看来："国家既以科目取士，典至重矣。而所试又皆五经、四子之书……被命主试必特为兢兢，诸所鉴收，一以先王法言为程序，虽体裁不一而衡尺罔差。"①李光地对考官的舞弊深恶痛绝，史载："每论及科场请托之弊，以为植私废公，坏人品，伤风化，莫此为尤。"② 五经四书、先王法言，明确地表现了理学名臣们以理学影响科举取士制度的理想和行动。

殿试读卷官由理学家充任也是理学影响科举的标志之一。清初殿试读卷官由内翰林国史院、弘文院、秘书院、大学士、学士与六部、都察院、通政司、大理寺各堂官，开列点派十四人组成。③ 李霨、杜立德、熊赐履、李光地、张鹏翮等理学名臣都充任过殿试读卷官。其中，李光地便于康熙四十五年（1706）、四十八年、五十一年、五十二年、五十四年、五十七年多次充任殿试读卷官，同时还兼任武殿试读卷官。

---

① 熊赐履：《戊丑辰未四科会试魁卷跋后》，《澡修堂集》，《四库全书存目丛书》集部，第230册，齐鲁书社，1997年，第538页。

② 钱仪吉：《碑传集》卷一三，中华书局，1993年，第1册，第330页。

③ 商衍鎏：《清代科举考试述录及有关著作》，百花文艺出版社，2003年，第141页。

清初会试、殿试策问内容也与庙堂理学有密切联系。其中，策问最集中、最直接地体现了一个帝国科举取士制度的思想。殿试策问十分明显地表现出朝廷的理学倾向，涉及国策、施政、风俗、吏治、积贮、民生、学术、军需、守边等许多方面，主要表现为对治道的求解。比如，康熙十二年（1673）癸丑科对“仁政”发问：“朕惟自古帝王，以仁心行仁政，无不以万物得所为己任。其时丰亨克奏，教化覃敷，人无狙诈之心，户洽敦庞之盛。”① 再比如康熙十五年（1676）策问风俗问题，其辞为：“朕惟自古帝王，承乾立极，绥理万邦，莫不以厚风俗，正人心，为久安长治之本。”② 会试策问也大都与理学、治道相关。其中，康熙三十三年（1694）会试策问就提出两个问题，一是认为“君臣同体”：“《泰》曰：天地交而万物通，上下交而其志同。明乎君臣同体与天地合德，故云交也。”二是指出纲纪为风俗之本：“上有纪纲，斯下有风纪。纪纲者，风俗之原也。”③ 康熙三十六年（1697）会试策问则围绕着学校，认为“学校之设，专以明伦。盖伦理所关甚巨，上是以教，下是以学”④。

状元答卷也多以理学、治道为旨归，在康熙五十四年（1715）状元卷中，徐陶璋就指出：“廉固居官之本，致治之原也”，“夫小吏之贪廉，视乎大臣之清浊，而大吏之清浊，分于一心之公私。”⑤ 康熙五十五年（1716）状元汪应铨在试卷中提出：

---

① 邓洪波、龚抗云：《中国状元殿试卷大全·清康熙十二年（1673）癸丑科》，上海教育出版社，2006年，第1394页。

② 邓洪波、龚抗云：《中国状元殿试卷大全·康熙十五年（1676）丙辰科》，上海教育出版社，2006年，第1406页。

③ 熊赐履：《甲戌科会试策问五道》，《澡修堂集》，《四库全书存目丛书》集部，第230册，齐鲁书社，1997年，第509页。

④ 熊赐履：《丁丑科会试策问五道》，《澡修堂集》，《四库全书存目丛书》集部，第230册，齐鲁书社，1997年，第511页。

⑤ 邓洪波、龚抗云：《中国状元殿试卷大全·清康熙五十四年（1715）甲午科》，上海教育出版社，2006年，第1490页。

> 汉儒治经之功，见于笺注，其学为博；宋儒解经之力，见于章句，其学为约。至朱子而荟萃大成，至皇上而心源符契，学者得观于海委河原，而耀于日经星纬，循是而进之，图象理数政事人物可以参考而有得。返己而实践，敛之有益于身心，施之有裨于国是，而虚文之剿袭，枝辞之异同，固无所用之，而通经之实用彰矣。①

康熙六十年（1721）状元为邓钟岳，邓氏在状元卷中指出："帝王之抚绥兆民，而绵历服务于无疆也，其所以纲纪乎天下者，存乎政；而其所以运量乎天下者，存乎心；本心而达之政，而贞千万年如一日者，存乎诚。"② 邓钟岳得中之后，历仕雍、乾两朝，三典省试，四任督学，并刊刻《近思录》、《白鹿洞学规》、《程氏分年读书法》等程朱理学著作，成为一代理学名臣。

不少理学家视科举制度为减轻心理负罪、入仕异族王朝的正途。比如，大清定鼎之年，魏裔介二十八岁，当时朝廷催促明代取得举人资格的士人"赴选"直接任官，魏裔介到京师，上疏说"愿会试，不愿即仕"③，终于在三十岁时中第。魏象枢在明亡时中了举人，新朝既立，也未曾求官，听闻举行科举，便"闻鸡起舞"、欣然前往。④康熙十八年（1709）春三月举行的"宏学博词科"所招揽汉族士大夫中也不乏理学名士。这次特科是荐举为主，虽然少数志节高蹈的士人学者仍不愿出仕，像黄宗羲、顾炎武、傅山、李颙、魏禧等，有的甚至以死相拒；然而应荐的仍然比较多，该科所取五十人中，像汤

① 邓洪波、龚抗云：《中国状元殿试卷大全·清康熙五十七年（1718）戊戌科》，上海教育出版社，2006年，第1497页。

② 邓洪波、龚抗云：《中国状元殿试卷大全·清康熙六十年（1721）辛丑科》，上海教育出版社，2006年，第1501页。

③ 魏荔彤：《魏贞庵先生年谱》，《北京图书馆藏珍本年谱丛刊》，第73册，北京图书馆出版社，1999年，第156页。

④ 魏学诚：《寒松老人年谱》，《北京图书馆藏珍本年谱丛刊》，第73册，北京图书馆出版社，1999年，第377页。

斌、施闰章、严绳孙、彭孙遹、汪琬等人都是当时堪称一流的学问家。通过科举制度，汉人官僚的地位进一步提高，据史载，“往时执政皆沈阳旧老”，“而今执政权者，亦皆年少汉人”。[①] 这些都展现了理学对于科举取士这一制度价值取向的引领，对争取汉族士大夫的认同以及融合满、汉也起到了重要作用。

二、官员任用的理学化

贤者在位，能者在职，是一代王朝行政的根本。在关外时，清朝没有完善的任官制度，入关之后，大批明朝降臣被纳入到官僚体系中，任官也未常态化。顺治间，顺天巡按柳寅东就上疏指出：“近见升除各官，凡前朝犯赃除名、流贼伪官，一概录用。虽云宽大为治，然流品不清，奸欺得售”，要求朝廷“慎加选择之道”。[②] 魏裔介也先后上《请定督抚举劾疏》、《请立久任知府疏》等，对当时的吏治问题提出了改革的建议。

在顺治朝沿袭明代逐步建立官员任用制度的基础上，康熙朝大量起用理学官僚、奖廉惩贪，形成了新风气。还在鳌拜及其势力尚未翦除之前，康熙六年（1667），圣祖便将治吏问题下诏于诸臣，询求对策说：“民为邦本，必使家给人足，安生乐业，方可称太平之治。近闻直隶各省，民多失所，疾苦颠连，深可悯念。或系官吏贪酷，朘削穷黎，抑或法制未便，致民失业，果何道以遂其生耶？一切民生利病，应行应革，尔内外各衙门大小文武等官，念切民依，其各抒所

---

① 《显宗改修实录》，《朝鲜李朝实录中的中国史料》下编卷二，中华书局，1980 年，第 3978 页。

② 《世宗章皇帝实录》卷五《顺治元年六月甲戌》，《清实录》，第 3 册，中华书局，1985 年，第 62 页。

见。”[①] 针对康熙帝的询问，熊赐履上万言疏进行了详细说明，认为：

盖小民水耕火耨，终岁勤劳，仅足以赡给其俯仰，而夏税秋粮，朝催暮督，卖丝粜谷，十室九空，私派倍于官征，杂项浮于正额……一旦水旱频仍，饥馑见告……蠲征则吏收其实，而民受其名；赈济则官增其肥，而民重其瘠……此亦不独守令之过也……上有之监司，又上之有督抚……大抵有司之职业在地方，而上官之激劝凭举劾。

熊赐履还为康熙帝提出了整饬吏治的纲领，其文如下：

伏乞皇上将见任督抚，大加甄别。其贤而能者加衔久任，其贪污不肖者立赐罢斥，无令久居民上，荼毒生民。嗣后遇督抚缺出，不拘内外大小臣工，果有端方清正、望重才优如古大臣其人者，敕部院大臣从公保举，授以兹任。其考课也，以民生之苦乐为守令之贤否，以守令之贪廉为督抚之优劣……自然廉者劝，贪者惩，有利必兴，有害必除，而民之不获其所者寡矣。[②]

在康熙帝及熊赐履等人的努力下，开启了清代将理学官僚作为朝廷要员和封疆大吏来使用的传统。康熙一朝有名的宰辅、督抚，大多都是从经筵、日讲中而来，正如曾国藩后来所追述的：“当时伟人辈出，大抵多拔识于讲筵之中”，并认为原因是“侍学既久，故知之真也。”[③] 康熙帝自己也认为：“在京大小职官，皆朕所选用，贤否易知。若外省保题之官，非朕所素知，岂能一一定其优劣乎?”[④] 其中，由经筵日讲官而出任宰辅、部院大臣、抚督的有熊赐履、李光地、汤

---

① 《圣祖仁皇帝实录》卷二二《康熙六年四月丙午》，《清实录》，第 4 册，中华书局，1985 年，第 305 页。

② 熊赐履：《应诏万言疏》，《经义斋集》卷一，《四库全书存目丛书》集部，第 230 册，齐鲁书社，1997 年，第 217、218 页。

③ 曾国藩：《条陈日讲事宜疏》，《曾国藩全集·奏稿二》，岳麓书社，1987 年，第 17 页。

④ 《圣祖仁皇帝实录》卷二九七《康熙六十一年三月壬子》，《清实录》，第 6 册，中华书局，1985 年，第 878 页。

斌等理学家。熊赐履最受重用，曾出任过刑部尚书、礼部尚书，又拜过武英殿大学士、东阁大学士，五典会试，还曾授予总裁《朱子全书》、《圣训》、《实录》、《明史》等朝廷要典之权。李光地不仅出任直隶巡抚，还曾兼任吏部尚书，拜文渊阁大学士，并委以校理《朱子全书》、《周易折中》、《性理精义》之任。汤斌出任江宁巡抚，就是因为在康熙帝看来，汤斌"久侍讲筵，老成端谨，江苏为东南重地，故特简用"①。后来为太子择教师，康熙帝又讲"汤斌在讲筵时，素行谨慎，朕所稔知"②。

康熙帝特别重视督抚的任用并赋予重权，在其看来，无论是小起百里，还是大至一州，守令得人最为重要，要言之，只要地方官秉承封建精神的"忠厚之意"，"劝农课桑，宣条设教，偃风以德"，那么即便是郡县制，也仍然展现为尧舜禹汤之道。③ 李光地也强调守令的作用，将封建精神归结为"公天下以为心"，但从现实来看，也认为这种制度不可复，如其所云：

> 虽然公天下以为心，而达君臣之义于天下，各子其民，而各守其法，则必以封建为正，以朱子之论为中。诸子之言，利害之计也，朱子之论，理义之公也。封建不可复，推置勋贤，而久任牧守可也。④

李光地主张一种变通的形式，即增加那些有品德有才华的总督、巡抚等地方大员的任职时间，通过"推置勋贤，而久任"的方式来达成，这与康熙帝在既有郡县制的基础上、任用贤能的守令来整顿地

① 《圣祖仁皇帝实录》卷一一六《康熙二十三年九月庚午》，《清实录》，第5册，中华书局，1985年，第214页。

② 《圣祖仁皇帝实录》卷一二五《康熙二十五年三月甲戌》，《清实录》，第5册，中华书局，1985年，第326页。

③ 《圣祖仁皇帝御制文集》第一集卷二十五《守令箴》，台湾商务印书馆1983—1986年版文渊阁《四库全书》，第1298册，第220页。

④ 李光地：《观澜录·治》，《榕村全集》卷一，《榕村全书》，第8册，福建人民出版社，2013年，第39页。

方风俗的理念是一致的。

荐举等是考察起用理学名臣的重要方式。李光地曾多次举荐，在巡抚直隶时，便举赵申乔，康熙帝以赵清廉，授以浙江布政使。魏象枢等曾举荐陆陇其，康熙帝授以四川道监察御史，因奏捐纳事，得罪朝廷，康熙帝认为："陇其居官未久，不察事情，诚宜处分，但言官可贷。"① 后来，江南学政缺，康熙帝还想起用陆陇其，可惜陆陇其已经去世。康熙帝还在巡游过程中考察地方官，四十六年（1707）南巡时，命所在都抚举贤能官，并无张伯行，可是康熙帝却对张伯行说："朕久识汝，朕自举之。他日居官而善，天下以朕为知人。"②

同时，朝廷还试图在重用理学官僚的基础上扩大地方守令的权力。宋明以来，中央集权一直在加深，而地方权力一直呈现弱化趋势。明代废宰相、设厂卫特务机构，尤其是实行三司制，使地方权力相对于中央大幅度缩小。其后，为了减少地方分权之弊，总督巡抚出现，它们代表朝廷巡视地方，但是一直不是正式制度。到清初，督抚制度逐渐被正式确立下来，督抚与六部同级，直接听命于皇帝，并获得了具奏权；同时，具有流动性的巡按御史被废除，其监察权也并归督抚，可以说："清代督抚的权力超过了宋以后任何一种地方军政长官。"③

官员自辟僚属、学人游幕兴盛也是清代督抚权力增强的一个重要表现。李光地认为："三代不可复。观朱子所论治天下之事，惟汉法为近古。官制，外官自太守上便无官，太守得自专诛杀，其僚佐得自辟，由内铨者寥寥。疏节阔目，只要太守得其人，而天下治矣。"④ 在李光地看来，增加太守自辟僚属的权力，而人才不必尽由中央；只

① 赵尔巽等：《清史稿》卷二六五，中华书局，1977 年，第 9936 页。

② 赵尔巽等：《清史稿》卷二六五，中华书局，1977 年，第 9937 页。

③ 李治安：《唐宋元明清中央与地方关系研究》，南开大学出版社，1996 年，第428—429 页。

④ 李光地：《榕村语录续语录》，中华书局，1995 年，第 839 页。

要行政精简，就自然可以天下大治。李光地不仅进行理论构建，也有实际的行动，其幕府也在理学名臣中最有声势，杨名时、何焯、李绂、梅文鼎、王兰生、徐用锡、魏廷珍等均游其门下。张伯行久任地方大员，也颇有一批名士为之谋划，如蓝鼎元、蔡世远、詹明章、萧正模等。自辟僚属，在清初理学名臣的努力下，逐渐成为一种风尚。

满人各旗在用人等方面本就有很大权力，其风气本来如此，或许这是清廷认可增大地方督抚权力的一大原因。尚小明在《学人游幕与清代学术》一书将清初幕府兴盛的原因归结到遗民与清廷合作问题上，[①] 作为学界一般看法，当然有其道理。但是，设若没有清王朝对于官僚自辟僚属的认何，遗民又何进入幕府使之兴盛呢？其实，尚小明先生自己也指出："自宋始，中央集权程度逐步增强，宋元两代幕府辟召虽不乏其例，但受种种限制，至明代则辟署之例亦不复多见。"[②] 可见，清王朝的中央集权程度较之宋明为轻，从而为清初游幕兴盛提供了制度上的可能性。

重用地方督抚，主要原则在于是否清廉。比如，陈瑸居官操守廉洁，及其去世之后，康熙帝追授其为礼部尚书，凡祭葬立碑、予谥之处，皆照尚书衔给予，并荫一子入监读书，以示朝廷"优礼清廉大臣之意"。于成龙、汤斌、陆陇其、张伯行等廉吏一时间都得到重用。与此同时，从朝廷到地方，也展开了一场打击贪腐的行动。惩贪与用廉是一致的，都是旨在塑造官僚士大夫的风气，其中，理学讲求忠孝廉节的精神，以及理学名臣在其中起到了重要的作用。在庙堂理学名臣中，汤斌久任地方，对吏治问题有非常深刻的体察，比如对于江苏官场的描绘：

官斯土者，往往以情面请托败其官声，得罪公论，祸不旋踵。

① 参见尚小明《学人游幕与清代学术》第一章第一、二节，社会科学文献出版社，1999年，第14—44页。

② 尚小明：《学人游幕与清代学术·绪论》，社会科学文献出版社，1999年。

> 本院……奉命抚吴，誓之关帝神前："断绝交游，不畏强御，受贿狥情，神明殛之！"将及一载，地方官民颇能相信。惟是积习日久，不肖小吏犹多藐玩，不知本院执法到底，辄欲自行尝试。有一缺出，争谋署篆。皆素行贪恶败检无耻之徒，不知世有天理王法。①

以廉洁著称的汤斌到任一年，江苏官场风气依然没有什么改进，可见其情形之严重。针对官场人浮于事的现象，朝廷的裁员运动其实早就展开了，顺治元年（1644），就因冗官费多，京堂等缺多半裁省，三年（1646），又裁并了各府推官、各县主簿等。汤斌对此有充分认识，江苏上任伊始，就下达命令进行裁员："本都院奉命抚吴，首在安民除害。业将本院衙门冗员冗役尽数除名，勒令归农。……抚属衙门盈百，是千里之内有数百万虎狼也。若不清厘，流毒何底？"②冗官、冗员不仅造成行政效率低下，而且还增加了财政支出，尤其是权力滥用更加重了民众的负担。

汤斌在地方上，以加强行政效率、打击贪腐为己任，为清初官场带来了一股清风。汤斌任职江苏之初，就规定："缛节繁文，本都院素所厌绝。兹当莅位之初，诚恐各官因循故套，远来参谒，有瘝职守，无益官方，合先严行饬禁。"③"地方公务，该管官员各宜加意澄清，剔除积弊，使上不误公，下不扰民，庶免咎戾。"④还力图减少摊派，规定"州县有司，务宜洁己奉法，杜绝私派，痛除耗羡，俾民间省一分浮费，即可完一分正供。司道府为属员表率，尤宜端本澄清"⑤，这些措施都将矛头指向了官员的贪腐行为。当时，汤斌任江

---

① 汤斌：《严禁请托，以肃官箴告谕》，《汤斌集》，中州古籍出版社，2003 年，第 559 页。
② 汤斌：《裁汰冗役事》，《汤斌集》，中州古籍出版社，2003 年，第 603 页。
③ 汤斌：《禁止参谒事》，《汤斌集》，中州古籍出版社，2003 年，第 578 页。
④ 汤斌：《严禁滥委家丁，以肃吏治告谕》，《汤斌集》，中州古籍出版社，2003 年，第 562 页。
⑤ 汤斌：《严禁征收钱粮勒索火耗私派之弊，以恤民艰，以清赋税告谕》，《汤斌集》，中州古籍出版社，2003 年，第 554 页。

苏巡抚，听说郭琇有墨吏声，即面责之，郭氏回答道：“向来上官要钱，卑职无措，只得取之于民。今大人如能一清如水，卑职何敢贪耶？”① 郭琇回任，大改前辙，在汤斌的感召之下，成为一代操行峻介的直臣。其后，擢佥都御史，又疏劾大学士明珠与余国柱，又疏劾少詹事高士奇与原左都御史王鸿绪，使这些权倾一时、炙手可热的大官僚终于倒台。

然而，到康熙晚年，对吏治开始放松。有人认为，“如果抓出来的贪官太多，当皇帝的脸上并无光彩，何况很多的贪官都与他的亲戚、亲信有关”②，当然，这种原因并不排除，但是更重要、更根本的还不在此。一方面，应该是康熙帝年老而精力不济，在理学家的构想中，天下责任付宰相，然而康熙帝却要一人独揽大权，当其年老体衰，自然无法应付庞杂的政务。另一方面，理学并不讲求严刑峻法，或许因为如此，康熙帝才对一些官僚的贪污行为表示默认，并寄希望于通过说教，使违法犯纪的官员重回正轨。同时，由于朝廷多次实行捐纳，也造成了比较坏的影响。

我们也不应求全责备，官场的腐败冰冻三尺、绝非一日之寒，实际上，理学的理想，奖励廉节、惩罚贪污的理念，是在清代政治中艰难地前进，正如李光地所说：“如今最苦，是朝廷用一清洁自好不要钱人，便群起而谤议之，造为诽言。闻其善则疑，闻上意不然之则喜……可恨！可恨！”并举以赵申乔、文志鲸、杨名时等。③ 康熙四十五年（1706），有篇殿试对策说“假廉吏不如真贪官”，在廷议时，有读卷官还欲置于前列，李光地坚决反对，上奏说：“吏至真贪恶已极矣！廉者即假设，何至反有加罪？今于廉者而故为逆亿诛心之论，

---

① 孙静庵：《栖霞阁野乘》，孟森《清代野史》，中国人民大学出版社，2006 年，第 420 页。

② 李小红、张如安：《中国古代廉政思想简史》，中国方正出版社，2011 年，第 139 页。

③ 李光地：《榕村语录续语录》，中华书局，1995 年，第 823 页。

于贪者则倡为率真平恕之谈……于世道所关匪细。”[①] 其实李光地自身也是多次被攻击，比如“卖友案”、“夺情案”、“外妇之子来归案”，这些都成为套在李光地头上的“紧箍咒”，虽然三案未有定论，但是李光地从此成了“伪道学”的代表。因此在晚年，李光地多是密奏，或是出于避祸的考虑，《清史稿》评说到，李光地“得君最专，而疑丛业集，委蛇进退，务为韬默”[②]，很有其道理。即便如此，还是有大批有操守的理学家登上了历史舞台，吏治取得了不斐的成就，从有“康熙年间有清官，雍正年间无清官”的民谣中也可窥见，正如学者高翔所指出的，至少在康熙中前期，就政治清明而言，当时的清朝创造了中国官僚政治的奇迹。[③]

第四节　正风俗：社会教化的开展

“王道”与“霸道”不同，在社会治理方式上，王道主张采取“教化”的治理模式，因此社会风俗长期以来都是儒家最为重视的问题之一。早在周代，朝廷即设有采诗官，用以“观风俗、知得失、自考正”。宋明以来，风俗日渐衰薄，而社会教化的紧迫性也就愈加显著。时至清初，不仅民间学者如顾炎武等人对风俗的递降很关注，庙堂也是如此，康熙帝就很明确地指出：“治天下者，莫亟于正人心，厚风俗，其道在尚教化以先之。”[④] 与民间学者不同的是，庙堂所推行的社会教化是依靠王权的力量来进行的。

---

① 李清植：《文贞公年谱》卷下，《北京图书馆藏珍本年谱丛刊》，第 85 册，北京图书馆出版社，1999 年，第 311—312 页。

② 赵尔巽等：《清史稿》卷二六二，中华书局，1977 年，第 9900 页。

③ 高翔：《清初理学与政治》，《清史论丛》，中国广播电视出版社，2002 年，第 199 页。

④ 《圣祖仁皇帝御制文集》第一集卷一七《学校论》，台湾商务印书馆 1983—1986 年版文渊阁《四库全书》，1298 册，第 175 页。

一、律令威慑下的风俗改良

风俗具有地域性、时段性，明清易代就是基于不同地域和社会发展阶段的社会风俗的碰撞，满族脱胎氏族社会，国小民寡，民风非常质朴，在满族人眼中，晚明的社会风俗是一片恣肆、伪饰、奢靡的景象。因此，明末社会风气及其与明亡的关系，不仅是民间探讨的热点，也引起过清初统治者的高度重视，如顺治三年（1646）殿试策问便体现了这种倾向：

> 前朝……浮议乱真，冤诬莫控，朝纲大坏，国祚遂倾，深可鉴戒。诚恐在朝各官因仍敝习，不能力改前非……吏治既坏，民心日离，奸狡计行，善良被陷，斯亦向来有司之痼疾也……吏谨而民朴，满洲之治也。①

不难看出，清朝统治者对明代及汉民族当时社会风尚的一般看法，以及统治阶层对自己“吏谨而民朴”的满洲之治的肯定。汉族士大夫尤其是理学官僚改造风俗的理想因此与满族统治者达成一致。于是，移风易俗、改造社会伦理，遂成为为建立稳定的社会政治秩序而依王权展开的一场大规模的教化运动。

清初庙堂的风俗改良运动最重要的手段是推行乡规民约，以及建立公助性的社学。明末清初以降，战乱频仍，人民流离，乡村的耆老之制多已败坏。庙堂诸子对此多有注意，李光地便认为：“《乡约》须整顿一番。……今讲十六谕……歌诗也要更定。”② 其实从明代开始，乡约已经在讲太祖的《圣谕六条》，顺治朝沿用之，康熙时期发挥为《圣谕十六条》，具体内容如下：

---

① 邓洪波、龚抗云：《中国状元殿试卷大全·清顺治三年（1646）丙戌科》，上海教育出版社，2007年，第1324页。

② 李光地：《榕村语录续语录》，中华书局，1995年，第855页。

敦孝弟以重人伦，笃宗族以昭雍睦。
和乡党以息争讼，重农桑以足衣食。
尚节俭以惜财用，隆学校以端士习。
黜异端以崇正学，讲法律以儆愚顽。
明礼让以厚风俗，务本业以定民志。
训子弟以禁非为，息诬告以全良善。
诫窝逃以免株连，完钱粮以省催科。
联保甲以弭盗贼，解仇忿以重身命。①

《圣谕十六条》绝大多数是儒家所讲的伦理道德，涉及父子、兄弟、宗族、乡党关系，体现的儒学精神有孝悌、息讼、节俭、礼让、崇学等方面，也有一些诸如“诫窝逃”、“联保甲”等王权意志的体现。《圣谕十六条》于康熙九年（1670）向全国的乡村进行推广。

理学官僚出任地方封疆大吏是朝廷完成风俗改良的又一重要手段。康熙朝先后派到地方的理学官僚有汤斌、张伯行、李光地等人。在这些理学官僚中，汤斌多次任职地方，有着丰富的实践经验，我们仅以其为例进行说明。汤斌的著作中保留有许多有关整顿风俗的禁令，这些禁令展示了明季以来关中、江南地区社会伦理秩序的混乱现象，涉及父子关系、丧礼、婚礼等方面，也体现了王权意志在清初儒家社会教化中的特殊作用。

在任职潼关道副使时，汤斌发现秦中一带溺杀婴儿的惨剧很多，便下令严禁。汤斌指出：“窃惟人类莫亲于父子，父子之亲本于天性。古人幼子不笞，壮子不詈，盖以父子主恩彝伦根柢，于是诚重之也。秦中民俗大都鸷悍而薄伦，常嗜利而轻骨肉。”② 在其看来，父子之

① 《圣祖仁皇帝实录》卷三四《康熙九年十月癸巳》，《清实录》，第4册，中华书局，1985年，第461页。

② 汤斌：《严禁溺杀子女，以全天性，以厚风俗事》，《汤斌集》，中州古籍出版社，2003年，第443页。

间的感情主于“亲”，而且这种“亲”本于天命之性，是人类最重要的情感，它表现于现实之中应该是“幼子不笞，壮子不詈”，然而秦中民俗“鸷悍而薄伦”，在功利主义的趋使之下，上演了溺杀子女的惨剧。儒家讲“父慈子孝”，是一种自然亲情，韩非“子事父”则带有权力的色彩。秦汉以降，法家式伦理观念逐渐渗入到儒家伦理精神中去，形成“父为子纲”的传统。

丧礼、婚礼的衰微也是社会伦理混乱的表现之一，以江南地区为甚。这种浮华之风，严重亵渎了丧礼所应有的“哀戚”之情。《论语》有云：“丧礼，与其哀不足而礼有余也，不若礼不足而哀有余也。”在儒家看来，丧礼是要表达子女与父母之间最本真的自然情感，然而这种自然情感，在清初已经沦为形式主义、功利主义。当时江南的丧礼多是搭台唱戏，饮酒作乐，请僧道念经为死者超生，“专悦耳目”，哀戚之情全无。汤斌提倡俭朴，欲以之为药石，在其看来：“礼仪，人生之大闲；俭约，居家之至宝”，有丧之家，“厚死主于哀戚。自衣衾棺椁之外，惟有朝夕哭奠上食而已。”① 应该遵循朱熹制订的家礼。汤斌对这类违礼的行为下令禁令，对“仍然用倡优演戏，绫罗收头，饮酒喧阗者，许乡约保正纠举，以不孝论罪”②。

婚礼之衰微亦然。对于民风注重门第财礼的陋习，汤斌教导民众谈婚论嫁不应该“不尚令德，专讲财币”，认为只有美好的品德才能作为婚姻的标准。这种婚姻之礼的衰微也影响到兄友弟恭的伦理，“兄收弟妻”、“弟收兄妻”以及兄弟妯娌不合的种种行为，都被视为“悖伦伤化之事”，在汤斌看来，兄弟妯娌之间不应“阋墙”、“谇语”，而要以代之儒家所提倡的“礼让”、“孝友”，因此严令禁止这些不良行径。

此外，汤斌还对其他一些习俗三令五申，进行禁止。比如赌博，为了防止赌博，还下令禁止制造马吊纸牌，认为奸淫窃盗，都与赌博

---

①②汤斌：《禁约事》，《汤斌集》，中州古籍出版社，2003年，第381页。

有千丝万缕的关系；还有迎神赛会，汤斌认为是地方无赖敛财之举，并且“男妇群聚往观，举国若狂，废时失业，田畴菜麦蹂躏无遗。甚至拳勇恶少，寻衅斗狠，攘窃荒淫，迷失子女，每每祸端，难以悉数”①。汤斌还下令禁止吴中的端午节的龙舟竞赛、元宵节制作花灯，甚至要求胥隶娼优，不许着花缎、貂帽、缎靴，“如有故犯，该地方官严拿究惩”②。

汤斌一方面惩治恶风，另一方面也奖彰良风。为了建设以儒家之礼制为核心的社会秩序，汤斌主张恢复古饮酒礼及乡约。汤斌认为：“乡饮酒礼，所以表耆德，教万民，甚重典也。近来有司多视为故事，或废而不举，或举而不得其人，旷坠大典，罪莫甚焉。”③ 在巡抚江苏时，汤斌重申乡饮之礼，要求州县官吏将数年来乡饮宾开具姓名、年齿、德行实迹，并且推选出能服于公论的高德耆老，而成一乡之教化。同时，汤斌认为三代风俗之美，在于民众“里仁为美”、“比屋可封”，而乡约则是礼崩乐坏之后最好的一种教化措施④，并具体规定了贯彻乡约教化的具体节目：

> 以后朔望，官吏谒庙毕，即会集在城，士民于城隍庙内，乡村各择空阔祠宇，将本道所发的《乡约训解》、《感应篇》各讲一段，再讲新颁律令一条，务要明白痛切，人人可晓。平居无事，则互相叮咛。一有过恶，则彼此诘责。共存天理，共守王法，孝弟忠信，深耕易耨。心要平恕，毋得轻意忿争。事要含忍，毋得辄兴词讼。行之既久，地方庶几可辑宁，百姓庶几可寡过，刑清政简之效可以渐臻，知礼畏义之风可以日长。⑤

由上可以看出，清初的乡约贯彻，虽然围绕着民间自身风俗道

---

① 汤斌：《禁赛会演戏告谕》，《汤斌集》，中州古籍出版社，2003年，第574页。
② 汤斌：《严禁奢靡告谕》，《汤斌集》，中州古籍出版社，2003年，第577页。
③ 汤斌：《申明乡饮，以重大典事》，《汤斌集》，中州古籍出版社，2003年，第420页。
④⑤汤斌：《力行乡约，以善风俗事》，《汤斌集》，中州古籍出版社，2003年，第357页。

德，希图依靠乡村民众自身的“叮咛”、“诘责”来达到“息讼”，但是这种集会由官方召集，主讲内容又包含政府律令，因此，实际上，这一乡民的自治不仅要“共存天理”，同时也要“共守王法”，王权在其中展现了更多的力量。

可见，道德教化与王权控制是紧密地结合在一起的。在汤斌发起的伦理改良运动中，王权一直起着重要作用，表现为以禁令、告谕等官方文告来推进道德教化，这些禁令、告谕有《禁革乱俗，以正伦常事》、《严禁溺杀子女，以全天性，以厚风俗事》、《严禁妇女入寺燃身，以正风化告谕》、《再行严禁赌博，以杜乱萌事》，如此等等。在这些官方文告中，汤斌从理学的角度对当时不良的社会风气进行了批判，涉及了亲情、婚姻、丧礼、乡饮酒礼等伦理秩序的方方面面。在汤斌看来，当时风俗之衰，首先表现为地方强族横行，处于弱势的孤寡群体得不到保护，认为应该“老吾老以及人之老”，“幼吾幼以及人之幼”，将儒家“仁”的精神推衍到广泛的社会中，以消除“诈奸诈盗”的现象。

文化建设同样如此，虽以鼓励行式为主，但也仍然体现了官方意志。比如，汤斌为复社学、崇先贤而发布的诸如《兴复社学，以端蒙养事条》、《崇祀先贤，以昭景行事》等谕令，都带有一定的强制色彩。其中，社学教育是汤斌改良地方风俗的重要手段之一。汤斌在任潼关道员时规定：“该州县本城内外，或乡村集镇大约二百家以上者，即设立社学，令乡约各查本里子弟，年八岁以上，十六以下，共若干人……如果家贫无资，该州县申各报道，以凭量为设处廪谷束脩。……须要端庄敬慎，以为后生模楷。先讲明《孝经》、《小学》诸书……其学规遵本道颁发王文成公教条。”① 汤斌多次重建或修复各地的毁废的书院、乡贤祠等。在潼关时，汤斌看到“关西夫子”杨震墓自兵燹之后，“飨堂倾圮”，“狐兔宅之”，便谕令饬修，认为

① 汤斌：《兴复社学，以端蒙养事条》，《汤斌集》，中州古籍出版社，2003 年，第 449 页。

于“激劝人心、风示当世”大有补裨。[①] 巡吴期间，汤斌申饬学校风气，对诸生中争讼、通奸、侵夺房产、诓骗财物等种种行为进行了批判，并表示要对诸生中孝、友、礼、让、践履笃实的人，或者是究心濂、洛、关、闽之学者，大加褒奖。

总体来看，汤斌有关社会风俗进行的改良活动取得了一定的成效，据江南名士汪琬述汤斌墓志铭，自汤氏抚吴之后，“吴俗自是大变，虽穷村辟壤，莫不感颂其政。里巷因公之姓，至以谚语呼公‘清汤’云”[②]。以汤斌为代表，这场风俗改良运动不是偶然的。比如，对江南的奢华，从康熙帝到汤斌、张伯行认识都是一致的，改良社会风气是清初庙堂理学的重要目标。张伯行移任江苏巡抚之后，也以风俗为重，针对“苏郡习俗华靡，衣饰宴集，奢豪相尚，凡遇婚丧，选胜争奇，靡有底止”，一方面严令禁止，另一方面，以身作则，“率家人悉布衣，署中供养不过腐菜、脱粟而已”。[③] 总之，顺、康时期社会改良与理学名臣们息息相关，汤斌等理学名臣的努力，有力地推动了清初社会风气的改良，这些改良以儒家“教化”为根本原则，同时又杂以王权的强制手段，体现了理学与王权的紧密结合。

二、书院讲学的官学化发展

书院自诞生以来，作为一种文化组织，无论官办或民办，总体上是以“自由讲学”为特征的，因此在一定程度上独立于官学体系与王权意志之外。由于讲学自由，书院成为儒学新形态衍生、更新的大本营，同时也往往与国家固有的意识形态发生冲突，自庆元以来，书

① 汤斌：《饬修先贤遗迹，以重风教事》，《汤斌集》，中州古籍出版社，2003 年，第 378 页。

② 汪琬：《墓志铭》，《汤斌集》，中州古籍出版社，2003 年，第 1793 页。

③ 张师栻、张师载：《张清恪公年谱》，《北京图书馆藏珍本年谱丛刊》，第 86 册，北京图书馆出版社，1999 年，第 560 页。

院屡遭严禁的命运，尤以明代张居正禁学规模最大。不过，书院一旦游离于政府之外，缺乏制度、资金保障，也影响自身的稳定发展。清初庙堂既主张大力发展书院，繁荣帝国的文化，又试图将这一文化力量纳入到王权秩序之中，将书院变成推行社会教化的工具。

在明末清初的文明冲突中，书院作为传承汉文化的重要载体首当其冲，由于满族有政教合一、君民一体之俗，故而对于这种独立讲学，甚至屡与政府意见相冲突的书院抱有敌视态度。同时，书院在明代又与文人社团组织一体相融，在清军入关之初十余年间，许多文人社团以抗清为目的，比如复社等①，这也加深了清廷对书院的敌视。顺治九年（1652），清廷下诏令要求“各提学官督率教官，令诸生将所习经书义理讲求实践，不许别创书院，及号召游食之徒空谈废业”②。并颁布《学校禁例十八条》、《训士卧碑文》禁止生员上书言事。书院后来虽然在汉族官僚的推动之下迅速振兴，但相对于明代已经打上了深刻的官方意志，诚如盛朗西《中国书院制度》所指出：“明以前，书院以私立为原则，至清而官立。”③ 又据邓洪波教授统计，在官方提倡之下创建、复兴之书院与民间及不明情况者之比率达76. 72%∶21. 78%之多，其中地方官占60. 44%，督抚占10. 33%，京官占0. 33%，敕奏占5. 61%，④ 可见清初书院修建展现出来的独特的

① 明末文士人结社由最初之应习科考转而抗清是一个重要现象，前期以复社为代表；顺治十七年禁止结社之后，许多社团仍在秘密进行，这些社团或积极响应海上义师，或是蓄志密谋作恢复的事业，甚有影响，顺治十年左右到康熙初年，主要有惊隐诗社（叶恒奏、顾炎武）、望社（阎修龄等）、两湖八子、南湖九子社（董志宁等）、西园诗社（屈大均等）、冰天诗社（僧甬可等）。具体可参见谢国祯《明末清初的学风》，上海书店出版社，2004年，第8页。

② 《钦定皇朝通志》卷七四《选举略三》，台湾商务印书馆1983—1986年版文渊阁《四库全书》，第645册，第120页。

③ 盛朗西：《中国书院制度》，上海书店，1934年，第150页。

④ 参见邓洪波：《中国书院史》第六章《书院的普及与流变》表6. 4“清代书院创设、兴复、改造人物统计表”，东方出版中心，2004年，第413页。

官方特色。

理学官僚以官方身份创建书院、进行讲学是清初书院运营的基本模式。明代以前书院亦不乏官僚创办，但在总体上仍是以士人讲学为主，展现为士人的道统追求与文化精神，这在明代中后期王学运动中表现得尤为明显。明代书院的讲学方式更多地代表了民间的声音，清初则不同，书院建设者不仅有官方背景，在建院、讲学中都体现着官方的意志。比如，自康熙三十七年（1698）起，张伯行先后建立过请见、清源、夏镇、济阳等书院，其中福建鳌峰书院与江苏紫阳书院具有典型的意义。鳌峰书院建于康熙四十六年（1707），张伯行时初抚八闽。紫阳书院建于康熙五十二年（1713），张伯行时任江苏巡抚。鳌峰书院、紫阳书院的创建不是张伯行的私人活动，他所创建的这些书院很大程度上可以划归到官方学校体系中。再比如，作为宋代四大书院，嵩阳书院在清初的重建和讲学，不仅发起者和主持者耿介曾为朝廷高官，王日藻、阎兴邦、汤斌、徐乾学等清朝重臣也都对嵩阳书院重建和讲学表示关注。比如，时任河南巡抚的王日藻表示其“奉命抚豫方，以兴起文教为首图”，目的正是要“崇道统、励儒修”。[①] 徐乾学更进一步指出书院与道统的关系，认为：“书院之设，几几重于学校……使学者学于斯……庶几圣贤尽性至命之绝业，将由一州一乡达之天下，自此学术人材可几三代。”[②] 汤斌则指出嵩阳书院讲学的应有趋向，书院讲学“以主敬为宗，以体天理为要”，从而“得程朱正旨”[③]，赞扬耿介“家居讲学，以程朱为道统”[④]，批评当时“功利词章、举业技艺之习，陷溺人心，士子穷年矻矻，志在利禄

① 王日藻：《嵩阳书院碑记》，《嵩阳书院志》卷二，中州古籍出版社，2003年，第82页。
② 徐乾学：《嵩阳书院记》，《嵩阳书院志》卷二，中州古籍出版社，2003年，第87页。
③ 汤斌：《嵩阳书院记》，《嵩阳书院志》卷二，中州古籍出版社，2003年，第86页。
④ 汤斌：《嵩阳书院记》，《嵩阳书院志》卷二，中州古籍出版社，2003年，第84页。

名誉，而天之所与我者茫然”①。吴子云、方楫、林尧英等地方官僚也被邀到嵩阳书院讲学。这种风气一直延续到雍正朝，当时朝廷发现“各省学校之外，地方大吏每有设立书院聚集生徒讲诵肄业者”②。于是便只好改变最初抑制书院发展的政策③，于雍正十一年（1733）便诏令建立省会书院，省会书院的建立，便是在鳌峰书院、紫阳书院、嵩阳书院等成功范例基础上的进一步发展。

在这些理学官僚发起的书院运动中，作为国家意识形态的程朱理学便逐渐在书院讲学中占据了主导地位。宋明时代的书院有讲学的自由权，程朱理学之于荆公新学，阳明心学之于程朱理学，都是民间学术对官方意识形态的挑战，而当时的书院也都具有制造新儒学文化形态的使命和作用。到清初，书院则逐渐向意识形态传播的工具转化，具体而言，就是传播官方的程朱理学。康熙帝对学校极为重视，在其看来：“学校者，教化所从出，将以纳民于轨物者也……教化者，为治之本，学校者，教化之原。”④ 在位六十一年间，康熙帝共向地方书院赐匾十三次，所赐匾额、对联涉及书院共二十三所。⑤ 在这些匾额中，其中“学达性天”四面，“学宗洙泗”一面，“程氏正宗”一面，“穷理居敬”一面，“大儒世泽”一面，都体现了康熙帝对程朱理学的推崇，也表明皇帝企图通过赐匾、赐书等文化软实力的构建来推动书院讲学传统之变，引领书院的意识形态走向。在这种情形下，以程朱理学为崇尚的书院在各地勃兴。其中，上述河南嵩阳书院、江苏紫阳书院、福建鳌峰书院都具有代表性意义。嵩阳书院为宋代四大

---

① 汤斌：《嵩阳书院记》，《嵩阳书院志》卷二，中州古籍出版社，2003年，第86页。

② 《皇朝文献通考》卷七〇《学校考八》，台湾商务印书馆1983—1986年版文渊阁《四库全书》，第633册，第687页。

③ 白新良：《中国古代书院发展史》，天津大学出版社，1995年，第156页。

④ 《圣祖仁皇帝御制文集》第一集卷一七《学校论》，台湾商务印书馆1983—1986年版文渊阁《四库全书》，第1298册，第173页。

⑤ 数据来源于邓洪波《中国书院史》第六章表6.8《康熙年间赐额书院一览表》，东方出版中心，2004年，第432—433页。

书院之一，不仅是中州的文化中心，也是当时北方传播程朱理学的中心，耿介“以书院宜重道统，故专祀焉”[①]，建先贤祠专祀程朱，并高度肯定程朱在儒家道统传承中的重要作用，认为自孟子以后：

> 汉唐以及五代，功利之习中于人心，异端复从而蚀之，吾道之在天下不绝如线。有宋之世，河南两程夫子亲见濂溪，得不传之学于遗经，以兴起斯文为己任……朱子表章六经四子之书，发挥河洛之微言大义，使斯道灿著如日月经天。[②]

在其看来，专祀程朱，就是要使“异端亦不敢与吾道抗”[③]。紫阳书院与代表明代讲学风气的东林书院同在一省。书院建于苏州府学东，前堂设“朱子神位”，以程朱理学引导生徒的治学宗尚，教材有程朱一派的《学规类编》、《养正类编》、《朱子白鹿洞学规》、《程氏家塾读书分年日程原本》等。紫阳书院建成之后，浙江、福建、江西、山东“多有负笈来者”[④]，一时间成为数省的学术与教育中心，并逐渐取代了东林书院对于中国文化中心——东南诸省的影响。明代的福建，受阳明后学影响很大，“如李贽之《焚书》、《藏书》，怪乱不经”，皆曾广泛流传，“其时长老，多好此种，却将周、程、张、朱之书讥笑”[⑤]，鳌峰书院建立之后，程朱理学蓬勃地发展起来，蔡璧、蔡世远、蓝鼎元、雷鋐、郑亦邹、黎致远、郑文炳、余祖训等理学学者齐集于福州，在张伯行的引导下，刊刻了大型理学丛书——《正谊堂全书》，该丛书收录了从周敦颐、二程、张载到朱熹、薛瑄以及清初陆陇其、陆世仪的理学著作，是宋明以来六七百年间程朱理学的结晶之作，标志着清代程朱理学对书院的重大影响。

由于理学官僚的大规模参与，书院讲学风气也由士人议政转向以

---

① 《沿革·先贤祠》，《嵩阳书院志》卷一，中州古籍出版社，2003 年，第 19 页。
②③耿介：《创建嵩阳书院碑记》，《敬恕堂文集》，中州古籍出版社，2005 年，第 163 页。
④ 张师栻、张师载：《张清恪公年谱》，《北京图书馆藏珍本年谱丛刊》，第 86 册，北京图书馆出版社，1999 年，第 616 页。
⑤ 李光地：《榕村语录续语录》，中华书局，1995 年，第 523 页。

官方为代表的社会秩序的构建。明代中后期书院讲学的形式，主要以会讲、讲会为主，好似佛家开坛说法一样，往往一人论道，上千人去听讲，比如灵济宫之会，一次听讲者竟多达五千人。这种讲学方式，在清初受到了广泛批判。在张伯行看来，书院讲学应“勿务华而离其实，亦勿求精而入于虚”，所谓“勿求精而入于虚”，就是摒除“处士横议”之习，规定生徒“沉潜玩索，身体立行，凡有所得，即记于是日课程之内”，“每日早晨，先看四子、五经各一二章，务必逐字逐句于身心上体验”，[①] 亦即应在知识的研习和人伦日用中默默地进行道德实践。东林书院是明代书院讲学风格的重要代表，顾宪成、高攀龙讲学与东林书院在天启间被毁的命运，便展现了明末庙堂与儒家士人群体之间的斗争，这种斗争被视为党争，而在清初也遭到广泛的批评。清初庙堂诸子也将眼光投向这座著名的书院。汤斌在巡抚江宁期间，继明末顾宪成之后对东林书院重新修复。熊赐履更是在《重修东林书院记》中对书院的发展指明了方向：

> 晚近以来，往往以讲学之故，致干时君时相之怒……吾党有志之士，以嘿识为真修，以笃行为至教，勿口舌轧击以矜能，勿意见纷拏以长傲，尊贤容众，嘉善矜愚，偕游于大道为公之世，而绝无所为怙己凌人之弊。[②]

顾宪成、高攀龙东林书院派实为王学修正一脉，它一方面纠正了王学末流过度玄虚、不问现实的倾向，另一方面也积极发扬王学自任道统、以道佐治的传统，显然与清初庙堂的程朱理学是有冲突的。熊赐履主要是针对东林书院讽议朝政的风气，并提出了自己的期望，在其看来，学子们应当“嘿识”与“笃行”，将原来对朝政的热衷转向

---

① 张伯行：《紫阳书院示书生》，《正谊堂文集附续集》，商务印书馆丛书集成初编本，第158页。

② 熊赐履：《重修东林书院记》，《经义斋集》卷五，《四库全书存目丛书》集部，第230册，齐鲁书社，1997年，第290页。

自身的修养。加之朝廷禁止书院聚众讲学的禁令，清初书院讲会便逐渐缩小规模并逐渐规范化，讲学风气也逐渐转为严谨、平实，书院意识形态传播的作用越来越强，学术争辩的功能却越来越弱。

总体来看，清初书院在讲学内容、运作模式及其文化功能上都展现了庙堂理学的意志。从积极的方面看，书院是汉文化的载体，它在清初的转向不仅有助于满、汉之间融合，而且作为传播文化的主要基地，非常有力地影响着汉族士人阶层。士人阶层是传统两极社会得以互动与和谐的主要力量，当这一阶层形成统一的价值理念，并且以社会秩序构建为最高理想时，对于当时社会教化的重大作用是不言而喻的。从消极的方面看，由于王权的不断渗透，书院自由讲学的精神面临着衰退的危机，当有持守、有理想的理学家逝去之后，学风、世风屡变，很多讲求程朱理学的书院便都彻底变成了科举培训园和帝国意识形态的传播场。

三、文化秩序中的书籍刊毁

书籍在教化方面有重要作用，尤其是印刷术发明之后就愈发明显。宋明以来，书籍是学术的传承的主要依托，程朱理学在明末的衰败，也由书籍之种类或多少可见其一斑，张履祥便曾指出：“百余年来，承阳明气习，程、朱之书不行于世，而王、陆则家有其书。”①张履祥“程朱之书不行于世”之说非并耸人听闻，张伯行也提到《周濂溪集》时极为难见，只是幼年读书时从《性理大全》及《近思录》中领略濂学大意，“每时时思购之，而不可得”②。作为程朱理学鼻祖的周敦颐的著作尚且难觅，更遑论其他了。

因此，清初庙堂通过程朱理学重构社会文化秩序，刊刻相关书籍

---

① 张履祥：《杨园先生全集·备忘三》，中华书局，2002 年，第 1143 页。

② 张伯行：《周濂溪集序》，《正谊堂全书》，清同治年间福州正谊书局左氏增刊本。

变得极为紧迫。早在关外，刻书就是满族接触汉文化的重要途径，入关之后，更是深刻地认识到“书籍关系文教”，刊刻儒家经典一直是庙堂的重要文化举措。“孝”作为一种人类共同的文化理念，是沟通满汉民族的重要价值观念，《孝经》一书很受清朝统治阶层的钟爱。顺治十五年（1658），清廷以“自古平治天下，莫大乎孝”[①]为由，特命冯铨为总裁官，又集冯溥、黄机、吴伟业、王熙、曹本荣诸臣，开始编纂《孝经衍义》。康熙帝亲政之后继续编纂《孝经衍义》。对该书，康熙帝特别重视，并为作之序云：

> 朕缅维自昔圣王以孝治天下之义，而知其推之有本，操之有要也。夫孝者，百行之原，万善之极，《书》言“奉先思孝”，《诗》言“孝思维则”，明乎为天之经，地之义，人性所同然，振古而不易。故以之为己则顺而祥，以之教人则乐而易从，以之化民成俗则德施溥而不匮。帝王奉此以宰世御物，躬行为天下先，其事始于寝门视膳之节，而推之于配帝飨亲，觐光扬烈，诚万民而光四海，皆斯义也。[②]

在康熙帝看来，孝是治理天下的根本法则，是人们种种善行之原，是基于人性之永恒与最普遍意义，无论是为己、教人、化民等一切政治社会秩序的构建均有重要的功效。同时，孝的展开应该以帝王躬行为天下先，如是便能作用于万民、四海，这是社会秩序构建的首要原则。到康熙晚期，以《朱子全书》、《性理精义》等书编纂为代表又一次掀起了书籍编刊的新高潮。可以说，顺、康以来，清王朝的治道思想形成了一个以编书传播统治阶层意志并构建社会文化秩序的思路。

---

① 《世祖章皇帝实录》卷九七《顺治十三年正月庚辰》，《清实录》，第3册，中华书局，1985年，第755页。

② 《圣祖仁皇帝御制文集》第二集卷三一《孝经衍义序》，台湾商务印书馆1983—1986年版文渊阁《四库全书》，第1298册，第634—635页。

这一思路在理学名臣中也表现深刻，他们在地方上的活动与中央共同构成了王朝的文化传播体系。张伯行的刻书活动最具代表性，据杭世骏《道古堂集·张尚书传》，张伯行一生共著书、辑书一百余种。其中主要是辑书，也杂有张伯行自己的若干著作，汇编成《正谊堂全书》，这部书是宋明理学总结性的丛书，成为以后士子们了解程朱理学的必由之径。这部丛书中各书的刊刻情况，前人已有爬梳。[①]

在该书的搜集、编纂过程中，张伯行费尽心力。比如，《道统录》一书原为山西潞县人仇君熙所作，张伯行于书肆之中购得原稿，在出任福建巡抚间，利用公余之暇，又采辑《易传》、《尚书》以及诸家传记，最后增订成书，[②] 并于康熙四十七年（1708）刊行。对于时时思购之而未得的《周濂溪集》，是康熙三十三年（1694），张伯行任职京师时，于抱国寺中偶得之，得到该书之后，"如获至宝，手不释卷者累日。……且恐其历久而或至湮没，急为订讹编次"。[③] 此外，有的书是通过特别查访而得，张伯行钦慕陆陇其为"程朱嫡派"，过嘉兴时"乃托别驾项君至其家求遗书，得《读礼志疑》、《读朱随笔》、《问学录》，皆向所未刻"。[④]

从编纂方式上来看，张伯行及其同仁对搜罗而来的书籍进行了简择、编排、集解、裁汰、删改。有编订之书，一般题作"仪封张伯行孝先甫编辑"（《周濂溪集》）、"仪封张伯行孝先订"（《方正学集》）、"仪封张伯行孝先甫重订"（《学蔀通辨》）；[⑤] 有选刻之书，即选某书中若干篇章，比如《黄勉斋集》，张伯行在序言中指出："先生文集

① 杨菁：《清初理学理想研究》，里仁书局，2008年，第401—403页。

② 张伯行：《道统录·序》，《四库全书存目丛书》史部，第124册，齐鲁书社，1995年，第653—654页。

③ 张伯行：《周濂溪集序》，《正谊堂全书》，清同治年间福州正谊书局左氏增刊本。

④ 张师栻、张师载：《张清恪公年谱》，《北京图书馆藏珍本年谱丛刊》，第86册，北京图书馆出版社，1999年，第531页。

⑤ 以上分别见《周濂溪集》第三卷卷首、《方正学集》及《学蔀通辨》各册首卷卷首。

凡若干卷，余选而刻之，其义理精微，文章宏达，与文公气象不异。”[①] 有集纂之书，即取多书中篇章合成一书，比如《学规类编》、《养正类编》，一般题作“仪封张伯行孝先纂”；再有一类就是张伯行自己的著作，其中有集解类作品，比如对《近思录》、《小学》的集解等。

张伯行还对某些书籍进行了删改，比如胡居仁《居业录》，据张自叙为“吾因梓是书，略为删订，以先生为明儒之最醇”[②]，又比如对罗钦顺《困知记》（原书六卷）“略为删其重复，择其精纯，得卷有四”[③]。这种编辑书籍的方式，受到了后来汉学家的批评，比如对陆陇其的《松阳钞存》，四库馆臣就指出：“仪封张伯行尝为刊板，删其与《问学录》重复者，仅存二十八条，殊失陇其之意……陇其孙申宪《跋》亦谓伯行刻陇其遗书四种，惟《读礼识疑》、《读朱随笔》为足本，此书及《问学录》均删节失真。”[④] 当然，这只是汉学家的看法。张伯行有自己的主张，比如对《问学录》，在其看来刊定此书是要“使天下知先生之书，实与考亭相表里，而于卷中特删去其辨难牵引之太繁者，如伊川先生置之不问之意，盖正学既明异端自息，初不必切切然与较。而且聪明未一、识见未定之士，亦不至使是非邪正交杂于目前也”[⑤]。

从意识形态构建的角度来看，这部丛书有塑造程朱道统、建立文化秩序的强烈冲动。该书所收理学家著作，是从周敦颐、二程、张载、朱熹到薛瑄、胡居仁等人的一条程朱学派的脉络，而于陆九渊、王阳明及其后学的著作却一概不录，特别收著有程朱学派所著道统史

---

① 张伯行：《黄勉斋集原序》，《正谊堂全书》，清同治年间福州正谊书局左氏增刊本。
② 张伯行：《居业录原序》，《正谊堂全书》，清同治年间福州正谊书局左氏增刊本。
③ 张伯行：《困知记原序》，《正谊堂全书》，清同治年间福州正谊书局左氏增刊本。
④ 《钦定四库全书总目》卷九四，台湾商务印书馆1983—1986年版文渊阁《四库全书》，第3册，第71页。
⑤ 张伯行：《问学录原序》，《正谊堂全书》，清同治年福州正谊书局左氏增刊本。

著《伊洛渊源录》(宋·朱熹)、《道统录》(明·朱衡)等，并收录对陆王之学进行批判的《学蔀通辨》(明·陈建)、《王学质疑》(清·张烈)等。通过这些书籍，张伯行有意识地给读书人确立起程朱理学在其思维世界的权威。

同时，该丛书对为学工夫特别重视，并将这种工夫伦理化。其中，蒙养之教占有重要位置，主要有《小学集解》、《小学衍义》、《养正类编》、《养正先贤》、《训蒙诗选》等，这些书针对年轻人进行教育，授之以“扫洒应对”等儒家基本礼仪，展现了程朱理学处理日常各种社会伦理关系的方式。对于读书求学的士子，该丛书录有《学规类编》、《学规衍义》、《程氏家塾分年日程原本》、《近思录集解》、《续近思录》、《广近思录》、《性理正宗》诸书用以指导。该丛书还重视家庭伦理的构建，亦即杭世俊所谓的“修齐之范”，有《家规类编》、《闺中宝鉴》。这类书籍看似浅近，涉及的阶层却最为广泛，易于推广。另外，关注“为文之道”也是该丛书的特色，包括《濂洛风雅》、《唐宋八大家文钞》，展现了清初程朱理学“文以载道”的观念。

由上述简略分析可见，张伯行的理学教化主要侧重于为学工夫，而非形而上的讲论，而且这些书都是选编本，不仅体现了张伯行的个人意志，也与王朝构建程朱理学的意图是一致的。这部丛书与御纂诸书相对比而言，它与现实生活世界紧密联系，涉及范围广博，涵盖层次细密，从价值理想的取向、日常行为规范、文化精神追求、家庭生活教育以及修辞表达，而为整个文化秩序提供了更为有章可循的规范。

张伯行之外，康熙朝理学名臣诸如魏裔介、熊赐履、李光地、汤斌等人自己的著作在当时也多通过刊刻而行世。其中，熊赐履的《学统》刊行于康熙元年①，《经义斋集》有康熙二十九年刻本，《澡

① 徐公喜、徐翠丽:《学统·点校说明》，凤凰出版社，2011年。

修堂集》有康熙四十二年澡修堂刻本。李光地在康熙间刻有《榕村藏稿》，曾自为编定。汤斌《洛学编》则有康熙村德堂刻后印本。魏裔介现存刊刻书籍最多，比如，《圣学知统录》、《圣学知统翼录》有康熙间龙江书院刻本，樗林《闲笔》、《偶笔》、《续笔》有康熙十九年龙江书院刻本，《希贤录》有康熙间胡元成等刻本，《鉴语经世编》有康熙十四年自刻本，等等。

同时，清王朝对于文化传播中图书的负面意义也怀有担忧，表现为多次对“小说淫辞”禁毁。早在天聪九年（1635），太宗就指示对汉人的演义小说“停其翻译”。这一时期，满族还没有形成君主专制之国，社会秩序主要依靠淳良的风俗维持，对淫秽、匪盗之类不能认同。入关之后，由于生活地域改变以及成为寄食阶层，满人上层迅速倾醉于汉人文学，尤以各种各样的小说为最，这种现象引起了皇帝及满族中留恋旧俗者的高度警惕，他们担忧满族在关外的质朴之风会最终因之沦丧。因而顺治九年（1652），清廷对小说戏曲进一步严禁，规定：“坊间书贾，止许刊行理学、政治有益文业诸书，其它琐语淫辞，通行严禁”①，然而由于种种原因这一禁令并没有取得应有效果，直到康熙时仍然是“稗官小说盛行，满人翻译者众”②。

明清小说主张表达情欲，与程朱理学视情为恶、存理灭欲的价值观念正好相反。是故这些所谓“匪盗”、“淫秽”小说对于社会风气的影响，也引起了当时庙堂诸子的高度重视，而这正与皇帝及朝廷中的满洲贵族达成一致。汤斌在任江宁巡抚期间，就曾对当地的一些“淫秽匪盗”小说进行禁毁，认为“独江苏坊贾惟知射利，专结一种无品无学、希图苟得之徒，编纂小说、传奇，宣淫诲诈，备极秽亵，

① 《钦定大清会典则例》卷六九，台湾商务印书馆1983—1986年版文渊阁《四库全书》，第622册，第302页。

② 震钧：《天咫偶闻》卷二，续修《四库全书》，第730册，上海古籍出版社，2002年，第599页。

污人耳目”①。在其看来，这些小说、传奇，将会把人性引向“淫”、“诈”。魏裔介对于当时著名小说的批评也比较激烈：

凡诸作小说之人，大抵胸无识见，逞臆簧鼓，以迷惑无识、愚昧者，如近日杭州所刻，不过奸淫杀盗，及诞妄虚幻之辞，即世所艳称谓之“奇书”……如《水浒传》者，宋之末季，童贯、蔡京、高俅、王黼，奸宄不忠，死有余辜矣。而草窃之寇，如晁盖、宋江等，杀戮良民，破陷城池，不过假一二仁义之言，以愚远近……如《西游记》者，心猿意马，木母金公，以喻人身，以妖魔喻人之邪念，似亦有意者，然其说重复，其词鄙俚……②

魏裔介肯定这些坊间小说或者有一定意义，但是主要是负面影响，诸如《水浒传》、《西游记》等小说虽然有一定意义，但其暴力情节等的确有待限制，对于当时以营造三代简朴之风为发展蓝图的清初庙堂的理解更是如此。

康熙二十六年（1687），清廷所颁布禁毁小说的书目已达一百五十余种。然而，中央和地方各级官员并未认真对待，兼之康熙帝对于文学事功的高度热情，使这些禁令往往徒具形式。至五十三年（1714），康熙帝态度彻底转向程朱理学，从而导致官方的禁书政策开始落实。康熙帝表示：

朕惟治天下以人心风俗为本。而欲正人心、厚风俗，必崇尚经学而严绝非圣之书。此不易之理也。近见坊间多卖小说淫词，荒唐俚鄙，渎乱正理，不但诱惑愚民，即缙绅士子，未免游目而蛊心焉。败俗伤风，所系非细，应即通行严禁其书……③

---

① 汤斌：《严禁私刻淫邪小说戏文告谕》，《汤斌集》，中州古籍出版社，2003年，第576页。

② 魏裔介：《樗林闲笔》，《四库全书存目丛书》子部，第113册，齐鲁书社，1995年，第631页。

③ 《圣祖仁皇帝御制文集》第四集卷四《谕礼部》，台湾商务印书馆1983—1986年版文渊阁《四库全书》，第1299册，第421页。

与汤斌、魏裔介相比较，康熙帝对于禁毁小说的看法高度凝练。首先，书籍与风俗紧密相关，圣贤经学才具有不易之理，它是正人心、存风俗的根本，也是治理天下、构建社会文化秩序的根本。其次，坊间小说淫辞破坏了清初社会文化秩序的构建，它广泛地涉及民众、士绅等各个阶层，搅乱了人们内心中平静的欲念。朝廷还规定，刻板与书一并销毁，如仍有刻印者，官员革职，兵民杖一百，流三千里，如仍出售者，杖一百，徒三年，该管官失察者罚俸降级。可见，无论是清王朝一次又一次的修书运动，还是一次又一次的禁书运动，它有非常明确的现实指向——社会文化秩序的重构。

第五节　厚民生：经济秩序的恢复

轻徭薄赋、藏富于民是儒家的重要理念，《论语》中“百姓足，孰与不足”、“富之，教之”、“不违民时”等等，都是相应的表达，孟子还描绘了“五亩之宅，树之以桑，五十者可以衣帛矣”的王道政治图景。在儒学的视域中，薄赋敛、厚民生一直都是统治者是否施行仁政的衡量标准。清初历经长年战乱，民生困苦已极，理学登上庙堂影响王权，也从这个方面展开对其王道理想的追寻。

一、减免赋税、实行均田

在理学家看来，“为民立君，所以养之也。养民之道，在爱其力。民力足则生养遂，生养遂则教化行而风俗美，故为政以民力为重也”①，薄赋敛是爱惜民力、厚养民生的主要途径，是社会风俗改良的前提。王阳明经营赣南时，便上疏指出：“宽恤之虚文，不若蠲租

① 程颢、程颐：《二程集》，中华书局，1981 年，第 1095 页。

之实惠；赈济之难及，不若免税之易行。”① 认为减免赋税是对民众最直接的帮助。总之，理学家追求社会均平的理想无不从减税、赈灾开始。

清军入关之初，由于连年战乱，未能立行放马华山、放牛桃林之事，相反，官方沉重的赋敛却如达摩克利斯之剑高高悬挂。顺治时期，仅中央财政每年就要为兵饷及相关经费支付白银一千五百余万两，缺口有八十七万五千余两，最高峰时缺额竟高达四百万两之多，其他的国用支出还不计算在内，真是“国用匮乏，盖视前代为独甚”②。很显然，一切财政亏空只有从民间以各种手段去获取，号称富庶的江南，实际上也是额赋繁重之区，当时也已经是“十室九空”③，其他地方可以想见。

康熙帝临政之初就认识到：“自古国家久安长治之谟，莫不以富民为首务，必使田野开辟，家有余藏，而又取之不尽其力”，才能“民气和乐，聿成丰亨豫大之休。”④ 并将蠲免视作“古今第一仁政”⑤。围绕在康熙周围的日讲官也多依经典启沃年轻的皇帝，比如《日讲四书解义》讲“仁德之君知生财之大道，不在专利，则不私其有，而自享安富尊荣之奉，此是舍财以发达其身也；不仁之君，不知生财之大道，专利于上，而朘民以生，由是天下离心而有败国亡身之祸”，“天地之生财，止有此数，上既聚敛，则下必困穷，争夺之起，

---

① 王阳明：《乞宽免税粮急救民困以弥灾变疏》，《王阳明全集》，上海古籍出版社，1992年，第428页。

② 张玉书：《张文贞集》卷七《纪顺治年间钱粮数目》，台湾商务印书馆1983—1986年版文渊阁《四库全书》，第1322册，第531页。

③ 汤斌：《申严包纳钱粮之禁，以祛蠹安民事》，《汤斌集》，中州古籍出版社，2003年，第607页。

④ 《圣祖仁皇帝实录》卷四四《康熙十二年十一月庚午》，《清实录》，第4册，中华书局，1985年，第580页。

⑤ 《圣祖仁皇帝御制文集》第三集卷二八《赐民田租之半诏》，台湾商务印书馆1983—1986年版文渊阁《四库全书》，第1299册，第215页。

亦势所必至耳”[①]，如此等等。为此，清政府实施了一系列轻徭薄赋、藏富于民的政策。三藩战乱一结束，康熙帝便谕告议政王大臣说：“自用兵以来，百姓供应烦苦，朕前屡言俟天下荡平，将钱粮宽免。尔等可同户部先将天下钱粮出纳之数，通算启奏。”[②]

清初的蠲免主要针对天灾，早在顺治十年（1653），朝廷就制定了相关的蠲免政策，规定被灾八、九、十者，免十分之三；五、六、七者，免十分之二；四分者，免十分之一。康熙朝对顺治时期的蠲免政策进行了调整，在具体施行上，其规模之大、涉及地区之广都远迈之。据统计，康熙帝在位六十一年，先后在山东、河南、陕西、广西、四川、云南、贵州、山西、湖南、安徽、陕西等二十多个省区，蠲免税粮、丁银、逋赋达五百四十五次，其中重要的有三十多次。[③]至于其数额，从康熙元年（1662）到康熙四十八年（1709），所免钱粮已达一亿两有余，其中四十八年时朝廷蠲免十九省的地丁银及历年旧欠，共三千多万两，接近全国一年的总收入。[④] 同时，蠲免的对象也得到扩大，既包括政府蠲免业主的田赋，也包括业主蠲免田户的地租。[⑤]

理学名臣诸如汤斌、张伯行、李光地、陈鹏年等人作为封疆大吏到地方施政，对清王朝推行轻徭薄赋的政策也起到了重要作用。顺治十六年（1659），汤斌调任江西岭北道，看到民不聊生的情况，便训谕属吏说：

---

① 《日讲四书解义》卷一《大学》，台湾商务印书馆1983—1986年版文渊阁《四库全书》，第208册，第3127页。

② 《圣祖仁皇帝实录》卷一〇四《康熙二十一年八月辛酉》，《清实录》，第5册，中华书局，1985年，第59页。

③ 钟安西、楼毅生：《试论康熙的经济政策》，《中国古代史论丛》，1981年第2辑（明清史专号），第343页。

④ 孟昭信：《康熙大帝》，吉林文史出版社，2004年，第268—269页。

⑤ 郭松义、李新达：《清代蠲免政策中有关减免佃户地租规定的探讨》，《清史论丛》，第8辑，中国广播电视出版社，1991年。

照得虔南自兵燹之后，灰烬遗黎，膏尽髓竭。司牧者自当加意爱养，除正供外，分毫不宜朘民。……嗟！嗟！朝廷建立守令，固望保障孑遗，撙节民财，一切与地方休息……①

在汤斌看来，朝廷要建立稳定的社会秩序，必须首先保障人民的生命财产，底线就是地方官僚不能"朘民"，不能再对民过分盘剥。康熙朝，汤斌又被命为江宁巡抚。汤斌发现，作为富甲天下的江苏地区，"小民输将正供，拮据维难。兼以递年水旱频仍，困苦尤甚"②。因此，在汤斌看来，仅在灾年免租，只能使"民困少苏"，只有"举于丰年，富乃可藏于民"。亦即不能仅仅使民众免于冻馁，而是必须使之富庶起来。这一建议得到康熙帝的认可，于是原来只在灾年施行的蠲免政策得到进一步发展。③

张伯行巡抚福建之伊始，便疏请蠲免台湾、凤山、诸罗三地旱荒田地额赋；康熙四十九年（1710）任巡抚江苏时，张伯行又一次上疏朝廷说："去岁淮安、扬、徐三府属十四州、县、卫，夏秋连遇水淹，蒙恩发帑赈济，延至今春，仍多乏食穷民，请加赈至麦熟。"④李光地在直隶巡抚任上，上疏奏请蠲免应涉及旧岁欠额，否则不法贪官往往利用旧岁欠额对民众进行压榨，得到朝廷的认同，著为定例。康熙帝六十寿诞之年，李光年又乘机呈请朝廷定为轮蠲钱粮之法，确定为每年蠲免五省钱粮，又得到朝廷肯定，从此蠲免常态化进一步发展。康熙帝南巡，总督阿山借机增加赋敛，江宁知府陈鹏年不惜得罪皇太子和朝廷要员，宁可一死，也坚决不从。这些都表现了清初理学名臣在薄赋敛、厚民生上的努力。

康熙帝与李光地一样，害怕政策落不到实处，因此下文各部，要

① 汤斌：《禁革陋规，以苏民困事》，《汤斌集》，中州古籍出版社，2003年，第462页。

② 汤斌：《严禁征收钱粮勒索火耗私派之弊，以恤民艰，以清赋税告谕》，《汤斌集》，中州古籍出版社，2003年，第554页。

③ 李元度：《国朝先正事略》卷五，岳麓书社，1991年，第134页。

④ 《清史列传》卷一二，中华书局，1976年，第842页。

求各督抚“张示遍谕穷乡僻壤”，咸使周知其蠲免政策，“倘有不肖官吏于额征之外，巧立名色、别有科派、私图肥己者察出，定治重罪”。① 一次，又对科道官员讲：“朕因江浙年岁歉收，米价腾贵，令江西、湖广米商报名，不许积囤，沿海一带，禁约不许出洋，闻江浙米价皆平矣，科道何不言及耶？朕凡遇饥荒，即蠲本年钱粮及历年逋欠，又留漕赈济，但恐民未必得沾实惠。”②

的确，由于吏治问题，蠲免虽多，却远远抵不上摊派，朝廷博得了美名，百姓却未得到实惠。康熙帝自己也不得不承认，说：“朕屡次南巡，见闾里殷阜之象，远不逮于旧时，虽不时蠲免额赋，停征积逋，仅可支吾卒岁，绝无余蓄。朕每念及此，未尝不为恻然。”③ 原来，每遇灾荒，朝廷即行蠲免，地方政府的火耗等便不能征取，因此多方隐匿，从而导致民生凋敝。康熙四十八年（1709），河南巡抚陛辞，康熙帝还特别嘱咐不要隐匿灾伤。李光地看得很清楚，说：“朝廷一免江南银米即二百万，自古无如此之多者。只是天地间却不见有宽裕润泽之气，是何缘故？总是无好官……无人共理，虽朝廷之力，一人独办也做不得。”④ “国家免钱粮动数百万，而民不感，民不受惠，想是官不好。上有法蠲，他有法征。州县敛之以贡府道，府道敛之以贡两司，两司敛之以贡督抚，督抚又有交际及办差请事，宛转归上，民穷日甚。”⑤

清廷为了解决民困，还推行了一些措施，主要是如何均田，使耕者有其田。对此，儒家提出过井田制，认为井田是解决土地过度集中

---

① 《圣祖仁皇帝实录》卷二二二《康熙四十四年十一月癸酉》，《清实录》，第6册，中华书局，1985年，第242页。

② 《圣祖仁皇帝实录》卷二三八《康熙四十八年十月丙午》，《清实录》，第6册，中华书局，1985年，第385页。

③ 《圣祖仁皇帝实录》卷二三五《康熙四十七年九月戊午》，《清实录》，第6册，中华书局，1985年，第349页。

④ 李光地：《榕村语录续语录》，中华书局，1995年，第822页。

⑤ 李光地：《榕村语录续语录》，中华书局，1995年，第833页。

的根本途径。明末土地兼并十分严重，朝廷的宗室、勋戚、太监、官僚，无不加入到土地兼并的队伍中去，两极分化十分尖锐。① 李自成农民军更是打出“均田免粮”的旗帜以号召民众。这些都可以窥见当时的土地集中情况。明清鼎革之后，情况也未过多缓解，汤斌曾感慨说当时是“富者田连阡陌，贫者至求数亩自给而不可得”②。因此，民间均田呼声也很高，颜元就表示：“使予得君，第一义在均田，田不均则教养诸政俱无措施处。”③

均田、耕者有其田既是理学家的呼声，也是满族的政治传统，因为八旗本来就是“分田受禄”，与理学家提倡的井田精神有内在的一致性，这使清王朝对理学家的相关构思较易接纳。明末清初长期战乱之后，政府掌握了大量无主荒地，也为儒家井田的理想提供了现实基础。魏裔介上疏朝廷说：“自秦并天下，坏井田，其后富者连阡陌，或至百顷，或至千顷，贫者乃无立锥之地”，因此：

> 今本朝八旗之制，分田授禄，既已合于成周之法。连岁以来，天下初定，田亩新辟，土旷人稀，豪强之兼并者尚少，举千年之美政行之一旦，在皇上之一振举耳。……均贫富，杜侵渔，复古先王之法，诚无易于此也。④

顺、康两朝不断推出招徕流民的政策，其中，比较重要的有两种措施。一是更名田，即是将原来遍布于直隶、山东、山西、河南、湖北、湖南、陕西、甘肃等省藩王的藩田，无偿交给民众耕种。二是对入关之后八旗的圈地政策进行调整，并于康熙八年（1669）下旨永远停止圈地，“其今年所以圈者，悉令给还民间”⑤。

---

① 顾诚：《明末农民战争史》，光明日报出版社，2012 年，第 5—7 页。
② 汤斌：《汤斌集·门人窦克勤手述五十条》，中州古籍出版社，2003 年，第 12 页。
③ 钟陵：《颜习斋先生言行录》卷九《三代》，商务印书馆丛书集成初编本，第 28 页。
④ 魏裔介：《请立限田之法疏》，《兼济堂文集》，中华书局，2007 年，第 30 页。
⑤ 《圣祖仁皇帝实录》卷三〇《康熙八年六月戊寅》，《清实录》，第 4 册，中华书局，1985 年，第 408 页。

为了进一步促进垦殖、减轻人民负担，朝廷还下令延长起科时间。所谓“起科”，就是新开垦的土地开始按规定交纳田赋钱粮，起科时间太短的话，则新垦土地尚未成熟，就必须依律交纳钱粮，这样农民的积极性就被大大地削弱了。据统计，令四川一省，未起科的土地若按原来的政策，要多交纳钱粮三十余万。① 同时，朝廷还对开垦荒地有功的官员进行加赏。康熙三年（1664），朝廷下诏叙劝垦荒地功，便曾加河南总督刘清泰为兵部尚书，加巡抚张自德为工部尚书。

康熙二十四年（1685），清廷开始计划编纂《赋役全书》，使之永为定制，以期明确收税项目，减少官场腐败对民众的随意盘剥。当时，康熙帝提出这项建议，户部尚书余国柱加以反对，认为“毫忽以下”不必细究，亦即下层官府征税数额很少，不至于累民，康熙帝却认为事“关系民间休戚”，绝不可马虎大意。② 最终，康熙五十一年（1712），清朝庙堂推出了中国历史上一项非常重要的赋役制度改革，即“滋生人口、永不加赋”。同时，雍正间实行的“摊丁入亩”的制度，此时也已经有小规模的试验。

康熙帝还将其薄赋敛上升到社会风俗的高度，认为勤俭是富民之道的重要补充，在其看来，“晋风多俭，积累易饶；南人习俗奢靡，家无储蓄”。“一遇水旱不登，则民生将至坐困。苟不变易陋俗，何以致家给人足之风?”因此，只有“崇俭黜浮”，“积储日益丰盈”，才能“教洽化行”。③ 康熙二十八年（1689），圣祖巡游到山西，一方面蠲免钱粮，另一方面又告诫巡抚噶礼说：“若岁丰用奢，则荒年必致匮乏，教之以礼义，导之以守法，重农务本，藏富于民，则朕无西

① 周慧平：《康熙帝》，新蕾出版社，1993 年，第 101 页。
② 《圣祖仁皇帝实录》卷一二〇《康熙二十四年三月戊辰》，《清实录》，第 5 册，中华书局，1985 年，第 259 页。
③ 《圣祖仁皇帝实录》卷一三九《康熙二十八年正月乙卯》，《清实录》，第 5 册，中华书局，1985 年，第 523—524 页。

顾之忧矣"①。康熙帝以身作则，尽力减免宫廷的花费。以康熙二十九年（1690）为例，明代光禄寺每年送宫内所用各项银二十万余两，当时只用三万余两；明代每年宫用木柴二千六百八十六万余斤、红螺等炭一千二百零八万斤，当时分别为六百万斤及百余万斤；明代各宫床帐、舆轿、花毯等项，每年共八千二百余两，当时俱不用；明代宫殿楼亭门数共七百八十座，当时不及十分之一，乾清宫妃嫔以下使用扫洒老妪、宫女等合计一百三十四人。

从总体来看，较之前代，清王朝国民收入的政策天平一定程度上开始向民间倾斜，而民间财富的增加、民众生活的改善，从而对推动当时社会秩序的稳定及康乾盛世的出现起到了积极的作用。同时，藏富于民政策的推行以减税、均田为切入，有章法、有重点，又兼之以奖廉惩贪、提倡节俭，形成了一整套的系统构想。虽然由于种种原因，理学精神在清初庙堂及地方的展开相当有限，但是每一步的展开，都有成千上万的贫苦民众从中受益，正如魏裔介对顺治帝所进言："皇上捐数万之金，可活数十万人之命。"②

二、鼓励农桑、兴修水利

农业是传统社会的经济基础，农民是传统社会人群的主体，农民的疾苦实际上也就代表着民生的疾苦，清王朝的惠政主要对象是农民。康熙帝在《农桑论》一文中，指出"农者，所以食也；桑者，所以衣也。农事伤则饥之原，女红缺少则寒之原"，认为农桑是圣王治天下的传统：

> 虞舜之命弃曰"汝后稷，播时百谷"，禹之告舜也曰"政在

---

① 《圣祖仁皇帝实录》卷二一三《康熙四十二年十月戊戌》，《清实录》，第6册，中华书局，1985年，第167页。

② 魏裔介：《流民死伤堪悯疏》，《兼济堂文集》，中华书局，2007年，第20页。

养民，水火金木土谷惟修”，般之考绩群辟，亦曰“稼穑匪懈”，周以农事开基……农桑，王政之本也。①

康熙帝发挥《圣谕六条》而成的《圣谕十六条》，也将“重农桑”作为重要一条，表示自己的社会理想是“唯愿天下安，生民乐业，共享太平之福”。

与农业息息相关的天象因此也成为衡量王朝政治的晴雨表。在康熙帝等人看来，天与人是相通的，农业与天也有密切关系，自然灾害标志着这个国家的无道，因此，当自然灾害来临之际，康熙帝便极为警慎，比如久旱无雨时，便一边斋戒求雨，一边训谕吏、礼部。在一份诏书中，康熙帝如是说：

今已入夏，亢旸不雨，农事堪忧。朕念切民生，躬自刻责，特颁严旨，戒饬各官修省过愆，祈求雨泽，乃精诚未达，霖雨尚稽，朕心昼夜焦劳，不遑启处。兹朕虔诚斋戒，躬诣天坛祭告，恳祈甘霖速降，以拯生民。②

求雨不应，康熙帝还认为可能会有冤狱存在，并由此下令对重大案件进行重查，比如在另一份诏书如是写道：

迩者天气炎亢，农事堪忧，虽虔诚祷祈，尚稽雨泽。朕念切民瘼，夙夜焦劳，或因刑狱淹禁，中有冤枉，致干天和，亦未可知。兹特遣索额图、熊赐履等会同三法司，将已结重案逐一详加审鞫，如有罪可矜疑者，即与察明事由，开列具奏。务期情法允协，有枉必伸。③

康熙帝留心农事，写过不少有关农事的诗歌，像“老农力穑虑

---

① 《圣祖仁皇帝御制文集》第一集卷一八《农桑论》，台湾商务印书馆1983—1986年版文渊阁《四库全书》，第1298册，第178页。

② 《圣祖仁皇帝御制文集》卷三《谕礼部》，台湾商务印书馆1983—1986年版文渊阁《四库全书》，第1298册，第55页。

③ 《圣祖仁皇帝御制文集》卷五《谕刑部》，台湾商务印书馆1983—1986年版文渊阁《四库全书》，第1298册，第73页。

偏周，早夜扶犁未肯休。更驾乌犍施碌碡，好教春水满平畴”、“农家布种避春寒，甲坼初萌最可观。自昔虞书传播谷，民间莫作等闲看”，“气和时雨降，驻跸对荒陬。点点侵油幕，霏霏湿翠斿。未知同甸服，果足渥田畴。轸念民依切，驰书付置邮”，等等。

康熙帝经常利用地方官来京的机会向其咨询民生问题，据其自述说：“朕自弱龄读书，往往以不知穷檐僻壤之疾苦为叹息，所以留心于官方吏治，凡有来往者，必先咨询民情丰歉，偶有失时，定加蠲赈。”① 同时，康熙帝还通过实地考察去了解民间疾苦，行程中还希望尽量避免增加民众的负担。第二次南巡回京时，百姓沿河相送，康熙帝担心践踏农田，就发布谕令说农事方殷，所过地方悉停止岸傍迎送。

康熙帝也将农事与社会风俗联系起来，在《农桑论》一文中，康熙帝设想通过守令“敦实崇俭”，达成“薄海以内，袯襫之众比肩于野，杼柚之声相闻于里，庶几古初醇朴之风”，但是看到从事末业的人仍然日盛一日，半夜中都禁不住忧虑，并举孟子“菽粟如水火，而民焉有不仁”，认为“使天下之民咸知贵五谷，尊布帛，服勤戒奢，力田孝悌，而又德以道之，教以匡之，礼以一之，乐以和之，将比户可封，而跻斯世于仁寿之域”。② 为一个率全民而农的理想社会勾画出了蓝图。在其看来，村农野老，不识不知，天然自得，孝悌发于至性，朴诚不事文辞，正是儒家理想社会的应有之义。为此，赋七言律诗一首：

昼夜彷徨利禄间，奚如鄙里野人闲。
诗书不解穷通事，名姓无闻士宦班。

---

① 《圣祖仁皇帝实录》卷二一三《康熙四十二年十月戊戌》，《清实录》，第6册，中华书局，1995年，第167页。

② 《圣祖仁皇帝御制文集》第一集卷一八《农桑论》，台湾商务印书馆1983—1986年版文渊阁《四库全书》，第1298册，第178页。

孔颜乐处箪瓢在，孝弟真情稚子关。

可笑文章少实据，空将浮伪玷青纶。①

兴修水利也是一项惠民措施，主要表现在黄河治理上。明末黄河改道入淮，泛滥频仍，对两岸人民造成了深重的灾难。因此，亲政以来，康熙帝就以三藩、河务、漕运为三大事，并“书而悬之宫中柱上”②。

在殿试策问中，康熙帝多次就治水问题发问。康熙三十年（1691）辛未科殿试策问、康熙三十三年（1694）甲戌科殿试策问、康熙三十六年（1697）丁丑科殿试策问、康熙三十九年（1700）庚辰科殿试策问，连续十年间四次殿试，都提到治水问题，这在历代殿试卷中是绝无仅有的。

在治河过程中，康熙帝力求不作形象工程、以顺遂民意为要。康熙四十六年（1707）南巡时，正值河官张鹏翮欲开挖新河，便批评开河将坏民田庐、毁民坟冢，又说：“张鹏翮以读书人而为此残忍之事，读书何为？”“数年来，两河平静，民生安乐，何必多此一事？”③从曹家庙回清口，命将沿途开河标竿尽行撤去，百姓见之，皆踊跃欢呼万岁。

同时，康熙帝主张亲身实践，认为：“河道必亲历其地，然后可议其事。尔九卿等，俱未亲历，徒然悬揣，安有定论？”④康熙二十年（1681）巡视京畿，至霸州，见“其田亩洼下，多遭水患”，发现

---

① 《圣祖仁皇帝御制文集》第四集卷四三《七言一律》，台湾商务印书馆1983—1986年版文渊阁《四库全书》，第1299册，第620页。

② 《圣祖仁皇帝实录》卷一五四《康熙三十一年二月辛巳》，《清实录》，第5册，中华书局，1985年，第701页。

③ 《圣祖仁皇帝实录》卷二二八《康熙四十六年二月癸卯》，《清实录》，第6册，中华书局，1985年，第287页。

④ 《圣祖仁皇帝实录》卷一三三《康熙二十七年正月丁酉》，《清实录》，第5册，中华书局，1985年，第438页。

在水灾面前“小民生计无资”。① 康熙二十三年（1684），在南巡时，看到“清流不畅，黄水倒灌，以致洪泽湖上流淤垫”的形势，尽管其地甚卑湿、泥泞没膝，作为皇帝的玄烨还是步行阅视十余里，指授方略。康熙三十年（1691），经过巡察，靳辅再一次起升为河道总督，而对于一些不称职的官员如王光裕等人也及时予以罢免。通过考察，康熙帝向群臣宣示自己的治河方略说：“朕自甲子年至今，六次南巡，详观河形，一年异于一年，治河之道，当看何处关系紧要，便保守何处，不可执一。自古治河，皆顺水性，为今之计，但当商酌，使淮水稍泄其流，乘水未长时，预为绸缪。”②

理学名臣在地方上也开展了重农桑、兴水利等活动。李光地在做巡抚时，请求修河间的水田。又主持修建漳河，为了农桑的发展，亲督官吏，扑灭蝗灾。康熙三十年，洪水冲破仪封县北关北口，几乎淹入城中，在家读书的张伯行，多方觅沙袋，雇民堵住河口，终于保了一方平安。治河总督张鹏翮对张伯行的行为大加激赏。张伯行后来也曾担任过河道总督，并根据实际经验写成了《居济一得》一书，四库馆臣评价该书是“皆得诸阅历，非徒为纸上之谈者”，“迄今六七十载，虽屡经疏浚，形势稍殊，而因其所记，以考因革损益之故，亦未为无所裨焉”。③

① 《圣祖仁皇帝实录》卷九七《康熙二十年八月乙巳》，《清实录》，第4册，中华书局，1985年，第1228页。

② 《圣祖仁皇帝实录》卷二二八《康熙四十六年二月乙巳》，《清实录》，第6册，中华书局，1985年，第289页。

③ 《钦定四库全书总目》卷六九，台湾商务印书馆1983—1986年版文渊阁《四库全书》，第2册，第496页。

第六节　怀远人：边疆及域外关系的处理

从《尧典》中的“和睦九族”、“协和万邦”，到《诗经》中的“普天之下，莫非王土；率土之滨，莫非王臣”，许多儒家经典，都展示着中国传统的“天下观”，内华夏而外夷、狄，由内到外，构成了传统天下的基本格局。宋明以降，理学家依据《大学》勾画出了从“格致诚正”到“修齐治平”的宏伟蓝图，“以天下为己任”成为士大夫的一面精神旗帜。清王朝建立之后，也逐渐接受了中国传统的“天下观”，并以之处理自身与周边民族及域外国家的关系。

一、边疆民族对中央王朝的认同

“天下均平”是儒家的最高理想，“平天下”是指使天下人得其位，尽其才，是“兴灭国，继绝世，举逸民”，是“服远人”，“使天下之民归心”，注重的是文德教化和心理认同，而不是武力征服。因此，用软实力构建“天下观”，使周边民族认同中央，形成一个有强大凝聚力的王朝，是历代统治者和宋明以来理学家梦寐以求的。

早在关外时期，皇太极就提出说：“朕于满洲、蒙古、汉人不分新旧，视之如一。”① 在武力征伐的同时，皇太极还特别注意使用怀柔手段，在处理漠南蒙古问题时，就明确指出：“以力服人，不如令

① 《太宗文皇帝实录》卷二四《天聪九年七月癸酉》，《清实录》，第2册，中华书局，1985年，第314页。

人衷心悦服之为贵也”[①]，“以威慑之，不如以德怀之”[②]，并采取了诸如联姻、封爵等羁縻政策，体现出“恩威并重”、“偏以之恩”的特点，顺治、康熙两朝亦如是。[③] 征服朝鲜后，仍以厚礼待国王李倧及其妻子子妇群臣家属。大一统的天下观念，在顺治、康熙两朝继续稳定地展开。

康熙一朝，清王朝遵循儒家的理念，采取种种措施，用以争取边疆民族在心理上的认同。康熙帝也表示：“朕统一寰区，无分中外，凡尔民人，咸吾赤子”[④]，“凡在龙堆翰海内外百余部落，皆吾藩篱屏翰，故往岁亲征漠北，除其蟊贼，近复平定西藏，宁其疆宇……绝漠遐陬，胥联为一体。”[⑤] 在关外建立的管理民族事务的“理藩院”，入关之后职能进一步扩大，分为录勋司、王会司、柔远司、徕远司等机构，康熙三十五年（1696）朝廷又颁布《理藩院则例》，进一步从制度上加强对周边民族的管理。

从手段上，康熙朝更加倾向于运用儒学怀柔远人的仁政策略。对于文化层面的差异，清王朝主张各任其俗，康熙帝将其上升到理学人性论的层面，认为：“治天下当宽裕仁慈，以因人性不可拂逆也。如满洲、蒙古各方之人，饮食日用其性各殊，必欲一之，亦断不可行也。”[⑥] 在其看来，因俗而治，也是儒家仁政的表现。康熙三十七年

---

① 《太宗文皇帝实录》卷三〇《崇德元年六月丙辰》，《清实录》，第2册，中华书局，1985年，第384页。

② 《清太宗文皇帝圣训》卷五，台湾商务印书馆1983—1986年版文渊阁《四库全书》，第411册，第86页。

③ 彭建英：《中国古代羁縻政策的演变》，中国社会科学出版社，2004年，第296—297页。

④ 《圣祖仁皇帝实录》卷一〇二《康熙二十二年九月丁丑》，《清实录》，第5册，中华书局，1985年，第147页。

⑤ 于敏中：《日下旧闻考》，北京古籍出版社，1981年，第846页。

⑥ 《圣祖仁皇帝实录》卷二五八《康熙五十三年七月己未》，《清实录》，第6册，中华书局，1985年，第560页。

(1698)，策妄阿拉布坦希图以保护喇嘛教为名吞并西藏，清军出兵平叛。对于策妄阿拉布坦“保护喇嘛教”的借口，康熙帝明确指出：“休息兵戎，令宇内升平，始云道法，若以护法为辞，必生衅端。如尔等虽招抚回子，曾灭其教，亦能令其皈依佛法、跪拜喇嘛否？今天下太平之时，惟令各行其道，若强使之合，断不可行。”① 可见，庙堂理学所谓的边疆民族对中央王朝的认同，并不是从文化上将其强行拉入到儒学范围之内，相反，它是建立在对周边民族传统、信仰、风俗等方面的尊重基础之上的。

尊重少数民族的宗教信仰是最重要的怀柔策略。康熙朝一直试图通过尊重诸民族的文化来达成对中央王朝的向心力，尤其是针对蒙古以及西藏等地区。就历史渊源来看，藏族、蒙古族与满族本来都共同信仰萨满教，之后，黄教经由藏青高原进入蒙古并传播到东北地区，也逐渐成为满、藏、蒙等诸民族的普遍信仰。入关之后，清朝统治者上层实际上都长期保持着黄教信仰，顺、康等清朝皇帝也在努力地扮演着佛教徒的角色。仅康熙一朝，朝廷就曾经举行过五次大规模的五台山朝圣活动。现在留传于世的清朝帝王佛装像，也都是很好的说明。

清王朝尊崇黄教有很强的政治意图，早在皇太极时期，清廷即表明对喇嘛教的崇敬。康熙帝也讲蒙古与内地不同，“不可以内地之法治之，顺其性以渐导，方能有益”②，昭梿认为：“国家宠幸黄僧，并非宠奉其教以祈福祥也。只以蒙古诸部敬信黄教已久，故以神道设教，籍杖其徒，使其诚心归附以障藩篱。”③ 这些策略对蒙古族等产生过重大影响，康熙二十七年（1688），喀尔喀与准噶尔、厄鲁特仇

---

① 《圣祖仁皇帝实录》卷一八七《康熙三十七年正月庚寅》，《清实录》，第5册，中华书局，1985年，第991页。

② 《圣祖仁皇帝圣训》卷七，台湾商务印书馆1983—1986年版文渊阁《四库全书》，第411册，第232页。

③ 昭梿：《啸亭杂录》，中华书局，1980年，第361页。

杀力微，众议欲投俄罗斯，大喇嘛哲布尊丹巴便认为："俄罗斯素不奉佛，俗尚不同我辈，异言异服，殊非久安之计。莫若全部内徙，投诚大皇帝，可邀万年之福。"①

顺、康两朝对于蒙、藏等民族上层也都给予极高的礼遇。比如，在承德避暑山庄建立外八庙，颁赐封号，承认"达赖"、"班禅"等人的政治和宗教领袖地位。顺治九年（1652），达赖喇嘛来朝，受到清廷的隆重接待，次年，顺治帝正式册封达赖五世罗桑嘉措为"西天大善自在佛所领天下释教普通瓦赤喇但喇达赖喇嘛"，并赐予金印、金册。康熙朝继续延用顺治朝的笼络方式，康熙五十二年（1713），册封班禅胡图克图为"额尔尼德"，亦如达赖喇嘛例，赐予金印、金册，使之成为与"达赖"并峙的藏族两大宗教领袖。在清朝政策的影响之下，五世达赖一直倾心依附于中央政府，"勤修职贡，初终不倦"。

当时北部蒙古的威胁最大，最严重的分裂势力是蒙古噶尔丹诸部。对于反叛的少数民族，康熙帝都示以宽仁和诚信，表现出自己因俗而治、协和万邦的精神。比如，在征讨噶尔丹蒙古之余，康熙帝就讲：

> 天下当以仁感，不可徒以威服……且噶尔丹凶暴，朕惟待以宽仁；噶尔丹奸狡，朕惟示以诚信。……古之人主，或穷兵黩武，好大喜功，朕意不然，惟愿宇宙雍熙，四海升平，家给人足，各得其生而已。②

在两次亲征噶尔丹的战役中，康熙帝指出："噶尔丹如不得已而来归，朕亦受而养之，使之得所；今果穷困无食，不能归故土，其移

---

① 松筠：《绥服纪略图诗注》，转引自张穆《蒙古游牧记》，山西人民出版社，1991年，第146页。

② 《圣祖仁皇帝实录》卷一七八《康熙三十五年十一月己卯》，《清实录》，第5册，中华书局，1985年，第913页。

近边汛，朕当厚加恩赐，如决计入降，益从忧抚养。”① 尽管两次打败噶尔丹，康熙帝还是渴望和平解决战端，可谓做到了“仁至义尽”②。这种宽大为怀的仁义精神，使噶尔丹的部族多受感昭。噶尔丹的亲信丹济拉率众来降，康熙帝以诚待之，说：“朕思凡人无不可以诚感，丹济拉虽来降，其心不无疑畏，朕推诚如此，伊必感激，喜出望外。”而丹济拉确实大为感动，表示：“我乃叛逆罪人，穷困始来归命，乃皇上略不致疑，尽屏左右，召我入见，且蒙恩授我显爵，乃知圣主至勇至仁如此，令我诚心感戴，永不敢有异心矣！”③ 噶尔丹另一名亲信吴子占扎卜之母被俘后返归，盛赞“中华皇帝乃活佛也”④。

康熙帝希望周边少数民族与满汉一心同德，将民心视作王朝边境的“屏障”。河套水草丰美，一直是北方少数民族生存的重要地区，秦汉以来，中原王朝无不以收复河套为大功。康熙帝却认为：“若控驭蒙古有道，则河套虽为所据，安能为患？控御无道，则何地不为乱？”修长城是很多王朝用以抵御北方少数民族侵扰的方式，清朝诸臣中也有主张对长城进行修葺者，康熙帝却认为：“帝王治天下，自有本原，不专恃险阻……守国之道，惟在修德安民。民心悦，则邦本得，而边境自固，所谓众志成城者是也”⑤，“我朝施恩于喀尔喀，使

---

① 《圣祖仁皇帝亲征平定朔漠方略》卷九，台湾商务印书馆1983—1986年版文渊阁《四库全书》，第354册，第594页。
② 蒋兆成、吴日根：《康熙传》，人民出版社，1998年，第247页。
③ 《圣祖仁皇帝实录》卷一八五《康熙三十六年九月甲申》，《清实录》，第5册，中华书局，1985年，第976页。
④ 王先谦：《东华录》，《续修四库全书》，第370册，上海古籍出版社，2002年，第337页。
⑤ 《圣祖仁皇帝实录》卷一五一《康熙三十年四月丙午》，《清实录》，第5册，中华书局，1985年，第677—678页。

之防备朔方，较长城更为坚固”①。这些言论和策略，无不展现出康熙帝的文化自信与制度自信，由此，中央王朝与西北部少数民族的认同越来越强。

对于西南地区的“苗蛮”，康熙帝也一视同仁，主张任地方土司之俗进行治理，希望督抚能安静、不生事端。对于苗民反抗中央，康熙帝认为原因都是未能抚绥。康熙二十五年（1686），云贵总督蔡毓荣疏奏苗民叛乱，请求征剿。康熙帝却认为：“苗蛮赋性朴实，不敢生事。只以地方该管官不克平情抚恤，反需索马匹金银，诛求无已，不能供应，遂生衅端耳。”② 要求以吴三桂为其贪欲造成水西土司叛乱的前事为鉴。通过详察，康熙帝发现果然如其所料，苗民叛乱是地方“苛求剥削”的结果，因此谕云、贵、川督抚等官说：“朕思从来控制苗蛮，惟在绥以恩德，不宜生事骚扰。”③“洗心易虑，痛改前辙，推示诚信，化导安辑，各循土俗，乐业遂生。”④

卫既齐事件也很典型。卫既齐（1645—1701），字伯严，号尔锡，山西临猗人，康熙三年（1664）进士，为官清廉，曾在山东建历山书院，仿胡瑗的教法，设奎、壁二斋课士，以讲理学知名于世。康熙三十年（1691）被朝廷授以贵州巡抚。三藩平定之后，到任伊始，以《仪礼》、《礼记》为据，“酌为仪节，令师儒讲习于阳明书院”⑤，并增修贵阳文庙，主持编纂《贵州通志》。当时黎平知府张潋、副将

---

① 《圣祖仁皇帝实录》卷一五一《康熙三十年四月壬辰》，《清实录》，第5册，中华书局，1985年，第677页。

② 《圣祖仁皇帝实录》卷一二四《康熙二十五年正月甲戌》，《清实录》，第5册，中华书局，1985年，第313页。

③ 《圣祖仁皇实实录》卷一二四《康熙二十五年二月庚子》，《清实录》，第5册，中华书局，1985年，第319页。

④ 《圣祖仁皇帝实录》卷一二四《康熙二十五年二月丁未》，《清实录》，第5册，中华书局，1985年，第321页。

⑤ 卫既齐：《乡饮礼仪序》，《皇朝经世文编》，《魏源全集》，第16册，岳麓书社，2004年，第34页。

侯奇嵩报古州高洞苗金涛匿罪人杀吏，请发兵进剿，卫既齐听说之后即遣兵捕治，结果斩苗人数欺瞒妄报。康熙帝震怒的同时，指出："土司习俗各异，必顺其性而抚治之，方为得宜。卫既齐每拘泥书本办事，欲强土司屈从其性。"① 十二月，将卫既齐解京问罪，次年二月，以卫既齐平日"妄称道学"、"欺世盗名"，发配黑龙江充军。

康熙四十四年（1705），贵州巡抚陈诜陛辞，圣祖便对他说：

> 贵州地小易治，虽有苗人，亦无他事。但以文武和睦，安静不生事为要。清官多刻，刻乃清官不足处，属吏贪污固当参劾，其居官平常者则须教诲之。边方小省，为大吏者，不可见才，若生事显才，便非正理。尔切识之。②

陈诜（1642—1722），号实斋，浙江海宁人，为黄宗羲门下高足，到贵州后，上疏谓"土司种类最繁，风俗各异……若以内地民情治之，断不能行……只以不生事为主，若多事，必致尾大难收"③，请求遵从其俗，免除赋税，同时奖励耕种，推广汉地的养蚕技术，又创办从新书院，亲自授课，传播汉民族文化，较好地处理了当地的民族关系。

对广西地区蛮苗的处理，康熙帝态度也是如此。康熙二十五年（1686），对新授广西巡抚王起元，康熙帝郑重叮嘱说，前任巡抚郝浴、范承勋居官有声，但是在处理广西事务时却"纷更成法"。在其看来，"苗蛮未娴礼法，尤宜抚循得宜，向日武职各官，因彼愚蠢，妄加操切，或至生事邀功"，请其察访情弊，严行禁止。④

---

① 《圣祖仁皇帝实录》卷一五五《康熙三十一年四月壬戌》，《清实录》，第5册，中华书局，1985年，第716页。

② 《圣祖仁皇帝实录》卷一一二《康熙四十四年十二月庚午》，《清实录》，第6册，中华书局，1985年，第245页。

③ 《康熙朝汉文朱批汇编》，第1册，档案出版社，1985年，第601页。

④ 《圣祖仁皇帝实录》卷一二六《康熙二十三年五月辛卯》，《清实录》，第5册，中华书局，1985年，第343页。

当然，因俗而治的同时，清王朝还是试图最大限度地施以教化，比如设立书院、义学，将儒学通过和平的方式向周边传播，对于反叛及触犯刑律者，给予应有的制裁。一次，康熙帝谈到蒙古对喇嘛教的信仰时，就指出："且蒙古惟信喇嘛，一切不顾，此风亟宜变易。倘喇嘛有犯法者，尔等即按律治罪，令知惩戒。"① 这也是一个特别值得注意的地方。

还有一些传统的羁縻政策发生着作用。比如，朝贡制度，来朝的少数民族上层要携带礼物，而清朝皇帝也要赐予他们丰厚的礼品，朝贡制度主要是周边少数民族，附属国也有一定的朝贡关系，这种朝贡随着与中央关系的亲疏程度而表现出差异。有时候，也将俄罗斯等国的来访视为朝贡。另外，"围班制"即木兰行猎制度也是维系北方民族的重要方式。总之，在清初的政治版图上，从中原地区的郡县制，到西藏地区的政教合一制，到苗疆地区的土司制，再到北部边疆的盟旗制，从儒家文化，到佛教文化，到巫蛊文化，再到伊斯兰等文化，如此等等，各种制度及其背后的文化形态都较为和谐地共处在同一王权下，展现出庙堂理学在"协和万邦、怀柔远人"上的某种程度的成功。

二、东西方的接触与中国观形成

入清之后，满汉之间的民族矛盾随着帝国的稳定逐渐消解，中原民族与西北、西南等周边少数民族的融合步伐在加强，同时，朝鲜、安南、暹罗、缅甸、琉球等附属国与清朝也保持着比较松散的朝贡关系。然而，随着遥远的欧洲与这个"天朝上国"接触，生活在中国这片土地上的满、汉、蒙、藏、回等诸民族开始面临着一种"文化认

① 《圣祖仁皇帝圣训》卷七，台湾商务印书馆1983—1986年版文渊阁《四库全书》，第411册，第232页。

同”的挑战。

十七世纪以来，资本主义在欧洲迅猛发展，在其刺激下，西班牙、葡萄牙、英国、法国、俄罗斯等许多国家开始在世界各地开拓殖民地。大约在明朝末期，欧洲的传教士就先于其坚船利炮来到中国，包括西北的陆路以及东南的海路。西方文化在中土的传播是带有革命性影响的，是继佛教、伊斯兰教之后又一种异质文化的冲击。万历十一年（1583），利玛窦远涉重洋来到广州传教带有标志性意义，其传教获得了相当的成功，《明史》记载“公卿以下重其人，咸与晋接”[①]，在传教过程中，利玛窦在传统儒学及宋明理学中寻找东西方文化沟通的资源，比如将拉丁文 Deus 译作“上帝”或“天主”等，即尽量不与中国固有文化和礼仪相违背，这就是所谓的“利玛窦规矩”。

入清之初，汤若望等耶稣教士表现得也很活跃，作为一种政治文化势力，清王朝对其也礼遇有加。顺治元年（1644），汤若望受举荐到钦天监任职，与汉族高级官僚陈名夏、龚鼎孳、魏裔介等有交往。世祖赐汤若望以“通微教师”之号，师事之，呼为“玛法”，经常与之讨论日食、月食、彗星、流星等天文知识。康熙帝即位之后，对基督教及西方科技知识也充满热情，正如法国传教士白晋讲的：“我们屡次听说，皇上根据天主教教义判断这一宗教的价值，并根据天主教迄今在中国传播的情况，断言这一外来宗教，将来必定成为中国最大的宗教。”[②] 康熙帝的好恶，影响到了士林，南怀仁描述说：“凡擅于天文学、光学、静力学、动力学等物质科学之耶稣会士，中国无不欢迎。”[③] 魏裔介就很欣赏汤若望，对其有高度评价：“前此先生未至中华时，有利先生玛窦者宣扬其教，一时颇有信从之者……自古帝王治

---

① 张廷玉等：《明史》卷三二六，中华书局，1974 年，第 8460 页。

② 白晋：《康熙皇帝传》，黑龙江人民出版社，1981 年，第 44、45 页。

③ 林铁钧、史松主编：《清史编年》第二卷，中国人民大学出版社，2000 年，第 415 页。

天下，最重历法……余向聆先生之绪论，见其谆谆以兴起教化为念，而其著书之奥博宏赡，尝愧不能穷究其说。"①

不过，这一时期，中西文化之间的冲突也突显出来，原来由中央与四周关系的"华夷之辨"渐渐转向中西之争。华夷之辨在某种程度上也是一种文明的较量，长期以来，华夏文明处于优势地位，然而西方文化的传播却不仅仅如佛教一样是离尘出世的宗教，它的科技知识与现实紧紧相关，它的宗教也与现实的伦理关系环环相扣，它还以先进的坚船利炮和新式的社会制度作为后盾。中国的士大夫正是在对基督教异质文明的对抗中反观自身的。

早在康熙三年（1664），杨光先著《辟邪论》，称汤若望等人意图谋反，认为"宁可使中夏无好历法，不可使中夏有西洋人"。次年，在鳌拜的主持下，对在朝的西方传教士进行打击，制造了"康熙历狱"，于是杨光先被提升主持钦天监，西历也被传统的大统历所代替。康熙亲政后，发现杨光先其实并不胜任该职，于是又起用传教士南怀仁。历法之争，最终以西洋人胜出，因为大统历"节气不应，金、水二星躔度舛错"②，无法进行更好的实证。陆世仪也发现："西学绝不占验，其说以为日月之食、五纬之行，皆有常道、常度，岂可据以为吉凶，此殊近理。"③ 历法关系到天人关系等一系列重大问题，引发了此后康熙帝的长期重视。

在康熙帝及其大臣眼中，历法之争也是中、西之争。康熙帝曾考察过李光地、熊赐履等人，之后，李光地倾心于天文历算，并向梅文鼎学习。④ 李光地吸收了梅文鼎的许多说法，并将之与程朱理学融合在一起，从"中体西源"的角度立论，对抗西方的实证科学。当然，

---

① 魏裔介：《赠言》，《熙朝崇正案・熙朝定案》，中华书局，2006年，第292—295页。
② 赵尔巽等：《清史稿》卷二七二，中华书局，1977年，第10024页。
③ 陆世仪：《思辨录辑要》卷一四《治平类》，清同治年间福州正谊书局左氏增刊本。
④ 徐海松：《清初士人与西学》，东方出版社，2000年，第242页。

李光地也不得不承认中国存在的问题，如其所言：

天地如鸡卵，古人虽有其说而未竟其论……而皆不知天地之俱为圆体。自西人利玛窦辈入中国，言地原无上下，无正面，四周人著其上。中国人争笑之……①

对于西方的历算方法，李光地认为来自中土，在其看来："至梅文鼎出，始发明《周髀经》，以为原如此说，何必西学。"② "梅文鼎讲算法，存古《九章》。渠言西学，总不出吾中国学内，只是中国失传。"③ 认为古人讲"'天圆地方'之说，概以动静体性言之。实则形气浑沦相周，古人卵中裹黄之喻是也"④。李光地还进一步批评说："西人历算，比中国自觉细密，但不知天人相通之理。如古人说日变修德，月变修刑，西人便说日月交食，五星陵犯，乃运行定数，无关灾异。……西人此等说话，直是阴助人无忌惮，天变不足畏之说。"⑤

关于西洋历法，康熙帝与李光地有过讨论，李光地认为："其法现行甚精密，臣所取者，其言理几处明白晓畅，自汉以来，历家所未发者，看来西人学甚荒唐，而谈历却精实切当。"⑥ 康熙四十二年（1703），圣祖南巡，便曾赐李光地以《几何原本》、《算法原本》等书；四十四年（1705），康熙帝第五次南巡，于德州见梅文鼎，对李光地说："此学世鲜知者，其人佳士，惜老矣。"⑦ 康熙帝自己也认为西学中源，在其看来："夫算法之理，皆出自《易经》，即西洋算法亦善，原系中国算法。"⑧

---

①②李光地：《榕村语录续语录》，中华书局，1995年，第470页。
③ 李光地：《榕村语录续语录》，中华书局，1995年，第776页。
④ 李光地：《榕村语录续语录》，中华书局，1995年，第472页。
⑤ 李光地：《榕村语录续语录》，中华书局，1995年，第473页。
⑥ 李清馥：《榕村谱录合考》卷上，《北京图书馆藏珍本年谱丛刊》，第85册，1999年，第487—488页。
⑦ 吴振棫：《养吉斋丛录》卷七，中华书局，2005年，第418页。
⑧ 《圣祖仁皇帝实录》卷二四五《康熙五十年二月戊辰》，《清实录》，第6册，中华书局，1985年，第431页。

历法之争外，伦理冲突也是一种重要表现。基督教在最初的传播过程中，都遵循了利玛窦“因俗传教”的原则，即不与中国的传统和礼仪相违背。康熙三十九年（1700），在华的耶稣会士闵明我、徐日升、安多、张诚等，上奏说：“臣等管见，以为拜孔子，敬其人为师范。……祭祀祖父，出于爱亲之义。……至于郊天之礼典，非祭苍苍有形之天，乃祭天地万物根源主宰……”康熙对此认为“这所写甚好，有合大道。敬天及事君亲、敬师长者，系天下通义。这就是不可改处”①。

然而，这种传教方式与罗马教廷信教者不得拜祖宗、孔子的要求不同。于是，就造成了耶稣教会与传统儒学的“礼仪之争”，虽然清廷多次做出努力，仍然无效，最终在康熙四十五年（1706）八月，清朝宣布驱逐耶稣会士，谕令：“若不遵利玛窦规矩，断不准在中国住。”康熙四十八年（1709），张伯行上《拟请废天主教堂疏》，提出了更为激进的主张，认为“各省建立天主教堂甚盛，边海地方如浙江、广东、福建尤多”，教堂“焚香开讲，收徒聚众，日增月益，不可禁止，诚恐其意有不可测”。② 在张伯行看来：

> 凡人生之生，由乎父母，本乎祖宗，而其原皆出于天。未闻舍父母、祖宗，而别求所为天者；亦未闻天之外别有所谓主。今一入其教，则一切父母、祖宗，概置不祀，且驾其说于天之上，曰“天主”，是悖天而灭伦也。③

张伯行还从儒学道统出发，认为尧、舜、禹、汤、文、武到孔子，“立庙奉祀数千年”④，与祭祀上帝的信仰是冲突的。

这场“礼仪之争”是东、西文明碰撞的表现。来华的耶稣会士刻意强调自己的神学传统，在介绍天主教义源远流长、尽善尽美的同

---

① 陈垣：《康熙与罗马使节关系文书》（影印本），文海出版社，1974年，第75页。

②③④张伯行：《拟请废天主教堂疏》，《正谊堂文集附续集》，商务印书馆丛书集成初编本，第175页。

时，甚至断言伏羲是亚当之孙。然而伏羲是中国的文化始姐，在清代的理学道统中，是一个重要的文化符号。在具体的传教过程中，耶稣教会试图使入教的中国人彻底摆脱旧有的传统和习俗，比如，中国人祭祀祖先、祭祀孔子，而在天主教，只有上帝才能享受此等祭祀，这正是矛盾冲突的根源，这种要求当然是以儒学立国的清王朝所不能接受的。

比传教问题更为严重的是，西方的坚船利炮已经渐渐出现在东方。康熙朝时对中国影响最大的是俄罗斯。当时正值俄国彼得大帝当政，实行大规模的扩张政策，一度入侵到我国东北黑龙江流域。为此，清朝先后发动了两次雅克萨战役，对其侵略给予还击。葡萄牙、西班牙、荷兰等西方列强也开始威胁东南沿海。康熙二十二年(1683)，清军收复台湾，对西方列强的认识还远远不够，有人认为应该“迁其人，弃其地”，李光地提出“招来红毛，畀以其地”，康熙帝也认为“台湾仅弹丸之地，得之无所加，不得无所损”①，后来认识渐渐地发生了变化。康熙三十二年（1693），俄罗斯派使者进贡，康熙帝冷静地看到：“外藩朝贡虽属盛事，恐怕传至后世，必不因此反生事端。总之，中国安宁则外衅不作，故当以培养元气为根本要务”②，甚至不无忧虑地说：“岛国在广东互市贸易，百年之后必为中国之患”③，“海外如西洋等国，千百年后中国恐受其累”。④

在雅克萨战役中，康熙帝特别明确地将俄罗斯作为“外国”来认识，曾指出“罗刹乃穷边外邦，鄙猥之徒，难以遽信”，“鄂罗斯国、罗刹等，无端犯我索伦边疆，……倘犹执迷不悟，留我边疆，彼

① 《圣祖仁皇帝实录》卷一六〇《康熙二十二年九月丁未》，《清实录》，第5册，中华书局，1985年，第155页。

② 蒋良骥：《东华录》卷一六，中华书局，1980年，第263页。

③ 陈康祺：《郎潜纪闻》，中华书局，1984年，第391页。

④ 《圣祖仁皇帝实录》卷二七〇《康熙五十五年十月壬子》，《清实录》，第6册，中华书局，1985年，第650页。

时必致天讨，难免诛罚”。[①] 两次战役之后，清廷与俄罗斯签订了划定边疆的《尼布楚条约》。郑氏家族盘踞台湾时，曾试图以朝鲜为例，作为一个附属国存在于东南沿海，然而清政府没有答应，在其看来：“朝鲜为从来所有之外国，郑经乃中国之人，若因居住台湾不肯剃发，则归顺悃诚何以为据？”[②] 康熙五十年（1711），圣祖又谕大学士说：“长白山之西，中国与朝鲜既以鸭绿江为界，而土门江自长白山东边流出东南入海，土门江西南属朝鲜，东北属中国，亦以江为界。但鸭绿、土门二江之间地方，知之不悉。”[③] 中朝之间还规定彼此渔民不得越界捕鱼。总之，这都可以看出原来“天下观”的某些变化。

对于俄罗斯等国的域外之民，康熙帝也主张进行抚绥。康熙二十四年（1685），清军攻击雅克萨之后，康熙帝认为：“今收复雅克萨地，得遂初心。至于抚绥外国，在使之心服，不在震之以威”，“朕以仁治天下，素不嗜杀。尔其严谕将士，毋违朕旨。以我兵马精壮，器械坚利。罗刹势不能敌，必献地归诚。尔时勿杀一人，俾还故土，宣朕柔远至意”。[④]

从历史上来看，自宋以来中央王朝与周边少数民族关系处理不乏失当处，或者军事对峙，或者纳贡称臣，或者出兵占领，明清鼎革也是由于处理边疆少数民族问题失宜而导致的。清朝定鼎之后，总体执行了“因其教不易其俗，齐其政不易其宜”的政策，于是从中央到边疆，从神州大地到藩属国，再到遥远的“未归王化”的欧洲国家，

---

① 《圣祖仁皇帝实录》卷一一二《康熙二十二年九月丁丑》，《清实录》，第5册，中华书局，1985年，第147页。

② 《谕明珠、蔡毓等》，《明清史料丁编》，下册，北京图书馆出版社，2008年，第272页。

③ 赵尔巽等：《清史稿》卷五二六，中华书局，1977年，第14585页。

④ 《圣祖仁皇帝实录》巻一二一《康熙二十四年六月癸巳》，《清实录》，第5册，中华书局，1985年，第275—276页。

清王朝基本上构建了它“治平天下、协和万邦”的理想。而满、汉、蒙、藏、回、苗等民族在融合过程中，在与朝鲜、缅甸等国的贡使来往中，在面临着俄罗斯等西方国家越来越多的威胁中，“中国”的意识渐渐超越“华夏”的意识而上，这对中华民族的形成，在意识形态上具有不可忽视的重要作用。

第四章　清初庙堂理学与学统

魏裔介、熊赐履、李光地、汤斌、张伯行等庙堂诸子的理学思想，与康熙帝的理学一样，都是庙堂理学学统的重要组成部分。康熙帝的思想前已述及，本章主要探讨围绕在康熙帝周围的理学名臣的理学思想。这些人都有较深的理学造诣，同时或为经筵讲官，或为朝廷重臣，或为封疆大吏，通过自己特殊的政治身份诠释和传播庙堂理学，为清初庙堂理学学统部分的主要内容及风格的确立做出了重要的贡献。

庙堂诸子从不同的方面对清初庙堂理学的学统建构做出了努力。虽然这种构建在学理上发明无多，但是却有其强烈的现实针对性。在清初程朱理学复兴的思潮中，不仅有黄宗羲、顾炎武、李颙、陆世仪、张履祥等民间学者在学术上的反思，也有熊赐履、汤斌、李光地等庙堂诸子基于现实社会风俗及政治运作的考量。从这个角度来看，清初儒学的变迁有民间和官方两条道路，庙堂理学开辟了当时儒学学统的一个特别重要的方向。

魏裔介、熊赐履、李光地、汤斌、张伯行等人对庙堂理学学统的构建，虽然更多基于对现实风俗、政治的考量，然而其表现仍然是学理性的。庙堂诸子对当时流行的“心体无善无恶”说进行了批判，重新肯定了程朱理学所认定的人性之善，构建了人们对天理秩序的敬畏，并试图张扬儒学原有的天人感应的精神；同时将阳明学的形上之心转变为伦理行为的道德源泉，并对主敬、穷理、反躬等概念进行梳理，将朱学也从形上的概念思辨转换到形下的伦理躬行，并为这种躬行提供了学理意义的轨范，从而为理学直接参与王权提供了学理上的依据。

第一节　魏裔介：复程朱人性之善

魏裔介（1616—1685），字石生，号贞庵，又号昆林，河北柏乡人，顺治三年（1646）进士，历任工科给事中、兵科给事中、左都副御史、左都御史等职，累官至吏部尚书、保和殿大学士，谥号“文毅”。魏裔介在从政期间，共上奏疏二百余道，陈言国计民生，对于结束明末的割据纷争、实现天下治平起到了重要作用。就其理学思想看，魏裔介以“复性”为中心，由此推及“格物”、“立命”等命题，针对明末阳明后学及佛教的心性无善恶说，将程朱理学“道性善”的基本精神又确立起来。

一、气质非人性

明朝中后期，在阳明的倡导之下，王学开始勃兴，继之以阳明弟子们的鼓动，一时风靡半天下，然而王学末流“束书不读，但从事游谈”、“酒色财气不碍菩提路”的流弊也日益暴露。明清易代的亡国之痛，使以顾炎武、张履祥、王夫之为代表的学者开始展开对王学及其末流的批判，这些学者认为正是王学及其末流造成了明代学风空疏及伦理坏乱，甚至对于明亡负有绝对责任。对于如何挽救明末清初学术空虚、伦理坏乱，各派学者意见不一，但基本理念是“崇实黜虚”，救之以经史考证或躬行践履。

魏裔介少年时正值明末战乱，时局患难尽为目睹。在魏裔介看来，造成这些社会问题的原因在于对人性认识不清楚，如其所谓："性之不明于天下也久矣，自孔孟言之而性始著，自诸儒言之而性愈晦。"① 所谓"诸儒言之而性愈晦"，是指从荀子、扬雄以来到王学末流侈谈心性却又不明心性，从而导致社会"礼崩乐坏"。魏裔介认为认识人性是至关重要的问题，因为"天下万事万物之理虽不同，而无不本于性"②，而且儒家的历史如薛瑄所讲"圣贤相传之道，尽性而已"③。魏裔介所谓"尽性"之"性"，相当于程朱之学所谓"天命之性"、"本然之性"，他仔细剖析了"气质"与"性"之间的复杂关系，认为：

> 气质之性与天命之性不能无辩也。然圣贤言性亦未尝不言气质，如"生而知之者，上也"一节，非气质乎？或"生而知之"一节，非气质乎？"虽愚必明，虽柔必强"一节，非气质乎？但气质有愚明柔强，初非谓性有愚明柔强也。如谓天命之性随气质之性而有清浊厚薄，故谓之气质之性。要之，天命之性、本然之性实不随气质为清浊厚薄也。然则言气质而已矣，何必添"之性"二字？④

从上可见，魏裔介认为"性"与"气质"两者不可强分，言"性"必言"气质"，反之亦然，但是性与气质又决非相同，性是形而上的，气质却是形而下的："性自是性，气质自是气质。……气质有异，性无异也"，"气质不同，无害其为性之同也。"⑤ 因此，魏裔介不同意"气质之性"的说法，认为"气质"已经足以表达人的

---

①④魏裔介：《论性书·序》，《四库全书存目丛书》子部，第20册，齐鲁书社，1995年，第420页。

② 魏裔介：《论性书》卷上，《四库全书存目丛书》子部，第20册，齐鲁书社，1995年，第425页。

③ 魏裔介：《琼琚佩语》，中华书局，1985年，第2页。

⑤ 魏裔介：《论性书》卷上，《四库全书存目丛书》子部，第20册，齐鲁书社，1995年，第427—428页。

“愚明柔强”等问题，后加“之性”二字，必然容易使“性”与“气质”两者混淆，比如告子以“食色”为性，就与气质之性“相沿以为口实”，“遗误于后世”。不过，“理”却与“气”一起构成了天命，天命不仅仅是一个理。①

将性与气质区分，则性的概念就更加明确，就是纯粹指天理命之人身，于是提倡复性之学就成为对天理的完全肯定，从而“吾天命之性常尊于万物之上，而天人之理合一矣”②。从宋代以降，程朱理学虽然认定天命之性本善，但也仍然试图将告子以气质论性的思路纳入到对人性的规定中，魏裔介在这里有其自己的取向，在其看来，天理至善，人性亦为至善：

> 道阴阳相继而不已，乃天地至善之理赋之于人，则为性矣。性者，五常之理，仁智具足，无所偏也。③

> 天地之性人为贵，是言天地之性降于人，人别无所谓性，即以天地之性为性也。天地之性何也？维天之命，於穆不已，一乾健之德而已矣。乾健之德，人得之为性，即善也。④

从引文中可见，天地之性（天理）就是“乾健之德”，即“善”，赋于人身即为五常（仁、义、礼、智、信），从而可以推出人性就是“天地之中”、“纯然至善之理”。

魏裔介确立人性之善，主要是针对当时流行的心体“无善无恶”

---

① 魏裔介：《论性书》卷上，《四库全书存目丛书》子部，第20册，齐鲁书社，1995年，第435页。

② 魏裔介：《论性书·序》，《四库全书存目丛书》子部，第20册，齐鲁书社，1995年，第421页。

③ 魏裔介：《论性书》卷上，《四库全书存目丛书》子部，第20册，齐鲁书社，1995年，第423页。

④ 魏裔介：《论性书》卷上，《四库全书存目丛书》子部，第20册，齐鲁书社，1995年，第425—426页。

说，在其看来，阳明“良知不差，差在‘无善无恶’一句。”[①] 并且进一步追溯人性“无善无恶”论的源头，即战国时期的告子，魏裔介认为：

告子之论性，屡变其说，而“生之谓性”一句，是其立言之大指。盖告子亦知人生之有性，而不知其命于天者具有实理，以为空虚无物者性也，故拟杞柳为桮棬，不知杞柳之为桮棬也，由于人力之矫揉。[②]

魏裔介认为告子对于人性认识的错误，是因为他将人的“知觉运动”（人的自然欲望）当作人的本性。魏裔介虽然否认性是知觉运动，但是强调情的正当性，认为：“性固善，情亦善，其转而为不善者，意也，非性也，亦非情也，自然而发者始谓之情。”[③] 与朱熹一样，认为情是性之用，而情与欲是不一样的，尽管两者都出自于性，欲望是不可以彻底消除的，只是要进行节制，在其看来：“情固出于性，欲亦出于性。性者，人身之统宗也。口体之欲，圣人所不能无，但有则以制之耳。”他同意张栻“食色固出于性，然莫不有则焉”的观点，认为“告子举物之遗其则，其说行，天理不行，而人欲莫遏矣”[④]，告子将知觉运动层面的欲望（食、色）作为人的本性，无视人性本身所包含的道德（仁、义、礼、智、信）原则，导致了不可遏制的横流人欲，魏裔介批评告子，实为批评王学末流，表现出其对当时社会人性堕落的深深忧虑。

魏裔介认为人性之善是不可以解构的，不应该使“性”成为

① 魏裔介：《静怡斋约言录·内篇》，《四库全书存目丛书》子部，第20册，齐鲁书社，1995年，第474页。

② 魏裔介：《论性书》，《四库全书存目丛书》子部，第20册，齐鲁书社，1995年，第432页。

③ 魏裔介：《静怡斋约言录·内篇》，《四库全书存目丛书》子部，第20册，齐鲁书社，1995年，第463页。

④ 魏裔介：《论性书》卷上《孟子》，《四库全书存目丛书》子部，第20册，齐鲁书社，1995年，第433页。

“辩论之端”，此实是由反明代王学空谈心性之学风而起。晚明以降，“谈性论命”成为时尚，比如王畿每次讲学“杂以禅机，亦不自讳也。……其后，士之浮诞不逞者，率自名龙溪弟子”①。王畿即已如此，至其末流则“掀翻天地，前不见有古人，后不见有来者”②，从而使人欲丧失了礼节的约束与内在道德的自律，将人欲等同于人性，从而堕入了精神世界的空无。魏裔介认为“不睹不闻，性之体也；莫见莫显，性之机也”③，因此，人性虽然现实存在，但其本体与变化却又不是一种现实的客观之物，不是语言可以描述的，因而谈心论性，势必成为一种空谈。在这个意义上，魏裔介认为孔子罕言性命是有理的，在其看来，“不谓性卫性，不谓命亦卫性，不管他性与命，只是一个‘善’字便了”④，直接将形而上的玄学式辩论下降为现实的、可把握的道德价值判断。魏裔介的性善论，实际上是试图廓清程朱将人性二分造成的概念混乱，避免了王学“心体无善无恶”所带来的社会普遍伦理原则的丧失，将可能引起恶念、恶行的欲望与人性彻底剥离，使人性更加紧密地锁定在仁、义、礼、智这些社会伦理原则中。

二、格物以知性

“格物”说出自《大学》，程颐认为《大学》版本有残缺，即传的部分遗失了对“格物”的解释，并补了一些文字，朱熹利用《格物致知补传》，提出了程朱一派有关“格物致知”的工夫论。王阳明

① 张廷玉等：《明史》卷二八三《王畿传》，中华书局，1974年，第7274页。
② 黄宗羲：《明儒学案》，中华书局，1985年，第307页。
③ 魏裔介：《静怡斋约言录·内篇》，《四库全书存目丛书》子部，第20册，齐鲁书社，1995年，第463页。
④ 魏裔介：《论性书》卷上《孟子》，《四库全书存目丛书》子部，第20册，齐鲁书社，1995年，第435页。

却认为《大学》版本并无残缺，批评朱熹以《补传》教人向外通过对物的接触来求理并非圣人之意，主张恢复古本《大学》，并重新解释“格物”，认为“格”就是“正其不正以归于正”，而物就是“意之所发”，在其看来，若是如朱子一样格物于事事物物之中，就会“支离决裂、错杂纷纭，而莫知有一定之向”。[①] 阳明之后，对朱子格物观的批评随着王学运动的发展而日趋激烈，以至后来陈确甚至否认《大学》本身的真伪。

魏裔介对朱熹、王阳明的格物说进行了折中，认为“格物者，知其性耳”[②]，只有“格物”，才能恢复人性之善。从总体上，魏裔介的格物观倾向于朱熹，认为格物与天理确实有着极为密切的关系，天理本就是人性。但是在《大学》版本问题上，却又肯定阳明，认为“石经古本《大学》‘此为知本，此谓知之至也’二句在其‘本乱而末治者’节下。似以知本尽格物，而不复有释格物之文矣”。即《大学》原本并不残缺。那么，如何化解《大学》版本问题与朱熹《格物致知补传》之间的矛盾呢？在魏裔介看来，“格物”在经文中无解释，是因为：“意者，格物之义。古人自志学以后，无非此事，故不赘言耶？”而“程子释之，朱子补之，则亦圣经贤传之互相发也”[③]。

魏裔介主要对王阳明以“意”解“物”、以“诚意”解“格物”进行了批评，比如引高攀龙语：

> 圣人之学，所以与佛氏异者，以格物而致知也。儒者之学，所以每入于禅者，以致知不在格物也。致知而不在格物者，自以为知之真，而不知非物之则。于是从心逾矩，生心害政，去至善

---

① 王阳明：《大学问》，《王阳明全集》，上海古籍出版社，1992 年，第 970 页。

② 魏裔介：《与孙北海论格物书》，《格物致知解》卷下，《四库全书存目丛书》子部，第 20 册，齐鲁书社，1995 年，第 418 页。

③ 魏裔介：《朱子格物在致知补传》，《致知格物解》卷上，《四库全书存目丛书》子部，第 20 册，齐鲁书社，1995 年，第 407 页。

远矣。所系岂其微哉?①

在魏裔介看来，要确定一种“知”是否为真，取决于“物之则”，即事物的所涵之理，阳明所谓“意”作为“物”也应该有其“物则”，脱离作为“物则”的天理、天性去格意念中之“知”，“格其不正为正”的“正”也就失去了标准。因此，魏裔介认为阳明所谓“格物”，只是“格致诚正”工夫中的“正心诚意”：“去其心之不正，以全其全体之正，是犹正心之说也；但意念所在即要去其不正，以全其正，即无时无处，不是存天理，是犹诚意之说也”，而非格物工夫。格物必须深入到外在的事物之中，若是仅仅在意念中去寻求格物，撇开现实之物愈走愈远，最终必然“措其心于幽深恍惚之域”②。历代儒者之所以每每堕入禅学，也都是只讲致知，而不知追寻事事物物中的“物则”所造成。

魏裔介认为阳明的格物之论与宋人司马光有关，乃稍变其说而成，因而溯源而上，对司马光的“欲望扞格”之说进行了辩驳。司马光以“物”为“物诱”之“物”，以“格”为“扞格”之“格”，认为“格物”即摒弃外物之引诱，而魏裔介所理解的“物”，是含有天理、本性之物，并非司马光、王阳明所认为的欲念之恶。在魏裔介看来，物的第一重含义就是“性”，并举例说：“考诸六经，自有至当不易之论。《易》曰‘清气为物’，凡物未有不合精与气而成者，所谓‘形而下者谓之器，形而上者谓之道’是也。诗曰‘天生烝民，有物有则’，凡物未有无则者，所谓‘有耳目则有聪明之德，有父子则有慈孝之心’是也。孟子曰‘万物皆备于我矣’，理一本而万殊，

① 魏裔介：《近日诸儒格物致知说》，《致知格物解》卷下，《四库全书存目丛书》子部，第20册，齐鲁书社，1995年，第414页。

② 魏裔介：《致知格物非去不正以全其正辩》，《致知格物解》卷下，《四库全书存目丛书》子部，第20册，齐鲁书社，1995年，第417页。

万殊而归一本，盖不知物之为我，我之为物也？”① 形而下的外在事物正包含着形而上的天理之则，格物不是去掉恶念，而是体验这些天理原则，也就是尽性。

然而面对这个“眼前无非是物”的纷乱世界，究竟如何措手？陆王批评朱学支离，源于朱子“格物”论中“即凡天下之物”之说，阳明之后，“格一草一木”成为批评朱学支离的代名词。魏裔介认为朱子格物并非如阳明所言是支离的，在其看来，朱学的格物不是茫茫然于“一草一木”，而是有一个确定的方向，这个确定的方向就是体物之则、尽人之性：“格物必主于穷理，穷理即所以尽性。”② 魏裔介引用二程的话讲：“所务于穷理者，非道须尽穷了天下万物之理，又不是穷得一理便到，只是要积累多后，自能见去。”③ 在魏裔介看来，穷理或说体认万物之则，也并非要如朱子“即凡天下之物”，也不是仅仅认识一物之理，而是尽量积累，反之于人的本性，反之于即物穷理的一个确定方向，所以格物不会迷失于外在的支离。

而且格物也有次序，即物的第二重含义：合本末。魏裔介认为：“圣贤非不欲直捷从事，而必于推究考索之者。盖本末合而成物，以末遗本者非也，以本遗末亦非也。”④ 何为“本末合而成物”？魏裔介指出：“如今为学而不穷天理，明人伦，论圣言，通世故，乃兀然有心于一草一木之间，此是何学问？学者读此，亦可以知格物合一之

① 魏裔介：《与少宰孙北海论格物书》，《致知格物解》卷下，《四库全书存目丛书》子部，第20册，齐鲁书社，1995年，第418页。

② 魏裔介：《致知格物解非物欲扞格辩》，《致知格物解》卷下，《四库全书存目丛书》子部，第20册，齐鲁书社，1995年，第416页。

③ 魏裔介：《致知格物解》，《四库全书存目丛书》子部，第20册，齐鲁书社，1995年，第404页。

④ 解裔介：《朱子格物致知或问答》，《致知格物解》卷上，《四库全书存目丛书》子部，第20册，齐鲁书社，1995年，第411页。

理、先后之序。”[1] 根据魏裔介的解释，很显然阳明仅仅停留在本体之上的学问思辨是“有本而遗末”，而“格物”是需要一个过程来达成的，即穷天理——明人伦——论圣言——通世故，即可以理解为从格致诚正到修齐治平的一个过程。王学则将这一过程都归结到本体上，阳明认为“自‘格物致知’至‘平天下’，只是一个‘明明德’”[2]，“不应当分本末为两物耳”。所以王学归结于一点就是“必就其意念之所发而正之”。[3] 这显然与魏氏用“修齐治平”的过程来论“物”不同。魏裔介所论之物，合而言之（静态）就是性（形而上、理论上的），分而言之（动态）就是人伦世故（形而下、现实中的），格物就是复性，而且还要“合本末”，即在现实的齐治均平一系列活动过程展开，尤其是必须诉之于现实的以“孝”为维系的社会伦理政治中去。

三、安命以尽性

魏裔介阐释了人性之善，并说明只有在外在现实伦理中才能尽性；但是要使世人孜孜不倦于“复性”之学，仅仅依靠逻辑思辨，显然是无法达成的，对于文化知识匮乏的底层民众尤是如此，必须使之成为信仰，才能“安命以尽性”。而明清易代的历史变迁——战乱、流离、亡国、易俗，以及西方基督教文化在明末清初的逐渐传播，恰恰给时人的信仰世界以极大冲击，正如魏裔介所感叹：

> 我从何处来？我从何处去？要如此讨究。一日不明，千劫不了。我此身现在有官、有禄、有富、有贵、有权力、有才智、有

---

① 魏裔介：《朱子格物致知或问答》，《致知格物解》卷上，《四库全书存目丛书》子部，第20册，齐鲁书社，1995年，第411页。

② 王阳明：《传习录》，《王阳明全集》，上海古籍出版社，1992年，第25页。

③ 王阳明：《大学问》，《王阳明全集》，上海古籍出版社，1992年，第971页。

眷属、有子孙，此不过电光泡影，倏来倏去者耳！①

此百年间，山川依旧，城郭如旧，风俗虽不尽同，大略相似，而人民则全然更换矣。……百年之后，只留下几本书册而已。②

信仰中的痛苦与困惑，使人们不可抗拒地去追求一种心灵的安顿与关怀。理学的兴起之所以要融合释、老，正是要解决人的“何来何去”等终极问题，以此来弥补汉唐时期儒学在这一方面的不足。《中庸》谓“天命谓之性”，人性之恢复与天理运行之命有着非常密切的关系，魏裔介也认为“在人为性，在天为命”③，将“复性”与“立命”视为一体。

宋代以降，理学家虽然沟通了天人之际，却又倾向于认为世界是天理秩序下自然运行、将生死也视为一种如灯灭的自然流行，从而否定了死后世界，比如程朱就将鬼神比做气，认为人死之后，其气也会消散，然而面对富贵贫贱、生老病死以及儒家悠久的祭祀传统，理学家对这些事关“天命”的许多重大问题却难以回答。魏裔介同样反问道：

今人谓孔孟之道止于治世，生死之说皆是异端，殆未然也……若曰天只是虚空，归只是散而无有之义，则天之神，地之祇，人之鬼，物之怪，与《中庸》之言“洋洋在上在左右，而圣人斋戒慎明以祀之者”，果何物也？④

魏裔介认为从原始儒学来看，灵魂是存在的，称之为“性灵”，

①④魏裔介：《生死说》，《樗林闲笔》，《四库全书存目丛书》子部，第113册，齐鲁书社，1995年，第640页。

② 魏裔介：《又答程箕山书》，《樗林闲笔》，《四库全书存目丛书》子部，第113册，齐鲁书社，1995年，第629页。

③ 魏裔介：《论性书》卷上，《四库全书存目丛书》子部，第20册，齐鲁书社，1995年，第429页。

说："形骸有敝坏，而其不死者，性灵也，故忠孝可以为神。"[①] 在其看来，儒学对于鬼神的态度，应当"知鬼神之必有"，但又反对对鬼神的迷信，认为"鬼神之必不可徒蹈"[②]。据史料记载，魏裔介与天主教也有紧密的关系，曾在《贺汤若望七秩寿文》中指出，以人格神的"上帝"解释"天命"胜过宋明以来的唯物倾向的"天理"。[③] 因此，魏裔介对"命"的认识不是逻辑的，而是有鬼神上帝式的信仰性在其中。"天地为碳，万物为铜"，只是肉体终究归于化灭，天命之性乃是上天所赋予人的，因此"大而国家之所以兴亡，小而人事之所以吉凶，一家之盛衰，一身之生死，君子惟尽其理之所当然，是之谓立命之学。立命者，命自我立也"[④]。作为读书君子，不应该因此而"不修其德"。[⑤] 修德的主要方式是从现世中体验与实践天理，遏制人欲：

> 天性浑然，即天理也，正是性善之相近，感物而动，即为欲矣。由是好恶无节，灭天理而存人欲。驯至大乱，乃习之相远也。是以圣贤克己复礼，刻刻存养省察，以存天理而遏人欲。所以复其性也。[⑥]

"复性"就是儒家在现实中对于有限生命的超越。魏裔介又批评王学从心性的空寂中去复性："自禅宗盛行，直指人心，此山泽之癯，

---

① 魏裔介：《论性书》卷上，《四库全书存目丛书》子部，第20册，齐鲁书社，1995年，第476页。

② 魏裔介：《论性书》卷上，《四库全书存目丛书》子部，第20册，齐鲁书社，1995年，第474页。

③ 黄伯禄：《正教奉褒》，《熙朝崇正集熙朝定案（外三种）》，中华书局，2006年，第294页。

④ 魏裔介：《樗林偶笔》卷一，《四库全书存目丛书》子部，第113册，齐鲁书社，1995年，第643页。

⑤ 魏裔介：《又答程箕山书》，《樗林闲笔》，《四库全书存目丛书》子部，第113册，齐鲁书社，1995年，第629页。

⑥ 魏裔介：《樗林偶笔》卷一，《四库全书存目丛书》子部，第113册，齐鲁书社，1995年，第644页。

无志经纶，索隐行怪者所为。乃儒者往往蹈之。不务实学，惟事虚谈，不知舍人伦事物之外，更于何处觅性命也。"① 这种离开现世伦理的超越，无法觅得性命，"复性"、"立命"须与生活、伦理、政治等联系起来：

> 其伦则君臣、父子、夫妇、昆弟、朋友；其文则《易》、《书》、《诗》、《礼》、《春秋》、《孝经》、《论语》；其民则士、农、工、贾；其居宫室，其服麻丝，其食六谷果蔬鱼肉；世治则君相在上持其权，世乱则圣贤在下明其理。所谓道也，所谓礼也，所谓经也，事务显然而性命之微存焉矣。②

因此，魏裔介批评佛教"怕死贪生"、"弃家灭伦"、以寂为乐、来生因果之说，认为人的超越与心灵安顿不能脱离现世。魏裔介也批评道家，认为道家过于注重个人躯体，而缺乏超越的精神。在孟子"养大体"思想的基础上，魏裔介进一步指出："今之世人，但以四大六根之形，具足无缺，便谓之人。"认为人不能仅只养其小而遗其大："生而形骸，无非天性，死而天性，超于形骸。"③ 而应当把对于天命的体认放于心灵安顿的首位。

同时，魏裔介也吸收了道家对气的重视，论理从不离言气，他认为："天地间一气之所变化而已矣。气之所在则无非理。理不离气，气不离理。"④ 而气的表现形式，就是"阴阳"，所以说："一阴一阳之谓道。非阴阳之外，别有所谓道也，形上之道，即寓形下之器之中"，即形而上的超越世界与形而下的现实世界是统一的，人须在现实世界中去体认、去超脱，即由下达逐渐达到上达。这种达到超脱即

---

①②魏裔介：《樗林偶笔》卷一，《四库全书存目丛书》子部，第113册，齐鲁书社，1995年，第649页。

③ 魏裔介：《养大体说》，《樗林闲笔》卷一，《四库全书存目丛书》子部，第113册，齐鲁书社，1995年，第639—640页。

④ 魏裔介：《樗林偶笔》卷一，《四库全书存目丛书》子部，第113册，齐鲁书社，1995年，第642页。

是达到对性、对天理之认识。

天理、人性之善，表现在形质世界中，就是气质之善，魏裔介认为：“人之生也，有气而后有血，有血而后有骨肉皮毛。故气者，物之本也。”① 以肯定气质为前提来确立天理，由此必然引出对于自然生命长度的追寻，否则一旦生命消失则天理何存？正所谓“形而上之道不离形下之气”②。魏裔介并非泛泛谈论气质之善，他试图吸收道家学说，建立一种理学自身的赅于体用的道术系统。魏裔介引入“先天一气”的概念，并将其与孟子的浩然正气、《易》的“生生不已”精神联系起来，认为：“认取先天一气，而培之以其时，此即浩然之根，原可以充塞天地者，有欲以观之，无欲以空之，则生生之易在我，而圣人何思何虑之本体，亦可以由此而得之矣。”③“先天一气”又称“元气”，魏氏有《爱惜元气》诗，称“赖有真元气，不教灾沴攻”，认为培养元气是养生之本。不过，魏裔介反对道家通过炼丹等方法来延长寿命，在其看来，“道，自然而已矣”，养生应当以调养元气为主；其次则要适量运动，或者“熊经鸟伸，呼吸吐纳”，或者“疏通肢节，不使壅滞”，或者“咽纳津液，使其流通”，如此等等。静以培养元气，动以疏通形质，在动静之中延续人的自然生命，从而为复性提供一个根本的物质基础。

---

① 魏裔介：《静怡斋约言录》，《四库全书存目丛书》子部，第20册，齐鲁书社，1995年，第481页。

② 魏裔介：《养大体说》，《樗林闲笔》，《四库全书存目丛书》子部，第113册，齐鲁书社，1995年，第640页。

③ 魏裔介：《又答程箕山书》，《樗林闲笔》，《四库全书存目丛书》子部，第113册，齐鲁书社，1995年，第629页。

第二节　熊赐履：重建对天理的敬畏

熊赐履（1635—1709），字敬修，一字青岳，湖北孝感人，顺治十五年（1658）进士，官至东阁大学士兼礼部尚书，谥号“文端”。熊氏作为康熙帝思想的启蒙者，是康熙朝第一批登上庙堂的、最重要的理学家。熊赐履十分推尊程朱之学，对于王学的禅化，以及佛老的排斥也比较激烈。熊赐履的政论、讲筵古朴切实，其《应诏万言疏》是清初理学影响社会政治的代表性作品。另外，康熙朝主要的程朱理学御纂书籍几乎都是熊赐履负责主持修纂的，可见其在庙堂诸子中的地位。

一、天理为实有

明代中后期王学末流，以心体之“无善无恶”为旗帜，思想界掀起了一场高扬人的内在情欲，用个人之“私”打破天理之“公”的运动。社会秩序包括儒家积极入世的精神均在他们的破坏之列。在熊赐履看来，当时引禅入儒、以禅解儒的现象相当普遍：“百余年来，杏坛六籍悉化而为贝叶千行。”① 同时，“气本论”学者如王廷相、罗钦顺等，也否认理的第一性，将一切可能感触的存在亦即“实有”视为合理，以此来否定“理”之“应有”。自北宋以来，以天理为中心的，集宇宙、人、社会于一体的宏大而和谐的精神的秩序世界，有着解体的危险。

这种普遍的精神危机，引发了当时理学家最广泛的思考。作为其

① 熊赐履：《复徐健庵》，《经义斋集》卷一〇，《四库全书存目丛书》子部，第22册，齐鲁书社，1997年，第363页。

中一员，熊赐履认为当时的社会是："以礼为伪，以肆为真，以放辟为圆通，以持守为拘滞，以诗书礼乐为糟粕，以纲常伦理为情缘，以日用常行为末节，以规矩绳墨为桎梏，虚诞猖狂，无所不至。"① 当时，传统儒学所面临的危机不仅在于其外王之不足，更重要的理学家所建立的信仰、理念也都有破碎的危险。因此，熊赐履紧扣住一个"理"字，展开他的议论：

天地人物，一理而已。②

存心是存此理，养心是养此理，尽心是尽此理，收心是收此理，致知是知此理，力行是行此理，察识是识此理，扩充是充此理。圣贤千言万语都不离这理字，盖塞上塞下，亘古亘今，只是这理而已。③

在熊赐履的思想体系中，理无所不在，是宇宙真正的本体，具有最原初的意义价值，善是它的规定，敬是它的工夫。天理在人世具有普遍意义，对于个人之成圣而言，理亦是中心。

除了理的普遍性之外，熊赐履还强调理的秩序性，认为："天理者，天然自有之条理，天秩、天叙、天命、天讨是也。"④ 天理的秩序性，在于它的条理分明，"天高地下，万物散殊，各有不齐之则，各有不一之分"，正是由于万物之理各有自己的运行轨道、运作原则，因此只要"因人治人"、"因物付物"，就能够达到这种秩序的和

① 熊赐履：《闲道录》卷下，《四库全书存目丛书》子部，第22册，齐鲁书社，1995年，第43页。

② 熊赐履：《闲道录》卷中，《四库全书存目丛书》子部，第22册，齐鲁书社，1995年，第25页。

③ 熊赐履：《下学堂札记》卷一，《四库全书存目丛书》子部，第22册，齐鲁书社，1995年，第56页。

④ 熊赐履：《闲道录》卷中，《四库全书存目丛书》子部，第22册，齐鲁书社，1995年，第19页。

谐，即万物“各循其理而天下平”①。同时，天理的秩序要降落“人伦日用布帛菽粟之常”，以为依托与归宿。②

而以空为宗的“禅”，对天理的秩序与现实性无疑有极大威胁，因此熊氏强调天理，主要针对禅宗，“以禅解儒”是明中后期与王学援禅入儒相伴随的一个重要现象，如熊赐履所描述的：

以颜子为圆顿超悟，以曾子为苦行渐修，以“大德敦化”为毗卢性海，以“明明德”为明心见性，以“止至善”为菩提正觉，以“朝闻道夕死可矣”为涅槃了生死大解脱，以“十目所视、十手所指”为千手千眼观世音菩萨。百余年来，论学讲书大率如此。呜呼！可为痛哭者也！③

在熊赐履看来，儒学与禅宗最大的区别在于：“吾儒言理原不曾离却气，离却气亦无理矣。佛氏言气，只要丢却理，丢却理皆成欲矣。”④ 为了挽儒学于禅风之外，熊赐履主张“实”，以“实”来标准程朱理学，以之对抗禅家的“空”。熊赐履说：

吾儒以实宗，实者，实有此理也，千言万语，只是要有此理，循理便是率性，穷理便是尽性；释氏以空为宗，空者，空去此理也，千言万语，只是要无此理。

一切超脱，则绝圣弃智，病于空。⑤

理的实在性，比较鲜明地为程朱、禅宗划了一道分水岭。天理的

---

① 熊赐履：《闲道录》卷下，《四库全书存目丛书》子部，第22册，齐鲁书社，1995年，第44页。

② 熊赐履：《闲道录》卷下，《四库全书存目丛书》子部，第22册，齐鲁书社，1995年，第37页。

③ 熊赐履：《与杜于皇》，《经义斋集》卷九，《四库全书存目丛书》集部，第230册，齐鲁书社，1997年，第354页。

④ 熊赐履：《闲道录》卷中，《四库全书存目丛书》子部，第22册，齐鲁书社，1995年，第25页。

⑤ 熊赐履：《闲道录》卷中，《四库全书存目丛书》子部，第22册，齐鲁书社，1995年，第27页。

秩序是实有的，不是虚空的。不过在熊赐履看来，圣学也不能完全滞于实，不能过分注重下学，并指出薛瑄之后，程朱之学“流于拘”，过于程序化教条化，但相对于当时“心髓之毒”的“狂禅”之风，仍旧是坚持予以提倡的，熊赐履认为：“宁可数墨寻行，拘泥陈迹，不可谈神说妙，翻弄新奇……宁可倚识解堕言诠、斥佛祖之外道，不可弄精魂、蔑伦理……”[①] 虽然立论失于偏激，但表明了熊赐履反对狂禅的强烈精神。

熊赐履同阳明一样提出“心即理”的命题，认为天理在于人心，但人心必须受约束于天理，不能离开现世伦理，所以熊赐履又指出：“心外无事，事外无心，心即理，理即心，事即理，理即事。”[②] 在熊赐履看来，造成心理为二的不是朱子，而是阳明，因为阳明离开了天理论心，所以导致了心与天理判为两者，而朱子言心都是在天理的范围之中。[③] 总之，熊赐履强调“心即理”，是要将天理重新树立为道德价值判断的标准，以规定王学所讲的“无善无恶”之“心”。

二、至善心之理

在宋代理学家那里，与孟子相同，多数也是从人性的角度来论善，但是这个“善”字，许多时候已脱离了道德价值判断，比如，二程就认为“不为尧存，不为桀亡，只是人不到它这里。知此便是明善”。或者将“善”作为生生的起源，认为明善就是“诚”在生生不息宇宙间

---

① 熊赐履：《闲道录》卷下，《四库全书存目丛书》子部，第22册，齐鲁书社，1995年，第37页。

② 熊赐履：《闲道录》卷中，《四库全书存目丛书》子部，第22册，齐鲁书社，1995年，第21页。

③ 熊赐履：《闲道录》卷中，《四库全书存目丛书》子部，第22册，齐鲁书社，1995年，第31页。

的流行。[①] 朱熹论“善”沿袭二程，在其解《大学》中“止于至善”时，认为“善”应当为“事理当然之极”[②]。不过，“善”相对于理、气、心、性等，远远没有发展成为宋明理学的核心概念。

阳明将“至善”提高到本体的地位，认为：“至善者，心之本体，本体上才过当些子，便是恶了。不是有一个善，却又有一个恶来相对也。”[③]“至善”是阳明理学的重要理论范畴，正是在消除道德价值判断的“至善”基础上，阳明提出“无善无恶”之说，他认为：

> 无善无恶者理之静；有善有恶者气之动。不动于气，即无善无恶，是谓至善。……圣人无善无恶，只是无有作好，无有作恶，不动于气。……不作好恶，非是全无好恶，却是无知觉的人。谓之不作者，只是好恶一循于理。[④]

阳明认为“至善”是在没有气的干扰情况之下的天理流行，这与程朱有本质不同。程朱所谓“当然之则”或是性、天理包含有道德价值判断，与气与物是浑然一体的。阳明将“无善无恶”与“心体”相结合，是讲善、恶是天理所为，不是人为，不是人之私作好恶。到王学末流，将“无善无恶”理解为天理本身，就使阳明所谓不作好恶变成不论好恶，人性中的“善”完全失去了天理的支撑。

熊赐履论“善”，既源于阳明对善的重视，又是反阳明的“无善无恶”而起。在熊赐履的理想体系中，“善”仍处于本体地位，认为“善”就是“至善”，并无特殊的差别，因为在其看来，道德价值是贯穿于形而上之理与形而下之物的，心、性在本体上必须是具有道德价值的，那就是“善”，或者说现实的道德价值具有本体意义，天理在本末上绝非无善无恶，他认为：

---

① 程颢、程颐：《二程集》，中华书局，1981 年，第 29 页。

② 朱熹：《四书章句集注》，中华书局，1983 年，第 3 页。

③ 王阳明：《传习录》，《王阳明全集》，上海古籍出版社，1992 年，第 97 页。

④ 王阳明：《传习录》，《王阳明全集》，上海古籍出版社，1992 年，第 29 页。

> 善即本体也。在天曰“命”，在人曰“性”，在物曰“理”，处物曰“义”，孔子曰“继善”，颜子曰“一善”，曾子曰“至善”，孟子曰“性善”，皆是也。知此者为知天，见此者为见《易》，穷此者为穷理，达此者为达德。①

可以看出，在天、人、物、处物等四个层面，从自然到个我到人伦，“善”是一以贯之的。“善”作为本体，首先与“理”、“命”相关，是“理”之“善”，是“命”之“善”。朱熹认为天理流行的世界中“万物并育而不相害，道并行而不相悖，小德川流，大德敦化，此天地之所以为大也”。太极之大在于大德、小德并举，“全体之分”与“万殊之分”融为一体。② 熊赐履肯定这种天理流行就是“善”：

> 大德敦化，万物一善，统体之太极也，维天之命，於穆不已是也；小德川流，一物一善，各具之太极也，乾道变化，各正性命是也。③

朱熹认为太极是“本然之妙”，太极的动静，形成天命流行，亦即天理。太极是世间万类的总名，具体而言，每一事物上又各有一个太极，所谓“物物太极”、“统体太级”是也。熊赐履从大德、小德亦即统体、物物两个方面，肯定善与太极的关系，善是规定太极的属性，而善的性格就是如“天命流行”，是太极的集中体现，用再简单的语言来概括：“善只是‘天理’二字，自其自然曰天，自其流行曰命。”④ 仔细观察，我们会发现朱熹与阳明同样在形式上强调这种自然的天理流行，但是对这种天理的性质认定不同，一种是强调

① 熊赐履：《闲道录》卷上，《四库全书存目丛书》子部，第22册，齐鲁书社，1995年，第3页。

② 朱熹：《四书章句集注》，中华书局，1983年，第37—38页。

③ 熊赐履：《闲道录》卷上，《四库全书存目丛书》子部，第22册，齐鲁书社，1995年，第4页。

④ 熊赐履：《闲道录》卷上，《四库全书存目丛书》子部，第22册，齐鲁书社，1995年，第5页。

“善”，一种是强调“无善无恶”，而熊赐履偏重于朱熹并将这种“善”高度伦理化、形下化。

熊赐履批评阳明心学主要集中在“无善无恶心之体”说，认为“无善无恶”就是“恶”：“曰无善，无善非恶而何？曰有善之善，有无善之善，无善之善非恶而何？无善云者，荀子之见，商韩之祖也；无善无恶云者，告子之见，佛老之祖也。”① 又道：“善即理也，无善即欲也。”② 在熊赐履看来，善、恶之间没有中间过渡阶段，非此即彼。因此必须强调善，如果以“无善”、“无善无恶”为性，则必然流入荀子、商鞅、韩非、告子及佛老之学。

熊赐履坚决主张心、性之善，认为：“本心即是天理，其存为四德，其著为四端，皆理也，即皆善也。”③ 熊赐履“本心即天理”说与阳明提出的“心即理”虽然在表述上相同，而内涵无疑相反。熊赐履强调“理”的“善”，并将其下降到伦理道德层面的“元、亨、利、贞”四德与“恻隐、辞让、羞恶、是非”四端，“善”不是对本体体验和参悟，而是现实中实在的、可体认、可操作的，他进一步肯定善与道德之关系，认为：“善只是天理，明善只是复还天理”，“善即明德，明善即明明德。”④“善即是性，明善即是复性。”⑤

儒家的一切伦理政治，在熊赐履的观念中，均是围绕着“明善”

① 熊赐履：《闲道录》卷下，《四库全书存目丛书》子部，第22册，齐鲁书社，1995年，第38—39页。

② 熊赐履：《闲道录》卷中，《四库全书存目丛书》子部，第22册，齐鲁书社，1995年，第25页。

③ 熊赐履：《闲道录》卷上，《四库全书存目丛书》子部，第22册，齐鲁书社，1995年，第4页。

④ 熊赐履：《闲道录》卷上，《四库全书存目丛书》子部，第22册，齐鲁书社，1995年，第14页。

⑤ 熊赐履：《闲道录》卷上，《四库全书存目丛书》子部，第22册，齐鲁书社，1995年，第8页。

而展开的，所以说："善非他，吾心之全体大用。"[1] 熊赐履又从儒家经典以及道统的传承两个方面，来肯定善作为本体的重要意义：

《书》曰"降衷"，《诗》曰"秉彝"，《论语》曰"仁"，《大学》曰"明德"，《中庸》曰"天命之性"，《孟子》曰"仁义之心"，周子曰"太极"，程子曰"天然自有之中"，张子曰"万物之一原"，朱子曰"当然之则"，无非是物也，而总不越"天理"二字尽之。天即理也，理即善也，善即理也。[2]

从"善"在现实世界的具体展现而言，就是中庸："不偏之谓中，不易之谓庸。善者中也，凡不中者皆非善；善者，庸也，凡不庸者皆非善"，"《中庸》一书，只是明善而已。"只有在日常伦理生活实践中才能体会这种善。然而如何明善，则还必须有一套工夫，熊赐履高度重视"敬"在明善过程中的作用。

三、敬畏存天理

在宋明理学中，修养工夫主要可以分为"主静"与"主敬"两派，但是两种工夫经常是相互为用。阳明既提倡居敬，又主张静坐。但是，王学发展到后来，与禅学打成一片，逐渐放弃了"居敬"之教，而走向静坐与顿悟；与之相伴随的就是李贽等人掀起的肯定"私"、"欲"的潮流，天理的神圣性被打翻在地。

熊赐履的"主敬"之说，是反王学末流禅风而起，因而推重程朱的"主敬"说，认为："敬之一言，程子说得切要，朱子阐得详明，其为功于圣门，有裨于后学也大矣。"同时，熊赐履指出："敬者，千古圣贤授受之心法。"[3]将"敬"提升到了道统论的高度。

熊赐履所谓"敬"，袭取朱子"以畏释敬"的思路，认为"戒慎

---

①③ 熊赐履：《闲道录》卷上，《四库全书存目丛书》子部，第22册，齐鲁书社，1995年，第5页。

② 熊赐履：《闲道录》卷上，《四库全书存目丛书》子部，第22册，齐鲁书社，1995年，第8页。

不睹，恐惧不闻，如临深渊，如履薄冰"，要求对天理有一种足够的敬畏心态，熊氏撰有《敬箴》，于其中指出："厥敬维何，曰惟主一，永矢靡他，庶几弗失，战战兢兢，庄庄栗栗"[①]，认为"谨言慎行即是存养之要"[②]。明末的王学，发展到掀天揭地、赤手搏龙蛇的境地，主要是由于学者脱离了对天理应有的敬畏，从而造成人心私欲的放荡及社会秩序的混乱。熊赐履的"敬"字，无疑对于重整伦理秩序提供了一套理论及方法，是抑制王学狂放之风的药石。

但是"主敬"往往会形成造作之心，早在南宋陆九渊就对朱熹持敬之说提出批评，认为古代圣贤"未尝有言'持敬'者。观此二字，可见其不明道矣"[③]。因此，熊赐履虽然以"畏"释"敬"，但是绝非简单地承袭程朱的"持敬"，而是用天理本身的自然流行来解释"敬"，说："无拘迫之敬，无烦碎之敬，无安排做作之敬，无块尸兀坐之敬。"[④] 在其看来，"敬"要像颜子一样"卓尔"，如孟子一样"跃如"，似程子一样要"活泼泼地"[⑤]，总而言之是自然率性，这种气象作为"敬畏"之"敬"的一种补充，是体认天理之后的必然状态，与陆王心学的思路更为接近。

熊赐履非常强调本体与工夫的结合，认为"敬"既是工夫、又是本体，工夫就是本体。从本体的角度来看，"敬"与"善"，"敬"与"天理"都是合而为一的；从工夫的角度来看，"敬"也等同于"自明诚"：

> 自诚明，敬是本体，自明诚，敬是工夫。诚自无不敬，无不

① 熊赐履：《主敬箴》，《经义斋集》卷五，《四库全书存目丛书》集部，第230册，齐鲁书社，1997年，第298页。

② 熊赐履：《闲道录》卷上，《四库全书存目丛书》子部，第22册，齐鲁书社，1995年，第23页。

③ 陆九渊：《陆九渊集》，中华书局，1980年，第6页。

④ 熊赐履：《闲道录》卷上，《四库全书存目丛书》子部，第22册，齐鲁书社，1995年，第6页。

⑤ 熊赐履：《下学堂札记》卷一，《四库全书存目丛书》子部，第22册，齐鲁书社，1995年，第49页。

敬，自无不明，本体即工夫，敬则无不明，无不明则无不诚，工夫即本体。

善是本体，即是工夫；自本体言谓之善，自功夫言谓之敬，善也，敬也，本体也，工夫也，一而已矣。①

可见，在熊赐履那里，“敬”不仅仅是道德主体涵养天理的问题，也是其在现实践履中对于天理的扩充与体认。熊氏与阳明一样，虽然不反对“静”，但更强调践履之“动”，反对单纯地做本体工夫。从总体上，熊赐履“敬”是兼于动静的：“念虑未萌而几微不动者，敬也；应酬交错而品节不差者，敬也。”② 在这里动、静不仅都是工夫，而且在范畴上都属于阳明所谓的“行”，一层是意念上的、一层是现实行动中的，而不是静坐、体悟或专一于虚无的境界。

同时，熊赐履用“理一分殊”来解释统一于本体与工夫的“敬”，认为“知至至之，敬之始事，知终终之，敬之终事。廓然大公，敬之理一，物来顺应，敬之分殊”。敬之理即敬之本体，亦即天理，是包含一切事物的、大公无私、无有造作的流行，要“至之”、“终之”，用实践来完成对天理的体认，这才可称“本体之敬”。敬也有分殊性，有人问熊赐履如何做“主敬”工夫，熊氏认为：

在在不放过，时时不放过，如读书心在书上，见客心在客上，着衣心在衣上，吃饭心在饭上，静时如是，动时如是，里面如是，外面如是，一语一嘿，一呼一吸，无不如是。心存而理得，理得而心存，则善无不明，而身无不诚矣。③

总之，熊赐履的“敬”，既被赋于了本体意义，又在重心上指向了具体的工夫，实际上，它是有意将本体贯通到工夫之中，于工夫之中见其天理之本体。同时，作为工夫的“敬”，又与意念、行动紧密

---

① 熊赐履：《闲道录》卷上，《四库全书存目丛书》子部，第22册，齐鲁书社，1995年，第5页。

②③熊赐履：《闲道录》卷上，《四库全书存目丛书》子部，第22册，齐鲁书社，1995年，第6页。

联系，也就是说与现实社会伦理密不可分，并要在其中一步步展开。因此，熊赐履指出“敬亲即是畏天”[①]，又说“小学全是主敬之方”[②]，所谓“小学”，即是“扫洒应对”等传统社会儒家最基本的礼仪，这是“敬”的起点，由此而到社会政治天下治平的具体之礼中去，如其所云：“格致诚正修齐治平，善之所以体全而用备也，然非主敬不为功。”[③]可见，在熊赐履有关“敬”的几层次理解中，无论是敬畏，还是从意念到行动的工夫，其目标最终都被下降到具体地对当时以“天理”为法则的伦理秩序。

第三节　李光地：天人沟通的伦理化

李光地（1642—1718），字晋卿，别号榕村，福建安溪人，历任直隶巡抚、吏部尚书，累官至文渊阁大学士，谥号“文贞”。康熙九年（1670）中进士，康熙五十七年（1718）病逝，几乎与康熙帝执政时间相始终。李光地早期一度喜好陆王，晚年转宗程朱，此外，还遍注群经，尤其熟通《易》理，旁及天文、历算、音韵、律吕乃至西学。李光地长时间活跃在政治舞台上，晚年多参与朝廷重大机密，在其去世之后，康熙帝发出“朕知卿最悉，亦惟卿知朕最深”[④] 的感叹，可见李光地在朝廷受信用之重，也的确堪称是清初庙堂理学的代表性人物。

一、感通天人之际

天人关系是宋明时代理学的核心命题。宋代以来的理学，与汉唐

---

① 熊赐履：《下学堂札记》卷一，《四库全书存目丛书》子部，第22册，齐鲁书社，1995年，第49页。

②③熊赐履：《闲道录》卷上，《四库全书存目丛书》子部，第22册，齐鲁书社，1995年，第6页。

④ 李清植：《文贞公年谱》，《北京图书馆藏珍本年谱丛刊》，第85册，北京图书馆出版社，1999年，第398—399页。

时期的谶纬之学不同，由于受到了佛教的影响，它不再倾向于以心与天道的沟通体验，而是更多地表现为一种逻辑思辨。从某种程度上，天成了一种自然运行，原来具有人格性的“上帝”变成了只是从“主宰”角度对这种自然运行进行的描述。而在李光地的理学中，“天”有着比较明确的意志性、人格性。有人曾问：“朱子以主宰谓之帝，孰为主宰?”李光地回答说：“天下何物无主宰，况至大之天乎?”[1] 在这个基础上，李光地对汉唐以来的天道观进行了批评：

> 汉、唐以来，都不识天，多以天为茫茫荡荡，无有知觉，不过胡乱生出人物来，任他升沉显晦。后来儒者觉得不是，亦只空说有个理在，不然何以日月星辰万古不错，生人生物都有条绪。其实天之形势大，其运动包罗，人岂能与之同？乃圣人说来，天与人直是一般。说“天聪明”，果然天聪明；说“天有好恶”，果然天有好恶；说“上天震怒”，果然天有震怒；说“皇天眷佑”，果然天有眷佑。人有性，天亦有性，人有心，天亦有心，无丝毫之异。[2]

上面这段引文，分三个层次，李光地先是批评了汉唐时期纯粹将天理视作“无有知觉”的“气”的倾向，并不认为天仅是一种自然运行；其次对于宋儒用理来解释自然之天也并不认同，在其看来宋儒不过是解决了“生人生物都有条绪”的问题；最后在批评宋明理学的基础之上得出结论，认为天与人没有“丝毫之异”，有性、有心，甚至有好恶也有“震怒”、“眷佑”。

此外，李光地还借用当时最先进的科学知识，认为天上以日、月为代表的这些星体均有意志，诸星有好风、好雨，亦有好燠、好寒者。日月星辰中，月距离人最近，风雨全是月主之，是故“日月之行，则有冬有夏”。李光地特别指出“月”的意义：

---

① 李光地：《榕村语录续语录》，中华书局，1995 年，第 795 页。
② 李光地：《榕村语录续语录》，中华书局，1995 年，第 199 页。

月从星之好风者，当风而不风，与不当风而风；从星之好雨者，当雨而不雨，与不当雨而雨，亦皆人事之变。……月在天地阴阳之间，所以说“和而后月生”。说他在天，他去地极近，全管地下的事；说他在地，他又与日星为类，而名三光。①

在李光地看来，月作为离人类最近又能与天相接的一个特殊星体，它连接着人类与天神；若天地阴阳不和，则将当风不风、当雨不雨，这些都与人事之变相关，是人事不谨所导致，因为月“全管地下的事”。这些论证的真实性与逻辑性倒在其次，其最主要的目的是对儒家天人合一、天人感应及灾异说寻找新的依据。

李光地还列举出一些生活中的例子对自己的天人相通观念进行说明，比如说：“人到危难时，便天人呼吸相通，至见于形声。到平安时，又绝地天通矣。”②《榕村语录续语录》中便记载有一些奇异的故事，比如：“十月间，大世兄家报来，言锐锋卒，大世兄梦见之，汲汲于身后之名，又自言‘吾已死’。凡此者，亦气之灵也。”③ 还有一些应验的怪梦，比如康熙十四年三月，正值三藩之乱，李光地梦到三乌在日中啄日，顷之二乌斗，一飞，又一飞，一乌彷徨久之亦去，日渐复光，于是李光地入日中，向关公像祈祷说：“顷毋乃耿、郑交构而离，吴逆亦孤立旋灭之祥乎？”关公像颔首肯定。之后数年中，三藩发展情形竟如其梦。

历史的发展在李光地看来也是如此，冥冥之中人是被气运所主宰的。在李光地看来，人才与气运相关，如其所说：“生人可以验气数，觉得近来所生人，又不如前辈。”④ 李光地还像《中庸》中提到的“国之将兴，必有祯祥；国之将亡，必有妖孽”一样，认为：“鬼魅精怪，

① 李光地：《榕村语录续语录》，中华书局，1995 年，第 258 页。
② 李光地：《榕村语录续语录》，中华书局，1995 年，第 796 页。
③ 李光地：《榕村语录续语录》，中华书局，1995 年，第 805 页。
④ 李光地：《榕村语录续语录》，中华书局，1995 年，第 802 页。

无所不有，神明效灵，乱世尤夥。一当太平，则神灵多降而为人以济世。有形有像，明著功德，岂不贤于闪闪灼灼，若有若无之间，播弄光影耶？"①

当然，李光地绝不是想回到汉唐的谶纬之学，只是将宋明理学的天描绘得更有意志性。李光地还是将这种意志性归结到天理上，归结到人的诚、敬等道德行为上，认为"圣人合下便与天通，无有期待，只尽人事，便是事天。周公唯忠诚到极至处，遂至动天有风雷之警。假如周公亦如后世有幻术以致风雷，不惟不成为圣人，而惑世要君，其罪不可胜言矣"②。"鬼神不敬人爵位，以理度之，亦是如此。吾辈略有意见，人尚不以势权人入眼，而有德行学问者加敬焉。况鬼神乎？"③"人心即天心，三代之后，何明时少而昏时多？佛氏说到天以外，此理却不肯说。圣贤不言，佛氏言之，何害？"④

二、诚者性命之源

宋明理学家赋予了"诚"极高的形而上意义，认为人应该乾乾不息，以静为功夫，专一于此，从而达到一种至诚状态，由是就会感而遂通天道之变化。阳明则以"心"来规定"诚"，认为"诚是心之本体，求复其本体，即是思诚的工夫"⑤。阳明的特色是将"诚"与"意"相连，认为"意之所在即为物"，以意统物，在"正念头"上做工夫。

李光地同样将"诚"置于本体地位，认为"性命之源，诚而已

---

① 李光地：《榕村语录续语录》，中华书局，1995 年，第 806 页。
② 李光地：《榕村语录续语录》，中华书局，1995 年，第 795 页。
③ 李光地：《榕村语录续语录》，中华书局，1995 年，第 810 页。
④ 李光地：《榕村语录续语录》，中华书局，1995 年，第 796 页。
⑤ 王阳明：《传习录》，《王阳明全集》，上海古籍出版社，1992 年，第 35 页。

矣”[①]。将“诚”视作人的本质属性，“诚”是道德性命的发端，它贯通着天与人，因此，要学为圣人，必须去体验所达到的“至诚”状态，在李光地看来：“‘天下至诚’，即圣人也，以性言之，则曰至诚。”[②]

“诚”首先是在人心之意念上进行检索，即传统儒家中所谓之“诚意”，李光地的“诚意”之说偏向于阳明，他认为：“姚江之言曰：‘《大学》只是诚意，诚意之至，便是至善，《中庸》只是诚身，便是至诚。’愚谓王氏此言，虽曾、思复生，必有取焉。”[③] 李光地的诚论，基本是从诚意、诚身两个方面展开，在诚意的问题上，似乎接近刘宗周，蕺山之学以慎独为宗，认为只有通过“防检穷索”，才能够有“诚敬之存”，同样李光地也特别注重诚意中的省察涵养，他说：

> 朱子谓意之既诚，尚有正心之功。学者每疑惑于其说，愚谓诚意，犹《中庸》之“戒惧谨独”也；正心，犹《中庸》之“致中和”也。“戒惧谨独”，则无不中且和矣。然朱子犹曰：“自戒惧而约之，自谨独而精之。”盖涵养省察，愈纯愈密之功，如此其至也。观《章句》上节言察，下节言敬，则知诚意之外别无正心之事。[④]

李光地没有从表面反对朱熹，但实际上解构了朱熹的正心诚意之说，他看重的不是格物致知，而是特别突出了如何在心上作本体工夫，将其提升到了很高的位置。李光地认为内在的诚意工夫至为重要，在其看来：“诚意，以为明德、新民、止至善之要也。意者，心之所主

---

① 李光地：《初夏录·通书篇》，《榕村全集》卷七，《榕村全书》，第8册，福建人民出版社，2013年，第168页。

② 李光地：《四书解义·中庸章段》，《榕村全书》，第3册，福建人民出版社，2013年，第57页。

③ 李光地：《初夏录·大学篇》，《榕村全集》卷七，《榕村全书》，第8册，福建人民出版社，2013年，第144页。

④ 李光地：《四书解义·中庸章段》，《榕村全书》，第3册，福建人民出版社，2013年，第27页。

也。人性皆善，故其心之所主，未有不好善而恶恶者。”①

“诚”是“寂然不动”，“诚意”是未发工夫，但是一旦达到“至诚”状态，就会“感而遂通”转静为动，从而表现于外，这个过程就是《中庸》所谓的“诚之”：

曲者，一隅之谓。致，则孟子所谓扩充是也。曲能有诚，则亦至诚矣。诚于中，必形于外，渐而著明，则充实而有光辉也。诚而不动者，盖未之有。渐而变化，盖迁善而莫之为也，至此，则亦能尽人性、物性，而功用流行矣。②

对内心进行省察与“诚”的扩充是并行不悖的。从李光地对“诚”的描述中，也可以依稀瞥见良知的影子，“诚”不是被动的，而是一种“渐而著明”的、“充实而有光辉”的天理，是道德的本源，是人的内在道德向外的扩充。

但是这种“诚”的向外表达，又与王学任“心”与“觉”不同，它有自身的外在规定，即道德实体的约束。从这一点来看，李光地的“诚”虽然汲取了阳明学的思路，但是最终的归宿仍然是朱学。首先，李光地将儒家的“仁、智、勇”三德皆归之于“诚”：“三德皆根于诚者也。仁者诚之厚，智者诚之通，勇者诚之笃”③，“诚”作为人的本质属性不是虚空，而是落脚于现实的道德伦理，那就是“诚”所表现出来的“厚、通、强”特性。所谓“三达德”，便是“仁、义、礼、智之约名也”，虽然分而为三，但是“行之者一”，即“以诚心为之本”。④李光地认为：“天人，即前知天、知人所知者也。天者实理所自来，人

① 李光地：《四书解义·中庸章段》，《榕村全书》，第3册，福建人民出版社，2013年，第23页。

② 李光地：《四书解义·中庸章段》，《榕村全书》，第3册，福建人民出版社，2013年，第57页。

③ 李光地：《四书解义·中庸章段》，《榕村全书》，第3册，福建人民出版社，2013年，第76页。

④ 李光地：《四书解义·中庸章段》，《榕村全书》，第3册，福建人民出版社，2013年，第51页。

者具此实理而务复其初者也。惟圣人之于天道则无间，故皆谓之诚者，其余则必尽乎人道也。”① “复其初”是回复天所赋予的本性，可称为天道，但必须尽乎人道，才可以成为无间的“圣人”。

“诚”还贯穿了《大学》的八目，即：“修身立政，皆当以诚为本。”② 诚虽然是本体，但是又非局限于本体，它沟通天人、合于内外，而且还如同一条红线，贯穿着“格致诚正修齐治平”，李光地认为：“学问之道曰诚”，“格物必立诚”，“学者格物，致知之事，诚意之端也。自修者，谨独之事，诚意之实也。恂慄仪者，心正身修之事，诚意之验也。至于民不忘则齐治均平之机，诚意之应也”。③ 李光地将《大学》八目分为“端”、“实”、“验”、“应”四个阶段，也就是儒家理想从内圣到外王的一步步展开。

对于如何达到“诚”，或说如何检索省察，在李光地看来：首先要“明”，明与诚是合一的，“诚以及于明言，明而归于诚。……诚明相生，自然之理也”。“主于忠信，以诚致明，尊德性也。故德修而为业之本，辞修诚立，以明致诚，道问学也。故业可居而为德之资，德业相资，故诚明相生也。”④ 其次，敬也是达到诚的途径，李光地同意朱熹的观点，认为“诚”、“敬”是“乾坤合德”之谓，不可偏废：“要之，未有真能诚而不敬，真能敬而不诚者。”⑤ “盖乾实而坤虚也，心苟无实即常存，而未免于空虚之弊，故诚为敬之体。”⑥

---

① 李光地：《四书解义·中庸章段》，《榕村全书》，第3册，福建人民出版社，2013年，第55页。

② 李光地：《四书解义·中庸章段》，《榕村全书》，第3册，福建人民出版社，2013年，第54页。

③ 李光地：《四书解义·大学古本说》，《榕村全书》，第3册，福建人民出版社，2013年，第24页。

④ 李光地：《初夏录·诚明篇》，《榕村全集》卷七，《榕村全书》，第8册，福建人民出版社，2013年，第138—139页。

⑤ 李光地：《初夏录·诚明篇》，《榕村全集》卷七，《榕村全书》，第8册，福建人民出版社，2013年，第142页。

⑥ 李光地：《初夏录·诚明篇》，《榕村全集》卷七，《榕村全书》，第8册，福建人民出版社，2013年，第140页。

综合起来不难看出，李光地的“诚”论是以朱学对王学进行了改造，经过李光地的改造，阳明“诚意”以“心”为“主人”，转变成了以外在的伦理道德与现世礼法为“主人”。同时，李光地又进一步通过天的意志性、人格性，极大地加强了天与人之间的紧密关系，突出了“诚”在沟通天人、沟通心与外在世界的作用。

三、性立天下之有

程朱一派非常重视性，将“性”作为天人沟通的一个中介，并将“性”分为“天命之性”与“气质之性”。陆王一派不重分析，喜言心而寡言性，尽管“心”也有“人心”、“道心”之分，但是心更倾向于不受外在约束的、能够自我扩充的主体。

李光地对于“性”的问题投入了相当地关注。在其看来，“性”之外延非常之广博，包括人性与万事万物之性；从内涵上而言，性又包有“心”、“气”，如其所言：“佛氏善言心，老氏善言气，都说得精。吾儒言性，他那两件便都包在里面。”①

李光地提出了“性立天下之有”的命题。从表面上来看，这一命题是宋儒湖湘学者胡宏首先确立的，但是胡宏之论性非常重要的方面，是否定以善恶言性，并因此受到朱熹的批评，前文提到魏裔介也将胡宏与阳明“无善无恶”相提并论，原因在此。李光地主张性善，是其与胡宏在性论上的本质区别，某些学者认为李光地继承胡宏之学，并不确切，尽管他们提出的命题在语言表述上几乎是相同的。而实质上，李光地是承接朱熹的，他明确地指出了人性本善，并将之确定到现实伦理中：

> “性”字自孔孟后，惟董江都“明于天性，知自贵于物”数句，说得好。自后汩于佛、老，都是以“气质”为性，以“心之

① 李光地：《榕村语录续语录》，中华书局，1995年，第353页。

灵明”为性。至韩文公，既以仁义礼智信为性，却又疑孟子性善之说，难道有不好的仁义礼智信么？直到程朱出来，把“性”字说一个透。程朱后，又胡涂了。①

在李光地看来，历史上诸学者的错误，均在于“以气质为性”、“以心之灵明为性”，都没有能用具体的先天五德“仁、义、礼、智、信”来规定“性”。李光地又从理论上对于性善问题进行了分析、论证，指出：“无善、无不善，盖直指性体言之，而以性为虚也。可以为善，可以为不善，盖验之于情，而以性为混也。有性善、有性不善，盖验之于才，而以性为有多品也。孟子一一破之。”以上三种情形，均未深入到“性”本身并体察到“性”的实在性，在李光地看来，情可善可不善，是发之于性，不与性对等，因而不足以验性，性情之不善是因为“所禀之才使然”，但是才之本身并非有恶。② 性是善的、是实在的，气禀对于性的影响是使之可善可不善，使现实的性即性的表现有着双重趋向，所以李光地认为通过人的诚敬工夫来恢复人性之善，一切取决于人的本体省察：“人以心思为主，而贯彻形体，则形体亦善。以形体为主，而役使天君，则心思亦恶。善出于心，恶亦出于心。”③ 至此，诚意的重要意义又加深一层。

李光地之强调性善，是从“理即性”的命题中提出的，他认为程子提出“性即理”的命题，固然正确，但是也必然同时强调“理即性”，两者是对等的，即“理”等于“性”，而不是谁包含谁的问题。实际上，程子“性即理”的命题，理的内涵外延是有可能大于性的，而且是以理为重心，李光地所论“理即性”，就是以人性为中心了，也就是说天理范围在李光地这里缩小到了现实社会伦理中。李光地从性

---

① 李光地：《榕村语录续语录》，中华书局，1995 年，第 444 页。

② 李光地：《四书解义·读孟子札记》，《榕村全书》，第 3 册，福建人民出版社，2013 年，第 269—270 页。

③ 李光地：《榕村语录续语录》，中华书局，1995 年，第 445 页。

与理对等的两方面对此进行了强调，认为：

> 不知性之即理，则以习为性，而混于善恶；以空为性，而入于虚无。不知理之即性，则求高深之理，而差于日用；溺泛滥之理，而昧于本源也。性即理也，是天命之无妄也；理即性也，是万物之皆备也。①

从上可以看出，李光地之所以提出“理即性”的命题，实质上是为了调和朱陆，即既不能“求高深之理，而羞于日用”，也不能“溺泛滥之理，而昧于本源”，前者无疑是陆王之学的缺陷，而后者则有程朱之学的“支离”之弊。所以，要处理好理与性之间的关系：求于日用，不失本源。那么李光地究竟倾向于哪一方呢？应该说，李光地更加倾向于“理”之简约与日用之“性”，而非向外去泛滥于理，即他还是主张采用“尊德性”精神更显著的陆王之学来做主体，将简约与实用之性做道德本源，将性的五德充盈发扬。因此，在一定程度上，李光地是用王学结构朱学，他所批评的“泛滥之理”更多阴指朱学，在“性立天下之有”同时，又提出“理即性”，将博（理）入约（性），将高高在上的、玄辩色彩的天理完全纳入形而下的“人性”这一道德范畴，而不是泛滥于万事万物之理。同时，这一提法也是针对王学后期将性“混于善恶”、“入于虚无”而发，乃为纠王学之偏，以实入虚，为王学后期虚无的人性重新植入天理的道德价值判断，在这一点上与魏裔介的做法是基本相同的。

与魏裔介所不同的是，李光地更加强调人性本身道德本源的简约意义。他强调“性”的本源性，认为：“礼乐名物，何一非由性而出？耳目闻见，何一非以心为主？性是人之本，天道又是性之本，故立天下之大本，乃知天地之化育。”② 将万物万事之理都归结为人性之实现即五德之达成，“理”即“性之理”，这与阳明的思路是相同的，即略去

---

① 李光地：《榕村语录续语录》，中华书局，1995年，第457页。

② 李光地：《榕村语录续语录》，中华书局，1995年，第59页。

空泛的天理不论而探究于人性本身与道德践履，正如其所言："圣人尽性，而性者自然之实理"，"即物上见理"，"理即性也，实实有个本体在"。即物所见之理，无非人性的"仁、义、礼、智、信"，而非泛滥于其他。所以李光地常借用二程的谷种喻性说，认为"程氏之言性也，以为如谷之种，虽未生物而生理具焉"，说明性具有实在意义，并批评佛老以境喻性说："程子以谷种喻性，便是，谷种里面是有的。释氏以镜喻性，便非，明镜里面是无的。"① 因此，李光地以理言性之性，是一种永恒的、先验的、确实不变的、自主无扰的、生生鲜活的至善，李光地认为：

是未发之先，此理本自充满坚实于中，故及其已发，自有条理。明乎此，则知天地虽气化迁流，万端杂柔，亦有不能自主之时，却有万古不变的一个性在。惟其如此，所以人虽物欲陷溺，气质昏蔽，"惟狂克念作圣"，天下虽大，而君子以为笃恭可平；世虽大乱，而圣贤以为反手可治。即谓气滚作一团，其不乱者即理，到底有所以不乱者在。……诚也、中也、太极也，即性也。诚者，性之实理；中者，性之不偏不倚、无过不及。②

李光地将人性具体化，就直接与五伦相关，在其看来："今欲求物之性，总离不开五伦。"李光地进行了从五行到五伦的论证，他认为性有五行："金、木、水、火、土"，因而才能有"仁、义、礼、智、信"五常。所以他说："人物皆有五性，其参合之中和者为人，偏驳者为物，至甚偏驳者之后，则美者亦亡矣。"③ 从而李光地的性论构成了一个由天到人的完整体系。

李光地在提倡性时，还认为应当从心出发。中国古代哲学的概念不注重分析，同样的术语往往有不同的表达。比如李光地之论性、心

① 李光地：《榕村语录续语录》，中华书局，1995年，第445页。
② 李光地：《榕村语录续语录》，中华书局，1995年，第455—456页。
③ 李光地：《榕村语录续语录》，中华书局，1995年，第447页。

实际包括了形上、形下对立统一，李光地所论性其实是“天理之性”（而非气质之性），而其所论之心则主要是形而下的“知觉之心”（乃人心而非道心）。性“能立万有”、能与天理等同，而心却不能脱离“知觉”，从而缺乏纯粹道德的意义，因此在李光地看来，理与心是不能对等的，他认为：

呼吸总是一气，语嘿总是一心，此之谓神。神非太极，太极理也，非神也。虽神亦由于理，然却有界限。人多将心性混说，以性为心，将性说成知觉；以心为性，将心说向虚寂。……形是至粗的，运于中者气也，气之精者神也，神亦由于理。如心之不息，亦理之不息，毕竟说不得心即是理。①

“心”之所以不能与“性”、“理”对等，是因为李光地是在形而下的层面上讲“心”的，“心”是指“知觉”、“有形”的“心”，杂有恶、欲，如果以形而下的“心”为“性”，必然走向对欲望的放纵。李光地形象地给“心”、“性”关系作比喻说：“心者性之郛廓。心如物之皮壳，性是皮壳中包裹的，故言心必合性言，方是本来的心。”心的重要意义，在于他是性的载体，这个载体与性本为一体但又为性所规定：“若论自来，须先说性，而后及心，心亦性之所生也。及有此心，则性具于中。”② 虽然如此，对于“性”的修养回复，并不能离开“心”，因为性就在它的载体“心”之中，所以“古人之学，皆是以心地为之本。”③ 总之，要恢复人的本性，达成道德践履，还是要从现实的、知觉的“心”出发，用体现“天理”、“本然之性”的“道心”与人的“物欲之心”做斗争。

---

① 李光地：《榕村语录续语录》，中华书局，1995年，第327页。
② 李光地：《榕村语录续语录》，中华书局，1995年，第450页。
③ 李光地：《榕村语录续语录》，中华书局，1995年，第58页。

第四节　汤斌：道德本源的确立

汤斌（1627—1687），字孔伯，号潜庵，河南睢州人。顺治九年（1652）进士，历任潼关道副使、江西岭北道参政及江宁巡抚，累官至工部尚书，以清廉著称，谥号“文正”。顺治末，汤斌辞官悠游林下二十余年，其间曾在苏门从学于孙奇逢。学术上接近于夏峰，史学方面也有建树，撰有《明史稿》二十卷及《洛学编》三卷。汤斌在学术上虽然倾向陆王，但是同时也以朱融陆，对两派均进行解构，并且从确立道德本源的角度推动了庙堂理学的演进。

一、心体工夫

朱陆两派的为学工夫各具特色。程朱求之于外，希望通过格物来认识天理；陆王之学尊德性，尤其阳明提倡“致良知”，将心体视作工夫本源所在，黄宗羲称之为“正念头”，虽然阳明提倡“知行合一”，但是发展到后来，其末流就逐渐地堕入到“正念头”这样空洞的玄谈顿悟中，从而为自身招来了一场学术大批判。

在清初的庙堂中，汤斌是少数主张公正对待阳明的人。汤斌认为阳明之学“见地光明，发明本心，如拔本塞源诸论，圣人复起，不能易也”①。同样，汤斌也将“心”上工夫视为为学的出发点，指出“学问之道，全在收拾此心。此心不曾收拾，毋论声色货利，皆是戕害我身之具。即读书诵诗，亦为玩物丧志”②。阳明学最初的兴起，是针对朱学支离。在阳明看来，当时士子驰心科举，贪图利禄，忽略了内心的道

① 汤斌：《〈明史〉凡例议》，《汤斌集》，中州古籍出版社，2003年，第828页。
② 汤斌：《汤斌集·门人王廷灿手述五条》，中州古籍出版社，2003年，第20页。

德培养，于是提倡致良知之学，要求士人反求本心、知行合一，这种“直接透快”的为学工夫，极大地打破了当时沉闷的学风。汤斌认为，学问大要无过于去除声色货利，收拾本心，甚至认为内心的至诚与天意、治乱相通，如其所谓“自古治日常少，乱日常多。要知乱日之所以多者，皆缘人之情欲相感，邪淫日生，其气上通于天”①。

王学之被清初儒者所诟病者，集中于阳明的“心体无善无恶”论。这是阳明在天泉桥与弟子饯别时，向钱德洪、王畿提出的所谓“四句教”，即“无善无恶心之体，有善有恶意之动，知善知恶是良知，为善去恶是格物”，阳明后学对这四句却有不同的理解，刘宗周等人甚至怀疑“无善无恶心之体”的说法是否出于阳明，王畿一派认为不仅心体无善无恶，还进一步认为意之动也是无善无恶，主张“四无说”，援佛入儒，将阳明学发展到赤手搏龙蛇的地步。

汤斌倾向于钱德洪，认同“无善无恶心之体”的说法，有人问汤斌说：孟子言“性善”与阳明言“无善无恶心之体”有何区别。汤斌认为：

> 此是对有善有恶意之动而言。心之体不但恶非所有，即善亦不得而名也。善亦不得而名，乃为至善。孟子言性善，究竟是于情上看出。性之善如何可说下？言知善知恶是良知，这良知便是性之虚灵不昧处。恻隐、羞恶、辞让、是非，皆从此出，是即孟子所谓性善。宋儒言主敬，阳明恐学者过于执著，反于心体上多一“敬”字，故教人只提醒良知便是。其言无善无恶，只是教人涵养未发，勿过执著而已。②

这里体现出阳明学的重要特点，即是对天理流行的不执著，在汤斌看来，天理是自然流行、无牵无碍的，其谓“鸢鱼上下，皆道之机

① 汤斌：《汤斌集·门人窦克勤手述五十条》，中州古籍出版社，2003年，第15页。
② 汤斌：《汤斌集·门人沈佳、窦克勤、姚尔申手述二十三条》，中州古籍出版社，2003年，第5页。

也。吾人体道，不可须臾离，亦是如此”，“满前洋溢，俱是发育峻极，何处得个空闲，容我疏放耶！然却随处自有个恰好的道理，一切将迎期必，总用不着。所以工夫正在勿忘勿助之间。”①“勿忘勿助”就是心体工夫最为要紧者。这是因为心体本身，只是天理的自然流行，不为尧存，不为桀亡，何善、恶之有哉？汤斌认为孟子说性善，乃是从情的角度出发，而不是心之本体。所谓情，就是已发，已发才有善，善是现实的、对人的一种规定性。

但是，汤斌并不是对阳明的思想进行简单复制，他认为四端不可以用心来规定的，实质上是批评阳明后学将心体之无善无恶放到了现实社会之中。汤斌指出孟子所谓的恻隐、羞恶、辞让、是非这“四心”，都是已发之“情”，用这些词语来规定“心”，就不是“心”在本体上的意义。心体本来面目是澄澈晶莹的，对于这个本体之“心”不能过于执著，比如过于执著于宋儒之“敬”，那么就会留恋在“敬”上，从而打破心的自然运行状态，对心体就缺乏了体味。所以，汤斌的结论是：“其言无善无恶，只是教人涵养未发，勿过执著而已。”②汤斌认为正是这种体验未发气象，乃为学之起始：“先儒教人看未发前气象，正是教人下手做工夫最亲切处。”③也就是说，心是体验未发气象的，不是已发。

既然心不能以善恶而言，那么现实中的善恶要不要区分呢？汤斌并没有因为心体无善恶而否定现实行为的道德判断，相反他认为要达到现实中的善，仍然是要与心联系起来的，心体无善恶，然而心的喜、乐等情感却都与现实的善恶行为紧密相关：“凡人为一善事，则心安而

---

①③汤斌：《汤斌集·门人沈佳、窦克勤、姚尔申手述二十三条》，中州古籍出版社，2003年，第3页。

② 汤斌：《汤斌集·门人沈佳、窦克勤、姚尔申手述二十三条》，中州古籍出版社，2003年，第5页。

体舒；为一不善事，则心不安而色愧。"[①] 这种心体的涵养，也并不是无思无虑，弟子问其"何思何虑"之意，汤斌认为"何思何虑，非全无思虑也。观同归殊途，一致百虑，可见非无思无虑"。之所以圣人之心"何思何虑"，是说"虽千变万化而寂然者自在也"。[②]这种变化自在要求人不能助长，因此"工夫正在勿忘勿助之间"。[③] 具体来看，就是要能"随事体察"，"无为其所不为，无欲其所不欲"，那便是"尽心复性的真实工夫"。[④]可见，汤斌有关道德涵养的思考不仅仅停留在方法论的表面，而是实实在在的落实于心之本体。

二、主静慎独

以上对于王学及汤斌的心体概念，已略述及。然而如何"存心"，即如何做心体工夫，确是一个很大的问题。阳明虽然批评过静坐，但龙溪、泰州一派发展下去，却是与禅学打成一片，把静坐、觉悟也发展到了极致。在清初，静坐体悟之习影响仍大，关中大儒李二曲便是积极提倡者；也有学者奋起对其进行批评，如河北的颜李学派。

相对于清初庙堂诸子提倡"敬"而言，汤斌对"静"字工夫却并不排斥，他认为："天理非可以动静言，而主静亦不可以时位论。泥主静之说而不得其义，固易流于禅。若昧主静之意而徒事于标末补缀，则隐微多疚，人品伪而事功无本，此乡愿之伪学，孔孟之所深拒也。"[⑤] 实际上，汤斌的"主静"是要求人们去做涵养工夫，亦即如何确立道德本源，就如同阳明在《教条示龙场诸生》中讲的"立志"一样，而

①②④汤斌：《汤斌集·门人沈佳、窦克勤、姚尔申手述二十三条》，中州古籍出版社，2003年，第5页。

③ 汤斌：《汤斌集·门人沈佳、窦克勤、姚尔申手述二十三条》，中州古籍出版社，2003年，第3页。

⑤ 汤斌：《汤斌集·学言》，中州古籍出版社，2003年，第29页，原文断句作"天理非可以动静，言而主静，亦不可以时位论"，有误。引文为笔者重新断句。

不是仅仅从细枝末节的外在行为入手。从周敦颐开始，“主静”就是宋明理学的重要工夫，对涵养本源有重要意义。汤斌引用朱熹之语道：“静者，性之真也，涵养中体出端倪，则一一皆为己物。”① 认为即使是朱熹也是不废主静工夫的，涵养未发必须主静。因此，汤斌批评当时学风说：“今学者病在无静中工夫。且向静中治心，一切道理自渐有进。然此心亦最难认，须先认得，而治之功多有所加。”② 他认为喜怒哀乐未发之际，“纯是工夫”，所以“云下不得‘静’字，然只是未发，亦下‘动’字不得。看来虽有工夫，只可说静”。所谓“静”，就是宋儒常说的“未发气象”。汤斌家居时，见苛政骇人听闻，遂心动，于是“杜门静坐，体察天理”，最终是“觉一切外事可惊可骇，皆属平常”③。

然而已发之涵养，却需要用“敬”。汤斌认为：“择善固执，皆由此明心做去，涵此而养之，则用敬也。”④ 在“用敬”上，汤斌主张渐进的工夫。他以“静”来体悟本体、以“敬”来涵养道德，亦是受到孙奇逢的影响，孙奇逢讲渐、顿，认为“渐者，下学也；顿者，上达也”⑤，汤斌也同样指出：“必学问真，积力久，方有一旦豁然大悟处，是顿因于渐也。”⑥ 汤斌所谓的“敬”、“渐”是对心体的涵养，却非一味的向外格物，就如其所言：“圣贤学问只在心性上用功，譬如种树，日于根本上培养灌溉，久之自然畅茂条达。纵未畅茂条达，根本自在。今人只于枝叶上用功，外面虽极好看，究之全非己有。”⑦ 汤斌用“种

---

① 汤斌：《汤斌集·学言》，中州古籍出版社，2003年，第29页。

② 汤斌：《汤斌集·嵩谈录》，中州古籍出版社，2003年，第1587页。

③ 汤斌：《三上孙征君先生书》，《汤斌集》，中州古籍出版社，2003年，第161页。

④ 汤斌：《汤斌集·嵩谈录》，中州古籍出版社，2003年，第1590页。

⑤ 孙奇逢：《寄张蓬轩》，《夏峰先生集》，中华书局，2004年，第63页。

⑥ 汤斌：《汤斌集·门人沈佳、窦克勤、姚尔申手述二十三条》，中州古籍出版社，2003年，第4页。

⑦ 汤斌：《汤斌集·门人沈佳、窦克勤、姚尔申手述二十三条》，中州古籍出版社，2003年，第6页。

树”这个比喻形象地表现了他独特的工夫理念，树之根是本原，是心体，是一切工夫的起点与归宿，要日日对其进行培养灌溉，这与程朱外求去格物理不同；对于阳明后学讲顿悟而言，汤斌也不一样，他倾向于渐悟，所谓渐悟，实际上是吸收了程朱理学的外在格物，即对现实伦理与现世礼法进行一步步的体认。程朱理学讲“即凡天下之物”，意图通过对天下万事万物之格，从而达到豁然贯通的境地，即通过知识的扩充最终来达到道德的自然。汤斌的“渐”论大体上与程朱理学是一致的，只是它在入手处却以阳明发明本心为主，实际上，也就是先确立一套内心认定的道德轨范，再外求格物对其印证而已。

朱学末流泛滥典籍，王学末流顿悟狂放，均在讲求理论之际，缺失了对于心之本体的确实把握。刘宗周力倡慎独之学，以纠王学末流之弊；孙奇逢与蕺山一样，对于慎独也格外重视。汤斌从学于夏峰，对于慎独也表现了相当的关注，他认为：

> 圣贤掀天揭地事业，总要“暗室”、“屋漏”中工夫。“暗室”、“屋漏”中有不慊于心，便与天理有亏欠，如何能做出光明俊伟事业来？亦有英雄建功立业而“屋漏”多亏欠者，虽于世未必无补，毕竟是无本之枝，转眼萎谢，反不如布衣之士后世馨香也。
>
> 对人为道义之言，“暗室”为私利之事，其盗也欤？
>
> 人为不善，最是闲居时。大庭广众应事接物，毕竟畏人指摘，言动不敢放肆。一至闲居，则驰然自肆，无复畏忌，种种邪念头相继而起。不知人虽不知，吾心其可欺乎？天地鬼神其可欺乎？吾心不可质天地鬼神，胸中便消沮闭藏，不待见君子而后厌然也。①

在汤斌看来，“暗室”、“屋漏”中的慎独工夫，可以造就光明俊伟的圣贤气象。慎独也与静、敬一样是做心上涵养工夫，主要侧重于为

---

① 汤斌：《汤斌集·困学录》，中州古籍出版社，2003年，第1583页。

学之诚与不欺。慎独真正要达到的目的，是要破心中贼，即从内心里真真实实地建立起圣人的道德信仰，它是一种道德的自律，而非道德的他律。道德的他律，其表现即为“大庭广众应事接物，毕竟畏人指摘”，道德的自律，只有从心之本体的慎独做起。

三、义利之辨

朱熹认为“心之所之”为“志”，象山之学更是首在“辨志”。志就是用来主宰区别人心、道心的，所谓“辨志”，就是“义利之辨”，亦即区别人心、道心。王学末流在清初之被批判就在于对心的放纵，使其流于物欲之利。程朱理学特别区分了人心、道心。阳明提倡心学，但并不剖析道心、人心之别，就容易导致将人心的一些私欲看作天理，王学末流之学高倡“私”、“利”时，实际上已经逐渐脱离了传统理学理欲之辨的轨道。

因此，汤斌强调“辨志”，以之区别人心、道心，从而确定道心的主导地位。汤斌认为“学者须明义利之界”，认为“能在此处立定，天下无事不可为”①。义利之辨无过于《中庸》讲的贫富、患难、狄夷，到极端处，就是生死问题。汤斌大声亟呼：“学者于义利之界要一刀两断，天下有大于生死者乎？认得生死如旦暮，更有何事牵恋！”② 阳明于龙场悟道时，就自谓是最终堪破生死一关，孙奇逢也认为：“学问之事，能勘透死生一关，则富贵功名便无难割舍。”③

明辨义利就需要“立志”，在其《志学会约》中，汤斌首列第一条即是“学者莫先于立志”，在其看来，“今与诸君子立会以志学名，欲先定其志，要识圣人之所志者何志，所学者何学。如适京师，必先识京

---

① 汤斌：《汤斌集·门人窦克勤手述五十条》，中州古籍出版社，2003年，第7页。
② 汤斌：《汤斌集·困学录》，中州古籍出版社，2003年，第1584页。
③ 孙奇逢：《夏峰先生集》，中华书局，2004年，第543页。

师之路。虽相去千万里，毕竟路径不差，渐次可近京师者。否则，适北而南辕，用力愈勤，相去愈远矣！”① 可以看出，立志最重要的就是确立为圣以及如何为圣的方向、法则。汤斌非常强调义利关头人的心志所起的作用：“我辈着实用力，必期躬行心得，义利诚伪关头，不可一毫将就。”②

立志还必须要刚勇，这样才能够一毫不爽地体认天理。汤斌从《易》中申发“刚正”的意义，认为“《易》重阳刚，故成天下事者必刚健中正。若柔顺中正，必有相助者始可成功，此阴阳之辨也”③。这种刚正精神，正是学人持心之要，汤斌又谓：“今人为学，须持心坚牢如铁壁铜墙，一切毁誉是非，略不为其所动，乃可渐入。若有一毫为人的意思，未有不入于流俗者。”④ 所谓“铁壁铜墙”，正是这种刚健中正之志；只有将圣人之学视为己之学，没有“一毫为人的意思”，才能“不入流俗”，因此“真修君子朴实做去，不求人知，人亦莫得而知之。直至遁世，不见知而不悔，此才是真实学问。故为己之学，圣人有味乎其言之也”⑤。

立志不仅要刚正，还要能学会吃苦。汤斌从学孙奇逢，深受其影响。孙奇逢一生以布衣终，生活贫苦，但是却立志不衰，认为“守贫即是道”⑥。汤斌教导其门徒即以夏峰为榜样，引夏峰之言云：“静坐读书，须先澹其安饱之念，方称好学。自世人以富贵为性命，以贫贱为仇敌，而坏心术，丧名节，只此欲恶两念为之祟耳。”又引夏峰批评当世学者动辄以“目前为贫所苦，为病所苦，为门户所苦，为忧愁拂逆所

① 汤斌：《汤斌集·志学会约》，中州古籍出版社，2003 年，第 24 页。

②⑤汤斌：《汤斌集·志学会约》，中州古籍出版社，2003 年，第 26 页。

③ 汤斌：《汤斌集·门人范景手述十五条》，中州古籍出版社，2003 年，第 23 页。

④ 汤斌：《汤斌集·门人沈佳、窦克勤、姚尔申手述二十三条》，中州古籍出版社，2003 年，第 6 页。

⑥ 孙奇逢：《夏峰先生集》，中华书局，2004 年，第 541 页。

苦，不知学之实际正在此贫病拂逆种种难堪处，不可轻易错过”[1]。汤斌也认为只有吃得苦，才能成就圣贤事业。他质问门徒说：“诸生能吃苦否？吃得苦无事做不来。死于安乐，生于忧患，刻刻当存此念。”[2] 同时，还用这种吃苦立志的精神来教导其子：“吾非望汝蚤贵，少年儿宜使苦，苦则志定，将来不失足也。”[3] 在汤斌看来，“苦则志定”，如果一个人不在苦中历练一番，经不起贫苦等苦之考验，断然算不得立真志。

义利之辨最终还是要学会改过。汤斌将“迁善改过”作为“圣学第一义”，并在《志学会约》中指出：“吾辈发愤为学，必要实心改过，默默点检自己心事，默然克治自己病痛。”还批评某些人“自己吝于改过，偏要议论人过，甚至数十年前偶误，常记在心，以为话柄”。[4]“迁善改过”其实就是“立志”。在汤斌看来，读圣贤书，也无非是改过，只有改过，才能实有进步，如其所谓：“若舍目前各人进修之实，不以改过迁善为务，纵将注疏、《大全》辨析毫厘，与己终无干涉。”[5]王学讲扩充内心的良知，也讲破心中贼，两者有一致性。相对而言，汤斌虽也讲扩充良知，但更重要的是迁善改过，像“志学会”在很大程度上就是以“迁善改过”为中心的。这与关中李二曲、浙东张履祥对宋明理学的阐释都有很接近的地方。

总之，在汤斌看来，从学必须从心的本源处入手，如果根柢未立，那么枝叶必伪；只要能“法古人为学之诚而得其用心所在”，那么就可以会通朱、陆，不存门户之见。从涵养心体的角度来看，似乎讲的是未发，但是汤斌所强调的辨志“悟透生死”、“刚猛”、“吃苦”等诸种体验，无疑都必须在实现的伦理实践中才能展现，所以汤斌与

① 汤斌：《志学会约》，《汤斌集》，中州古籍出版社，2003年，第28页。
② 汤斌：《汤斌集·门人王廷灿手述十五条》，中州古籍出版社，2003年，第20页。
③ 汤斌：《汤斌集·男溥手述六条》，中州古籍出版社，2003年，第19页。
④⑤汤斌：《志学会约》，《汤斌集》，中州古籍出版社，2003年，第26页。

其师孙奇逢一样，学问的落脚之处仍然在于践履，从而也展示出与程朱、阳明追求形而上玄辨的不同。

第五节　张伯行：实践理学的形成

张伯行（1651—1725），号敬庵，河南仪封人，康熙二十四年（1685）进士，历任福建、江苏巡抚，累官至礼部尚书，被圣祖称之为“天下清官第一”，谥号“清恪”。作为康熙朝中后期的著名理学家，张伯行在传播官方程朱理学意识形态方面起到过重要作用。虽然张伯行是中州学者，但是与孙奇逢、汤斌等合会朱陆不同，于理道统上尊崇朱子，[①] 并推重陆世仪、陆陇其等清初理学家，主张“主敬以立其本，穷理以致其知，反躬以践其实”，将程朱理学作了从形而上到形而下的解构，推动它进一步脱离学术层面向作为意识形态的社会规范发展。

一、主敬以立其本

所谓“立其本”之“本”，是指“心”而言。众所周知，陆王认为“心即理”，“心”在陆王一派具有本体意义，王阳明认为无善无恶是心之本体，强调心体虚明。朱学以外在格物为特征，虽然解“心”为“道心”、“人心”，但是对于与天理合一的道心更多用“性”来表达，认为“性即理”，肯定人的本性之善。

张伯行论“心”，继承了朱熹道心、人心两分，肯定人性本善，同时又特别强调王学意义上心的虚明性。张伯行认为“有口腹即思

---

① 徐世昌：《清儒学案》卷一二《敬庵学案》，中国书店，1990年，第249页。

饮食，人心为之也……万钟不取，道心为之也”①，既将心视作客观存在的、可以触摸的“血肉之心”，又认为心被仁义礼智所规定：“心者，所以具乎天德者也。天德如仁义礼智之类”②，与朱熹“心具众理”相比较，张伯行论心更集中在道德义理与现实伦理层面。在解释现实人性时，张伯行与朱熹的观点却又不完全相同，朱熹强调气禀清浊，实际上将恶作先天存在来看；王阳明则强调气的积极意义，认为性善必须通过气来展现，在其看来，人性之恶更多只是被后天物欲所蔽而已。张伯行之论“心”，一方面承认朱熹先天“气禀”说，但是更重视物欲之蔽，并且强调心的虚明，他指出：“心者人之神明，原无不活，惟为私欲蔽锢。故滞而不通，若无私欲则虚灵而活，由是穷理处事，自然周流无间。”③“心者，虚灵不昧之体”④，这里所谓“心之神明”、“周流无间”、“虚灵不昧”，实际上是吸收了若干王学的形而上取向，而将程朱理学中人先天的性恶一定程度给祛除了。

为了祛除物欲之弊，张伯行主张“主敬”。在其看来，“千圣之学，括于一敬，故学莫先于主敬”⑤，因为“心一不敬则欲动情胜，而群邪得以中之”，“惟主敬而其进自有不能御者，此致知存养之功，所以为力行之要，而学者所当急务也”⑥。从中不难看出，张伯行是用“主敬”来约束王学的高举的“心”，是即所谓“立其本”，不是形而下的血肉之心，而是虚明的本体之心。因此，张伯行同意朱熹以“畏”释“敬”，并进一步又主张以“心为严师”，认为：“人唯不知敬畏，故此心常放荡而入于邪。欲正其心者，当以己心为严师，常临

---

① 张伯行：《濂洛关闽书》卷一五，中华书局，1985年，第249页。
② 张伯行：《濂洛关闽书》卷一一，中华书局，1985年，第177页。
③ 张伯行：《濂洛关闽书》卷一一，中华书局，1985年，第175页。
④ 张伯行：《濂洛关闽书》卷一五，中华书局，1985年，第245页。
⑤ 赵尔巽等：《清史稿》卷二六五，中华书局，1977年，第9939—9940页。
⑥ 张伯行：《濂洛关闽书》卷四，中华书局，1985年，第94页。

于上。凡动作之间，凛然如有所督责而知畏惧。"① 由此看来，"敬"在张伯行是属于道心的一种功能，它能正人欲之心。同时，在其看来，"敬"不仅仅是一种心理活动，而且与外在道德——"恭"是交相而养成的，因此张伯行进一步提出："志气严恪，容貌端庄，自然心存理得而诸妄绝矣。是敬之一念，实有以胜乎百邪也。"②

"主静"作为一种涵养工夫倾向于在无事时去涵养，而"敬"作为涵养工夫是不管有事无事、也是无关动静的。王学发展至其末流，援佛入儒，主张主静，产生了许多流弊。在这一点上，张伯行的"主敬"论，与朱学及王学末流均有不同。张伯行尤其反对"静坐工夫"，引陆陇其的观点认为："夫静坐之说，虽程朱亦有之，不过欲使学者动静交养，无顷刻之离耳。非如高子（高攀龙）《困学记》中所言，必欲澄神默坐，使呈露面目，然后有以为下手之地也。"③ "动静交养"这个命题实际上是王廷相提出，将其与"敬"结合则是王阳明。张伯行认为无论"静"、"敬"，根本之处均是要"立本"，亦即培养"心"这一道德本源，如其指出："心能自得则无时不悦，何必处静而后悦，如人平居能敬，则无往不敬，岂待入庙而后敬乎？若以静为悦者，则必以动为厌，是方静之时而后能悦，静之心又安在其本能悦哉？"④ "敬"贯通内外，不论有事无事，均可使心"无时不悦"，从而人的道德即可更好地落在现实行动中。

张伯行"主敬"论最终还是"立本"，在这点上与象山"先立乎其大"、阳明致内心良知的精神一致，虽然此"心"不像王学一样是道德判断标准，但与传统朱学相比则具有主动精神与道德本源意义。张伯行认为："心之所之谓之志，立则专于是，而无他歧之惑也。人

① 张伯行：《濂洛关闽书》卷二，中华书局，1985 年，第 61 页。
② 张伯行：《濂洛关闽书》卷四，中华书局，1985 年，第 94 页。
③ 张伯行：《困学录集粹》，中华书局，1985 年，第 136—137 页。
④ 张伯行：《濂洛关闽书》卷一一，中华书局，1985 年，第 182 页。

苟志之不立，将见异必迁。”① “心”具有一种“本”的作用，是道德践履、成圣成贤的根本与前提，它具有将人的主体道德发挥于外的作用，是儒家道德实践及齐治均平事业的本源，张伯行认为：“心一暗昧，邪僻皆得而中之，事者当时时提醒此心，使正大光明，一如日之方升，照临天下，将群邪自然潜藏伏匿，而不敢一至吾前矣。提醒之法则惟主敬其要哉!”② 在其看来，主敬的作用不外“提醒此心”，使心这一道德本源恢复到与天理合一的境界并成为践履的指导。

二、穷理以致其知

“知”在理学中分为“见闻之知”、“德性之知”，程朱、陆王两派对于知识是否能够促进道德观点不同。程朱一派认为事事物物皆有定理，要致知必先“格物”，穷理也要“即物”，因此重外在穷理、致知；陆王一派认为心即理，强调从心中求理，否定程朱一派赋予见闻之知对德性的促进意义，比如阳明就认为：“记诵之广，适以长其敖也；知识之多，适以行其恶也；闻见之博，适以肆其变也；辞章之富，适以饰其伪也。”③

张伯行与朱熹一样，主张通过读书来“尽知”。在其看来，“天下事物皆有所以然与所当然之理。穷理者务有以尽知之，知其所以然，则理之本原洞然”④。这与朱熹的事事物物有定理的观点是一致的。但是，张伯行并不特别主张外在格物，也不关注见闻之知，而是关注于义理层面的、内在于人心的德性之知，指出“欲求进于学问，则非知无以明理”⑤。

---

① 张伯行：《濂洛关闽书》卷四，中华书局，1985年，第89页。
② 张伯行：《濂洛关闽书》卷一四，中华书局，1985年，第237页。
③ 王阳明：《传习录》，《王阳明全集》，上海古籍出版社，1992年，第56页。
④ 张伯行：《濂洛关闽书》卷一三，中华书局，1985年，第220页。
⑤ 张伯行：《濂洛关闽书》卷四，中华书局，1985年，第95页。

张伯行与朱熹一样推重儒家经典，尤其重视其中的义理及其现实功用，认为："古人之书其理无所不备，而其用亦无所不该。"① "经书为义理之渊源，其至当不易者"②，并对《易》、《诗》、《春秋》、《小学》、《四书》等一一做出评论，认为这些儒家经典深刻地体现了儒家所提倡的"天理"、"义理"。③

但是张伯行并不是简单重述朱熹的读书法，而是致力于对程朱一派所提倡的行为规范进行总结，并以之作为学者持身要有的"法度"④。张伯行为此选编了诸如《学规类编》、《养正类编》等诸多类书。仅以《学规类编》为例，张伯行从各个方面为儒家道德实践提供了"法度"，除极少部分涉及道体之外，主要包括四类，择其要者如下：

张伯行《学规类编》目录分类表

类　别	内　　容
学规类	《朱子白鹿洞教条》、《程董二先生学则》、《西山真先生教子斋规》、《胡文敬续白鹿洞学规》、《白鹿洞讲义》、《丽泽堂学约并序》、《布衣章璜为学次第八条》、《巡抚都御史胡松谕诸生》、《提学副使高贲亨十戒》
读书法	《诸儒读书法一》、《诸儒读书法二》、《读经》、《谕解经》、《读史》、《程端礼读书日程述语》、《集庆路江东书院讲义》、《陈北溪严陵讲义》以及史学、字学、科举之学、论诗、论文
为学工夫	诸儒总论为学之方一、总论为学之二、存养、持敬、论静、省察、知行、言行、致知、力行、克己、改过、杂论处心立事、理欲义利君子小人之辨、论出处

① 张伯行：《濂洛关闽书》卷五，中华书局，1985年，第105页。

② 张伯行：《紫阳书院读书日程》，《正谊堂文集附续集》，商务印书馆丛书集成初编本，第161页。

③ 张伯行：《濂洛关闽书》卷一八，中华书局，1985年，第303—304页。

④ 张伯行：《困学录集粹》，中华书局，1985年，第41页。

续表

类　别	内　　容
人物品评	老子、列子、墨子、管子、孔丛子、申韩、荀子、董子、扬子、文中子、韩子、苏子（附王安石）
箴铭类	《程子四箴》、《朱子敬斋箴》、《张南轩主一箴》、《真西山勿斋箴》、《思诚斋箴》、《夜气箴》、《陈茂卿夙兴夜寐箴》、《薛文清谨言箴》、《慎行箴》、《惩忿箴》、《改过箴》、《存理箴》、《持敬箴》、《慎微箴》、《六理箴》、《程子颜乐亭铭》、《张子东铭》、《杨龟山书铭》、《吕蓝田克己铭》、《朱子敬恕斋铭》、《学古斋铭》、《求放心斋铭》、《尊德性斋铭》、《志道斋》、《据德斋》、《依仁斋铭》、《游艺斋》、《崇德斋铭》、《广业斋铭》、《居仁斋铭》、《由义斋铭》、《蒙斋铭》、《敬义斋铭》、《张南轩斋铭》、《敬斋铭》、《敦复斋铭》、《恕斋铭》、《主一斋铭》、《薛文清悦心斋铭》、《勿欺斋铭》、《惜阴斋铭》、《恒斋铭》、《存诚斋箴》、《胡敬斋进学斋铭》、《衣冠箴》、《书橱箴》

其中，学规类中“条”、“则”、“谕”、“约”、“序”就是张伯行对于现实伦理做出的规范；读书致知之法极为详密，不仅涉及经史子集，还包括读书日程，前贤读书之法亦多备载；为学工夫涉及到现实的践履，所以张伯行从存养、持敬、论静、省察等诸多方面进行了全面的选辑；人物品评，以程朱理学的立场对历代著名思想家做了褒贬；“箴铭类”从本质上而言也是为学工夫，除了诚、敬、慎、恕等之外，还细致到“衣冠”、“书橱”等。这些儒家道德修养原则与践履规范，就是张伯行“德性之知”的主要内容。

张伯行致知的最终目的还是为了“穷理”，与“主敬立本”一样也是要确立“心”这一道德本源的地位。因此，张伯行指出：“宁可终岁不读书，不可一日近小人。”① 其实，这与张伯行主张“致知”

① 张伯行：《续近思录》，上海古籍出版社，1994 年，第 341—342 页。

并不矛盾，因为在张伯行，见闻之知、德性之知的猎取只是手段，君子、小人的义利之辨，亦即穷理才是根本。其门徒蔡世远就认为张伯行“学以立志为始，复性为归”，“学必先于义利之辨”。[①] 张伯行将“致知”与“穷理”两者紧密结合，认为只有通过读书才能“洞见本源”，才能确立为圣为贤的志向：“学必穷理致知，先明诸心，使不迷于所往，然后身体力行以求至乎其域。”[②] 张伯行进一步指出：“天下之义理无穷而吾心之知识有限，以有限之知识当无穷之义理，必不能尽知而尽识之……君子所以务穷理，以为躬行之地也。”[③] 在确立“心”作为道德本源的基础上，张伯行展开对儒家伦理知识的讲求，这与陆王的思路一致，当然从具体途径（读书）到最终目标（确立外在道德轨范）两个方面仍是朱学精神。

三、反躬以践其实

宋明时代，理学的理论形态处在创造变化过程中，当时诸大儒均比较重视宇宙生成、理气关系、人性之辨等问题。清初，“崇实黜虚”之风兴起，一派学者走向考证之实，一派学者走向践履之实。张伯行是后者的代表人物之一。所谓“反躬以践其实”，“反躬”是指反之“身心”，“践其实”是指践履，亦即对儒家先验道德在现实中的一种践行。

张伯行“反躬践实”基于对当时学风的批评：“自异学纷起，其所宗主者虽不一其名，要之皆缺下学之功，妄议上达之效者也。”[④] 张伯行也不认同理学过多形而上的研究：“善学者学问所至，其浅深

---

① 蔡世远：《困学录集粹·序》，中华书局，1985 年。
② 张伯行：《濂洛关闽书》卷四，中华书局，1985 年，第 101 页。
③ 张伯行：《濂洛关闽书》卷一七，中华书局，1985 年，第 298 页。
④ 张伯行：《困学录序》，《正谊堂文集附续集》，商务印书馆丛书集成初编本，第 106 页。

高下，惟领之于心而不出之于口；不善学者，不务实求诸己，徒好为高论以夸于人，言虽是而其中之所得则无几矣。”[①] 在其看来，为学必须首先反诸自身、培养心体，最后于践履之中去落实：“学问之道不外知行……故圣人之教人也，博学、审问、谨思、明辨。所以致吾心之知……胸中光辉明澈，触处旁通，而即其所知之理，见于践履服行之间，真诚无妄，而无一事之不实矣。”[②] 只有胸中光辉明澈，即亦首先必须培养心体，践履才能达到“真诚无妄”，它是“主敬以立其本”、“穷理以致其知”的进一步演绎。

张伯行仍然试图为践履寻找一种外在的道德标准，以便对“心”这一道德源泉及“身”之行动进一步规范。在其看来，儒家的小学工夫与礼教恰可当此重任，张伯行批评道：“今日小学之功既废，而礼教又不讲。人家子弟，自幼便骄惰坏了，安能望其有成，故欲人材之成就，须是要兴礼教。”[③] 由于张伯行将道德式微、人才不振归之于礼教，因此不遗余力地推崇朱熹的《小学》，在其看来朱熹作此书的原因是：“以为人之幼也，不习之于小学，则无以收其放心，养其德性，而为大学之基本。”并认为《小学》乃是儒家最急需、重要的经典：“孔子教人之道，学者有志圣贤，诚未有于是书也。”[④] 即不经过“扫洒应对”的“小学”熏陶，就不能进入大学离经辨志、敬业乐群、齐治均平等新领域，“大学”与“小学”一样也无外乎伦理，即所谓“学以敦伦为本”[⑤]，亦即实践儒家的礼教。

张伯行特别将理学“敬”、“爱”等基于“天理”的精神植入到儒家礼教之中。张伯行认为礼就是天理在人类社会中的表现：“礼

---

① 张伯行：《濂洛关闽书》卷四，中华书局，1985 年，第 91 页。
② 张伯行：《濂洛关闽书》卷一八，中华书局，1985 年，第 302 页。
③ 张伯行：《困学录集粹》，中华书局，1985 年，第 44 页。
④ 张伯行：《小学集解·序》，中华书局，1985 年。
⑤ 张伯行：《小学集解》，中华书局，1985 年，第 9 页。

者，天理之当然也。”① 这些“天理之当然”的法则使礼教成为本末一致之学：“吾儒之道，惟在日用事物之间，循循下学，久之功力既至，自驯致乎上达之诣，此本末一致之学也。”② 只有从“君臣、父子、夫妻、兄弟、朋友之常”这五种关系入手，同时秉以之理学“敬”“爱”等精神，才能建立起符合天理的人间伦理秩序。

在张伯行看来，“孝”是五伦秩序的核心：“天子至于庶人，孝道无终始贵贱之异。”③ 孝与敬、爱一体，最集中体现于父母、子女之间：“父母生子，形气相续，人伦之道，莫大于斯，所以当爱也。有君之尊，有亲之亲，恩义之厚，莫此为重，所以当敬也。君子爱敬尽于事亲，而后推此心以爱敬他人。谓之顺德、顺礼。苟不爱敬其亲，而爱敬他人，则悖乎德礼之序矣。”④ 在张伯行看来，孝是伦理中最基本的也是首要的，并且可以推之于“爱”、“敬”他人，从而使儒家伦理在整个社会中得以实现。

君臣关系、朋友关系作为五伦之一，也受到张伯行的重视。张伯行既强调君主的至尊地位，也认为应该用“礼”调节君尊臣卑的现实。在解释《论语》中“君使臣以礼，臣事君以忠”时，张伯行认为“君臣泰交之道，君以尊临卑，易于慢，当尽其礼；臣以下事上，易于欺，当尽其忠。二者皆理之当然，各欲自尽而已”⑤。在其看来，礼可以矫君之慢、臣之欺，使君尽礼、臣尽忠，从而维持君臣之间的正常关系。同时，张伯行将“义”、“性”与之结合，认为：“君臣为五伦之一，而大义则与生俱来。盖上下交而志同，君之礼臣，臣之忠君，皆自至性中流出。”⑥ 明代中后期由于党社兴起，朋友之伦也成

---

① 张伯行：《濂洛关闽书》卷七，中华书局，1985 年，第 128 页。
② 张伯行：《濂洛关闽书》卷三，中华书局，1985 年，第 84 页。
③ 张伯行：《小学集解》，中华书局，1985 年，第 49 页。
④ 张伯行：《小学集解》，中华书局，1985 年，第 25 页。
⑤ 张伯行：《小学集解》，中华书局，1985 年，第 30 页。
⑥ 张伯行：《濂洛关闽书》，中华书局，1985 年，第 257 页。

为学术界热议的话题，清初这种遗风仍在，张伯行对朋友之伦也颇为肯定，认为："夫朋友列于人伦，所关甚重。非寻常泛交可以当也。"① 因为朋友讲学，是对于躬行践履有促进作用的："人之为学，不外乎致知、力行二事，而皆必须友以成之。"② 对于如何处理朋友关系，张伯行认为："朋友之伦，以敬为主也。人交久则敬衰，久而能敬，所以为善。"③ 将"敬"作为朋友之交的原则。

① 张伯行：《小学集解》，中华书局，1985年，第44页。
② 张伯行：《小学集解》，中华书局，1985年，第41页。
③ 张伯行：《小学集解》，中华书局，1985年，第84页。

第五章 庙堂理学与民间意识形态

在大一统的王权时代，民间社会对帝国的稳定、发展有最根本的意义，民间不仅为朝廷输送官僚，还是整个王朝机器运行的物质基础。历代以来，儒者都视民为邦本，主张在富民的基础上进行导德齐礼的教化，然而，民间社会的儒者，因为其政治身份、生活习俗，以及长期生活在特有的组织形态中，逐渐形成了不同于王权的各种意识形态，从而经常性地与官方产生冲突和紧张，清初更是如此。

清初民间意识形态与庙堂的冲突主要表现在三个方面：一是民间理学与庙堂理学，两者在学术形态上均属于宋明以来的理学一系，但却因为经济基础、政治身份等不同，形成了以“夷夏之防”为核心观念的对抗。二是佛、道思想与庙堂理学，作为宗教的佛、道，在清初从总体上已经走向民间，它们在与民间社会结合时表现出的组织性，对王权的大一统秩序及其由理学所构建的国家意识形态形成某种离心力。三是考据学与庙堂理学，清代考据学是传统儒学在不断分化衍变中产生的新形态，它所提出的“依古辨真”的理念及其对程朱理学主要经典的证伪，直接动摇着士人对于庙堂理学的信仰程度。

清初庙堂理学对民间社会意识形态进行了有选择的、“折中”式的“斗争”，既对民间学术加以限制、批判、整合，又复加以尊重与引导，从民族的、伦理的、学术的、文化的各个层面构建了以庙堂理学为核心价值观念的社会秩序模式。要之，是将民间社会意识形态纳入到庙堂理学所构建的社会文化秩序之中，予其以一定的自由发展空间，同时又确保庙堂理学在这一秩序中的绝对地位。在此基础之上，清初庙堂理学为新王朝所构建的社会文化秩序得到了民间最广泛意义上的认同。

第一节　民间理学与庙堂理学

明朝中后期，理学由“得君行道”向“觉民行道”转向，到清初，异族入主，很多抱有亡国之痛、主张夷夏之防的士人隐居不仕，民间理学士人群体由此进一步壮大；同时，随着清王朝对汉族士人的大力笼络，出仕新朝成为士大夫的另一种选择，从而造成了士大夫之在野与在朝的鲜明对立。民间理学在北方表现为孙奇逢讲学与官方的互动，在南方则是张履祥等人对民间理学的理论开拓，虽然对庙堂理学而言，民间理学是一种异己的意识形态，但是一定程度、一定层面上对庙堂理学的形成也起到过重要作用。

一、夏峰北学与官方的联系

孙奇逢（1584—1675），字启泰，又字钟元，河北容城人，后来因为在河南夏峰讲学终老，世人尊之为“夏峰先生”。当时，孙奇逢与关中李颙、浙东黄宗羲并称为“清初三大儒”，只是近代由于顾、黄、王“三大家”之说兴起，故其在学术界的地位才渐渐不显。实际上，孙奇逢在清初的影响是不可小觑的，更重要的是在其周围形成了一个人数众多的理学士人集团，并且这个理学士人集团与清初官方有紧密的互动。

孙奇逢在明季就已知名，当时魏忠贤当权，残害左光斗等东林名士，孙奇逢与鹿继善、张果中等冒死营救左光斗，时人谓之“范阳三烈士”；孙承宗、范景文都很赏识其才能，但是孙奇逢却屡次征聘不出，于是号为“征君”；崇祯九年（1636）清军连陷明朝州县，而孙奇逢率宗族乡党守御，卒保容城不失。农民军进逼京师，孙奇逢又率姻党门人入五公山避难，依然讲学不辍。明清鼎革之后，六十余岁的孙奇逢卜居于河南辉县的苏门山，开始讲学。孙奇逢于河南夏峰共讲学二十五年之久，著述宏富，主要有《理学宗传》、《四书指近》、《读易大旨》、《中州人物考》以及《家礼酌》、《孝友堂家规》、《岁寒居集》、《夏峰集》等。

这个学术圈人数众多，地域广阔，身份复杂。据学者依《清儒学案》的统计，自明万历四十四年到康熙十四年，孙奇逢共授徒158人①，私淑者尚不在此列，至于随时指点者更是不可计数。从地域上来看，以中州为主，学者如汤斌、耿介、魏一鳌、冉觐祖、窦克勤、张沐等均出其门下，其他地区闻名来求学者也不可胜数。比如，山西傅山曾千里来问学，四川费密奉父命到苏门受教，河北颜元也以私淑自任。这个学术圈奠定了孙奇逢在清初学界的大师地位及其广阔的学术影响，汤斌描绘当时的情形说：“天下想望高风，如泰山乔岳之嶙峋”②，黄宗羲在《明儒学案》中则从学术传承上论其影响，认为“北方之学者，大概出于其门”③。孙奇逢在清初北学之中的宗师地位是公认的。

这个学术圈的重要影响是通过书院讲学来完成的。康熙中前期，登封嵩阳书院、辉县百泉书院、柘城朱阳书院及南阳府南阳书院等互为犄角，孙奇逢、汤斌、耿介、冉觐祖、窦克勤、李来章等一批名儒相与讲学，从南到北几乎涵盖了整个中州地区，由于均不同程度上受到孙奇逢的影响，这些学者与书院在建院及讲学理念上比较接近，一

① 龚书铎编、史革新著：《清代理学史》（上），广东教育出版社，2007年，第88页。
② 汤斌：《祭孙征君先生文》，《汤斌集》，中州古籍出版社，2003年，第318页。
③ 黄宗羲：《明儒学案》卷五七，中华书局，1985年，第1371页。

时风生水起，形成了当时民间理学一股极其重要的社会意识形态。孙奇逢讲学不别贵贱，诲人不倦，甚至“武夫悍卒，工商隶圉，野夫竖牧”，也“必以诚意接之”。[①] 虽然孙奇逢以布衣终老，但是其本人与当时朝廷大吏多有往来，其弟子则多选择了出仕的道路，这个士人集团与以遗民为特征的江浙地区大不相同。孙奇逢及中州士人集团几乎与清廷各级官员都发生过联系。

一些朝廷要员、封疆大吏成为孙奇逢的仰慕者和信徒，甚至康熙帝也颇闻其名。如汤斌之记载：“负笈来学者甚众，有大僚归老于家，一见北面称弟子者，有千里遣其子从游者，公卿持使节过卫源，不入公署，屏驺从，以一见先生为快。”[②] 孙奇逢的影响似乎已经超出了现实层面而成为一种文化符号，那就是“一见为快”，姜宸英也谈及：“过淇上去苏门五十里，不及一见孙征君，来滁州马上望琅琊山，思从醉翁亭一访六一公遗迹，踯躅而不得进，此行失此两胜事。”[③] 将孙奇逢与欧阳修并提，可见夏峰在士大夫心目中的地位。及孙奇逢去逝之时，“一时司监郡县之人与方数百里乡大夫哭吊，属路不绝，城内外市者罢业，耕者废耒，里老嗟叹，弟子辍诵弦声，督学使檄，郡邑列祀百泉书院”[④]。此外，汤斌之所以能出任地方封疆大吏，也与孙奇逢的声名有关，康熙帝提议汤斌任江宁巡抚，理由便是：“今以道学名者，言行或相悖。朕闻汤斌从孙奇逢学，有操守，可补江宁巡抚。”[⑤]

从学、问学于孙奇逢的理学名臣有汤斌、耿介、许三礼、窦克勤等。汤斌在康熙朝曾任日讲官，后出抚江宁，又升任礼部尚书、管詹

---

① 方苞：《孙征君传》，《方苞集》，上海古籍出版社，1983 年，第 24 页。

② 汤斌：《征君孙钟元先生墓志铭》，《汤斌集》，中州古籍出版社，2003 年，第 287 页。

③ 姜宸英：《寄徐编修》，《湛园集》卷八，台湾商务印书馆 1983—1986 年版文渊阁《四库全书》，第 1323 册，第 836—837 页。

④ 黄嗣东：《道学渊源录》，明文书局，1985 年，第 43 页。

⑤ 赵尔巽等：《清史稿》卷二六五，中华书局，1977 年，第 9930 页。

事府事，负责教导太子，卒前又转工部尚书，顺治间，汤斌曾从政地方，以父老乞休之后，听闻孙奇逢讲学夏峰，便“负笈往从”[①]；耿介（1622—1693），字介石，号逸庵，由翰林出为大名道，有惠政，晚年受汤斌举荐，出任少詹事，负责教导太子。耿介亦执弟子礼于夏峰，孙奇逢不许，但是耿介却“每辰起，随门人侍座，请益不稍辍”[②]；许三礼（1625—1691），字典三，号酉山，早年受学于夏峰，康熙十二年进京谒选，与名臣魏象枢、叶方蔼等过从甚密，曾任海宁县知县，“举循吏第一”，在左都副御史任上，弹劾过徐乾学；窦克勤（1653—1708），字敏修，号静庵，晚年出任翰林院掌院学士，向朝廷进言说：“学宗孔孟，治法尧舜，而其要在慎独”，得到康熙帝的赞许。[③]

孙奇逢也与魏裔介、魏象枢等庙堂名臣往返论学。“二魏”被梁启超视为孙奇逢的学生。[④]其中，魏裔介官至尚书，拜太子太傅，清初理学名相。魏裔介少年时代就风闻孙奇逢救友之事，深为感动，孙奇逢在其眼中是“翔于千仞，卓然高品”的“千古人物”。[⑤]康熙五年（1666），魏裔介来信问学，讨论道统、治统关系及朱陆之异同，在《孙钟元先生岁寒居答问序》还引陶渊明“脂我名车，策我名骥，千里虽遥，孰敢不至”之句，并愿夏峰能为其穷理所悟当面“就正”[⑥]。后来，还曾将《圣学知统录》由魏一鳌转交孙奇逢，请其指示“纰缪”。[⑦]

魏象枢（1617—1687），山西蔚县人（今属河北），字环极，顺

---

① 赵尔巽等：《清史稿》卷二六五，中华书局，1977年，第9930页。

② 赵御众、汤斌等：《征君孙先生年谱》，《孙奇逢集》，中州古籍出版社，2003年，第1443页。

③ 江藩：《宋学渊源记》，明文书局，1985年，第20页。

④ 梁启超：《中国近三百年学术史》，天津古籍出版社，2003年，第119页。

⑤ 魏裔介：《复许三典书》，《兼济堂文集》，中华书局，2007年，第234页。

⑥ 魏裔介：《孙钟元先生岁寒居答问序》，《兼济堂文集》，中华书局，2007年，第86页。

⑦ 魏裔介：《寄孙征君钟元书》，《兼济堂文集》，中华书局，2007年，第223页。

治三年进士，官至左都御史、刑部尚书，号称“清初直臣之冠”。顺治十六年（1659），魏象枢以母亲年老多病为由，疏请终养，家居期间，常有书信向夏峰请教学问，魏氏《征君孙钟元先生墓表》记载说：“余昔奉母里居，无由亲炙，与闻绪论。间尝驰书，请质所疑，荷先生手教还答，千里几如侍席。”① 后来孙奇逢病重时，魏象枢还到孔庙去祈祷。

孙奇逢主要交游及弟子后学为宦者表②

姓名	官　职	备　注
柳寅东	顺天巡按	荐举。顺治元年，以地方人材荐。
薛所蕴	祭酒	荐举。顺治元年，以让贤荐。
刘余佑	兵部左侍郎	荐举。顺治四年，以举知荐。
陈湝水	巡按御史	荐举。康熙九年，以山林隐逸荐。
王盂山	新安县令	弟子。顺治四年从学。
杨尔淑	通政使	弟子。康熙三年从学。
王方谷	举博学鸿儒	弟子。康熙四年从学。
汤　斌	江宁抚巡、工部尚书	弟子。
耿　介	少詹事	弟子。
冉觐祖	翰林院庶吉士	弟子。
殷　岳	睢宁知县	弟子。
崔蔚林	官少詹事、翰林学士	弟子。康熙六年，往谒夏峰。

① 魏象枢：《征君孙钟元先生墓表》，《寒松堂集》，中华书局，1985年，第275页。

② 材料取自赵御众等《征君孙先生年谱》、徐世昌《清儒学案》。官职除特殊表明其均为康熙朝。关于张伯行为孙奇逢弟子，出自史革新《清代理学史》一书。但是，《征君孙先生年谱》及《张清恪公年谱》均未载，且徐世昌《清儒学案》云清初河南学者多师承孙奇逢，合汇朱陆，而张伯行独尊程朱，似与《清代理学史》中认张伯行为夏峰弟子相悖，故不录。

续表

姓名	官职	备注
孙立勤	邢台教谕	弟子。
李宗昌	山海关教谕	弟子。
李　发	行唐教谕	弟子。
王尔禄	刑部侍郎	弟子。
李居易	密县知县	弟子。
窦克勤	雍正朝掌院学士	弟子。
李松友	密县县令	弟子。以书问学。
陈　淲	正定县教谕	弟子。
王家祯	新安知县	弟子。顺治四年从学。
于鸿渐	醴陵知县	弟子。
王元镳	内阁中书	弟子。
杨行健	蓝田知县	弟子。
王国鼎	汲县县丞	弟子。顺治十六年从学。
孙立勋	邢台教谕	弟子。
李发长	行唐教谕	弟子。
杨尔淑	通政使	弟子。
王方毅	举博学鸿儒，内阁中书	弟子。
李居易	密县知县	弟子。
李瑞徵	举博学鸿儒，户部主事	弟子。
李昌宗	山海关教谕	弟子。
胡具庆	石泉知县	私淑。
方　苞	武英殿修书总裁、雍正朝内阁学士	私淑。订正《征君孙先生年谱》。
张　溍	庶吉士	交游。

续表

姓名	官　职	备　　注
张仲成	卫辉县令	交游。刊刻《理学宗传》。
程念伊	卫辉县令	交游。刊刻《理学宗传》。
张凤翔	工部尚书	交游。
魏象枢	左都副御史	交游。致书论学。
魏裔介	礼部尚书、太子太傅	交游。致书论学。
孔胤樾	河南提学使	交游。刊刻《四书指近》。
张　潜	顺治朝庶吉士	交游。
许三礼	海宁知县、左都副御史	交游。问学。

从学术上看，夏峰之学与康熙帝、庙堂诸子比较接近，这是其得以互动的根本原因。孙奇逢提倡以“躬行实践”为特色的理学，在其看来：“理学，节义，事功，文章，总是一桩事，其人为理学之人，遇变自能殉节，当事自能建功，操笔自能成章，触而应，迫而起，安有所谓不相兼者？如不可相兼，必其人非真理学。”① 同时，也以身体力行来实践自己的理学，年登九十之际，仍每日谒先祠，于一室澄心端坐，“接人无贵贱少长，各得其道”，“子孙甥侄数十人，揖让进退，皆有成法。闺门内外，肃肃穆穆，寂若无声”。②

清初庙堂虽为尊朱，其实并不废王，这一点与夏峰之学多有默契。孙奇逢学综朱、陆，反对持朱、陆的门户之见，认为：

> 朱、陆同异，聚讼五百年。迄今自其异者而观之，朱之意教人先博览而后归之约，陆之意欲先发明人之本心而后使之博览……究而言之，博后约，道问学，正所以尊德性也；约后博，尊

① 孙奇逢：《夏峰先生集》，中华书局，2004年，第548页。

② 汤斌：《征君孙钟元先生墓志铭》，《汤斌集》，中州古籍出版社，2003年，第287页。

德性，自不离道学问也，总求其弗畔而已。[①]

在孙奇逢看来，朱陆之异仅是实现方法差异而已。同时，孙奇逢之所以激烈反对门户之争，还表现在其对王阳明《朱子晚年定论》的肯定，认为朱、陆二人学术是“始焉不合，继焉渐合，终焉相合”，最终归宗陆王。

汤斌作为夏峰弟子，具有代表性，虽然汤斌在道统上尊崇朱子，也力图融合陆王之学，《清儒学案》认为：“潜庵为夏峰弟子，夏峰之学以陆、王为宗，潜庵承师法而兼宗程朱。”[②] 是为定论。在答陆陇其的一封信中，汤斌表明自己虽尊陆王，实际也兼收程朱，说：“仆少无师承，长而荒废……反复审择，知程朱为吾儒之正宗。欲求孔孟之道而不由程朱，犹航断港绝，潢而望至于海也，必不可得矣。”[③] 因此，汤斌也与孙奇逢一样，反对侈谈朱、陆异同，他认为：“学当躬行实践，不在乎讲。讲则必有异同，有异同便是门户争端。”[④] 魏裔介、魏象枢等人都很推重孙奇逢的躬行之学，比如魏裔介对夏峰之学的概括是：“公学以慎独为宗，以体认天理为要，以日用伦常为实际。”[⑤] 魏象枢也认为：“其学主于慎独，而于人伦日用体认天理。”[⑥]

最关键的是，孙奇逢的道统、治统观念与清初庙堂理学相当接近。明清鼎革，异族入主，汉族士人抱遗民情结，或誓死抵抗，或宁死不仕，与清廷有严重的鸿沟，朝廷虽以博学鸿儒等方式笼络之，但问题并没有从理论上得以解决，汉族士人之仕清犹有很深的心理纠结。孙奇逢指出了出仕行道的意义，在其看来，道统与治统关系，

① 孙奇逢：《读十一子语录书后》，《夏峰先生集》，中华书局，2004 年，第 342 页。
② 徐世昌：《清儒学案》卷一〇《潜庵学案》，中国书店，1990 年，第 197 页。
③ 汤斌：《答陆稼书书》，《汤斌集》，中州古籍出版社，2003 年，第 189 页。
④ 汤斌：《汤斌集·门人范景手述十五条》，中州古籍出版社，2003 年，第 21 页。
⑤ 魏裔介：《孙征君先生传》，《兼济堂文集》，中华书局，2007 年，第 296 页。
⑥ 魏象枢：《征君孙钟元先生墓表》，《寒松堂集》，中华书局，1985 年，第 275 页。

“文、武以前，道统在上，治统即道统也。孔子以后，道统在下，学统即治统也”①。亦即儒学传承离不开现实的王权政治，这与朱熹希求以道统制约治统的观念已有出入。其弟子耿介也曾说：“道之所以穷天地亘古今而不变者，以承其统者之有其人，不可变也。然道统与治统恒相关，而其间分明行焉。达而在上道行，穷而在下道明。究之，行可兼明，而明不可兼行。”② 马积高先生指出，“孙奇逢的学生汤斌，还有李光地等为巩固清朝的统治都颇为卖力，未始不是孙氏有以启之”③，也不为虚论。

二、张履祥对民间理学的开拓

张履祥（1611—1674），字考夫，浙江桐乡杨园村人，世依其籍贯称“杨园先生”。张履祥生活的时代，正是明清易代之际，一生隐迹于乡野间，不仅不出仕，还主张尽量谢绝不必要的交游，在其看来：“吾人立身，须君相有求于我，我实无求于君相，方可成得人品。此古人进退所以绰绰余裕也。……今世一切反是……”④ 表示出对当时求仕新朝士人的不屑。张履祥坚定地说：“惟以不能自食其力为惧，而糊其口于馆谷，为天地间一蠹是耻，未尝有一念见不足于人世。”⑤ 因此，张履祥不畏“催科之吏如虎”、“弄兵之子如狼”的困苦⑥，艰难地维持着自己的隐居生涯，除坐馆之外，张履祥就以农耕的微薄收入持家，经常是“岁耕田十余亩，草履箬笠，提筐佐馌”⑦。

① 孙奇逢：《答魏石生》，《夏峰先生集》，中华书局，2004 年，第 86 页。
② 耿介：《嵩阳书院创建道统祠记》，《敬恕堂文集》，中州古籍出版社，2005 年，第 465—466 页。
③ 马积高：《清代学术思想的变迁与文学》，湖南人民出版社，2002 年，第 51 页。
④ 张履祥：《杨园先生全集·训门人语二》，中华书局，2002 年，第 1466 页。
⑤ 张履祥：《与吴裒仲十一》，《杨园先生全集》，中华书局，2002 年，第 296 页。
⑥ 张履祥：《与何商隐十二》，《杨园先生全集》，中华书局，2002 年，第 119 页。
⑦ 赵尔巽等：《清史稿》卷四八〇，中华书局，1977 年，第 13119 页。

由于晚年多丧、多病，虽力谋生计，取与又严，几乎潦倒到“炊烟几绝”的境地，仅赖好友何商隐、吕留良的馈赠得以生活。

然而，张履祥对清初理学的发展贡献卓绝，最主要的方面表现在通过提倡“读书明理”，对理学从中上层士大夫向乡间底层士人及民众传播作了理论开辟。宋明时代，理学处于构建变迁时期，故而特别重视心、性、理、气等形而上概念。明朝末季，王学援佛入儒，将理学推向了理论思辨的最高峰，然而也由此带来了诸如“以知代行”的许多问题。张履祥主张通过躬行践履体验程朱理学身、心、性、命之理来解决这个问题，简言之就是“读书明理”，如其所谓：

> 读书所以明理，明理所以适用。今人将适用二字看得远了，以为致君泽民，然后谓之适用。此不然也。即如今日，在亲长之前，便有事亲长之理；处宗族之间，便有处宗族之理；以至亲戚、朋友、乡党、州里，无一不然；以至左右仆妾之人，亦莫不然。此际不容一处缺陷，处之当与不当，正见人实际学问。①

张履祥“读书明理”的提出，词简义要，它不再是“致君泽民”那么宏大、遥远，亲戚、朋友、乡党、州里之间种种伦理交际，都与现实生活紧密相联，精深博奥的宋明理学一下子变得浅近平实，至此明末发展到极端的“理论儒学”便在理论上被打入“冷宫”。此外，张履祥很少用圣贤的口气立说讲论，相反却多能“攻己之短”②，诸如“愧恨一念，必不可无”③，“祥赋命孤蹇，遭离多难，经营奔走，未尝学问”④，“终年旅食，欲求资益于有道君子，非惟不能，亦不暇，念之惟有伤悼”⑤ 等等，俯拾皆是，如此亲切的反求己身令人感到成为杨园那样的圣贤君子既不远难，亦不玄虚，这也是清代理学能

---

① 张履祥：《答颜孝嘉》，《杨园先生全集》，中华书局，2002 年，第 367 页。
② 张履祥：《杨园先生全集·愿学记一》，中华书局，2002 年，第 732 页。
③ 张履祥：《答吕仁左》，《杨园生生全集》，中华书局，2002 年，第 424 页。
④ 张履详：《与唐灏儒》，《杨园先生全集》，中华书局，2002 年，第 74 页。
⑤ 张履祥：《与沈上襄》，《杨园先生全集》，中华书局，2002 年，第 81 页。

够进入民间的一大关键。

张履祥还创造了“耕读相兼”的民间治学传统，使民间理学真正在民间找到了它的现实存在方式。为什么要从事“农耕”呢？对于民间理学家来说，生计是一个重大问题，战乱频仍的清初更是如此。因此，张履祥认为学者一定要有独立的经济基础，才能有人格：

> 学者舍稼穑别无治生之道，能稼穑则无求于人，而廉耻立；知稼穑之艰难，则不敢妄取于人，而礼让兴；廉耻立，礼让兴，而世道可以复古矣。①

当时，明末江南科举风行，士人无不“以耕为耻”②，张履祥却认为“耕”与“读”可以结合起来：“人言耕读不能相兼，非也。人只坐无所事事，闲荡过日，及妄求非分，营营朝夕，看得读书是人事外事。又为文字章句之家，穷年累岁而不得休息，故以耕为俗末劳苦不可堪之事，患其分心。若专勤农桑，以供赋役，给衣食，而绝妄为，以其余闲读书修身，尽优游也。农功有时多只半年，谚曰：‘农夫半年闲。’况此半年之中，一月未尝无几日之暇，一日未尝无几刻之息，以是开卷诵习，讲求义理，不已多乎？”③ 农耕之外就是读书，张履祥主张先读《小学》，作为修身之基。教学在读书之内，张履祥认为：“今之贫士众矣，皆将不免饥寒，宜以教学为先务，盖亦士之恒产也。凡人只有养德、养身二事，教课则开卷有益，可以养德，通功易事，可以养身。”④ 于是“谆谆以‘耕读’二字教后人”⑤，总之，“耕读”使“读书明理”的理想有了现实的物质依托。

从学术宗尚上，张履祥主张尊朱辟王，与孙奇逢合同朱陆大不相

---

① 江藩：《宋学渊源记》，明文书局，1985年，第28页。

② 张履祥：《杨园先生全集·训子语上》，中华书局，2002年，第1353页。

③ 张履祥：《杨园先生全集·备忘三》，中华书局，2002年，第1122页。

④ 苏惇元：《张杨园先生年谱》，《杨园先生全集·附录》，中华书局，2002年，第1513页。

⑤ 张履祥：《杨园先生全集·补农书引》，中华书局，2002年，第1389页。

同。张履祥早年曾一度喜好陆王之学，据其回忆：“祥幼而孤蹇，又生下邑……二十四、五闻‘良知’之说而喜之，夙夜从事，时气高志锐，自以圣贤之域举足可至。”① 后来，读朱熹《小学》、《近思录》始转向程朱之学，从而对王阳明及其学派展开了激烈批评，比如：“姚江大罪，是逞一己之私心，涂生民之耳目，排毁儒先，阐扬异教。而世道人心之害，至深且烈也。”② 又比如：“百余年来，学术晦暝，邪说暴行塞乎天地，入于膏肓。窃谓姚江之教，如吴、楚称王，蛮夷猾夏，僭食上国。”③ 再比如：“‘良知’之教，使人直情而径行，其敝至于废灭礼教，播弃先典，《记》所谓‘戎狄之道’也。今人犹不知惩其敝，方将攘袂怒目，与人争胜，亦可哀已！”④张履祥的“尊朱辟王”思想不仅表现在道统中，工夫论也有涉及。明朝末季，王学的空疏已引起学者们的注意，以高攀龙、顾宪成等为代表的东林党就高揭程朱之帜，但是在张履祥看来，“东林诸公，表章程、朱之学，然与程、朱毕竟不同。盖其入门便从‘静悟’二字用功，于圣门博文约礼、文行忠信、入孝出弟、守先待后之意，往往不合”⑤。

张履祥的这些思想经由吕留良、陆陇其大大扩大了影响，成为清初尊朱辟王的一条主线。⑥ 吕留良（1629—1683），号晚村，浙江崇德人，是张履祥的好友，清初著名出版家，其学术思想主要是受张履祥影响而成。⑦ 张履祥在吕留良家坐馆时，曾劝其刻《二程遗书》、《朱子遗书》等程朱理学著作。陆陇其（1630—1692），字稼书，浙

① 张履祥：《答丁子式》，《杨园先生全集》，中华书局，2002 年，第 96—97 页。

②④张履祥：《杨园先生全集·备忘三》，中华书局，2002 年，第 1138 页。

③ 张履祥：《答沈德孚》，《杨园先生全集》，中华书局，2002 年，第 87 页。

⑤ 张履祥：《杨园先生全集·备忘三》，中华书局，2002 年，第 1136 页。

⑥ 张天杰、肖永明：《从张履祥、吕留良到陆陇其——清初“尊朱辟王”思潮中一条主线》，《中国哲学史》，2010 年第 2 期。

⑦ 包赉：《吕留良年谱》，（上海）商务印书馆，1940 年，第 194 页。

江平湖人，世称“平湖先生”，曾担任过嘉定、灵寿知县及四川道监察御史，以清廉著称。陆陇其的确受到吕留良影响不小，吕留良去世之后，陆陇其作祭文承认自己原来曾长期依违于程朱，而自从“壬子癸丑，始遇先生，从容指示，我志始坚，不可复变”①。对王学批判，陆陇其与吕留良、张履祥一脉相承，在其看来：

> 自阳明王氏倡为良知之说，以禅之实而托儒之名……荡轶礼法，蔑视伦常，天下之人，恣睢横肆，不复自安于规矩绳墨之内，而百病交作……明之天下不亡于寇盗，不亡于朋党，而亡于学术。学术之坏，所以酿成寇盗、朋党之祸也。②

因为过于严格的尊朱辟王对于国家意识形态的构建并非有利，李光地便对陆陇其等人进行过批评，认为：“近世陆稼书、吕晚村、仇沧柱等，真村学究。名为遵程朱，何尝有丝毫发明?”③ 虽然陆陇其最早入祀孔庙，但实际上只是帝国尊崇程朱的一个符号化的表现而已。张履祥生前的社会影响也一直不大，清代桐城学者李宗传曾评论说：“明自嘉靖后，学者不出一途，高忠宪、顾泾阳讲道东林，天下从之，其后北有孙夏峰、李二曲，南有刘念台、黄梨洲，诸公皆为世所矜式，……《三鱼堂集》天下皆有，《杨园集》则行世甚少。”④乾隆十六年之前，张履祥声名不出乡里，在地方上几乎没有什么影响，甚至连其师刘宗周的专祠也没有进。⑤

同时，与孙奇逢相比，南方张履祥一系的尊朱辟王活动，又带有强烈的夷夏之辨色彩。孙奇逢曾作诗为仕元的许衡辩护说：“我读公

---

① 吴光酉等：《陆陇其年谱》，中华书局，1993年，第94—95页。

② 陆陇其：《学术辨上》，《三鱼堂文集》卷二，台湾商务印书馆1983—1986年版文渊阁《四库全书》，第1325册，第15—16页。

③ 李光地：《榕村语录续语录》，中华书局，1995年，第785页。

④ 李宗传：《杨园集序》，《杨园先生全集》，中华书局，2002年，第14页。

⑤ 卢华为：《从布衣寒士到孔门圣贤——张履祥由凡入圣的塑造历程》，《清史研究》，2005年第1期。

遗书，知公心最苦。乾坤值元运，民彝已无主。公等二三辈，得君为之辅。伦理未全绝，此功非小补。……众以此诮公，未免儒而腐。道行与道尊，两义各千古。”① 认为许衡“行道”为民彝做主，构建伦理秩序，是“千古之义”。张履祥对待许衡的态度却与孙奇逢不大相同，虽然杨园也同情许衡，认为可入贤人之列，但是却明确指出其仕元是失身，于儒家之行道又并无功德，因此后人也不必为之文过饰非。② 这种夷夏观念到吕留良被彻底暴露出来，还酿成了一场惨剧。梁启超也曾提及说“浙中学者，自舜水、梨洲以至谢山，皆民族观念极盛”，而吕留良便在其中有“不小的势力”③。总体上来看，南方的尊朱辟王运动一方面与帝国尊朱的意识形态取向接近，但是另一方面，由于夷夏之防的渗透，实际上又一定程度上给新王朝意识形态构建带来了破坏因素。

三、庙堂对民间理学的控制和引导

面对明清鼎革、异族入主的现实，汉族士大夫必须在出处、进退中做出选择，相对于刘宗周、黄道周、祁彪佳等人的杀身成仁，大部分人选择了株守乡野，甘心寂寥一生，以不仕新朝来保持自己的人格和气节。出处、进退、辞受之义，本来就是理学的要求，而“夷夏大防”又为之披上了一种特有的沉重，即便是不出仕者也不得不面对这种精神考验。因此，明末清初的士人异常焦虑于这种生命状态和自己所固有的理学观念，正如邵廷采所感叹：

> 於乎！出处之际难矣！士不幸遭革命之运，迫于事会，不获守其初服，惟有爱民循职，苟可以免清议。若汲汲贵富，入而不

① 孙奇逢：《读许鲁斋集》，《夏峰先生集》，中华书局，2004年，第414页。
② 张履祥：《读许鲁斋》，《杨园先生全集》，中华书局，2002年，第563—566页。
③ 梁启超：《中国近三百年学术史》，天津古籍出版社，2003年，第198页。

返，更数十年，面目俱易，则君子羞之。[①]

从民间学者来看，他们一方面推动着民间理学的构建，一方面也为自己的这种生活方式寻求价值肯定。陆世仪将士人的出处划分为三等境界，认为最上一等便是："隐居抱道，守贞不仕，讨论著述，以惠后学，以淑万世。"[②] 王大经在《巢父许由论》也发挥议论说："尧舜以有用为用，而许由、巢父以无用为用，终不可谓尧舜有巢许之心，巢许遂无尧舜之用也。是故尧舜、巢许者，皆治乱之圣人也。"[③] 民间的理学学者抱道守贞，志在从民间进行经世的理想显而易见。

这些精英在汉民族的社会生活有知识、有威望，是左右民心向背的重要力量，他们与新王朝不合作，当然也会大大影响到民众对新政权的认同。因此，清王朝主要采取了笼络的策略，表现最明显的就是征举。比如，对孙奇逢，清廷就至少有四次征举。顺治元年（1644），巡按柳寅东以地方人才荐；次年，兵部左侍郎刘余佑以举知荐，国子监祭酒薛所蕴以祭酒之位让贤；六十九岁时，又有巡按陈渭水以"山林隐逸荐"。对这几次征举，孙奇逢均婉辞不就。为此，康熙朝还特别举行了鸿儒博学科，虽然这一科，有不少汉族士大夫应征，比如汤斌等，然而，正如孙奇逢一样，很多人对此并不领情。阁学叶方蔼荐顾炎武，顾炎武却回信说："七十老翁何所求？正欠一死！若必相逼，则以身殉之矣！"[④] 黄宗羲、傅山、冒襄等名流也都托病拒往。即便是后来康熙帝西巡，欲见李颙，李颙也坚决拒绝说："吾其死矣！"以废疾力辞得免。

虽然当时那些享有盛誉的大师多不肯出仕，然而，清王朝崇儒重

---

① 邵廷采：《陈执斋先生墓表》，《思复堂文集》，浙江古籍出版社，2010年，第430—431页。

② 张伯行辑、陆世仪著：《思辨录辑要》卷九《修齐类》，清同治年间福州正谊书局左氏增刊本。

③ 孙静庵：《明遗民录》卷三，浙江古籍出版社，1985年，第18页。

④ 顾炎武：《与叶讱庵书》，《顾亭林文集》卷三，中华书局，1959年，第53页。

道的精神，还是对清初的汉族士人群体产生了很大影响，尤其是来自民间的大批理学家或跻身于庙堂，或身任于封疆，或为吏一方，反过来又向民间传达了新王朝致力于儒学、致力于华夏文化的决心。康熙帝以理学用人，在这方面是比较成功的。汤斌巡抚江宁数年，对江南士大夫有很大影响。汤斌去世后，黄宗羲曾为其撰神道碑，称汤斌是大儒之遇明主，对汤斌被谗而死深表愤懑之情说：

> 夫举朝与一人为难，荧惑百端，杀夫子者无罪，籍夫子者无禁……顾举世推移，先生兀突以行古之道，揭杯水以救车薪，大儒之效曾不睹千仞之一咫，与汉唐诸子同其缺陷，能不悲夫！[①]

一度无奈仕清的江南名士汪琬，纂修《明史》时曾与汤斌相识，汤斌死，也撰文为其明不白之冤说："琬雅以直谅为公所许，倘不能白公之志而暴其受谗始末，以示天下后世，不几负我死友哉！"[②] 许三礼是从学孙奇逢的名儒，出仕海宁知县，又多建树，因此当邀请黄宗羲去崇正书院讲学时，梨洲便应约而往，许三礼还以弟子礼事梨洲。许三礼去世之后，黄宗羲极为悲痛，在墓志铭中说："漳水滔滔，逝者如斯，先生往矣，岂不尔思。"[③] 作为一位抗清志士，黄宗羲逐渐对新朝产生了认同感，不仅令其子黄百家、门生万斯同入明史馆以备顾问，还认为徐乾学受知遇于康熙帝是"古今儒者遭遇之隆，盖未有两。五百年名世，于今见之"，又称赞康熙帝崇儒重道说："皇上仁风笃烈，救现在之兵灾，除当来之苦集，学士大夫皆以琴瑟起讲堂之上，此时之最难得者也。"[④] 黄宗羲作为一代大师，其转向有一

---

① 黄宗羲：《皇清经筵讲官、工部尚书潜庵先生神道碑铭》，《汤斌集》，中州古籍出版社，2003 年，第 1789 页。

② 汪琬：《墓志铭》，《汤斌集》，中州古籍出版社，2003 年，第 1795 页。

③ 黄宗羲：《兵部督捕右侍郎酉山许先生墓志铭》，《黄梨洲文集》，中华书局，1959 年，第 245 页。

④ 黄宗羲：《与徐乾学书》，《黄宗羲全集》，第 11 册，浙江古籍出版社，2005 年，第 67 页。

定的代表性。

不过，由于夷夏之辨的影响，还是有一些人对新朝总是不能认同，像吕留良便是。吕留良早年曾经参加过抗清斗争，入清后为诸生，以评选时文而著名。吕留良主要通过时文评点来阐释他的民族大义，在其看来，明亡的主要原因是“士无志也”，“坏在人心风俗”，主张“一部《春秋》大义，尤有大于君臣之伦，为域中第一事”①，即夷夏之防较之尽君臣之道的伦理为重，间接批评那些出仕清廷的士人。吕留良的思想虽然激进，但是其夷夏之防的思想都隐约在讲义和时文评选中，又以尊崇程朱的面貌出现，故终康熙之世一直平安无事。

直到雍正初，曾静案爆发，已去世四十多年吕留良又被拉回到历史舞台。原来，吕留良去世之后，其弟子严鸿逵、沈在宽等人继续讲学，宣扬民族大义。湖南士人曾静因读吕留良时文，大受其夷夏观念的影响，派弟子张熙与严鸿逵、沈在宽联络，并与严、沈及晚村之子吕葆中交结，萌发了反清复明思想。雍正初，曾静致书陕西总督岳钟祺，促其反正。结果岳钟祺奏明雍正帝，一场文字狱拉开了帷幕。但是，令人诧异的是，这场文字狱的矛头不是指向曾静，相反，雍正帝在曾静认错之后竟将其释放。但是，吕留良子孙却或被斩首或遭流放，连吕留良本人也被开棺鞭尸，著述亦被尽数焚毁。可见，清廷关心的是顺、康两朝遗留下来的夷夏之防的思想。这一点，于《大义觉迷录》一书中可以明白看见，雍正帝认为：

> 逆贼吕留良凶顽悖恶，好乱乐祸，俶扰彝伦，私为著述，妄谓德祐以后，天地大变，亘古未经，于今复见。而逆徒严鸿逵等转相附和，备极猖狂，余波及于曾静，幻怪相煽，恣为毁谤。至谓“八十余年以来，天昏地暗，日月无光”。在逆贼等之意，徒

---

① 吕留良：《吕晚村先生四书讲义》卷一七，续修《四库全书》，第165册，上海古籍出版社，2002年，第505页。

谓本朝以满洲之君，入为中国之主，妄生此疆彼界之私，遂故为谤讪诋讥之说耳。不知本朝之为满洲，犹中国之有籍贯，舜为东夷之人，文王为西夷之人，曾何损于圣德乎?①

雍正帝的这一段话，多次被后代史家所引用。它虽与顺、康两朝庙堂夷夏观大略相仿，但是讲得却更为透彻。在这一段话中，雍正帝特别强调曾静是受到吕留良的影响，重点是批评吕留良夷夏之防的思想，认为天下乃是有德者居之，并将其合法性放大到整个中国传统文化当中。虽然雍正帝在此问题上采取了皇帝与一个儒生看似公平的辩论，但是以大狱对待吕留良家族，就不能不令当时士人对夷夏关系的探究噤若寒蝉了。

康熙朝虽然主要采取笼络的政策对待民间理学家，但是对于某些涉及其统治合法性的问题却也毫不手软，有关《明史》、《南山集》的庄、戴两案就是血淋淋的证明。不过，由于康熙帝受儒学影响较深，更加倾向于社会教化，故此文字狱相对较少，梁启超也认为“康熙帝是比较有自由思想的人”，而到雍、乾朝“学者的思想自由，是剥夺净尽了”。② 事实上，康熙朝并没有那么无所顾忌的自由研究，雍、乾时期学术走向考据也未尽是朝廷的压迫，然而大体上来看，康熙朝由于理学兴盛，还是表现了宏纳众流的气象，正因如此，民间理学才一步步地发展起来，与庙堂理学达到了一定的默契，从曾国藩对其祖父星冈公家教的种种践履体认，也可以略窥理学在民间到晚清的发展情形。

清廷“胡萝卜”加“大棒”的政策，旨在用王权对理学传统进行改造，剥离理学中有关夷夏之防、以道干政方面的精神。在王权的政治高压与文化利诱面前，不能不说，中国的理学传统在其流播最广的南方已经发生了某些变化。诚如钱穆所作的论断：

---

① 《大义觉迷录》卷一，《清史资料》，第4辑，中华书局，1983年，第4页。

② 梁启超：《中国近三百年学术》，天津古籍出版社，2003年，第22、23页。

清廷虽外尊程、朱，而于北宋以来书院讲学精神，本人心之义理，以推之在上之政治者，则摧压不遗余力，于是锡之东林，以及浙之姚江，徽之紫阳，往昔宋、元、明以来书院讲学之遗规尽坠。①

钱穆先生讲的虽是书院，它也揭示了清初庙堂对于民间理学的态度及改造方式。实际上，理学在政治上的独立发展及其与王权的接触，基本上都是被庙堂所垄断的。康熙前期，还可以看到许多民间学者大谈什么封建、井田，之后却是越来越少了，很显然，理学在民间舍去了它的外王追求而纯粹地向着教条化的伦理规则、执著在底层的民间社会这样一个发展格局过渡——这也正是清初庙堂所乐意看到的。

虽然民间理学在现实政治中退让了，但它终究不是庙堂理学的传声筒，它依托广阔的民间、依托大量的民间理学家，构造着自己独特的文化理念——如何将原来这种士大夫之学融入到以一般士人及以农民为主体的田园生活之中。由于乡村间读书识字者极少，明代王学向下传播就是依靠其禅宗式的简明手段，然而尚未能描绘出一定的发展蓝图对民众加以吸引。清初的民间理学家则完成了这样一个梦想，他们不仅以不仕“尊道”，而且已经意识到理学在民间传播的价值，正如张履祥指出的“庙廊山林俱有事业”②。总而言之，民间理学与庙堂理学从某种角度有一定的互补性，前者在民间对程朱理学的宣传对于国家意识形态深入民间有重要意义，由此两者达成了某种程度的一致性。

① 钱穆：《中国近三百年学术史》，商务印书馆，2005年，第22页。

② 张履祥：《杨园先生全集·补农书引》，中华书局，2002年，第1389页。

第二节 庙堂理学与清代考据学

清初庙堂虽然独尊程朱理学，但是并没有完成对儒家思想内部的垄断。当时，考据学实际上已经有渐成一门新形态显学的趋势，在治学风气、学者群体、理论方法、经典著作等方面都展现出勃勃生气，与明代经学“喜骋虚辨”不同，清初考据学表现出的是“征实”的特征。考据学这种具有强烈民间特征的主流学术形态的形成，一方面源自于清初王权政治的高压，另一方面其“依古辨真”等理念也向庙堂理学提出了挑战。

一、实学思潮：考证之实与践履之实

儒学在历史上每一次分化衍变，都是基于自身的逻辑进展，并结合政治社会环境的重要变迁，而在强烈的问题意识追寻之下形成的。从清初的社会情势来看，一方面，随着异族王朝的建立，士人群体官方、民间的阶层性逐渐形成；另一方面，明代儒学放纵空疏之弊既久，崇实黜虚、实体达用的经世思潮在这种情形之下喷涌而出，形成了“考证之实”与“践履之实”两种发展方向。而儒学这两种发展方向，又与士人官方、民间的阶层性复杂地纠结在一起，同时它们又都鲜明地指向了明代士人、儒学的朽坏之风。

考证派是针对明人讲学空疏之弊而发的。由于阳明否定知识与道德之间的必然关系，及其末流更是一番束书不读、袖手谈心性的景象，因此，明末清初的理学，出现了“以经学济理学之穷”的趋势。这一思潮的代表人物有黄宗羲、顾炎武、阎若璩、毛奇龄、胡渭等人，他们认为明末出现的问题，是由于对儒家本义认识不清、讲析不明所致，矛头指向宋明理学的形而上走向。比如，黄宗羲便指出明人

讲学最大的弊端在于“袭语录之糟粕，不以六经为根柢，束书而从事游谈”，所以必“穷经”、“读史”，才能“不坠讲学之弊”。[①] 康熙六年（1667），黄宗羲利用讲经会开展讲经活动，主要内容是“搜故家经学之书，与同志讨论得失。一义未安，迭互锋起。贾马卢郑，无非纯越，必使倍害自和而后已，思致心破”[②]，清代的浙东史学派由此逐渐形成。

活跃在河北的颜李学派也是反对宋明的一支劲旅，颜元对宋学的批判格外激烈。颜元（1635—1704），号习斋，直隶博野人。在其看来，宋学就是“爱静空谈之学”，“为爱静空谈之学久，则必至厌事，厌事必至废事，遇事即茫然。贤豪不免，况常人乎？……误人才败天下事者，宋人之学”。[③] 颜元早年喜好陆王，之后又沉迷于程朱，但是在实践中，却逐渐发现了宋儒在知识上的缺陷，比如古人初丧之礼有“朝一溢米，夕一溢米，食之无算”之说，而朱子《家礼》删去了“无算”句，结果颜元在守丧期间，“朝夕不敢食，遇哀至又不能食”，几乎被饿死。又比如《家礼》认为“练后止朝夕哭，惟朔望未除服者会哭，凡哀至皆制不哭”，颜元读《子夏传》才发现本来应当是：“既练，舍外寝，始食菜果，饭素食，哭无时”，并未从时间上对哭进行规定。朱子《家礼》与古礼的矛盾，及自身体验，促进了颜元对宋儒人性论的深入思考。[④] 不过，颜元并不主张读经考史，然而其弟子李塨却以考订经典的方式光大其师学之学[⑤]，而另一位弟子程廷祚则开启了戴震的对理学的批判。[⑥]

---

① 赵尔巽等：《清史稿》卷四八〇，中华书局，1977年，第13105页。

② 黄宗羲：《陈夔献墓志铭》，《黄梨洲文集》，中华书局，1959年，第232页。

③ 李塨、王源：《颜元年谱》卷下，中华书局，1992年，第83页。

④ 李塨、王源：《颜元年谱》卷下，中华书局，1992年，第63页。

⑤ 侯外庐、赵纪彬、杜国庠、邱汉生：《中国思想通史》，人民出版社，1957年，第383页。

⑥ 胡适：《戴东原的哲学》，安徽教育出版社，2006年，第16—18页。

真正从理论构建、思维范式及方法论等各个方面对明人讲学给予廓清的是顾炎武。顾炎武少年便留心经史之学，最喜欢抄书，其出发点亦在反思明人讲学：“今之君子……聚宾客门人之学者数十百人……与之言心言性，舍多学而识，以求一贯之方；置四海之穷困不言，而终日讲危微精一之说……我弗敢知也。”① 顾炎武认为士人要“博学于文”，认为博学是解决士风朽坏的主要方法。顾炎武认为理学就是儒学的禅化，在其看来：

……理学之名，自宋人始有之。古之所谓理学。经学也，非数十年不能通也，故曰：“君子之于《春秋》，没身而已矣。”今之所谓理学，禅学也。不取之五经而但资之语录，校诸帖括之文而尤易也。②

同时，顾炎武还提出了“读九经自考文始，考文自知音始”的考据原则，并以《音学五书》等著作为示范，以实际的经文、字义为基础来寻求圣人之道，为清代考据学开辟了一个新方向。从此，清代儒学的主要方向便由“主观的冥想”向“客观的考察”迈进，考证也成为学术界重要的价值取向及方法论，这种“无征不实”、“合古为真”的新理念，冲击着宋明理学自由体贴经义、进行义理发挥的传统。

践履派则认为明朝覆亡、士风朽坏的原因不在于理学本身，而是由于士人将理学作为形而上的空谈，未能进行有效的道德实行。这一派也有很大的势力，在民间有孙奇逢、李颙、张履祥等人，在官方则以康熙帝及熊赐履、李光地等庙堂诸子为代表。与民间理学家相比，官方更加注重道德践履，因为社会秩序的有序构建和王权的稳定实施都对此有更强烈的要求，相反，儒学的知识层面的发展却是比较次要的。清初庙堂将道德践履视作真正的实学。对知识界的争论，康熙帝

① 顾炎武：《与友人论学书》，《顾亭林诗文集》，中华书局，1983 年，第 40 页。
② 顾炎武：《与施愚山书》，《顾亭林诗文集》，中华书局，1983 年，第 59 页。

颇不认同，在论及《明史》编撰时，就曾指出：

元人修宋史，明人修元史，至今人心不服，议论多岐者，岂非前鉴耶？朕无实学，每读朱子之书，见“相古先民学以为己，今也不然，为人而已”之句，罔不心悦诚服。又读孟子“尽信书不如无书”，益见上古史官不免讹传……朕观凡天下读书者，皆能分辨古人之是非，至问以时事、人品，不能一字相答。①

在康熙帝看来，知识的增加，未必一定促进道德的进步，更何况古代所流传下来的经史未免不有讹传。庙堂诸子与康熙帝在这点上是一致的，比如张伯行就认为道德践履才是根本，甚至说：“宁可终岁不读书，不可一日近小人。②”读延陵书院《会语》，张伯行认为其中以格物穷理为宗旨，固然是朱熹的为学工夫，但是“若不主敬立其本，是无本之学，而学为杂学矣。若不反躬践其实，是无用之体，而体为虚体矣”③。魏裔介以清初科举取士为例提出自己的看法，认为：“朝廷悬功令以取士，程墨尽可观法，原期穷理致用，岂欲剿袭陈言？乃习俗相沿，坊刻充栋，士子不务实学，专以记诵誊录，苟取科第。”“明初人才所以盛者，以其务实学，而其后衰者，滥时文误之也。”④在魏裔介看来，科举时文只不过是“记诵誊录”，真正的人才要有“实学”，要“处则为醇儒，出则为名世”。归根结底，庙堂所谓“实学”就是以程朱之学的践履为中心，兼以治理国家、整合社会文化秩序的工具。

理学之所以在清初逐渐成为社会意识形态，与现实社会紧密相关。熊赐履、李光地、汤斌等理学名臣或居督抚，或领尚书，或入阁为大学士，均身处帝国统治的高层，这些人的理学是在经邦治国过程

---

① 《圣祖仁皇帝御制文集》第三集卷七《谕大学士九卿等》，台湾商务印书馆1983—1986年版文渊阁《四库全书》，第1299册，第73页。

② 张伯行：《续近思录》，上海古籍出版社，1994年，第341—342页。

③ 张伯行：《与毛心易》，《正谊堂文集附续集》，商务印书馆丛书集成初编本，第78页。

④ 魏裔介：《士习隳靡已久疏》，《兼济堂文集》，中华书局，2007年，第17页。

中形成的，既有理论的指导，也有策略的启示，对新王朝的道统论证和治统的展开都起到了重要作用，前面已经备述。考据学却是另外一种学问，又称“汉学”，实际上，它与汉代经学差别很大，从本质上更集中在训诂学、文献学。顾炎武虽然希望通过这种学说以明辨儒学本义，从而治平天下，但是考据学从其出现开始与社会政治的联系便相当薄弱。顾炎武、黄宗羲等人是由于夷夏之防的原因而不仕新朝，其他以考据见长的学者也多未能入仕，或者未能进入高级官员的行列。清初考据学的代表人物阎若璩、胡渭也都基本是在民间度过了一生。阎若璩（1638—1704），字百诗，号潜丘，山西太原人，热心仕途，虽然康熙十八年（1679）应博学鸿儒科失利，但依然是“暮齿心热，不忘荣宠”①，曾趁圣祖出京巡游时，命其子进呈《万寿诗》及《四书释地》一帙，求御书而未果。胡渭（1633—1714），字朏明，号东樵，浙江德清人，以县学增生终身。胡渭、阎若璩虽然也曾一度在徐乾学幕下修纂《大清一统志》等书，但是远远不能与位极人臣的熊赐履、李光地等人相比。

总体来看，作为庙堂性学者，其理论的出发点集中于社会秩序如何整合、稳定等问题，包括如何解决因明末以来汉人自由结社讲学、肯定人性欲望对社会伦理秩序造成的混乱（出则名世，有裨治道）；而顾炎武一派则是更多从学术本身发展的逻辑进行思考，针对的问题更多是学术性的，而提出的解决方法（以小学明大道）亦然。两派不同的社会身份，不同的价值趋向，又处在同一个历史时期，针对同一问题而产生，由此而发展下去，导致了它们之间的某些对抗或达成博弈之后的某种平衡。

---

① 钱穆：《中国近三百年学术史》，商务印书馆，1997 年，第 248 页。

二、价值追求：依古辨真与朱子独尊

儒家思想依托于五经四书，在传统社会只有依从这些经典立论，才具有神圣性、权威性。朱陆之辨与儒学经典的考据就有密切联系，其重要意义就是两派对立论话语权进行的争夺。清朝初期，这场争夺发展出新的特征，它以朱、陆之辨为主体，但又超出了彼此旧有的学派界限，上升为考据学与庙堂理学两种儒学形态的斗争。

程朱之学由于与王权政治结合，出于建立社会秩序的需要，更多表现出统治阶级的意志而缺少学理上的分析，从而为学术倾向强烈的民间性学者尤其是王学一派所不能苟同，为打破官方意志的笼罩，考据学被当成重要的理论武器。考据虽是治学方法，但它褒扬了一种“真伪”、“合古”的精神，与清初“崇实黜虚”的学风相结合，使“考证之实”逐渐成为时代的一种新价值标准，正如来新夏在《结网录》中所道：“顾、黄之学之所以被称为‘古学’，是对‘宋学’的一种攻击。古学家抨击用朱注猎取功名是世俗之学，所以标榜自己是‘古学’而称对方为‘俗学’。”① 这一新价值标准，成为一面足以与官方程朱道统相抗衡的旗帜。

考据学派从学术史发展角度对官方的程朱道统进行反驳是其重要方面。其中，以黄宗羲《明儒学案》为代表著作，该书共六十二卷，撰成于康熙十五年（1676），一反熊赐履《学统》褒扬程朱一派的薛瑄、胡居仁，将王学作为明代道统传衍的主脉，肯定阳明及其后学在学术史上的地位。在编纂方式上，除了传略之外，主要是摘录学案中诸学者的著作或语录，从体裁上更像是一部史料考订汇编，作为编者的黄宗羲不从语言上作任何评价，不作“正统”、“翼统”、“杂统”的区别，竭力取消所谓的价值判断，仅以学派进行区分，只让材料说

---

① 来新夏：《结网录》，南开大学出版社，1984年，第5页。

话。《明儒学案》成书之后，很多学者对其进行了高度评价，比如："此明室数百岁之书也，可听之埋没乎？"[①] "阳明之致其良知，非即孟子良知之说乎？"[②] 黄宗羲自己也认为："奈何今之君子，必欲出于一途，剿其成说，以衡量古今，稍有异同，即诋之为离经畔道。"[③] 万斯同《儒林宗派》是黄宗羲《明儒学案》的继续。在《儒林宗派》中，万斯同从经学的角度重新对儒学学术史进行评判，颇有针对朱熹《伊洛渊源录》、《宋史·道学传》的意味，四库馆臣就认为：

> 自汉以来传先圣之遗经者，亦几乎不得列于儒。……斯同目击其弊，因著此书……凡汉后唐前传经之儒，一一具列。除排济之私，以消朋党，其持论独为平允。[④]

所谓"持论平允"，大抵也是就运用材料而不加论断，该书大量运用"表"来记述儒学发展，在诸学术史中堪称独树一帜，但是实际上人物的选取本身就是一种判断，这种判断正好与四库馆臣的理念大体上是一致的。

考据学派对官方建立程朱理学所依据的儒学经典诸如《大学》、《四书集注》、《太极图说》诸书的真伪性进行质疑。陈确（1604—1677），字乾初，浙江海宁人，明诸生，入清不仕。陈确虽不以考据知名，然而在《大学辨》中，就运用考据方法，通过《王制》、《尧典》等文本与《大学》对比，又兼以文势等考察，指出《大学》非"圣经贤传"，在陈确看来，"在明明德，在亲民，在止于至善"三句便都是出自《尧典》，只是作者对其进行了一些加工，从《大学》整个文本来看，也只不过引孔子数语，况且自小戴《礼记》行世以来

---

① 黄宗羲：《明儒学案·序》，中华书局，1985年，第8页。
② 仇兆鳌：《明儒学案·序》，中华书局，1985年，第5页。
③ 黄宗羲：《明儒学案·序》，中华书局，1985年，第7页。
④ 《钦定四库全书总目》卷五八，台湾商务印书馆1983—1986年版文渊阁《四库全书》，第2册，第299页。

一直到二程，并未有人认为是孔子、曾子所作。① 其实，在陈确、黄宗羲等王学学者，考据方法已然成为批判程朱理学的重要武器。毛奇龄也学宗陆王，其《四书改错》一书更是集中地对朱熹的《四书集注》进行了批评，涉及《集注》中对人名、官师名、丧祭礼、政事、故事、记述等的解释，并对这些错误一一考订，还表示"他日皇上南巡，当躬进此书"②。

另外，《太极图》是考据派对程朱理学攻击最有力的依据文本之一。其实，对于《太极图》的真伪，宋人朱震早就认为是"陈抟以《先天图》传种放，放传穆修……穆修以《太极图》传周惇颐，惇颐传程颢、程颐"③。毛奇龄肯定朱震等人的旧说，认为是周敦颐将道家《周易参同契》中的《水火匡廓图》与《三五至精图》合并而成，同时又进一步指出《太极图》出于隋唐间道士《真元品》，运用的方法也是比对校勘，为批驳周敦颐的《太极图说》增添了新的证据。黄宗炎也从历史的角度对《太极图》进行考察。黄宗炎（1616—1686），为黄宗羲之弟，学者称鹧鸪先生，学术与其兄大略相同，都曾从游于刘宗周。在黄宗炎看来：

> 易有图学，非古也，注疏犹是魏晋唐所定，绝无言及于此者，有宋图学三派，出自陈图南。以为养生驭气之术托诸大《易》，假借乾坤水火之名自申其说，如《参同契》、《悟真篇》之类，与易道截然无所关合。④

也认为"易图说"是由道家而来。《太极图》出自道家陈抟、穆修等人之说，由于毛奇龄等人的考证，越来越多地得到学术界认可。

---

① 陈确：《大学辨》，《陈确集》，中华书局，1979年，第553—559页。

② 毛奇龄：《四书改错》，续修《四库全书》，第165册，上海古籍出版社，2002年，第9页。

③ 脱脱等：《宋史》卷四三五，中华书局，1977年，第12908页。

④ 黄宗炎：《易学辨惑》，台湾商务印书馆1983—1986年版文渊阁《四库全书》，第40册，第734页。

《太极图》是程朱理学建立其形而上哲学的根本依据，它在程朱道统中的地位被动摇，对于打破庙堂理学的道统说有重要意义。

最重要的是，考据学者对程朱理学与王权结合（道统与治统合一）的理论基础《古文尚书》“人心惟危，道心惟微，惟精惟一，允执厥中”的“十六字心传”也进行了批判、质疑。正如李光地批评说：“浙东人又是一种学问，如黄梨洲、万充宗、季野，淮人阎百诗辈，《古文尚书》、《周礼》两部书，便是他们仇敌。”[①] 黄宗羲采用“日食”推算法，以《国语》为参照，考证古文《尚书》之伪，认为《古文尚书》中《汤诰》篇是后人“误袭周制”之结果，指出“《夏书》本文，不同孔书，左氏而非伪也，则不能不致疑于古文矣”[②]。毛奇龄之《古文尚书冤词》看似是为反阎若璩《疏证》而起，但是两人以考据为根本方法却是一致的，所争的不过是篇数、篇名、字句以及地理、典制的诠释。是故，黄宗羲、毛奇龄都受到李光地的批评，在李光地看来：

> 《古文尚书》，道理精确处，圣人不能易。若汉儒能为此，即谓之经可也。黄梨洲、毛大可辈，掎摭一二可疑之端，辄肆谈议，至虞廷十六字亦辟之。学者不深惟义理，徒求之语言文字以定真赝，所谓“信道不笃”也。[③]

然而，阎若璩对《尚书》的考证成果最终赢得了学术界的认同，正如四库馆臣所讲的：“反复厘剔，以袪千古之大疑，考证之学则固未之或先矣。”[④] 惠栋《古文尚书考》、段玉裁《古文尚书撰异》都是延续了百诗的思路，于是“伪古文一案，遂成定谳”[⑤]，阎若璩虽

---

① 李光地：《榕村语录续语录》，中华书局，1995 年，第 683 页。
② 黄宗羲：《答万充宗质疑书》，《黄梨洲文集》，中华书局，1959 年，第 423 页。
③ 李光地：《榕村语录续语录》，中华书局，1995 年，第 206 页。
④ 《钦定四库全书总目》卷一二，台湾商务印书馆 1983—1986 年版文渊阁《四库全书》，第 1 册，第 282 页。
⑤ 梁启超：《中国近三百年学术史》，天津古籍出版社，2003 年，第 78 页。

非王学一脉，但其《尚书古文疏证》一书论证了清初庙堂奉为“宝典”的《古文尚书》乃为伪作，使“十六字心传”荡然失去了它的合法性。

考据学对程朱理学的儒学经典阐释本身进行批评有时也上升到义理层面。代表性人物有颜元、戴震。颜元《存性编》、《四书正误》、《朱子语类评》等都是针对程朱理学，集中批判其气质之为恶说，在颜元看来，理、气不可两分，气质之性不可以谓恶，而“程、朱即告子之说”①。颜元虽不事考证，但是却开辟了考据学的形而上之路，颜元、李塨之学经程廷祚传到戴震，终于放出考据学的异彩。戴震(1724—1777)，休宁人，向来被奉为考据学的“泰山北斗”，《孟子字义疏证》是其代表作，该书从反对程朱“存天理，灭人欲”的观念切入，认为不能脱离气禀而言性，指出“血气之于嗜欲，皆性使然”②，旁征博引，涉及《诗经》、《礼记》以及老庄、扬雄、郑玄、郭璞等人的思想，展示了考据学一贯重视注释文本的学术方法。《孟子字义疏证》作为考据学派“以小学明大道”的代表著作，从哲学角度确立了考据学在儒家道统中不可动摇的地位。

考据学针对庙堂理学道统及其与王权的结合所进行的质疑、考证运动，很大程度上剥离了其在学术层面的合理性，动摇了程朱理学作为国家意识形态的合法性，从而也使程朱理学进一步离开形而上的学理分析而走向践履之实，成为道德修养与实践的准则，考据学在学术上的成功，依古辨真的理论方法，也逐渐发展成为一种时髦的学问。但是，它最终并没有能够在庙堂之上取程朱而代之，这是因为庙堂理学作为清王朝国家意识形态并没有被动的接受这种挑战，而是主动去整合这个异己的文化学术力量。

---

① 颜元：《颜元集》，中华书局，1987年，第17页。
② 戴震：《孟子字义疏证》，中华书局，1982年，第7页。

三、整合模式：经尊服郑与法行程朱

虽然考据学有意无意地“试图”打破程朱理学独占道统之传，然而程朱理学作为意识形态毕竟有王权护佑，其中，“文字狱”是这道樊篱最重要的一环。清王朝对文化的控制并非针对考据学，但是它却成了考据学产生的重要催生剂。

相关“文字狱”对考据学影响，前人论述较多，章太炎最早评价汉学为“家有智慧，大凑于说经，亦以纾死”① 之说颇有代表性。事实上，这种影响不可低估。漆永祥《乾嘉考据学研究》也持这样的观点，据其考察，江浙一带毁书、禁书最多，而恰巧这一带又是考据学最盛之处。② 另据黄爱平研究，《四库全书》修纂过程中，有违清廷官方道统、“抵触本朝”的均要“尽行销毁”，在长达九十年的禁书过程中，共禁毁书籍三千一百多种，十五万一千多部，销毁书版一万八千多块以上，民间惧而毁书者更是不可计数。③ 毛奇龄著《四书改错》罗列朱注的种种“错误”，攻击朱熹《四书》“无一不错”，并计划将该书献给皇帝，后来听闻朱子已升祀十哲之次，“遂毁其版”。

另从考证方法来看，它也有局限。考据学要耗费研究者大量时间精力，因为不仅进行音韵训诂的专门训练，而且在考证之时还要旁征博引，再加以辨析。由于学识、精力、时间等原因，故除了顾炎武、戴震等人之外，多数考据学者仅仅停留在考证方法上、沉溺于音韵训诂中，很难联系到现实的政治和人生。而为后世学者艳称的考据学所建立的怀疑、批判精神，也只能局限于材料的考订上，即使在义理层

---

① 章太炎：《国学讲演录》，凤凰出版社，2008 年，第 262 页。
② 漆永祥：《乾嘉考据学研究》，中国社会科学出版社，1998 年，第 74 页。
③ 黄爱平：《四库全书纂修研究》，中国人民大学出版社，1989 年，第 11 页。

面上的展开，比如，凌廷堪等“以礼代理”派虽试图走向现实，但结果却只能变成“以训诂代义理”。

因此，考据学在义理方面的开拓实在是极为有限的。以戴震发表《孟子字义疏证》一书为例，该书本是考据学走向外王的理论经典，戴震自负地说：“仆平生著述，最大者为《孟子字义疏证》一书，此正人心之要。今人无论正邪，尽以意见误名之曰理，而祸斯民”①，公然对程朱理学的天理观、人性论进行批判，然其影响却如蒋方震所说：“不维无赞成者，并且反对之声亦不扬。”② 反对者终究有之，比如翁方纲、方东树都撰文进行了批评，戴震好友朱筠也不认同戴震，认为“程、朱乃大贤，立身制行卓绝，其所立说，不得复有异同”③，纪昀见到《孟子字义疏证》之后，更是“攘臂扔之，以诽清净洁身之士，而长流污之行”④。更有趣的是，阎若璩虽力辨伪《古文尚书》，驳倒了它的圣学心传，但在现实中却又对朱子极力膜拜、唯恐不及。这足以说明，考据学就自身还存在着一方面从学术上解构程朱的神圣，但另一方面在现实中舍却程朱又找不到新人文信仰的逻辑悖论。故而程朱理学就成为这些学者的主要信仰与外在行为的轨范，他们或依附于程朱，或流荡于虚无和迷惘。正如美国学者艾尔曼所指出：

> （清代考据学）以具体事实、版本及历史事件的考证取代了新儒学视为首要任务的道德价值研究和论证。现在，成就圣人个体道德理想在严肃的儒士心目中已成为不切实际的幻想，不再是他们追求的目标。⑤

---

① 戴震：《与段若膺书》，《戴震集》，上海古籍出版社，1980 年，第 481 页。
② 梁启超：《清代学术概论·蒋方震序》，岳麓书社，2010 年。
③ 江藩：《国朝汉学师承记》，中华书局，1983 年，第 98 页。
④ 章炳麟：《释戴》，《章太炎全集》，上海人民出版社，1985 年，第 4 册，第 123 页。
⑤ 艾尔曼：《从理学到朴学——中华帝国晚期思想与社会变化面面观》，江苏人民出版社，1995 年，第 5—6 页。

精神上的虚无和迷惘使从事考据的士人比程朱理学学者进一步地失去了对王权政治的批判，更有甚者，自甘堕落，梁启超虽然力赞考据学之盛，但是也不无惋惜地感叹说："昔王鸣盛尝语人曰：'吾贪赃之恶名，不过五十年，吾著书之盛名，可以五百年。'此二语者，直代表全部汉学家之用心矣。"① 到乾隆朝，高宗对"以天下为己任"的理学极不满，于是大力推崇考据学，也不是全无缘故，之后，考据学便在学术界占据了主流地位，一直到现在都流风不衰。

当然，考据学一步步成为学术主流，也有它的学理逻辑。当时整个学术界，都漫延着一种崇实的风气，庙堂理学在构建过程中，对经史之学也极为看重，在这方面它与考据学是一致的。庙堂诸子中，李光地对易学最为精通，《周易通论》、《周易观象》都是清代易学研究的代表性著作，同时李氏也是三礼学的专家。汤斌对史学有精湛的造诣，著有《明史稿》。魏裔介也推崇经学，在其看来："经学重而两汉治，清谈盛而晋业衰。"② "盖经之所言，但举其大而不及其细，且山川风俗、名物器教，因革迁移之故，古今往往不同，欲有以通其变而使民不倦，推行之而与世咸宜，非讲求之平日不可也。"③ 康熙四十六年（1707），李光地赎买顾炎武《音学五书》，当时顾炎武是书既成之后，"原自秘珍，世无知者，顾氏既没，其版沉埋于扬州坊贾间，坊贾将销其版，以镌它文"④。幸而得见，康熙帝也是五经的推崇者，晚年尤其好《易》，在其看来：

> 帝王道法，载在六经，而极天人，穷性命，开物前民，通变尽利，则其理莫详于《易》。《易》之为书，合四圣人立象设卦

---

① 梁启超：《新民说》，中州古籍出版社，1998年，第204页。

② 魏裔介：《清学校培养真才疏》，《兼济堂文集》，中华书局，2007年，第28页。

③ 魏裔介：《圣学知统翼录》卷上，《四库全书存目丛书》史部，第120册，齐鲁书社，1996年，第191页。

④ 李清植：《文贞公年谱》卷下，《北京图书馆藏珍本年谱丛刊》，第85册，北京图书馆出版社，1999年，第317页。

系辞焉，而广大悉备，自昔包牺、神农、黄帝、尧、舜王天下之道，咸取诸此。盖诗书之文，礼乐之具，春秋之行事，罔不于《易》会通焉。①

在编纂大型图书的过程中，对文字、章句等考订、辑佚等工作必不可少，考据学派的学者由此逐渐进入了朝廷或地方行政中。胡渭精通地理文献学，因此在《大清一统志》纂修时，与阎若璩一起被招到徐乾学的幕府中。《朱子全书》编纂过程中，因为徐用锡精于字学，便被任命“校雠之事”②，后来，徐用锡在乾隆初授翰林院试讲，还参与《三礼》的纂修。康熙十八年（1679），《明史》在康熙朝的纂修正式拉开序幕，最初时徐元文任监修官，叶方蔼、张玉书任总裁官，徐元文、叶方蔼、张玉书作为理学家，虽能总持大局，然而具体纂修却不能不依赖于对历史文献学熟悉的专家学者，顾炎武与黄宗羲及其门生故旧便由此大为所用，尤其是万斯同以布衣任史局，对《明史》的修编起到了极为重要的作用。

然而，庙堂理学对清代考据学推崇仅仅是形式上的，两者对儒学经典的理解其实差别很大。考据学解经注重传疏，认为时间愈久，可靠性越大，惠栋“凡古必真，凡汉必好”即是此意，然而在庙堂看来，义理才是最重要的。比如，对汉人所作之《小序》，李光地就认为：“《关雎》之诗，夫子明言：‘乐而不淫，哀而不伤’，自非淫诗。《小序》糊糊涂涂，夹夹杂杂，总无条理。”③ 李光地还进一步批评汉儒对《诗经》的附会，认为“《诗经》除显然有证据的，自然为某人某事，稍涉游移者，便须空之，愈空愈好，何用实以世系为哉？只是要见其大处。如《国风》不过此男女饮食之故，到大、小雅，皆贤

① 《圣祖仁皇帝御制文集》第一集卷一九《日讲易经解义序》，台湾商务印书馆1983—1986年版文渊阁《四库全书》，第1298册，第186页。

② 李清植：《文贞公年谱》卷下，《北京图书馆藏珍本年谱丛刊》，第85册，北京图书馆出版社，1999年，第351页。

③ 李光地：《榕村语录续语录》，中华书局，1995年，第596页。

人所为”。① 李光地还批评朱彝尊：

《送梅定九》诗中，间有骂朱子语云：“毁弃《诗》、《书》序，割裂義文编。”固是如此，你也要自己说出一段《诗》、《书》序不当弃，義、文编不当裂的道理来才好。如朱子说：“齐、鲁、韩三家，班固以鲁为近之。”《毛诗》不列学官，后因郑传其学而笺之，遂传之广。……此言本有理，又况《诗序》明明理有说不去处者，如何可从？②

虽然从现实的考察来看，考据学在学术领域里的自由度不能说少，指斥“以理杀人”、毁骂朱子之事也时有发生，但是都局限在以“小学”为核心的学术范围内，然而，当考据学派以学问向现实政治之中“明大道”时，却受到限制，是为“大道”之樊篱。最后的结果只能是后来惠栋所讲的“六经尊服、郑，百行法程、朱”③。李光地也提出了类似的理论构想：“敝乡自蔡虚斋、陈紫峰、林次崖诸先生后，实学衰歇，至明季而大敝。欲兴之者，舍崇经书、励行义，则复古终无望矣。”④ “崇经书、励行义”也是从“尊经”、“践行”两个方面出发。在此基础之上，庙堂理学向考据学“经尊服、郑”靠拢。最终，庙堂与民间确立起了一种彼此相适应的文化秩序模式。这种模式，从原则上得到了双方认可。在考据学学者中，即使不完全认同庙堂理学，但对其所倡的践履精神及人文信仰却也颇持肯定态度。而在庙堂，虽然考据学从学术意义对其他的权威性、神圣性时有破坏，但是毕竟被限制在极为狭窄而又专业的学术圈子中。可见，庙堂理学或说清廷国家意识形态所确立的这样一个以程朱之学为标志的社会伦理规范和文化秩序，是两方斗争又加以妥协的结果，考据学正是

---

① 李光地：《榕村语录续语录》，中华书局，1995年，第596页。
② 李光地：《榕村语录续语录》，中华书局，1995年，第786页。
③ 江藩：《宋学渊源记》，明文书局，1985年，第8页。
④ 李光地：《答陈眉川中丞四首》，《榕村全集》卷三二，《榕村全书》，第9册，福建人民出版社，2013年，第255页。

在这个认同的前提之下，与清初庙堂理学这一国家意识形态以“经尊服、郑”、“法行程、朱”的方式达成了某种平衡。

第三节　庙堂理学与佛、道两教

清初，佛、道两教从总体上失去了元、明时代在庙堂中与理学的分庭抗礼之势而转向民间，与民间儒学等社会意识形态夹杂在一起，形成了许多具有自己理念及组织的秘密宗教团体，对庙堂所构建的社会文化秩序提出了挑战。清初庙堂针对这些异己力量进行了区别对待，对在社会上信众极多、影响力极大的教派比如藏传黄教，尽其能事予以支持，而对那些散布在民间的势力较小、与帝国离心力较强的公开、半公开或秘密的宗教团体及活动则重罪严禁，同时还对这些宗教团体的意识形态及其所依据的学术形态的佛、道学理都进行了比较深入的批判。

一、走向民间的佛、道

东汉以来，佛教、道教与儒家思想一起构成了中国文化的核心及其一切上层建筑构建的理论根据和精神支柱，与诸代王权均有比较密切的联系。当然，佛、道两教产自民间，也从未放弃过在民间的传播，这里所谓“佛、道走向民间”，是指佛、道两教在清初从总体上已经放弃了影响王权的诉求，从而也失去了元、明两代对庙堂那样巨大的影响。

在元代，程朱之学虽然位列于庙堂之上，但远非处于独尊地位，作为理学外王重要支柱的科举取士制度也被长期废置。相反，萨满教在宫廷中却占支配地位，佛教、道教、伊斯兰教等也都被广泛提倡。蒙古人很早就与道教接触，长春子丘处机曾万里西游见成吉思汗，受到赏识，因此全真教得到蒙古统治者所给予的自由建造宫观、广收徒众之权，得以迅速发展。元朝一统中夏之后，北方的全真教渡江南传，江南原来的金丹派南宗也汇入全真教。全真教的上层道士居住在京城，与朝廷官僚往来密切，成为影响元代王权政治的一支举足轻重的力量。

明太祖只是名义上独尊程朱，实则崇信道教正一道。朱元璋认为祈神降福、驱邪除妖的斋醮活动，能够“益人伦，厚风俗”，并且亲自制定斋醮的仪轨，颁行天下。成祖朱棣也一样，自命为“真武神”转世。因此，正一道在明代得到极大发展。嘉靖皇帝最为崇信道教，无论何事，均要请神赐福，自己身穿道袍，头戴道冠，还教后妃宫女都这样穿戴，并一齐唱念经文咒语。一些道士如邵元节、陶仲文、严嵩、夏言等均以此赢得皇帝宠信，甚至授以高官，位极人臣。明末天下大乱，崇祯帝朱由检还找道士来设道场。道士们装神弄鬼，告其上帝已派“北极佑圣真君”把妖魔收拾干净，结果导致亡国。此外，明代官方编修的《道藏》，还是中国传统社会最后一部道家的最经典的大型丛书。

以上就是佛、道两教对元、明两代庙堂影响的大略，从中很容易看出理学虽被列于庙堂之上，但与王权尚未能融合为一体，王权对于理学更多是出于一种利用，而且理学对王权往往不肯让步，因而表现为在庙堂的影响实际远不及佛、道两教。相反，入清以来，佛、道两教逐渐走下庙堂，更多地向着民间寻求它的理论与现实支持。佛、道在清初的民间化走向，基于两个原因：一是宗教本身与民间关系本来更加的密切，二是佛、道两教从理论上逐渐取消了其玄辩的特性，使它向民间传播成为自身发展趋势中的必然。

佛教自传入东土以来，一直就有民间化发展的趋势，其所崇拜的佛偶多而杂，并呈现东土特征。严耀中在《江南佛教史》中称之为“佛教偶像淫祠杂神化”，诸如释宝志、怀度、济公、罗佛真人多不胜数[1]，在福建一地就有真济三公、行端和尚、佛姑娘、三平祖师、定光古佛、清水祖师等奇奇怪怪的佛教偶像；[2] 在笔者故乡河北省省会有座苍岩山，供奉三皇姑，据说是隋炀帝杨广之妹南阳公主，至今附近诸县乡民趋之若鹜，香火十分旺盛。这些杂牌佛偶有一定的地域性，往往也具有强烈的社会组织功能，基本是从属于民间而不被官方承认的，但在特定区域里的影响力却不可低估。

清初的佛教以宗教派别而言，禅宗占据主体地位，其次有净土、天台、华严、律宗、法相等，从理论上也开始改变明代狂禅的风气，出现了向现实伦理实践发展的趋向。以嵇文甫的讲法，晚明时期的思想界有一种“似儒非儒似禅非禅”的“狂禅”之风。对于这种狂禅之风，在儒家中有东林学派起而修正之，而在佛教领域里也有云栖、紫柏、憨山等发动的“佛教复兴运动”[3]。这为清代佛教发展开辟了新风气。在三教融通的过程中，佛教也极力吸收儒学重视伦理的一面，理学在清初的转型，从风气上看，与佛教发生的变化是一致的。清初以降，禅宗在佛教界的主导地位逐渐为净土宗所代替。

道教发展到清初，其理论创新已大不如前朝。除张清夜、刘一明等在哲理层面有所创获之外，更多的是潜心于丹法研究，如李虚涵的《吕祖年谱》、《三车秘旨》，伍仲虚的《仙佛合宗语录》、《天仙正理》，柳华阳的《金仙证论》，傅金铨的《道书十七种》，等等。同时，道教组织则日益松弛分化，如张清夜所说，“师愈多而道愈歧，德愈薄而心愈昧”，道教活动小型化、灵活化，斋醮活动已演变为一人或数人的简单仪式，不少道士卜吉日、看风水，务农复又兼行道，同时加之道观破败、道徒减少，视全真教、正一教在元、明两代的显赫地位，真是天壤之别。

---

① 严耀中：《江南佛教史》，上海人民出版社，2000 年，第 318 页。

② 参见林国平、彭文宇：《福建民间信仰》，第六章，福建人民出版社，1993 年。

③ 嵇文甫：《晚明思想史论》，东方出版社，1996 年，第 111 页。

虽然清初的道家在思想上创新甚少，道教组织亦逐渐分化，但是以道教为主体的公开半公开或秘密的民间小宗教团体却异常活跃。这些道教组织与前代相比明显地呈现出秘密会党性质，因为满、汉之间民族冲突，官方又禁止结社，导致这些道教组织就成为反清的重要组织形式之一。这种情况的出现是与清代道教的转向有关的，如卿希泰所指出：清初的道教“活动方式转向了民间，以各种宗教思想互相融合为特点的民间秘密宗教，虽然派别繁多，思想渊源复杂，但大都与道教在思想上乃至组织上仍有一定关系，从某种意义上可称为变相的道教”①。在清代初期，全真教龙门派在王常月的领导之下，也曾出现若干复兴气象，王氏本人也被康熙帝封为“抱一居士”，但是王常月去世之后龙门派内部又开始了不断分化。可见，清初道教的世俗化、民间化已成为不可逆转的趋势，但是这一趋势也导致了道教在民间的迅速发展，正一、茅山、清微、灵宝、净明这些宗派，至清末皆传衍不绝。

清初民间的佛、道两教，虽然在观念形态上缺乏学理支持，往往又杂以某些儒家思想，但是通常组织比较严密。就其理论来看，是相当混杂的，比如，白莲教信奉“天生老母”，却又与民间白莲宗“弥勒信仰”联系在一起，提倡众生平等。许多民间宗教“宝卷”大量直接抄袭了儒、释、道的经典，什么佛教的弥勒、弥陀、观世音、如来，道教的李老君、张天师，儒家等孔孟先哲和祖师等都是其崇拜颂扬的对象。② 严耀中把这些宗教小派别称之为“佛教社团异化”。这些佛、道组织为了把更广大的群众纳入其中，必须尽量迎合当地民众生活习惯和习俗，从而民间色彩更加强烈。这些宗教由于组织性很强，往往与农民起义或秘密会党相关，故此成为社会不稳定的因素之

① 卿希泰、唐大潮：《道教史》，江苏人民出版社，2006 年，第 345 页。

② 唐大潮：《明清之际道家“三教合一”的思想论》，宗教文化出版社，2000 年，第 152 页。

一。徐鸿儒就曾利用“闻香教”组织民众，揭开了明末农民大起义的序幕，当时闻香教遍及畿南、中州、晋、赵、淮、徐等地，声势十分浩大。时至清初，许多异化的民间宗教小派别，诸如白莲教、黄天教、弘阳教、大乘教、闻香教、八卦教等，及其所派生的无为、龙天、收圆、圆顿、混圆、清水教、天理教等，这些教派“聚会念经，执旗鸣锣，聚众拈香”，在民间影响很大，有些甚至呈现出秘密会党的性质。

走向民间的佛教有极为强大的影响力。对佛教盛行屡见于清初士大夫之笔下，张履祥便讲说：“世道陵夷，正学晦蚀，今人无论智愚，无不从事佛、老者。”[①] 康熙三十一年（1692），颜元南游中州，也发出“人人禅子，家家虚文”之感叹。[②] 李光地笔下的朱方旦事件也是很好的说明。据说，某京官妻子卧病三载，慕名去请道人朱方旦为其妻诊治。朱方旦只在自己寓所发功，次日凌晨，京官之妻竟然痊愈。一时间，朝野上下风传朱方旦能预知未来。朱方旦还在湖广一带广收门徒，以气功、符水为人治病，地方官吏和平民百姓对其奉若神明，聚集待医者日以千计。[③] 另据康熙六年（1667）礼部统计，民间私建大寺 8458 所，小寺 58682 所之多，也足以说明当时佛教在民间的发展情形。

与汉民族地区佛、道两教的发展不同，藏传喇嘛教在藏、满、蒙古等地区有极为重要的影响，尤其是在青藏高原，佛教领袖达赖、班禅之影响力大过于中央的帝王。所以，正如蒋维乔所指出：“清代所护喇嘛，皆黄衣派；而称本国固有之佛教徒为青衣派。”[④] 即唯有与蒙藏相关的黄衣派，得到了清廷的格外照顾，仍然与王权发生着重要

① 张履祥：《杨园先生全集·备忘四》，中华书局，2002 年，第 1174 页。
② 李塨、王源：《颜元年谱》卷下，中华书局，1992 年，第 80 页。
③ 李光地：《榕村语录续语录》，中华书局，1995 年，第 366 页。
④ 蒋维乔：《中国佛教史》，上海古籍出版社，2004 年，第 264 页。

关系。但从总体上看，在清王朝建立之后，佛、道两派从传播路线上已经下移，它们的思想要在民间传播，在某些地方体现底层的意志。正因为如此，佛、道两教与下层民众反抗压迫、要求自由等思想杂糅在一起，由不问世俗或与王权合作，逐渐转变为对王权的一种剥离。

二、清初庙堂的佛、道政策

清初庙堂对于佛、道诸教的态度，与元明两代已有很大不同。虽然满人在入关建立新王朝之后，“对于佛教，亦颇提倡”[①]，顺治、雍正两帝也特别崇信佛教，但是与前代相比是不可同日而语的。从总体上来看，清朝以康熙帝为代表的皇帝，包括顺治、雍正其实都有较强儒家情结，朝廷与地方封疆大吏之中又往往出现诸如熊赐履、汤斌、李光地、陈宏谋、陶澍、曾国藩、左宗棠、张之洞等理学名臣，理学相对于前朝处于一定的独尊地位。由于理学独尊，对于佛、道两教，清王朝采取既保护又限制的看似矛盾的政策，实际上是试图将两者纳入其以独尊程朱为核心价值理念的文化秩序构建中。

清初文化政策分两个阶段，都与佛、道两教关系密切。第一阶段，是“多教并举”，时间大约是从顺治元年入关到康熙中前期，在此期间，庙堂除了严禁一些异己的民间宗教小团体之外，在总体上仍然试图效法元、明两代将儒、释、道“三教并举”。顺治帝在这方面具有代表性。顺治帝御注《道德经》，钤章为“尘隐道人”、“懒翁”、“痴道人”，还封道家龙门派的王常月为“国师”，三次赐紫衣。顺治帝对佛教也有极高热忱，先封通琇为“禅师”，赐紫衣、金印，又封释道忞为“宏觉禅师”，并常与之谈论禅机。甚至笃信基督教，将汤若望称之为“玛法”，尽极优渥。三教中以佛教为最，顺治帝由于过度沉迷，以至于在董鄂妃去世之后，竟欲剃发为僧。佛、道、耶等也

---

① 蒋维乔：《中国佛教史》，上海古籍出版社，2004年，第265页。

力图迎合并影响皇帝的意志，比如释道忞在《奏对机缘》中，就反复以三教合一思想陈述信奉、推行佛教对王朝的裨益。

第二时期的文化政策，可以称之为“折中程朱”，康熙帝的理性态度及其深厚的理学修养，决定了他不可能如乃父一样，简单地将儒、释、道等几种宗教并列起来。相反，康熙帝将这种文化秩序的建设推到一个新的高度，以完成顺治帝“多教并举”所不能解决的诸多社会问题。这一时期的文化政策，主要是厘清儒、释、道及其各派之内诸文化形态的彼此等级关系，为纷繁芜杂的诸社会意识形态确立一种核心价值观念，主要表现是主体上独尊程朱，在特别保护黄衣教的同时，严禁民间宗教团体，并对佛道两教进行理论上的批评。

这一文化政策，建立在反思明朝对待佛、道态度的基础之上。熊赐履认为朱元璋“帝固三代后不世出之主也，但承元末积弊之余，求治太急，用法不无过峻，其学术亦稍出入于仙佛间，观请张三丰及蒋山荐会等事可见矣”①。在熊氏看来，明太祖除严刑峻法之外就是“出入仙佛”，这与当时历史事实是基本符合的。熊赐履对明成祖朱棣的评价也一样，认为“成祖每以唐太宗自拟，窃以为不然”，并批评朱棣“黩武喜功，迎僧礼佛，亦大为治道之累”，感叹明初帝王不能真正实现“纯王之治”。②总之，熊赐履对于这两位皇帝迷信仙佛是不满的，甚至提出：“而今纵不能毁淫祠、焚老释书，悉令海内僧道归农，只且停给度牒，禁止僭剃，有违者罪之。”③

康熙帝对仙、佛的态度大致与熊赐履相同，曾表示：“朕生来不好仙佛，所以尔向来讲辟异端，崇正学，朕一闻便信，更无摇惑。”④表现在对佛、道态度上，康熙帝主要是站在社会意识形态的角度，从

①②熊赐履：《读明纪随笔》，《经义斋集》卷六，《四库全书存目丛书》集部，第230册，齐鲁书社，1997年，第308页。

③ 熊赐履：《下学堂札记》卷三，《四库全书存目丛书》子部，第22册，齐鲁书社，1995年，第80页。

④ 《康熙起居注》，第1册，中华书局，1984年，第125页。

理论上廓清佛、道在民间社会的权威性，坚决打击“罔世而诬民”的宗教组织，以防止两教中“异化”团体在民众中信仰力之扩大。当时蓟州盘山寺相传有佛牙，“阔二寸，其长以倍”，寺人藏而宝之，人们“奉以为神”。为此，康熙帝自著《佛牙说》一文，批评说：

> 夫异，固非圣人之道之所贵者。圣人之道，其质日用饮食，其事君臣、父子、兄弟、夫妇、朋友，行而著习而察，是天下之大同也。惟其同，故人皆可以为尧舜，而忠孝节义之概无不可以勉焉而至。佛则不然，离俗以为高，矫情以绝物，悖先王之教，而创为苦空之说。举天下之好异者，莫有能尚之者也，世之人争骛其说之异，而并及其形质之怪，且诞者亦群然尊奉之，是非大惑欤？夫尧之眉八彩，舜之目重瞳，尧舜不自为异也，而千古之下思学为尧舜者，以其孝弟之道，钦明文思、温恭允塞之德，不闻其以眉与目也。①

据《大藏经》载，佛牙是唐代高僧悟空由天竺带回的释迦牟尼的真身舍利，受到唐人的极度尊崇，宪宗曾一度欲迎佛牙入宫，韩愈因此作《谏迎佛骨表》。有宋一代，诸帝亦多有迎佛牙入宫供养者。其后佛牙因战乱等原因从人们的视野中消失。康熙帝认为佛牙这种异物，并非“道之所贵”，在其看来，儒家注重现世伦理，圣人之道就在日用饮食之间，就在对于君臣、父子、兄弟、夫妇、朋友五伦的践履中，表现为忠、孝、节、义之道。佛教由于脱离现实伦理政治，其学说在社会现实中只能导致“苦空”。

康熙帝进一步将儒家的“诚”与佛教联系，认为“诚可以致佛”，这种观念可能来自于萨满教“天人相通”的观念，皇太极也曾

---

① 《圣祖仁皇帝御制文集》第一集卷二一《佛牙说》，台湾商务印书馆1983—1986年版文渊阁《四库全书》，第1298册，第197—198页。

指出："佛教本清净正直，以洁诚事之，自可获福。"① 相对于复杂的佛理，康熙帝更看重的是善念、善行，如其所谓："人存善念，天必绥之福禄，以善报之，今人日持念珠念佛，欲行善之故也。苟恶念不除，即持念珠何益?"② 对于神佛偶像，康熙帝还认为应该有一定的尊重，认为即便是儒者，也不例外，如其所谓："有自谓道学，入神佛寺庙而不拜，自以为得真传正道，此皆学未至而心有偏，以理度之，神佛者皆古之至人，我等礼之敬之，乃理之当然也。"③ 融通儒、释的企图十分明显。

满族人对于道教的热衷程度，不如佛教。早在入关前崇德间，满洲就曾规定："满洲、蒙古、汉军有为巫师道士跳神逐邪以惑民心者处死，其延请逐邪者亦治罪。"④ 入关之后，为了迅速建立起新的社会秩序，沿用了明朝对于道教的保护政策。顺治、康熙两帝对道教龙门派也采取了一定支持措施。不过，康熙帝对于道家思想认同很有限，在其看来：

> 道法自然，为天地根，老氏之学，能养其真。流而成弊，刑名放荡。长生久视，语益惝怳。况神仙之杳渺，气历劫而难聚。纵白日兮飞升，于世道乎奚补。慨秦汉之往事，求方药而何愚。用清净而获效，宁化美于皇初。养身寿人，儒者有道，保合太和，何取黄老?⑤

---

① 《太宗文皇帝实录》卷一〇《天聪五年十一月庚戌》，《清实录》，第 2 册，中华书局，1985 年，第 146 页。

② 《圣祖仁皇帝庭训格言》，台湾商务印书馆 1983—1986 年版文渊阁《四库全书》，第 717 册，第 625 页。

③ 《圣祖仁皇帝庭训格言》，台湾商务印书馆 1983—1986 年版文渊阁《四库全书》，第 717 册，第 632—633 页。

④ 《钦定大清会典则例》卷九二《方伎》，台湾商务印书馆 1983—1986 年版文渊阁《四库全书》，第 622 册，第 883 页。

⑤ 《圣祖仁皇帝御制文集》第四集卷二五《七询》，台湾商务印书馆 1983—1986 年版文渊阁《四库全书》，第 1299 册，第 562 页。

与熊赐履一样，康熙帝视刑名之学乃道家之流弊，认为“求方问药”会导致国家衰亡、令名毁损，秦皇、汉武就是明证。道家的“养身寿人”，以儒家“保合太和”的思想行之，也能办到。在康熙帝眼中，道家最好只是作为养生方法而存在，在其看来，“盖寡思虑所以养神，寡嗜欲所以养精，寡言语所以养气，知乎此可以养生。是故形者生之器也，心者形之主也，神者心之会也。神静而心和，心和而形全。恬静养神，则自安于内。清虚栖心，则不诱于外。神静心清，则形无所累矣”①。

由于以上原因，实际上清初的佛、道政策包括对佛教管理、寺观建置、僧尼剃度，都是加以严格限制的。首先，从中央到地方各省、府、州、县都设有僧尼的管理机构，具体事仪悉依明制；寺观建置直接由皇帝控制，须呈明督抚具奏，民间不许私建，“违者，杖一百；僧、道还俗，发边远充军；尼僧、女冠入官为奴；地基材料入官”②。其次，依旧有王权控制僧尼的传统，发放度牒，不准随意出家，违者“杖八十为民”。清王朝还对道家行医及其民间组织进行了严格规定，比如道士行医须“各都统用印”，违者“交刑部正法，其请医治之人，交部议罪”③。再次，民间的一些亦佛亦道亦儒的宗教小团体，则在严格打击之列，比如康熙十二年（1673），清王朝就将白莲、焚香、混元、龙元、洪阳、圆通、大乘等宗教团体列为邪教，严禁民众信仰，违者照例“鞭责枷号”，这虽然主要只是针对民间的秘密结社，但是对于道教，尤其是明代影响庙堂甚深的正一道有很大限制④，从此之后，在明朝曾经与王权“结盟”、烜赫一时的正一道终

---

① 《圣祖仁皇帝庭训格言》，台湾商务印书馆1983—1986年版文渊阁《四库全书》，第717册，第662页。

② 《大清律例》，天津古籍出版社，1993年，第194页。

③ 《钦定大清会典则例》卷九二《方伎》，台湾商务印书馆1983—1986年版文渊阁《四库全书》，第622册，第884—886页。

④ 蔡方鹿：《中国道教简史》，人民出版社，2004年，第312、316页。

于走向衰落。

汤斌、张伯行等地方官吏也都加入到打击民间宗教的行列中。汤斌在江宁巡抚期间便打击了崇明县学所谓的“五通神”。据说“五通神”惯于作祟，民间凡被祟之家，均要“将公主私自移请供奉”[1]，“少妇病，巫辄言五通将娶为妇，往往瘵死”。很显然这是一种迷信活动。汤斌主政江苏以来，痛下决心，“收其偶像，木者焚之，土者沉之，并饬诸州县有类此者悉毁之，撤其材修学宫”[2]。又如“报母教”，汤斌对其进行揭露说：“乃闻开元等寺何物妖僧，创为报母之说，煽惑民间妇女百十成群，裸体炮燃烛肩臂，谓之‘点肉身灯’。日以继夜，男女混杂”[3]，这一团体，实际上是借宗教之名，欺骗妇女，公开淫乱。对此，汤斌大力加以禁绝。张伯行在福建时，也仿效汤斌，毁福州五神祠，并“改为义学，祀朱子于其中”[4]。

康熙帝特别注意现实中与僧侣的交结。比如，正一真人张耀宗疏请恩诏诰命及父母祭葬，吏部议给予诰命，但从无此例，康熙帝就讲：“一切僧道，原不可过于优崇，若一时优崇，日后渐加纵肆，或别致妄为”[5]。还有一次，康熙帝南巡时，一道士跪赤城路旁，奏说：“臣庙在金阁山，离此三十里，名灵真观。虽向有此名，然遭逢圣主，若得旌表，另赐名号，则光宠益甚。”圣祖就对近臣讲：“此道士妄干侥幸，求赐名号，意欲蛊惑愚民”，又说“此等求赐观庙名号者，概不准行。况自古人主好释老之教者，无益有损”[6]。康熙帝南巡时，

---

① 陈康祺：《郎潜纪闻》，中华书局，1984年，第238页。

② 赵尔巽等：《清史稿》卷二六五，中华书局，1977年，第9932页。

③ 汤斌：《严禁妇女入寺燃身，以正风化告谕》，《汤斌集》，中州古籍出版社，2003年，第558页。

④ 张师栻、张师载：《张清恪公年谱》，《北京图书馆藏珍本年谱丛刊》，第86册，齐鲁书社，1995年，第539页。

⑤ 《圣祖仁皇帝实录》卷一一〇《康熙二十二年七月乙未》，《清实录》，第5册，中华书局，1995年，第132页。

⑥ 《康熙起居注》，第1册，中华书局，1986年，第24页。

将文征明的后人文果和尚带到京城，使居玉泉精舍，颇加荣宠。但是，当文果带着赴考的孙子见康熙帝时，康熙帝从科举公正的角度表示“不必相见”①。

出于现实统治的考虑，清王朝初期还是对于一些在社会政治生活中影响巨大、信徒众多、范围广大的宗教采取了扶持、争取、笼络的态度。五台山是佛教名山、文殊菩萨的道场，藏传佛教对文殊菩萨有特别的尊崇，认为历代圣明的君主和具有伟大成就的宗师都是文殊菩萨化身，藏传喇嘛教黄衣派在蒙、藏及满族宗教信仰中都有特殊地位，因此五台山也是藏、蒙等地少数民族的朝圣之所。康熙帝曾五次率群臣朝幸五台山，以之团结蒙、藏诸少数民族。对于藏族，从康熙到乾隆间，朝廷除赐班禅、达赖封号外，还于避暑山庄建“外八庙”，给诸喇嘛朝觐皇帝之用，在其中也可以从事相关宗教活动。对于汉传佛教，清初庙堂虽有批评限制，然而在一定的范围之内，即佛教在发展中不逾越帝国社会文化秩序的前提之下，也对之表达了特有的敬意。比如，康熙帝六次南巡时，在名山古刹中，或赋诗题词，或撰写碑文之种种，都是在向中原佛教徒们传达自己对正规佛教的支持。

总之，在庙堂双重政策的引导之下，佛、道两家思想从总体上尤其作为组织形态的教派已经退出帝国的统治阶层，赢得了皇帝与朝廷重臣信任的时代基本结束，尤其是道教组织更加趋向于民间化。顺治以后，除了雍正、乾隆两帝对于佛道两教有所宣传利用外，多数帝王很少对其有过过分重视。道教的运命则更是如此，到乾隆时期，对于庙堂而言，道教已经是“道流卑贱，不宜滥厕朝班”②，受到公开歧视。清王朝初期对两教既保护又限制的态度，尤其是对藏传黄衣教的极度尊崇，看似非常矛盾，但实际上主要不是学术层面，而更多是从

① 徐珂：《清稗类钞·考试类》，中华书局，1986年，第596页。
② 赵尔巽等：《清史稿》卷一一五，中华书局，1977年，第3332页。

社会意识形态角度，基于构建现实社会文化秩序而展开。

三、庙堂诸子之辟用佛、老

庙堂诸子在学理上，一方面是“辟”佛教的空无之说与当时社会伦理的相背，另一方面也试图将佛、老中尤其老庄养生之说用到自身体系的构架中来，它是庙堂理学从社会意识形态层面到学理层面的进一步深入。具体来看，对道教的批评不多，可能是道教自明末以来逐渐转向炼丹、理论创新极少且派系分化，已远不能与王权及国家意识形态抗衡之故；或者道教在民间大规模地与佛教融合，形成了以佛教面目出现的亦佛亦道的民间宗教形式也是一种原因。因此，笔者亦主要就佛教来谈，兼及道教。

首先，庙堂诸子批判佛教，认为心性虽不是知觉运动，但亦不是虚空，而是实有之理。在理学家的观念中，性乃是天理之赋予人身，又为心所承载。所以，这一问题首先涉及“理”、“气”关系。李光地认为：“佛氏亦知于本体上求，但其所谓性者，乃灵明知觉而非理也，善乎先儒之说曰：‘佛所谓性，吾儒所谓心；佛所谓心，吾儒所谓意。’盖彼所谓性，指知觉；所谓心，指动处耳。”① 在李光地看来，佛、儒都是在心性修养上做工夫，从这点而言是一致的，不同之处是，佛教所谓“性”，是形而下的有“知觉”之心，而不是儒家所说的“天命”或者“天理”；佛教所说的“心”，其实是儒家所谓“心”的知觉运动，亦即是“意”，因为儒学有道心、人心之分，与意不同。熊赐履指出：“吾儒言心，便是言理；言理便是言心。言理便不离气，言气便不离理，故心为理义之心，而非佛氏空灵之心。”②

---

① 李光地：《榕村语录续语录》，中华书局，1995年，第12页。

② 熊赐履：《闲道录》卷中，《四库全书存目丛书》子部，第22册，齐鲁书社，1995年，第19页。

在熊赐履看来，儒家所谓的“心”不是“知觉之心”，而是兼具形而上之理的，道心便是纯粹天理的。只是因为“理”不离“气”，所以形而上之“理”又与“气”层面形而下的“知觉”合而为一；同时，人性也不是如佛教视为离开“气”的“空灵”。对于佛家的虚空，李光地也有批评，认为儒家将“形色”作“天性”，因为“重性”而“黜形”，是有体而无用。① 又道：

> 老、佛皆知体虚空为性，似于太虚若有见矣，不知本天道为用，则于太和之理，罔不能体之而尽也。佛以世界为幻，老以乾坤为化，岂非于聚散出入，不能推所从来，故不能举幽明之要，遂躐等妄意而云然乎？夫一阴一阳之谓道，范围天地者此也，通乎昼夜者此也。②

总之，佛、道讲空，就不能沟通现实世界与形上世界，不能探索事物背后的天道，不能尽作为人的义理。

其次，心、性不为虚空表现在它是有秩序性的，是至善无恶，而非无善无恶。佛家讲“空”，所以其心、性都无所谓善、恶，这是与儒家性善论即将心、性视为一个实体的理念相违背的；讲流转，讲无所住而生其心，就缺乏对秩序的追求。理学讲理、气不离，人的心、性便具有天理的仁、义、礼、智所构成的“善”，这个“善”具有秩序性的原则。由此，庙堂诸子又辨“心”、“性”之善恶，熊赐履认为：“吾儒只不要有恶念头，禅家并不要有善念头。不要有恶念头，这便是善念头。不要有善念头，这便是恶念头。”③ 又道：

> 儒、佛关头未曾透过，终被释迦、老子踏在脚底下去，“无声无臭”就在“天命”上讲，“不识不知”就在“帝则”上讲，“无思无

① 李光地：《中庸余论》，《榕村四书说》，台湾商务印书馆 1983—1986 年版文渊阁《四库全书》，第 210 册，第 30 页。

② 李光地：《正蒙注》，《榕村全书》，第 4 册，福建人民出版社，2013 年，第 355 页。

③ 熊赐履：《下学堂札记》卷三，《四库全书存目丛书》子部，第 22 册，齐鲁书社，1995 年，第 78 页。

为”就在“体用”上讲，“不学不虑”就在“知能”上讲。吾儒之说也，离却“天命”只讲“无声无臭”，离却“帝则”只讲“不识不知”，离却“体用”只讲“无思无虑”，异端之见也。①

因为儒家的一切形上的理论，都是与实际事物不可分离的，如熊赐履所说：“即物穷理，践形尽性，儒者也。闻声悟道，见色明心，佛氏也。”②天理、人性与现存的、客观的万事万物以及人身的一切行为都紧密相关，而且只有穷尽它们，才能尽自己的心性，而佛家则不同，是通过转瞬即逝的音貌、不断流转的色相来认识心性的。

再次，认为佛家不能谐和社会伦理、不能定国安邦。李光地借批评告子来批评佛教在心性论上的寂灭，认为：“孟子不动之心，是活的，不似告子是死的，告子乃佛之至精者，孟子亦辟佛之至精者。”在其看来，所谓“死”是指佛家心性导致的人性寂灭，而儒家的心则是“鸢飞鱼跃”，与天理运行相通，是一片动的世界。两者不同的根本原因就在于佛家、告子都将现实伦理与人心割离，“不知仁义礼智，皆根于心，既要诚，又要明，始能复心之本体。故《中庸》一面言至诚，一面言“礼仪”、“威仪”，两边俱到，“心体始能完全”③。李光地认为“义”是根于心的、是人心所固有的，君臣、父子、兄弟、夫妇、朋友等五伦也是人心所固有的，而告子的根本错误是视“义”为外，佛家也一样，在李光地看来：“告子之学，径似后来达磨，直证无上普提，不立语言文字……盖佛氏不以仁为非，惟不肯认义为内，故至今尚有慈悲修善之说。”④ 由于外在的伦理为人心所固有，因此修养心性，必须内心认同与外在礼仪两体兼之，亦即只有在现实社会伦理之中做工夫，才能做到“心体完全”。汤斌从儒学

---

①②熊赐履：《下学堂札记》卷三，《四库全书存目丛书》子部，第22册，齐鲁书社，1995年，第78页。

③ 李光地：《榕村语录续语录》，中华书局，1995年，第76—77页。

④ 李光地：《榕村语录续语录》，中华书局，1995年，第100—101页。

是治国之道上进行辟佛，在其看来：

> 近世学者，或专记诵而遗德性；或重超悟而略躬行。又有为儒佛合一之说者，不知佛氏之言心言性，似与吾儒相近。而外人伦，遗事物，其心起于自私自利，而其道不可以治天下国家。吾儒之道，本格致诚正以为修，而合家国天下以为学。自复其性，谓之圣学；使天下共复其性，谓之王道。体用一原，显微无间，岂佛氏所可比而同之乎?①

儒家伦理主要是君臣、父子、兄弟、夫妇、朋友五个方面，建立人间的伦理秩序无疑是儒学，也是理学家最根本的目标，合于礼仪的宗法社会终是与佛教有不同的，因为佛家思想恰恰是要打破君臣、父子、兄弟、夫妇、朋友等这五种伦理。

庙堂对道家、道教也有批评，主要是集中在对道教延命求福的私心、对社会秩序的破坏等方面进行批判。对于道教延命求福的私心，汤斌指出："鬼神不可妄干，而害盈福谦，亦理数之必然。"② 认为天理有其自然运行之"数"，人虽能感天，但却不能出于私心过分要求，否则就是"妄干鬼神"。熊赐履辟道较为集中、严刻，主要立足于学术流衍的角度，并延伸到社会秩序构建上，认为：

> 自开辟以来，历羲、农以讫姬、孔，宇宙间惟有儒尔，老氏出而异学始作俑焉……愈变愈弊，愈差愈远，如为长生，为方药，为阴谋，为刑名惨刻，为纵横捭阖，为符咒幻术，为放荡，为清谈，为禅宗寂灭，大率皆无之一言为鹄，而荡其波也。③

在熊赐履看来，老子是一切异端之学的始作俑者，而庄子就是清谈之宗，"大不敬，略无忌惮……世清谈禅宗之弊又本于周"④。熊赐

---

① 汤斌:《理学宗传序》,《汤斌集》,中州古籍出版社,2003年,第90页。
② 汤斌:《睢州泰山庙碑后记》,《汤斌集》,中州古籍出版社,2003年,第155页。
③ 熊赐履:《学统》卷五〇《老子》,凤凰出版社,2011年,第535页。
④ 熊赐履:《学统》卷五一《庄子》,凤凰出版社,2011年,第539页。

履还指出："秦皇汉武而后，星冠绛衣之子，所在而有，亦何尝不张皇剑履诳诱愚民，世主时宰往往一溺其术，遂足以流数世之毒。"①熊赐履从社会伦理之外，更看到道家"阴谋刑名"、"符咒幻术"对于现实政治及社会的影响，尤其是担心君主受到佛、道两教思想的蛊惑，以及无君无父理论对现实伦理的破坏，这些都是与清初庙堂所构建的文化秩序不相契合的。

与此同时，庙堂理学也肯定两教，尤其是道教在养生方面的意义，还力图将其养生说与儒学相联系。除了前面所讲到的康熙帝、魏裔介试持如是观念之外，李光地也比较肯定道家，但是认为道家之弊在其后学"说玄说怪，张皇附会，无所不有，却失了他本来面目"。他说："某深信得人有长存之理，万物之生人为贵，草木有数千年不死者，禽兽亦有千年者，岂人之寿止于百年乎？"不过原因归之于儒家的"神明"，而非道家的"神气"。②李光地还欲将道家之说寓于阴阳之中，认为"《参同契》言甚简易，其言天地阴阳，即吾身之阴阳也；其言黄老清静而天下治，如吾身之虚静"③。当然，问题的实质不是两种学说是否可以融通，而是在清初庙堂高举独尊儒学之帜时如何将异己的文化形态纳入到自己的秩序之中去。

---

① 熊赐履：《学统》卷五五《道家》，凤凰出版社，2011年，第565页。

② 李光地：《榕村语录续语录》，中华书局，1995年，第359页。

③ 李光地：《榕村语录续语录》，中华书局，1995年，第358页。

第六章　清初庙堂理学的特点

所谓特点，就是一事物区别于其他事物的标志。庙堂理学从本质来看，它当然是儒学，也是理学，但王权是它的规定性，具有强烈的意识形态特征。本章对清初庙堂理学特点的阐释，主要是以一般民间社会意识形态为参照系的，同时还将它放到历史当中，与宋、元、明等朝代的理学及国家意识形态相比较，去探看它的时代特征。

具体来说，清初庙堂理学在政治、时代、民族、学术等四个方面表现了它的特征。第一个特征是道统、治统合一之后的“强制性”，它体现了王权意志在庙堂理学中的主导力量，是其政治特征的表现。第二个特征是“夷夏互进”民族观基础上的“开放性”，它是庙堂理学表现出来的时代性特征，也是国家、民族认同的一种历史要求。第三个特征是天道与治统观念中的“满族性”，它代表了以满洲贵族为首的少数民族统治阶层的意志，是清初庙堂理学民族性特征的表现。第四个特征是以独尊与调和为标志的“折中性”，是庙堂理学作为学术形态的特征。

庙堂理学虽然是王权占据主导，但在一定程度上，儒学也展示了自身的主动性：从“强制性”来看，它既是儒学向王权某种程度的妥协，也是儒学借王权进行的“布道”活动；从“开放性”看，它是王权对境内民族进行的整合，也依据于理学的基本精神；从“满族性”看，它虽是作为统治者的满族带来的新风气，但是从理论上又是依据儒学传统的；从“折中性”看，它的“独尊”虽借助于王权，可是“调和”又给学术挪出了一定的自由空间。四个特征看似分散，实质上是有机地组成了一个整体，它是儒学与王权斗争和妥协的产物。

第一节 道统、治统合一前提下的强制性

宋明以来，君相掌握治统、师儒肩负道统，暂时形成了一种比较稳定的政治文化运行模式，然而王权的专制冲动与儒家政教合一的理论及实践，却也从未离开过历史舞台。朱熹在论述道统、治统关系时，就暴露出这种矛盾心理，一方面他承认自孔子以下道统与治统分离的现实，认为师儒们应奋起肩负传承道统的神圣使命，另一方面他又高度肯定和美化道统、治统合一的尧舜三代。因此，虽然宋代以降理学高举道统之帜对王权进行制约，但是对道统、治统两分并没有进行理论界定，最终，历史的发展表现为师儒对于道统的坚守一步步丧失，君相对于道统的争夺一步步成功。在清朝初期，满、汉在“政教合一”的共同传统之中找到了契合点，从而缔造了清代特殊的政治文化运作模式，也改变了宋明以来皇帝拥有治统、儒家士大夫拥有道统以及两者互相制衡的局面，转而表现为在理学“道统治统合一”的理论之下，王权对道统进行兼并。

清朝初期，通过道统与治统合一，王权在与儒学交互作用中取得了对儒学的规定性，于是庙堂理学便展现出因王权而表现出来的“强制性”。这种“强制性”是以王权的威慑力、神圣性及国家暴力机器共同作用而成的，它表现为庙堂理学在儒学经典的诠释权、传播过程中的优越性、学术论争禁令强制、社会风俗法令改良及以法定形式将自身上升为国家意识形态等多个方面。从本质上来看，清初庙堂理学所围绕的、所依据的仍旧是传统儒学，所不同的是，它被打上了

王权的烙印，在两者互动过程中，虽然儒学也起到了对王权的引导和制约的作用，而王权意志也或多或少地渗透到儒学之中。正是因为这种渗透，庙堂理学具有了王权所给予它的不同于一般儒学的“强制性”。这种强制性主要表现在如下几个方面：

首先，儒家传统经典诠释权的唯一性。从一般意义上讲，任何人都可以对儒学经典进行阐释。但是，在传统王权专制社会中，这种阐释并不一定能够获得完全自由，王权与儒学的结合就决定了朝廷意志已经渗透到儒家经典的阐释领域，因此，事实上只有得到王权认可，才会被赋予更明确、更合法的阐释权。清初庙堂理学就是被帝国承认，被上升到国家意志的一种对儒家经典的诠释。顺、康两朝，以《朱子全书》、《性理精义》、《周易折中》、《日讲四书解义》、《日讲春秋解义》等为代表，帝国编辑了大量具有法典形式的儒学经典。这些图书被冠以“御纂”、“钦定”、“御制”等名号，由朝廷重臣领衔负责组织编纂，皇帝为之亲自作序。这些带着皇帝威信、朝廷意志和官方强制力的图书，被颁发天下，代表了当时王权对这些儒家经典的独特解释。理学名臣由于其特殊身份，在其中也发挥着重要作用，诸如魏裔介的《圣学知统录》、《圣学知统翼录》，熊赐履的《学统》，汤斌的《洛学编》，张伯行的《道统录》、《伊洛渊源续录》，等等，都是朝廷御制经典的羽翼和延伸。这种诠释虽然没有明文剥夺民间对传统儒家经典诠释权，但是它却借助王权为自己树立了权威、迫使人们对它的权威性进行承认。比如，这些理论阐释都与科举考试的标准紧密结合，在科举考试面前，士子无论自己持何种理论，只要是想进入仕途，就都必须学习庙堂所诠释过的程朱之学包括官方御纂的儒学经典。实际上，除了那些特立独行的大丈夫，怕是少有人能够抵制功名的诱惑而在一定程度上摆脱这种“强制性”儒学对其自身的束缚。庙堂理学作为帝国法定的意识形态，对某些士人具有威慑作用，比如毛奇龄著《四书改错》欲攻朱熹，而又因朝廷之推重朱子而毁其版；又如吕留良生前以选评科举时文闻名，但是由于其点评中夹杂了夷夏之辨的民族意识，不仅酿成了曾静案，自己也受到鞭尸之辱，作品被禁毁；等等。因此，庙堂理学所诠释的儒学经典，先天地就更具有作为儒家经典在理论上的唯一性、神圣性。

其次，在传播过程中展现了政治优越性。明代书院虽不乏官办，但在总体上却仍然是私人性质的，清代书院发展的一个重大转变，表现在官办书院占据了主体地位，朝廷对书院大力扶植，又以赐匾形式对书院教育理念加以引导，庙堂钦定的程朱理学最终成为多数书院的指导思想与核心“课程”。这些特点，在官方控制比较严密的省级书院，比如鳌峰书院、紫阳书院、嵩阳书院等书院中体现得更为明显。张伯行、汤斌、耿介、李光地、蔡世远、熊赐履、许三礼、阎兴邦等一大批理学名臣都参与到书院的讲学乃至修建中。由于这些官僚掌握着大量的财力、物力、人力，因此，在书院运营、图书刊刻、学术传播等方面，有着极大的优越性，是民间理学在其传播中无法望其项背的。民间学者的讲学，在财力、物力、人力支撑上都比较有限，比如，孙奇逢晚年讲学地点主要是苏门山的夏峰村，黄宗羲利用祠堂等组织教学，李颙除了在官方书院讲学之外，囚居一室、不见外人。即便是某些民间的学者学术造诣很高，论其声名，多也是默默无闻，诸如张履祥、王夫之皆是。张履祥既不出仕，亦不慕浮名，虽然后来曾在光绪间被抬入孔庙，享其盛名于近代，但是自其去世一百多年中，长期被埋没，以致后世学者发出“《三鱼堂集》天下皆有，《杨园集》则行世甚少”的感慨。王夫之更具典型性，直到咸、同间，其学术才逐渐受到学术界的注目，同治四年曾国荃刊刻《船山遗书》，距王夫之去世已长达一百七十三年之久。某些著述亦然，比如黄宗羲《明夷待访录》完成于康熙初，在乾隆间被列为禁书，直到近代才放射出光芒；戴震自诩甚高的《孟子字义疏证》也基本上经历了同样的命运。总体来看，清代儒学传播虽然没有完全“官学化”，但是它的官学化程度相对于前代是最高的，这与庙堂理学占据意识形态话语权的“强制性”有重要关系。

再次，对异己的社会意识形态重政令严禁而轻德礼教化。以清初庙堂改良社会风俗、禁毁“小说淫辞”等社会教化运动最为著例。从本义上讲，儒家所谓“教化”是以礼乐等文化软实力为特征，① 它并不主张使用外在的强制力，孔子讲“道之以政，齐之以刑，民免而无耻；道之以德，齐之以礼，民有耻且格”，孟子讲“行一不义，杀一不辜，而得天下，皆不为也”，便展现了儒学以身正人的忠恕精神。宋明时代朱熹、王阳明及其弟子们面向民间讲学，也是在实践正己以作表率通过软实力方式进行的“教化”。然而，一旦理学进入庙堂，它就不再温情脉脉，专制权力大大地加强了它的强制性。清王朝推动程朱理学在社会中的传播，就是以国家意志为辅助的。明末以来，社会风俗衰颓，“小说淫辞”盛行，亦儒亦佛亦道的民间小宗教团体也异常活跃。清王朝对此进行了大力整饬，但是它的儒家“教化”形式，主要是以政府的禁令、以王权的威慑力为“利剑”，来展开它对民间风俗改良之“布道”行动的，对“小说淫辞”的禁毁表现得最为明显。在康熙后期独尊程朱理学、颁布御纂经典的同时，帝国也对这些“小说淫辞”展开了大规模的禁毁活动，不仅朝廷几次下达禁令，任职地方的汤斌等理学名臣也加入到其中。汤斌、张伯行还利用王权捣毁民间神祠，打击异己的意识形态传播。其他方面的社会风俗改良，也表现为过多追求权力带来的近期效应，比如，通过各种禁令、谕令以及保甲、乡约来对民众的生活进行规范。对于佛道、道教以及民间宗教的传播，朝廷既从学理的角度进行了批判，又在律令上对它们进行了异常严格的限制。由此，庙堂理学以王权为依凭、依靠政治强力，将其理念最大广度、最深程度地推向了整个帝国，从而占据了当时意识形态的主导地位，而其他异己的社会意识形态有的顺服、有的消失、有的渐渐转入了地下活动，帝国的社会秩序就在这种

① 朱汉民：《中国古代“文化”概念的“软实力”内涵》，《湖南大学学报》，2010年第1期。

"强制性"的基础之上建立起来了。

最后，庙堂理学的"强制性"还集中表现为君臣、师儒之间的矛盾斗争。宋明时期，程朱理学作为国家意识形态其"强制性"还比较微弱，朝堂之上、以道统自负的文官集团与阉寺及皇帝进行了不屈不挠的斗争，"议礼"、"红丸"、"梃击"、"移宫"诸案颇皆可见这样的情形。民间讲学也异常的兴盛，王学运动中泰州学派揭天掀地，东林、复社等民间团体在不少时候，都成为政府的反对派，左右着明帝国的政治运作。入清之后，朝廷对江南士人的结社之风进行严禁，在对史书撰述有关道统的争夺的问题上，文字狱屡兴，私人撰史的风气也走向沉寂。在国家意识形态的建立过程中，朱、陆之争仍然很是激烈，而王权在其中起了重要作用。清初的士大夫基本上都是脱胎于王学，即便是高居庙堂者如汤斌、李光地等都不免如此。然而康熙帝少年时期就颇受熊赐履的影响因而崇尚朱学，汤斌、李光地、崔蔚林等人都因讲王学而受到过批评，最后李光地发生了由王学到朱学的学术转向，成为学术界一大公案。不唯如此，朱学一派如魏裔介、熊赐履、张伯行的学术观念即便与皇帝接近，康熙帝也要刻意树立兼道统与治统于一身的权威性，批评魏裔介多事、批评熊赐履自任道统、批评张伯行不能背诵《西铭》……在庙堂理学向践履前进而造成的强大意识形态影响下，不仅中下层的士大夫走向了谙然自修、考史证经，即便是身居庙堂的理学名臣也试图让渡对理学道统的占有来"引诱"皇帝对儒学的进行认同，这一切，都表明庙堂理学的"强制性"在清初达到了它的最高一级。

可以认定，庙堂理学的这种"强制性"来自于清王朝意识形态中实际形成的道统与治统合一的传统，从本质上讲，这是儒学与王权结合之后必然的、首要的特征之一。这一形态的儒学，是一手拿着"圣书"，一手拿着"利剑"。我们固然因为它手中的"利剑"会对它的"圣书"心存敬畏、或真或伪的俯首认同，但是也不能由此就认定它手中的"圣书"没有一定程度传达真正的儒家精神，更不能轻易否定儒家之道在这柄“利剑”的威慑之下对时代所产生的广泛而深刻的影响。作为学术形态的儒学，是不带有强制性的，儒学民间社会意识形态化之后成为观念儒学，可能在组织性上具有一定的强制性。在传统社会中，尤其是清代，专制王权笼罩着社会的各个角落，社会组织并不发达，政治性的更少，因此“强制性”不是民间学术的特点，民间学术并不具备寻求制度化、通过制度化取得“独尊”地位的发展模式中的“强制性”色彩。然而，同样的“主张”一旦转换到庙堂，由于它一定程度掌握国家暴力机器，因而其主张就会依靠政治权威、以国家意志的形式将其传达下去。故此，将“强制性”视为清初庙堂理学的首要特征是毋庸质疑的。

第二节　夷夏互进民族观基础上的开放性

在神州大地上，数千年中，民族融合大约经历了三个阶段：一是夏朝建立，黄河流域一带的民族部落变为诸夏，为其奠定基础的是炎黄时代。二是西汉建立，中原地区的民族转为汉族，为此奠定基础的是战国与嬴秦。三是民国建立之后，孙中山先生提出“五族共和”，“中华民族”渐趋形成，为它奠定基础的是清王朝。[①] 在长期的民族融合中，儒学形成了“夷夏互进”与“夷夏之防”两种理论，这两种理论成为判断一个王朝的合法性的重要依据。宋代以来，夷夏之防随着理学家的鼓吹成为主流的意识形态。

因此，清王朝入主中夏之初，其合法性就存在着极大的危机。在西跨葱岭、东到库页岛、北逾大漠、南抵吕宋包有台湾并且周边东

---

① 陶希圣等人指出：“中国境内所有的宗族，均在统一政权下融成一体，成为今日伟大的中华民族。”参见陶希圣、沈任远《明清政治制度》，台湾商务印书馆，1972年，第20页。

亚、南亚、中亚数十国来朝的广袤土地上，不仅民族众多，甚至有不同人种。从文化上看，除了满、汉之间的差异外，元代以来在中国西北的许多中国人，却广泛地信仰伊斯兰教，西南夷各族也都有自己的宗教，东南海疆诸民族的风俗也与汉民族大异其趣。在国家大一统的前提下，很显然，宋明以来理学严“夷夏之防”思维方式已经不能对此进行很好的解释。正是在此基础之上，庙堂理学以更为“开放”的姿态，试图超越血缘、文化的局限，在更广领域、更高层次对存在于一个帝国之内血缘、文化有巨大差异的众民族走向大融合这一事实进行论证，使他们对中央王权最大限度地产生心理上的认同。清初庙堂理学对自己的民族观进行了构建，主要思路是绕过风俗、礼仪等差异，从夷夏互进、天理和人性的公共性、公天下等若干方面来展开，这种展开是递进式的。

首先，主张夷夏之间可以互进。从传统儒学来看，儒家是既讲“夷夏之防”又讲“夷夏互进”的，但是宋明以来由于特殊的历史环境，造成“尊王攘夷”的观念一直在社会上占据主流，并且这种理学家塑造起来的民族观越来越收缩到了“血缘性”中，在明末清初达到了极致。明遗民在数量上、声势上远远超过了历史上任何一个时代。遗民中某些人如黄宗羲虽然倾向于对新王朝有所认同，却也仍然摆脱不了“血缘性”所带来的痛苦。于是“夷夏互进”就成为庙堂诸子与御纂经典的首要思想倾向。清初庙堂从经典与历史两个角度对此进行了说明，学理依据主要是《公羊传》中“夷夏互进”的精神，《公羊传》以文化标准来区别夷夏，认为“夷狄入中国，则中国之；中国入夷狄，则夷狄之”，从而为当时的民族融合提供了合法性支撑。清初庙堂理学继承了这种精神，御纂《日讲春秋解义》就对《春秋》进行了解构，认为夷、夏之间是可以互进的，两者只是本末关系，算不上王夫之所说的“天下大防”，最后将《春秋》解构为一部“拨乱反正”、确立儒家伦理纲常的历史作品。不论是多尔衮在与史可法以“春秋大义”争夺政权合法性，还是顺治帝、康熙帝关于清王朝建立的自我历史叙事，都时刻注意强调“本朝得天下之正”，或将明亡的原因推给李自成，或推给明朝的朋党之争，又通过谒明帝陵等活动，兼证之以夏、商、周三代的延革，来展示清代明祚在华夏朝代谱系中的合法性延续。此外，清王朝还通过纂修《明史》，将明朝的遗老拉进来，从而进一步加强自身历史叙事的合法性，并屡兴文字狱，以庄廷钺《明史》案、戴名世《南山集》案等为汉族士大夫反对清王朝构建其合法叙事确立了不可逾越的鸿沟。在曾静案中，雍正帝对这一问题进行了更为明确地说明，在其看来，夷、夏是一个历史概念，儒家圣人舜与文王原来都是夷人，后来却成为华夏文化的圣人。

其次，主张道、德、天理的公共性。庙堂诸子特别强调“道”的公共性，认为道亘古存在，不特定地属于某一个民族或王朝。汉族士大夫不断加入到新朝的行列中去，给满族带来了许多汉族的理论和文化范式，从努尔哈赤的年号“天命”，到皇太极的年号“天聪”，无不展示着新王朝受命于天的一种思维，它与汉民族“神道设教”的精神构成了很大程度上的一致。明清鼎革，也被放到道德世界中去衡量，与明朝末期的君臣悬隔、朋党乱政、宫廷骄奢、风俗颓弊、讲学虚浮相对比，新朝入关定鼎时便刻意展示其“应天顺人”之举。庙堂理学也大改宋明之风，向着满、汉均能接受的重合点走去。康熙帝提倡“真理学”，批评伪道学，将天理从论说、玄辩下降到具体的践履、躬行，认为满人真诚、质朴，才堪“真理学”之称。相关的图书也被一部部编辑出来，从御纂经典到庙堂诸子的修书，宋明以降的相关理学经典被以简择、编排、集解、裁汰、删改的模式制造出一种“真理学”的新形态。“新理学”高高在上，成为沟通满、汉心灵世界的重要纽带。庙堂诸子如魏裔介、熊赐履、汤斌、李光地、张伯行等也参与其中，通过对宋明以来诸如理、欲、诚、敬、性、情、知、行等命题的诠释，将这种“真理学”转变成为内心中的天理、人欲之辨。在庙堂理学看来，天理具有唯一性、普世性，天理存在于事事物物之中，贯穿了伦理和政治活动等方方面面，只有依天理行事才具有合法性，并且这种合法性还是唯一的。尽管这些都是传统的理学命题，表面上并不涉及夷夏之辨。总之，庙堂理学基本涉及了道在本体、现实及传承三个方面的“公共性”，从天道的高度构建起了突破当时民族观的第二道防线。

再次，强调人性的共通性。王夫之的夷夏观强调物质层面的“气”对各民族的决定性作用，这在很多遗民中是一种普遍的心态，对于汉民族冠服制度等文化习俗的留恋和执著，还曾引发江南抗清斗争第二次进入高潮。满人入关之初，推行剃发、易服等政策，也进一步加剧了这些矛盾。庙堂理学则认为基于天理的共同人性才是最终决定因素。正如康熙帝在《增修皇舆表》中讲的：“高卑险易，形势不齐，燥湿刚柔，风气各异，然而秉彝恒性，遐迩皆同。”[①] 从这个角度上讲，不同血缘群体、不同文化群体即使不认同共同的“道”，但因为有共同的“人性”，也同样可以达到心理认同的一致。庙堂理学首先批评了王阳明“心体无善无恶”说，因为放任无善无恶说，就可能会导致各任本心，也就可能没有共同人性可言了。因此，清初庙堂理学从最根本上就是要肯定人性本善，认为人性就是天理，是至善无恶的，人性之恶是由于后天习染所致，可以通过修养回复到至善的人性。庙堂诸子在学统的构建中，还将这至善的人性与天理秩序、与天人关系联系起来，并且提出了一整套从确立道德本源到躬行践履的工夫，比如敬、诚、慎独、反躬、穷理等，它说明人不仅具有共同人性，而且这个共同人性是可以达成的。庙堂理学又将这种普遍人性变为具体的仁、义、忠、孝，通过纂修史书、改良风俗、禁毁淫辞小说，对忠、孝、廉、节等共通的人性进行褒扬。此外，清王朝还在现实政治中用廉惩贪，清政简刑，减免赋税，怀柔远人，示天下以“仁

---

① 《圣祖仁皇帝御制文集》第三集卷二〇《增修皇舆表序》，台湾商务印书馆1983—1986年版文渊阁《四库全书》，第1299册，第161页。

义”之心。通过对人性本善的肯定，通过种种仁义之举，通过对忠、孝、廉、节的褒奖等行动，庙堂理学将满、汉关系进一步融合，这些也都是绕过“夷夏之防”来进行的。

复次，强调“天下”对夷夏的公有性。“天下为公”是传统儒家最重要的政治理念之一，在明代中后期，它形成了一种社会思潮，钱一本、顾宪成、黄宗羲、王夫之等均是“公天下”的提倡者。但是，这些士大夫们的“公天下”理想主要是针对君、民两大社会阶层，是君与民的“公天下”，批判的是君主专制问题，而庙堂理学的“公天下”却是针对以满、汉两个民族为代表的整个大帝国中的各个民族，是为了解决不同民族、不同文化、不同文明、不同人种之间的隔阂与仇恨。康熙帝将帝国内一切人视为自己的子民，在对待蒙古、对待西藏，包括对待汉民族，都试图制造一种“天下为公”的局面，将自己扮作天下的共主。王道政治是康熙朝的旗帜，“近者悦，远者来”，“远人不服，则修文德以来之”，儒学这种怀柔远人的政治理想与霸道政治有根本区别，它在康熙朝的相关政策中有一定程度的展现。为了增进各民族的认同，康熙帝主张对各民族因俗而治，对达赖、班禅都给予极高的荣誉，与蒙古族又实行会盟及联姻制度，当有朝臣进言说修葺长城时，康熙帝就指出德政的重要性，表现了天下为公的决心和信心。对西南夷的土司，康熙帝态度也很鲜明，卫既齐事件便很明显地表现了这一点。总之，庙堂理学的“公天下”是进一步从现实的角度出发，将大帝国之内存在的不同民族、不同信仰、不同人种的人们最终统一起来，使他们对中央王朝产生由衷地认同。正是基于这种相同的人性，大清帝国之中蒙、满、汉、回、苗等民族最终都纳入到了统一的王权之下，周边的国家也渐渐来朝。

综上所述可见，清初庙堂理学的民族观是对当时经济形态及政治制度的反映，它有必要对清王朝这样一个庞大帝国的合法统治进行说明，它也起到了引领帝国民族政策和民众意识形态的作用。总之，清初庙堂理学以解决满、汉两个民族矛盾为基础，从“夷夏互进”开始，一步一步延伸到其他民族及人种中去，其根本精神就是“开放性”。通过这种“开放性”为帝国王权的大一统扫清了意识形态上的障碍，在这一步步的“开放性”中，每一步都是从儒家文化、理学精神中汲取营养，因此，无论如何“开放”，它终究还是在儒学的范围之内。

第三节　宗教色彩与游牧传统下的满族性

满族是游牧文明的一支，它在宗教文化信仰上与蒙、藏甚至中原佛教都有诸多相似之处，在文明特质、政治传统中也与周边少数民族相类，作为现实社会的反映，清初庙堂理学的“满族性”就是试图对这一问题进行说明。“满族性”体现在两个方面：一是游牧文明特有的宗教性，一是游牧文明所特有的政治传统。它深刻地影响到庙堂理学。前者的影响主要表现在理学天道观的变化，它认为天有意志性，这与宋明以来自然天道观的走向不同；后者的影响主要表现为治统变化，展现于神道设教的理念及诸多具体政体设计中。庙堂理学中的这些特征是因为清朝统治者满族而展开的，是故称为“满族性”。

庙堂理学的“满族性”最鲜明地表现在人格神的天道观中。传统儒家的天道观是一个非常复杂的概念。从天人关系立论，落脚在社会伦理是儒家天道观的最基本特征，在此基础之上，它表现为两条发展路径：一是认为天有意志性，一是认为天是自然运行。宋明理学倾向于后一种，它从形而上角度用“理”、“气”等概念对自然之天进行了解释，明代中后期以降，“气”更多地摆脱了“理”的约束而在理学诸概念中占据了主导地位，表现出儒家天道观无神论走向的进一步加深。但是，作为清王朝建立者的满族，它在文化、宗教传统上却非常相信天有意志性。

北方的游牧民族，文化不发达，没有强大的逻辑思辨能力；相反，感情充沛，性情率直，对天道有一种执著的信仰。东北的满族地区最初流行的是萨满教，之后又流行藏传黄教，最后内地的关帝、观音等神祇也渗透进来。从前面的考察来看，满族人包括清初诸帝对于神佛的信仰是特别虔诚的，行军打仗、成败得失之类，都会归到天意中去。天意与人行为的善恶紧密地联系在一起，而与其他无关，不像汉族地区的佛教、道教可以利用银钱来祈福消灾。因此，天意成为高高在上的明鉴，照临着每一个人的内心，尽管满族文化不发达、生产力也落后，但是质而胜文、风俗淳朴、战斗力强，从心底认同仁、义、忠、勇等道德行为。

从努尔哈赤到康熙帝，都不同程度地信仰天命。清初许多大臣甚至皇帝们都在一定程度上认同人格神的意志之天。“天意”是清王朝初期诏谕中最常见的字眼之一，“天人感应之理”是人文修养不足的满洲贵族集团的重要精神支柱。清初诸子的理学也都蒙上了一层神秘色彩，像李光地、魏裔介等人也都比较刻意地强调天有意志性、人格性，比如，李光地就通过阐释《易经》，增加儒学“诚”在天人沟通中的重要意义，当时基督教东传也在很大程度上推动了庙堂理学在天道观中的人格神色彩的形成，魏裔介就曾力图融合儒家天道观与基督教上帝观之间的矛盾。

清初庙堂理学在天道观上进一步地向现实政治发展，表现为“神道设教”。神道设教本义是指依天道阳阴变化之理来治理天下。因此，对天道进行神化就成为儒学的一个重要方向，两汉谶纬之学就是如此。宋明以来天道观逐渐自然化，致使王权的神秘色彩也在渐渐消失。这对于帝国的整合显然是不利的，尤其是文化朴陋的少数民族，对于儒家理、气、心、性等高深学问很难深入理解，对宋明以来儒家偏向于人文性的信仰也不会完全适应。因此，清初又试图重新将“神道设教”的原则纳入到政治传统中去。

神道设教原则在清初的发展过程中形成了一种独具风格的理学式灾异说。由于天象关乎王朝盛衰，因此以之作为皇权的新的制约形式，自然最为合适，也正如魏裔介所指出的，天道与人事只是一理，正因为如此，人事才能与天道感应，天道仁爱，必然要“屡出灾异”以示警于人主，而人主又可以德、诚去感动天神。并且在庙堂理学看来，自然天象与现实政治有深刻关系，君主应负主要责任，实际上一定程度地展现了儒学对君权的制约。康熙帝本人很相信天有意志性，认为自然灾变与政治事件存在着某种必然联系。这些在康熙朝很多政治事件处理中都有所表现，可以参照前文相关论述。这样，在统一的天理之下，天道与人事就成为互相作用与转化的一个不可分割的整体。

庙堂理学的“满族性”还表现在庙堂理学对当时政治的影响。纵观元、清两朝的历史发展，会发现，其统治者虽为少数民族，但是似乎却比宋、明这两个汉族王朝更为崇敬理学。其中，一个重要原因就是，汉民族传统王朝由法家精神建立起来的一整套法律体系、政治制度，与儒学的王道理想终究是有矛盾的，尤其是宋明以来儒家高唱道统至高无上的地位，与以君权为代表的一整套王权体系形成深度冲突。因此，长久以来，儒学在国家意识形态中的实际舞台并不广阔，但是异族入主，却在一定程度上使严密无间的传统王权体系松动了。

以清初庙堂理学与当时的治统为例。比如，儒家三代的政治理想与脱胎于氏族社会的满族原来的政治形态比较接近。儒学主张人治为先，法治其后，满族在关外由于长期依习惯法进行治理，对于儒家的人治传统自然更倾向于认同。因此，清初治国之术，崇尚三代政简风淳，无为而治。在具体的施政过程中，长期因俗而治的习惯，使从皇帝到贵族的满洲集团，对于严峻刑法并不特别崇尚，相反，理学讲求的止刑、措刑，依风俗而治的理念却获得了更多的认同。虽然满人游牧文明影响之下的清王朝，官制较明为紊乱，① 或者还有其他问题，但是它却有利于理学在国家意识形态中发挥更大的作用，增进王朝统

① 陶希圣、沈任远：《明清政治制度》，台湾商务印书馆，1972 年，第 15 页。

治的儒学化程度。

君臣关系、地方与中央关系的松动也与此有关。儒家主张“君君臣臣”，反对法家的“尊君卑臣”，认为君臣之间应由礼来维持，而不应该故意拉大君臣之间的尊卑关系、使之悬隔。宋明时代，以朱熹为代表，以井田、封建、学校等为旗帜，理学家对法家“尊君卑臣”的思想进行了反思和批判，这种反思和批判在明末达到高潮，鲜明地反映在《明夷待访录》等书中。满族脱胎于氏族社会，“君臣一体”是其悠久的传统，入关多年，康熙帝还时时不忘提及满族在关外的这一传统，认为明亡的原因便是君臣之间的悬隔，并将儒学中的相关理论抽出来论证君臣一体系的重要性，同时付诸廷议等具体实践；在地方政治中，满族有以八旗为代表的部落联盟传统，各旗、各部落有相当的实权，与中原王朝基于法家的中央集权体制不同，却与两宋以来理学家主张扩大地方权力的“封建制”更为接近。

对社会伦理风俗进行改造、加强意识形态控制，也处处彰显出满族精神的渗透。从伦理精神角度来看，虽然满族看似伦理关系松弛，但是民风却极为质朴，因此，满族皇帝对于汉民族“移人性情”的“淫词小说”极为反感和警惕，害怕它会改变满洲人的淳朴风气，而这又与当时程朱理学反对王学末流的学术思潮达成了一致。对淫词小说的禁毁，以及对书院自由讲学的控制，都反映出清王朝对自我文化形态的真切认同。从满族的风俗来看，风俗淳良，文化单一，没有纷乱对抗的意识形态，而这些又是理学追求的最高目标，三代之治在理学家眼中，便“人无异见，家无异俗”，“天下之人熙熙皞皞，皆相视如一家之亲”①，一切都依傍着理而行。

其中，最重要的是，理学家们一直渴望的道统、政治合一的理想，在清初一定程度上也达到了实现。为什么只有在这个时代才变成现实呢？在明代，即便宰相被废除，皇权高度集中，尽管皇帝也制定

① 王阳明：《传习录》，《王阳明全集》，上海古籍出版社，1992年，第54页。

了严酷的法律，甚至以廷杖来羞辱士大夫，但是却丝毫没有消减士大夫坚守道统的热情，实际上是皇帝只手握王权，而没有掌握道统，这样的王权，在为其提供合法性的儒家道统面前往往缺乏足够的应对力量。考察清代的情况，我们不能不追溯到满族固有习俗中“政教合一”的传统中去，恰恰是因为这个传统，使出身于满族的皇帝乐于接受这样一种理论、努力达成这样一种政治传统。总之，在帝国有关治统观念和具体政治运作中，往往既能看到程朱理学的身影，也可以看到满族政治传统的模样，两者是如此复杂地结合在一起，使我们已不能将其彻底分清。

满族对汉文化的需要也使它与儒学的结合成为一种必然。满人的道德文化与其关外的生活方式有极为紧密的关系。那些在特殊社会中所保留的优良品质，随着入主中夏，迅速消解和退化，在新的环境中，要使其旧有的满族社会得以良好运转，很大程度上要以理学为代表的儒家文化来维系。实际上，我们可以看到，那些满人皇帝及贵族们都在不遗余力地向汉文化学习，即便是对被朝廷所禁的小说也乐此不疲，儒学、理学自然是其中的主要内容。这样，满族文化与理学也就很自然地慢慢结合在一起了。

因此，所谓“满族性”仍然是深深地根植于儒家文化，究其实质，它是在传统理学的思想体系中融合了一些满族游牧文明特有的精神特质。比如，天有意志性就是与两汉谶纬之学相通的，其神秘王权的理论倾向也与董仲舒“天人相类”接近。当然，庙堂理学绝不是对两汉儒学进行复制，比如李光地就曾指出：“董江都、刘子政学皆醇，其微疵处，是好言灾异，必推某事以实之，便有难通处。”[①] 事实上，随着科技的一步步发展，传统的谶纬之学已经很难得到人们的认同，而满族沟通人天的简便易行的思维方式，使它又具体化、符号化为理学诚、敬、慎独、躬行等工夫。总之，是历史发展的际遇，成

① 李光地：《榕村语录续语录》，中华书局，1995 年，第 341 页。

就了满族游牧文明对新王朝及庙堂理学的影响，它对帝国的大一统有十分重要意义。

第四节 以独尊与调和为标志的折中性

“折中”有两个层次：一是“独尊”，即确立判断事物的准则；一是“调和”，将其他学说以所确立的准则纳入到占独尊地位的学说体系中去。它深刻地体现在清初庙堂理学与道统、学统及民间意识形态的交互作用之中。这种“折中”以学术为基础，但同时又渗透在王权与儒学的斗争、满汉之间的民族矛盾以及学术主流与国家意识形态冲突等多个层面。具体来讲，清初庙堂理学以程朱之学融通各派之说，并由此扩张到它与社会诸意识形态的博弈中去，展示了“独尊”程朱与“调和”各意识形态的特征。

清初庙堂理学最主要的任务，就是论证清王朝统治的合法性，也就是说，它必须说明当时经济形态及政治制度是合理的，以便使满、汉、回、藏等境内诸民族对中央王权产生心理上的认同，使以朱、陆为代表包括佛、道两教等诸种社会意识形态集团在统一的王权秩序之中稳定发展。在传统社会中，道统在民众心理结构中有权威性、神圣性、不用论证性，是一切王朝作为正统存在的一个根本依据，儒家道统又是最核心的。然而当时的儒家道统在明末的文化大批判中却散乱了，清王朝要确立它的正统地位，就不能不对儒家“议论各歧”、“各任道统”的情况做出一种“折中”选择。

庙堂理学在众多意识形态中确立了程朱一派在儒家道统中的正宗地位。对于儒、佛、道三种文化，清王朝进行了区别对待：道教从总体上由于分化过于严重，理论亦无创新，顺治之后就没有再特别受到帝国的优遇。佛教宗派繁多，但从总体上也与道教一样已走向民间，只有藏传黄教由于在满、蒙、藏等边疆少数民族中有极其广泛的影响，因而受到清王朝的特殊尊崇。但是即使是黄衣教也不再如元、明时代能影响到帝国的具体政治运作了。因此，清王朝将眼光投向了占当时文化主流的儒家身上。当时，儒家内部在道统上纷争不已，王学一派的道统史著作迭出，试图维护其在有明一代的道统地位，程朱一派对这一思潮进行了反击，于是，王学便在一派批评声中渐渐走向沉寂，最终，《朱子全书》、《性理精义》等御纂经典代表国家意志以法定形式颁布，确立了程朱理学在清王朝文化道统中的绝对地位。

御纂经典以法典形式深刻地体现了独尊之下的调和——“折中性”。清王朝编纂御制经典，是在汲取了前代尤其是明代的一些经验教训的基础上进行的。明代中后期，士大夫群体与王权冲突日趋严重，它表明庙堂所树立的道统当时已远不能囊括士人的精神，也意味着清王朝必须有新方向的开辟，具体表现就是通过御纂经典进行文化的折中。康熙帝很明确地认识到这一点，比如，在《日讲书经解义序》中便指出：“朕万几余暇，读四代之书，惕若恐惧，爰命儒臣，取汉宋以来诸家之说，荟萃折衷，著为《讲义》一十三卷。”① 又在《日讲诗经讲义序》中指出：“朕志慕隆古淳穆之理，崇奖诗教，爰命儒臣辑成《诗经讲义》，日进于坐隅，朝夕观览，凡立说一准于考亭，而旁搜义蕴，兼及注疏，博综名物，亦参《尔雅》。”② 采取诸家之说，又准之于程朱，展示了帝国在道统构造过程中超越学术论辩的一面，或者说为学术制造秩序才是其道统观念的本质。

其中，《周易折中》最为明显，它的名字“折中”就体现了这一特征，从广度上看，它以程、朱一派的易学统领了以往两千余年二百十八家的观点，并对这些观点一一详细审择考订；《性理精义》主要

① 《圣祖仁皇帝御制文集》第一集卷一九《日讲经书解义序》，台湾商务印书馆1983—1986年版文渊阁《四库全书》，第1298册，第186页。

② 《圣祖仁皇帝御制文集》第二集卷三一《日讲诗经解义序》，台湾商务印书馆1983—1986年版文渊阁《四库全书》，第1298册，第633页。

是对宋明时代的道统进行折中，也是以程朱为主线，比元代的《道学传》增加了司马光、范祖禹、张栻、吕祖谦甚至是陆王一派的陆九渊，大大拓展了庙堂理学道统论的内容；《日讲春秋解义》在《纲领》、《通论》中博引历代众家学者诸如孟子、子思、庄周、董仲舒、刘向……韩愈、欧阳修、周敦颐、邵雍、程颐、胡安国、郑樵、杨时、朱熹……马端临、郝经等人之说，前后不下三十余家，时间横跨战国、两汉、魏晋、隋唐，以两宋为主，下及于元，不难看出，该书在构建庙堂注解《春秋》体系之时融合、判别众家的意向是十分明显的。

以李光地为代表的庙堂诸子的道统史著也体现了“折中性”。从魏裔介的《圣学知统录》、《圣学知统翼录》到熊赐履的《学统》，再到张伯行的《道统录》、《道南源委》，这些道统著作都是以程朱理学为主线的，主要关注宋明时代尤其是明代道统的从属问题，由于王阳明及其学派的存在是程朱理学道统确立的最重要障碍，因此廓清王阳明在“近代”道统中的影响亦即明代的学术地位，便成为庙堂诸子的首要任务。一个共同特征是，庙堂诸子基本上否定了王阳明在儒家道统中的地位，而代之以薛瑄、胡与弼等朱派学者。与此同时，庙堂诸子的道统论，范围却较之《伊洛渊源录》、《道学传》等大大拓展，司马光、胡安国、吕祖谦、许衡等理学家纷纷进入其中，甚至两汉经师如伏胜、夏侯胜、董仲舒、孔安国、杜子春等也被吸纳进来。

从庙堂诸子的理学思想来看，折中的意味也很明显。比如，魏裔介旨在以朱学修正王学，在批评了阳明“心体无善无恶”论的同时，又肯定阳明的大学古本说；熊赐履虽然卫朱批王色彩最为浓郁，但是仍然不脱东林的余习，以致于被四库馆臣批评为“仍涉良知之说”。汤斌、李光地的陆王色彩更加明显，汤斌甚至肯定被广泛批判的“心体无善无恶”说，然而在道统上其又是尊崇程朱的；李光地先宗陆王，屡遭康熙帝批评后，到晚年方转向程朱。张伯行最为纯粹，他以尊崇程朱为特征在中州学者中独树一帜，但是张伯行却如陆王学派一样，只是重视躬行实践，对于程朱最重要的理论如“格物”之说，甚至认为不宜作为书院讲学宗旨。

从总体上看，庙堂诸子是以程朱理学为轨范、准绳，又汲取了王学重视道德本源、主张从本心出发的思维方式，以程朱折中陆王，从而构建了一个新的理论系统。其中，多数概念朱熹均有提及，但却并不是其学说的核心，而清初庙堂则将它们提到一个很高的位置。比如对于心志的作用，康熙帝认为“读书须立体，学问便从心”，汤斌强调“学者莫先于立志”，熊赐履主张“心外无事，事外无心，心即理，理即心”，李光地以立志“为知行之总”，张伯行也讲“主敬以立其本”。总之，在清初庙堂看来，为学首先就要“立志”，要分辨义利，即在确立道德本原上下功夫，而不是如朱熹一样将“立志”视为读书致知的前提。虽然张伯行主张“穷理以致其知”，但所谓“知”也是以其所刊刻的大量程朱著作的选本为准则的道德规范。归结起来，清初庙堂理学的学理构架就是“立志——（以现世礼法为准、认同现存体系）——践履”，这与朱熹“格物致知——（反思自身及批判现存体系）——力行”的思维模式是不一样的。虽然两者最终指向的都是人的现实道德行为，但很明显前者取消了对道德价值本身的内容、特点及合理性等问题的关注，而新儒学包括朱学的首要任务恰恰是要进行道德价值研究和论证①，仅仅以“行”来定义程朱之学，将“知”教条化而不以格致，正陷入了朱熹所批评的“义理不明，如何践履”、“今人多教人践履，皆是自立标致去教人”②的境地。可见，实际上清初庙堂理学虽高举程朱之帜，却与宋明时代传统意义上的程朱之学在学理构造、价值取向已有很多不同。

清初庙堂理学的折中性还表现在与社会诸意识形态的关系上。意

---

① 艾尔曼：《从理学到朴学——中华帝国晚期思想与社会变化面面观》，江苏人民出版社，1995年，第5页。

② 黎靖德辑：《朱子语类》，第1册，中华书局，2004年，第152页。

识形态从内容上是以学术为基础或表征的，因此，作为的国家意识形态的清初庙堂理学，与民间诸意识形态之间的斗争、融合与秩序化，也是以学术为基础或表征的。在出处、辞受等观念上，民间理学与庙堂理学是不一样的，在民间理学看来，山林之中也有事业，并且创造了自己在民间耕读传家的传统。在强大的政治威压之下，民间理学已经不再讲“夷夏之防”，而是转而往躬行践履的方向发展，从而在基本精神上与庙堂理学取得了一致。在构建社会秩序的问题上，庙堂理学与民间理学也进行了“调和”。其中，重要的一条便是乡约传统。乡约传统是民间自治，与王权有一定的对立，庙堂理学力图使王权渗透到乡约当中去，民间理学家提倡乡约者也大有人在，比如，张履祥就曾着意于《吕氏乡约》，并作《禁作佛事律》、《禁火葬示》等。书院是独立于官学之外的教育机构，私学性质居多，庙堂理学就意图将书院讲学也纳入到它的系统之中，采取的手段主要是建立省会书院，对某些大型书院进行重点扶持，官方通过赐书、刻书等方式来引导书院的发展方向，至晚清都是如此。总之，是将程朱理学精神渗透到书院讲学中去，改变前代书院讲学的风气。

考据学是新兴的学术主流，它提出了一种新的价值观念与文化标准，即以“依古辩真”为特色的考证精神，这种考证精神也渐渐地渗透到士大夫与民众的心理结构当中，使人们产生了一种“无征不信”的文化心理。考据学家对于易图系统、伪《古文尚书》等朝廷所奉圣经的考辨，从学术上深刻地动摇庙堂理学所树立的道统谱系，一定程度揭去了它头上的权威性、神圣性光环。由于考据学在学术界作为一种新生儒学形态具有重大影响，清初庙堂理学一方面从意识形态角度用国家强制力迫使考据学囚缩于学术圈中，另一方面庙堂理学在自己的学理构造中也汲取了考据学的考证精神，编纂了诸如《朱子全书》、《性理精义》、《周易折中》等大型图书。

佛、道及基督教在当时也颇有势力，与庙堂理学发生着关系。庙堂理学主张对这些宗教区别对待，对于影响力弱、异己性大的宗教团体进行严禁和打击，对于那些影响力量大、涉及统治阶层的宗教反过来进行扶植。比如，清王朝虽然从总体上冷落佛教，但是对于藏传黄教的尊崇却是不遗余力。对于道教也持同样的态度，虽然道教分化得极为严重，势力衰微，但朝廷仍然对王常月龙门派给予了一定的优遇。基督教东传之后一直试图进行“天儒会通”，清王朝在它不破坏儒家礼仪的前提之下也任其发展，但是最终由于罗马教皇不允许中国教徒再实行中国的礼仪，清廷为了维护它的大帝国的一统与其国家意识形态，断然地剥夺了传教士在内地的传教权。

综上所述，我们可以看到庙堂理学的“折中性”表现在诸多方面，它从最根本上还是在学理层面，因此我们可以称之为庙堂理学的学术特征。当然，它也被深深地打上了王权的烙印，可以说没有王权的“利剑”，它是不可能或者很难取得和维持其独尊地位的，正是因为王权的庇护，才奠定了庙堂理学在诸社会意识形态中不可动摇的正统地位。既然如此，那么“折中”的意义又何在呢？它仅用一家思想岂不干净得很？何必又要把其他众家引进来干扰自己所确立的核心价值观念呢？这里又体现出清初庙堂理学作为国家意识形态的特点，因为它需要尽可能多的社会意识形态来支持，从而获得社会秩序的稳定发展。从这一点看，庙堂理学的“折中性”自然也是对清王朝统治合法性进行说明的。

余论

通过七章的简单论述，我们大略可以看出从清初庙堂理学建立，到道统、治统、学统三个构成部分，以及它与民间社会意识形态之间的关系，还有特点等方面内容的大略。但是由于章节式论述的限制，某些重要的、基本的问题往往被分割开来，比如，清初庙堂理学究竟在历史上起到过什么作用，千秋功罪如何评说？因为篇幅、笔力之故，未能进行专论，希望在余论中略加梳理。

一

从17世纪中叶到18世纪初，中国的社会长期处于一种剧烈而复杂的变动之中。传统中国的民族关系是内部的，自秦汉以来一直是汉族与周边少数民族的互动；当世界联为一体，西方文化东进之后，新的民族关系逐渐形成。清初庙堂理学产生在这个特殊的环境中，它所提出的一个根本问题便是如何解决民族融合。

清初庙堂理学主要的作用便是论证清王朝的合法性、解决满汉之间的民族冲突。满、汉冲突是当时一切民族问题的核心。宋明以来，由于夷夏之防思想的影响，中国内部民族融合的困难实际上在增强，因此，清初的满、汉冲突之强烈在历史上是比较少见的。清初庙堂理学通过引导满洲贵族进入到华夏的儒学文化传统中，进而论证明社既屋之后的这一代新王朝在中国传统王朝谱系中的合法性，同时力图兼顾满族文化的特殊地位。

庙堂理学提出了尊崇儒家文化的治国之道，并将程朱之学确立为帝国的意识形态，顺应了士大夫在异族统治下渴求本民族文化绵延的愿望，也符合当时程朱理学渐趋复兴的学术背景，更是文化朴陋的满族进入中原之后不得不进行习学的文化，在探讨程朱理学有关天理、人性等问题中寻找各民族的共同性，由此一定程度上跨越了基于夷夏之防的民族血缘冲突，更是为满、汉之间的民族融合提供了理论前提。

庙堂理学吸收了满族天人感应等思维方式，偏离了原来的自然观倾向，同时它又展现为儒学的观念和术语；它也确立了与满族政教合一政治运作习惯特别接近的政治体制，从形式上展示了朱熹道统、治统合一的理想，并将传统理学中的格君心、举贤才、正风俗等都一定限度地运用到现实政治中去，如此等等，基本上获得了汉族士人阶层的支持和民众的认同。

在融合满汉的基础上，帝国也较好地处理了与蒙、藏、回、苗等帝国周边少数民族的关系。清王朝采取了程朱理学关于物性不齐、近悦远来的理念，同时以天理、人性为基础，绕过诸民族在文化信仰、政治传统、生活习俗上的巨大差异，寻求沟通的可能性，最终构建了帝国独具特色的意识形态。正如陶希圣等人指出："中国境内所有的宗族，均在统一政权下融成一体，成为今日伟大的中华民族。"① 其中，清初庙堂理学在一定程度上起到了催化剂、整合剂的作用。

到晚清，随着西方列强与中国日益紧密的交往，这种民族融合的必要性就更加明显地表现出来，这时候，汉、满、回、藏、苗等作为中华民族文化系统的诸民族，面临着共同的"对手"，自我的分崩离析当然是最可怕的，面对当时世界格局的巨大变迁，中华民族的心理认同与其版图一样，应该是近三四百年逐步形成的。清朝解体后，假

① 陶希圣、沈任远：《明清政治制度》，台湾商务印书馆，1972 年，第 20 页。

设没有庙堂理学、没有它二百余年的熏陶，那么，我们现在所谓的中国大约可能只是汉族人，其统治地域也可能将局限在汉民族生活的地区；而孙中山先生“五族共和”的理想很快能得到实现，与此前长期逐渐形成的文化心理认同有其必然性，这是毋庸置疑的。

二

明末清初，随着资本主义萌芽的零星出现，传统社会结构也悄悄发生变化，士人开始对宋明理学、甚至整个传统文化产生了怀疑与反思，实质上中国近代史已奏响了它的序曲。儒学发展也已有两千余年的历史，各个时代附着在它身上的诠释积累得太多，不免在许多时候湮没它的本意，它说明儒学要再进一步发展，是必须进行总结了，同时它也是迎接西方文化挑战的必需。

清代的文化总结主要表现在文本考据上，它将以往的文化进行考证梳理，尤其是将在朝代更迭中失散、变乱的子学、经学著作重新发掘出来。它的形成，需要一种社会公认的理念、大量的图书积累、长年累月的辛勤劳作，同时，也需要一个比较稳定的文化秩序，以便最大限度地保障学者们对此项工作在一定程度上进行自由研究。

清初庙堂理学对这一文化秩序的建设起到了重要作用，或者说庙堂所高举的程朱理学与新兴的考据学彼此争斗，形成了一套“法行程朱”、“经尊服郑”的文化运行模式。在这种文化樊篱面前，考据学以小学明大道的路向，渐渐地转向了比较纯粹的考证。清初庙堂理学本身非学术化、非理论化的发展趋势，有利于当时的学术在一定程度上的自由发展，它与考据学的关系即是如此。乾、嘉时期，王公贵族甚至皇帝虽均以考证为时尚，但是程朱理学作为国家意识形态的地位却并没有被丝毫动摇，这有力地说明了该文化模式的特征。

清初庙堂理学自身也引领着一股文化总结的思潮。比如，庙堂理学在以法定形式确立程朱理学道统地位的同时，也大大拓展了原来程朱理学的道统范围，将诸儒学形态有效地统一在一起；庙堂理学还进一步对民间的佛、道进行批判，又对藏传佛教进行尊崇，对道教也给予一定的位置，于是儒、佛、道形成了一个比较有机的整体；对于满族游牧文明、基督教文明等，庙堂理学也一定程度进行吸收，将它们放置到自己的文化体系当中。可以说，当时一切学术形态甚至包括王学在内，都可以在庙堂理学这一新理论体系中找到自己的位置。

反过来，庙堂理学学术层面的发展实际上受到了很多限制：一方面，清代理学总体上的倾向是重践履、轻谈说，从书院的讲会到学者的著作，无不如此；另一方面作为意识形态，它自身学术层面的发展也受到限制，大批钦定、御纂的法典，成为庙堂理学难以逾越的鸿沟，因此，庙堂理学针对时事变化的应对能力显然是比较有限的。另外，庙堂理学也有不少研究禁区，比如夷夏之防就是其中最重要的一条。

更为重要的是，康熙之后的雍正、乾隆两朝，帝国的政权日趋稳定、统治技术愈加纯熟，王权在庙堂中的作用也越来越大，它已不甘心接受理学的引导，反过来，帝国开始扶植缺乏政治理想的考据学，打击程朱理学，乾隆帝对程颐“天下责任付宰相”的批评就是明证。乾嘉时期，考据学如日中天，从皇帝到王公大臣再到底层的士人，无不以考据为荣，科举考试也渐渐为考据学所侵夺。程朱理学虽作为国家意识形态长期位居庙堂之上，但是在学术发展上却淹灭不彰，只有桐城派诸子勉力维持，直到晚清曾国藩等理学经世派出现才一吐光芒。

三

清初庙堂理学是顺、康时期理学与王权政治互动的产物，是理学从内圣走向外王的必然结果。南宋以来，理学外王精神愈来愈弱，而理、气、心、性等形而上探讨却日趋细密，最终以阳明之学为转折，大踏步地走向禅化与神秘化。明亡清兴，在“崇实黜虚”的思潮下，理学与王权发生着日益密切的关系，清初庙堂理学应此运而生。

清初庙堂理学的首要之义，就是以儒家道德作用于王权之下的皇帝，格君心之非。在经筵日讲制度的推行下，熊赐履、汤斌、李光地等理学名臣为康熙帝培下了儒家文化的火种，使其成为历史上少有的一位服膺理学的皇帝。康熙帝与理学名臣一起，将理学解释为从道德源泉确立到对道德进行实践的过程。同时，大量的理学著作以及有关道德修养实践的各种类编丛书，从理念到方法，将清初庙堂理学的道德实践向士大夫，并再进一步向民间灌输。

清王朝在政治制度、治国理念等方面也包含了不少理学家梦寐以求的返之三代的措施，体现了儒学与王权之间的博弈。一方面程朱理学确立为国家意识形态，提倡道统、治统统一，以加强对君权的制约；在儒家理念的指导下，提倡君臣一体、重用廉节官僚；本以儒家的仁政精神，以民为本，减少刑罚，大规模地减免农民租税；在庙堂理学“十六字心传”基础之上形成“勤政”传统，如此等等。

由于专制王权及满族文化传统的制约等原因，理学的外王理想并没有能够完全展开。比如，特殊利益集团的存在。入关之后，为数不少的满洲贵族、八旗子弟成为食利阶层，造成严重的冗官现象，庙堂理学名臣的许多理想——汤斌裁汰冗员的主张、李光地精简国家机构的设想多不能成为现实。再比如，理学对王权的制约过多地依靠道德而缺乏进一步的制度支撑，像清朝的纳捐陋习，虽经陆陇其极力反对，终究不了了之，因而清初政治在李光地眼中“不算全无条理，只是根本大纲领说不起”①。

另外，理学在影响王权的过程中，也付出了相当大的代价，表现为王权兼并了治统与道统。士大夫们从此失去了批判政治权威的立足点和话语权，诚如孟森所言，明朝“廷杖虽酷，然正人被杖，天下以为至荣，终身被人倾慕，此犹太祖以来，与天下争意气，不与臣下争是非所养成之美俗；清君之处臣，必令天下颂为至圣，必令天下视被处者为至辱，此则气节之所以日卑也”②。统治者以道统自居，形成

① 李光地：《榕村语录续语录》，中华书局，1995年，第840页。
② 孟森：《明清史讲义》，中华书局，1981年，第78页。

了以后中国历史的传统。

虽然理学对王权的影响是有限的，但是在某些方向仍然超过了宋、元、明诸朝，从总体上来看，庙堂理学在清初比较有效地缓解了理学与王权之间的矛盾，引导着王权向国计民生的角度发展，一定程度上保持了政府的清廉和效率，尤其是“藏富于民”成为清王朝一个重要传统，这一传统有力地促进了人口增长、经济发展，从而使清初“哀鸿遍野”的社会逐渐迈向长达一百余年的“康乾盛世”。

四

清初庙堂理学在历史上的特殊性，从与王权关系的角度而言，就在于秦汉以降，儒学从事实上都未必成为过学术主流，宋明时代的理学大师，不论是朱熹，还是王阳明，都没有承认过，他们对现实政治及社会的批判，都是基于认为它与儒学根本精神的不合。因此，理学的每一步发展，不是锦上添花，而是努力涤荡现实世界的污秽。它的理想与其所取得的成效如何，是两个层面的问题。

从学术价值的角度，清初庙堂理学与民间理学相比，或者进一步将它与西方的文艺复兴、启蒙运动中洛克、孟德斯鸠、伏尔泰、卢梭、康德等人的思想相比，它当然是无法摆脱与专制王权的种种纠葛。从它本身的学理出发，也可以肯定地说，它开不出现代的民主、自由之路。相反，由于一家独尊、众家服从，道统与治统合一，对于削弱士大夫批判现实政治的精神，使他们成为王权专制意识灌输下的埋头遵行者起到了推波助澜的作用。

我们当然可以由此批判清初庙堂理学，但是也必须要理解它是儒学与现实结合的产物，是诸社会意识形态中构成上层建筑的部分，是以当时学术发展为依据的，清初学者们学术思考的深度达到何种程度，庙堂理学将只能围绕着这种程度来展开它的建构。它并不是儒学的全部，而只是在一定程度上实现了儒学的理想，因此对庙堂理学的评价并不能对等于对儒学本身的评价。

“五四”以来，知识分子看到清代理学所造成的社会问题，便以为儒学就是一切恶果的总根源。这样的逻辑思考对儒学、对理学而言是有失公允的。倡导天理、讲求良知的儒学，在笔者看来，始终是黑暗中的一点灯火，我们与其责备灯火不明，不如参与进来，把我们的青春奉献给它，使它更加明亮，人能弘道，非道弘人，讲得就是这个道理。放到清初庙堂理学上，我们尽可责备它在许多方面向王权专制作了妥协，然而它弘扬儒学的一面或许更值得我们关注。

当然，我们不能说清初庙堂理学的诸多不尽如人意之处与儒学的精神无关，但是它们两者之间的关系到底是什么，才是更为重要的问题，比如，通过考察庙堂理学，以反思我们的儒学为什么造就了这样一种国家意识形态，为什么儒学向那样的经济形态及政治制度一定程度上进行了妥协呢？假如能做这样的思考，一定会比对诸如为王权专制服务等现象进行批判要深刻得多，而清初庙堂理学无疑为我们在这方面的思考提供了极好的标本。

事实上，儒学在不断地流变中，在不断与现实的相互作用中，它的理念在每个历史阶段都会经过时人的诠释，诸如佛家、道家、法家等思想也会或多或少地渗透进来，这种诠释长期积淀下来，便左右着人们对儒学根本精神的认识。因此，在评价庙堂理学的作用时，为儒学“正名”就格外要紧，要是天平都失准了，又怎么来衡量放在天平上的物体呢？

近代以来，民主、自由对儒学形成了巨大冲击，很多新儒家都主张儒学退缩在私人领域中，讳言它与政治的关系，其实，民主也好，自由也罢，不管这世界上有多少国家、每个国家有多少民族，理学家讲求的天理、良知都是共同的，是没有人可以反对和能够反对的，一切优良的社会制度的产生、一切正常的社会伦理的实现，都必须以它为逻辑起点。从这个意义上说，清初庙堂理学是儒学在中国传统社会最末期一场伟大的试验，利弊得失，都有待于我们去认真考察。

附录 顺、康朝庙堂理学大事年表

按：本表主要参考资料除《起居注》、《实录》、《东华录》、《清史稿》、年谱、文集等古代史料之外，还参之以《清通鉴》（章开沅）、《清史编年》（李文海）、《清史纪事本末》（南炳文、白新良）、《康熙皇帝传》（白新良）、《中国近三百年学术史》（钱穆）等近现代学人成果。

顺治元年

三月，李自成于北京称帝，国号“大顺”。

四月，清军、吴三桂部与李自成战山海关，李自成兵败，清军入关。

六月，清廷遣官祭祀孔子。

十月，顺治帝即位。以孔子六十五代孙孔允植袭封衍圣公。

顺治二年

正月，铸衍圣公印，改孔子神牌为“大成至圣文宣先师孔子”。

五月，南明弘光政权亡。

六月，摄政王多尔衮谒孔子庙行礼，赐师生胥隶银。清廷下剃发令。

闰六月，李自成九宫山死难；江阴围城战始，诸生倡言“头可断，发不可剃”。

七月，工科给事中许作梅请择通汉文之满族子弟及聪慧端方之汉人子弟侍皇帝读书。不准。

八月，户科给事中杜立德奏治平之策：敬天、法祖、爱人。

礼科给事中梁维本请皇帝隆圣学、御经筵。疏入，不报。

顺治三年

魏裔介中进士。

三月，朝廷译《洪武宝训》，顺治帝为之序。首举殿试。

黄道周死难。

六月，改授“孔孟圣裔”世职，以孔允钰、颜绍绪、曾闻达、仲于陛、孟贞仁等为内翰林国史院世袭五经。

顺治四年

三月，《大清律》修成。

七月，魏象枢为刑科给事中。魏裔介为工科给事中。

顺治五年

六月，魏裔介出任河南乡试考官。

魏裔介疏请举行经筵日讲。

顺治六年

二月，魏裔介转任吏科右给事中。

顺治七年

正月，颁行满译《三国演义》。

十二月，多尔衮卒。

顺治八年

二月，皇太后谕顺治帝简任人才、亲忠远佞、详审刚断、赏罚得平等诸事为“大孝之本”。

二月，朝廷赐衍圣公孔兴燮及颜绍绪、曾闻达等五经博士宴。

三月，朝廷准吏部条例“生员不许聚众结社、纠党生事及滥刻选文窗稿”，“不许生员结党抗争”。

四月，顺治帝行临雍礼，以孔、颜、曾、孟、仲五家裔孙观礼生员十五人送监读书，是为“圣裔监生”，自是永为著例。

七月，顺治帝谕刑部等衙门“信者国之大宝”。刑科给事中魏象枢奏请“召满汉辅臣二人”为皇帝讲说治道、弼成圣德，另择满汉词臣文学雅重者数人备顾问、记起居。

顺治九年

九月，顺治帝往太学，释奠先师孔子，行两跪六叩礼。听祭酒、司业讲《易经》、《书经》。传制曰：“圣人之道，如日中天，讲究服膺，用资治理，尔师生其勉之。”

十月，工科副给事官三都劝朝廷于宗室“选官教授，及时劝学”。魏裔介条奏拯救兵民八事。

是年，汤斌中进士。

顺治十年

三月，爱新觉罗·玄烨出生，即康熙帝。

七月，刑科给事中陈忠靖疏言请开经筵。

顺治十一年

六月，魏裔介迁兵科给事中。

顺治十二年

正月，《资政要览》、《劝善要言》成。

四月，编纂太祖、太宗《圣训》。

九月，颁布《资政要览》、《范行恒言》、《劝善要言》、《儆心录》等于异姓公以下、三品以上文官。

十月，魏裔介擢都察院左副都御史。

顺治十三年

正月，谕修《通鉴全书》、《孝经衍义》。

五月，魏裔介疏奏“三代以后，惟汉治近古”，请久任守令。

汤斌补潼关道副使。

顺治十四年

十月，魏裔介疏奏天下奢靡成风，朝廷当示之以俭；朝廷发内帑修文庙。

是年，朝廷修《赋役全书》。

顺治十五年

三月，魏裔介充殿试读卷官。

十一月，升汤斌为江西布政使司参政，分守岭北道。

是年，熊赐履中进士。

顺治十六年

三月，加魏裔介太子太保。

顺治十七年

二月，熊赐履充顺天乡试副考官。

顺治十八年

正月，顺治帝去世。玄烨即位，年号康熙。

康熙元年

五月，郑成功卒。

康熙二年

二月，魏裔介迁吏部尚书；朝廷遣魏裔介祭先师孔子。

八月，朝廷停八股文，改为策论、表判。

康熙三年

三月，印《四书大全》、《五经》等书，颁发各省。

八月，杨光先著《辟邪论》，中西历法之争起。

九年，魏裔介充武会试正考官。

十一月，魏裔介擢保和殿大学士。

是年，朝廷降旨“民间地土，不许再圈”；有人诬孙奇逢讥讪者，魏裔介为白其冤。

康熙四年

是年，陆世仪遣沙一卿、周鼎新、郁植、曹禾从学魏裔介。

康熙五年

二月，熊赐履充顺天武乡试主考官。

七月，朝廷遣魏裔介祭先师孔子。

汤斌往夏峰，受业孙奇逢门下。

康熙六年

二月，朝廷遣魏裔介祭先师孔子。

六月，内弘文院侍读熊赐履应诏上疏，谓治国本原在朝廷，其要在“理政事”、“养士气”、“兴学校”、“正风俗”，请“慎选耆儒硕德，置之左右，优以保衡之任。使之从容闲晏，讲论道理，启沃宸衷，涵养圣德；又妙选天下英俊，陪侍法从，以备顾问，毋徒事讲幄虚文”。

七月，康熙帝亲政。

九月，朝廷诏修《世祖实录》。

是年，熊赐履《闲道录》成。黄宗羲举证人书院讲学，汤斌访之。

康熙七年

九月，熊赐履疏言请设起居注官。

熊赐履疏言“朝廷积习未祛，国计隐忧可患”，请求“敬天”、“法祖”、“勤政”、“恤民”、“修太学”、“开经筵”，“君志定而天下之治成矣”，故尤以经筵为切要。鳌拜以为劾己，意图倾害，责其“妄行冒奏”，下部议处，康熙帝准免。

康熙八年

四月，康熙帝赴太学，行释奠礼，听讲《易经》、《书经》。

是年，升内秘书院侍读学士熊赐履为内国史院学士；除京师外，其余各省严禁基督徒传教。

康熙九年

正月，朝廷予宋儒程颢、程颐后裔五经博士。

二月，魏裔介充会试正考官。

三月，李光地中进士；陆陇其中进士。

五月，康熙帝以鳌拜乱政、设计擒之，治其罪。

六月，清廷下诏永停圈地。

九月，升熊赐履为翰林院掌院学士兼礼部侍郎。

十月，熊赐履充武殿试读卷官。

十一月，颁《圣谕十六条》，晓谕八旗及各省府州县乡村人等。

康熙十年

二月，熊赐履、徐元文等充经筵讲官；康熙帝首御经筵，熊赐履进讲《尚书》“人心惟危”一节；朝廷诏纂《孝经衍义》，以熊赐履为总裁。

三月，以熊赐履等充日讲官。

四月，朝廷命修《太祖圣训》、《太宗圣训》；首举日讲。

是年，魏裔介以老病乞休，诏准。

康熙十一年

二月，熊赐履省亲回，康熙帝召其询民情，实奏民间疾苦。

五月，《世祖实录》修成。

闰七月，康熙帝问熊赐履汉官中讲理学者，熊氏对以魏象枢、李光地、王宽兹，谓三人“俱有志于理学”。

十月，康熙帝召熊赐履问朝政，熊氏奏以“官贪吏酷”、“财尽民穷”，“根本之计，在内地，不在边疆；在朝廷，不在四方。内安斯外靖，本固则邦宁”。

十一月，康熙帝询熊赐履“风闻言事”、“为害甚巨”，熊氏以

“欲省事，必先省心，欲省心，必先正心”等回奏。

十二月，康熙帝谕讲官多尽忠爱之言，主张与民休息，深鉴“前代君臣每多好大喜功，劳民伤财，紊乱旧章，虚耗元气，上下讧嚣，民生日蹙”，熊赐履奏曰“皇上此谕，诚千古为治之要道也”。

是年，朝廷日讲《论语》凡三十一次。

康熙十二年

二月，康熙帝改隔日进讲为每日进讲。熊赐履任会试副考官。李光地任会试同考官。遍赐诸王、文武大臣及八旗官学《大学衍义》各一部。

三月，康熙帝谕讲官“从来民生不遂，由于吏治不清”，又谓“先治人，后治法”、“先心术，次学术”；康熙帝谕众讲官“君臣一心图治”，熊赐履奏曰“为政在得人”。

四月，陕西总督鄂善修关中书院，聘李颙讲学。

八月，康熙帝与熊赐履论“至治之道”。

十一月，吴三桂反，三藩之乱始。

是年，朝廷日讲《论语》、《大学》、《中庸》凡一百六十次，改隔日进讲为每日进讲。汤斌《洛学编》成。熊赐履进《闲道录》，康熙帝赞其“正大精醇”、“有功圣道”，又谓其“素有才能，居官清慎”。

康熙十三年

七月，张履祥卒。

是年，朝廷日讲《大学》、《中庸》、《孟子》凡三十一次。

康熙十四年

三月，以熊赐履为武英殿大学士。

四月，孙奇逢卒。

八月，遣熊赐履祭先师孔子。

是年，朝廷日讲《孟子》、《通鉴纲目》凡四十八次。李光地上蜡丸疏。陆陇其游天主堂，讲历法，是年秋赴嘉定知县任。

康熙十五年

七月，熊赐履因内阁"嚼签案"革职。

是年，朝廷日讲《孟子》、《通鉴纲目》凡二十次。

康熙十六年

四月，李光地选侍讲学士。

十二月，《日讲四书解义》刊行。

是年，朝廷日讲《孟子》、《通鉴纲目》凡八十二次；耿介建嵩阳书院先贤祠，聚徒讲学。

康熙十七年

十一月，特迁李光地为内阁学士、礼部侍郎。

是年，朝廷日讲《尚书》凡四十九次。

康熙十八年

三月，汤斌试博学鸿词科，补翰林院侍讲。

十月，魏象枢荐张沐、陆陇其等。

是年，朝廷日讲《尚书》凡三十二次。

康熙十九年

四月，朝廷著颁行《尚书讲义》。

七月，李光地补内阁学士。

十一月，赐诸王、贝勒、贝子、公、内大臣、都统等满文《日讲书经解义》。

十二月，颁赐汉大学士、九卿、詹事、国子祭酒等官汉文《日讲书经解义》。

是年，朝廷日讲《尚书》、《易经》、《资治通鉴》凡一百四十次。

康熙二十年

正月，汤斌充日讲起居注官。

六月，朝廷以翰林院侍讲汤斌为浙江乡试正考官，由是与黄宗羲通书论学。

七月，李光地荐施琅提督水师，专平海事。

十月，云南平，三藩之乱终。

是年，朝廷日讲《易经》、《资治通鉴》凡五十一次。李光地著《尊朱要旨》。

康熙二十一年

正月，顾炎武卒。

四月，康熙帝御书“清”、“慎”、“勤”三字颁布各督抚。

八月，康熙帝与经筵讲官牛钮、陈敬廷论“小人虽有可用之才，国家断无用小人之理”。

是年，朝廷日讲《易经》、《资治通鉴》凡四十二次。

康熙二十二年

七月，台湾平。

十月，某日讲毕，康熙帝云：“口虽不讲，而行事皆与道理吻合，此即真理学也。”

十一月，康熙帝询问纂修《明史》进度，论“务宜从公论断”。

是年，朝廷日讲《易经》、《资治通鉴》凡八十一次。吕留良卒。陆陇其授灵寿知县。

康熙二十三年

二月，汤斌升内阁学士兼礼部侍郎。

四月，《日讲易经解义》刻成，颁行全国。

六月，江宁巡抚缺，康熙帝特简汤斌，谓其“曾与中州孙钟元相与讲明道学，颇有实行”。

九月，汤斌陛辞，康熙帝谕曰：“以尔久侍讲筵，老成端谨。江苏为东南重地，故特简用。居官以正风俗为先。江苏风俗，奢侈浮华，尔当加意化导。”

十一月，康熙帝至曲阜，诣孔子庙，书“万世师表”额。

是年，日讲《易经》、《资治通鉴》凡八十四次。

康熙二十四年

三月，颁康熙帝御书“万世师表”匾额于各省、府、州、县学。张伯行中进士。

四月，康熙帝责崔蔚林“本无知识，文义荒谬”。

七月，颁发《四书》、《易经》、《书经》讲义于白鹿洞书院。

是年，日讲《诗经》凡四十二次。熊赐履《学统》成。刻印颁赐《古文渊鉴》。黄宗羲诣汤斌于姑苏。

康熙二十五年

三月，以江宁巡抚汤斌为礼部尚书、詹事府詹事。

四月，魏裔介卒。

五月，汤斌充经筵讲官、《明史》总裁，疏请各省“淫祠滥祀”。

九月，改李光地掌院学士兼礼部侍郎，充经筵日讲官。李光地与汤斌论学。

十一月，御书“学达性天”四字匾额，颁发宋儒周敦颐、张载、二程、邵雍、朱熹祠堂及白鹿洞书院、岳麓书院。

是年，日讲《诗经》二次。从康熙十年至此，日讲共计八百九十六次。谕修《幸鲁盛典》。

康熙二十六年

二月，朝廷谕禁“淫词小说”。

三月，李光地陛辞回乡，奏举德格勒、徐元梦并魏象枢、卫既齐、汤斌等。

五月，康熙帝召试陈敬廷、汤斌、徐乾学、耿介、高士奇等，称“朕听政之暇，唯好读书。始与熊赐履讲论经史，有疑必问，乐此不彼”。朝廷于京师建周公、孔子、孟子庙碑，康熙帝为各庙撰御制碑文。执政明珠、余国柱谗汤斌，传旨诘问。斌扶病入朝，道路相传，闻者皆泣下。

九月，改汤斌工部尚书。

十月，汤斌卒。康熙帝语廷臣：“朕遇汤斌不薄，而怨讪不休，何也?”

康熙二十七年

六月，以大学士熊赐履为礼部尚书。

七月，以熊赐履、徐元文等充经筵讲官。

九月，李光地充武会试正考官。

十一月，李光地充武殿试读卷官。

十二月，熊赐履丁母忧回籍。

是年，《幸鲁盛典》成。

康熙二十八年

闰三月，经筵毕，康熙帝问讲章中所谓“异端”，徐元梦答曰“佛老虚无”。

四月，御纂孔子赞序及颜回、曾子、子思、孟子四赞，颁于各省学宫。以天时亢旱，命百官详陈政事得失。

五月，颁行《孝经衍义》。

十二月，李光地升兵部右侍郎。

康熙二十九年

二月，谕纂修《明史》宜考核精详，不可疏漏。

四月，《大清会典》告成。

十一月，以礼部尚书起熊赐履。

是年，陆陇其升任四川监察道御史。朱阳书院创建，窦克勤主讲席。

康熙三十年

正月，以熊赐履充经筵讲官。

二月，李光地充会试副考官。

三月，满文译《通鉴纲目》成，御制序文。

四月，准五经博士孔毓埏疏请，立子思庙于曲阜孔庙西北隅。

六月，李光地保救御史陆陇其。时陆陇其以捐纳事忤朝廷。

十月，熊赐履既补礼部尚书，任武会试总裁。

是年，杨名时、张昺从学李光地。南阳书院复建，李来章主讲席。

康熙三十一年

正月，王夫之卒。

二月，康熙帝谕准天主教于各地传教。

六月，朝廷将贵州巡抚卫既齐解京问罪，以“妄称道学”、“欺名盗世”，充发黑龙江。

十月，熊赐履转吏部尚书。

十二月，陆陇其卒。

康熙三十二年

二月，李光地充会试副考官。

六月，御书“学达性天”匾额于江南徽州紫阳书院。

十月，以阙里圣庙落成，命皇三子、皇四子前往致祭并御撰碑文。

康熙三十三年

正月，李光地以兵部右侍郎提督顺天学政。

二月，康熙帝御经筵，熊赐履充会试正考官。

五月，工科给事中彭鹏劾李光地有母丧不丁忧，着解任，于京守制；张伯行授中书科中书舍人。

闰五月，以“理学真伪论”为题，试翰林官于丰泽园，责魏象枢、李光地、汤斌（时已卒）、熊赐履、熊赐瓒、德格勒等空讲道学。

是年，大梁书院复建，学者张沐主讲席。

康熙三十四年

七月，黄宗羲卒。康熙帝与徐乾学言及此，叹得人之难。汤斌曾谓其论学“如大禹导山导水，脉络分明，吾党之斗杓也”。

康熙三十六年

二月，熊赐履、张英充会试正考官。

康熙三十七年

二月，张伯行建请见书院成。

十二月，李光地以兵部右侍郎、右副都御史领直隶巡抚。

康熙三十八年

康熙帝命巡抚宋荦、江宁织造曹寅修明太祖陵，为明陵题“治隆唐宋”。

七月，熊赐履以老乞休，康熙帝慰留之。

十一月，熊赐履拜东阁大学士兼吏部尚书。

是年，《钦定春秋传说汇编》修成。

康熙三十九年

正月，李光地疏请定常平仓。

二月，遣熊赐履祭先师孔子。熊赐履充会试正考官。

八月，李光地条奏科场学校事例。

十月，康熙帝赞李光地、张鹏翮、郭琇等居官皆善。

康熙四十年

三月，康熙帝谕李光地、张鹏翮、郭琇等居官最优。

五月，康熙帝谕大学士：自兹以后，朕唯居官操守清廉为实据，无庸预为疑度。

康熙四十一年

六月，康熙帝著《训饬士子文》颁发礼部，勒石太学。

十二月，熊赐履《澡修堂集》成。

是年，御书“澡修堂”额赐熊赐履。

康熙四十二年

正月，张伯行补济宁道。

二月，熊赐履任会试正考官，以老乞休，准之。

四月，以李光地为吏部尚书，仍管直隶巡抚事，康熙帝赞其居官诚优，得大臣之体。

十一月，康熙帝巡游到陕，谕云“盩厔县处士李颙，人好读书，明理学，屡征不出，朕甚嘉之”，手书“操志清洁”赐之。

康熙四十三年

三月，李光地疏请立社仓。

四月，康熙帝因给事中诸官劾李光地，着其留任，谓居官无可议。

六月，阎若璩卒。

九月，颜元卒。

是年，颁赐大臣官员《御制诗集》各一部。

康熙四十四年

三月，康熙帝南巡至苏州，责张鹏翮虽讲道学，“外行尽属虚饰”。

十一月，召拜李光地为文渊阁大学士，称其“居官甚好，才品俱优”。新修国子监告成，御书“彝伦堂”匾额。从福建学政沈涵之请，为杨时祠书额“程氏正宗”，为罗从彦书额“奥学清节”，为李侗祠书额“静中气象”，为胡安国书额“霜松雪柏”，为蔡元定书额“紫阳羽翼”，为蔡沈书额“学阐图畴”，为真德秀书额“力名正学”。

是年，李颙卒。

康熙四十五年

三月，李光地充殿试读卷官。

五月，李光地承修《朱子全书》。张伯行升江苏按察使。

十月，李光地充武殿试读卷官。张伯行谒熊赐履于金陵。

康熙四十六年

三月，康熙帝南巡至松江府，以江苏按察使张伯行居官清廉、为人笃实，擢福建巡抚。

八月，遣李光地祭先师孔子。

十月，张伯行建鳌峰书院，以蔡壁为掌教，聚徒讲程朱之学。《正谊堂全书》始编，《学规类编》、《养正类编》成。

康熙四十七年

三月，张伯行毁福州五神祠，改义学，祀朱子于其中。

康熙四十八年

二月，李光地充会试正考官。

三月，李光地充殿试读卷官。

八月，熊赐履卒。

十月，李光地充武殿试读卷官。康熙帝称熊赐履“学问既优，人品亦端”。

十一月，赠原任大学士兼吏部尚书熊赐履“太子太保”，予祭葬，仍加祭一次，谥“文端”。

十二月，张伯行移抚江苏。

康熙四十九年

三月，张伯行讲学无锡东林书院。出示禁民奢华。

康熙五十年

二月，朝廷举经筵，康熙帝亲讲《四书》、《易经》各一节。

五月，大学士张玉书卒。

十月，戴名世《南山集》案发。

康熙五十一年

正月，张伯行劾两江总督噶礼。

二月，康熙帝谓："朕以为孔孟之后有裨斯文者，朱子之功最为弘巨"，诏宋儒朱熹升祀于大成殿十哲之次；朝廷宣布"滋生人丁，永不加赋"。

三月，李光地充殿试读卷官。

四月，康熙帝谕吏部：熊赐履品行清正、学问优长，初立讲官时，早夜惟谨，未尝不以内圣外王之道、正心修身之本，直言讲论，务得至理而后已。熊赐履子虽未中式，着调取来京，酌量录用，示不忘耆旧至意。

六月，李光地具折救江苏巡抚张伯行。

七月，《朱子全书》成。

康熙五十二年

六月，张伯行与仇兆鳌论学。

十月，康熙帝令举"性理实学之人"，李光地举桐城举人方苞，是时，方苞正坐戴名世《南山集》案。李光地充殿试读卷官。

十一月，李光地充武殿试读卷官。

十二月，李光地承修《周易折中》。

是年，毛奇龄卒。

康熙五十三年

三月，张伯行建紫阳书院成。与王心敬论学。

四月，严禁刻印贩卖“小说淫词”。

康熙五十四年

二月，李光地承修《性理精义》。

三月，《周易折中》成，与《朱子全书》俱付直省刊行，以便士人购诵。

十月，李光地回乡，道谒鹅湖书院。

十一月，命张伯行南书房行走并进讲。谕大学士九卿：“若以理学自任，必至执滞己见，所累者多……昔熊赐履自谓得道统之传，其没未久，即有人从而议其后矣。”

康熙五十五年

三月，康熙帝谕起居注官多不称职，议裁革。

康熙五十六年

五月，康熙帝谓徐元梦等：刘谦平素犹讲道学，及为会试主考，声名甚是不堪。

八月，特诏张伯行主顺天乡试。

十一年，康熙帝作长篇谕旨，称“若有遗诏，无非此言”。李光地回乡，次福州，讲学于鳌峰书院，颜其堂曰“道南嗣音”。

康熙五十七年

二月，罗马教皇遣使来华，令中国教徒不得祭天、祭祖，清廷谕旨严禁天主教传播。

三月，李光地充殿试读卷官。

五月，李光地卒。

康熙五十八年

二月，《皇舆全览图》修成。

康熙五十九年

十月，张伯行补户部右侍郎，与太史孙嘉淦论学。

康熙六十年

二月，张伯行任会试正考官。

四月，台湾朱一贵起义，蓄发、复明制。

十月，康熙帝因熊赐履故后家甚清贫，谕诸臣扶持其二子，令读书有成。

康熙六十一年

十一月，康熙帝病逝。雍正帝即位。

主要参考及引征文献

1.《圣祖仁皇帝御制文集》，台湾商务印书馆 1983—1986 年版文渊阁《四库全书》，第 1298—1299 册。
2.《圣祖仁皇帝庭格训言》，台湾商务印书馆 1983—1986 年版文渊阁《四库全书》，第 717 册。
3.《圣谕广训》，台湾商务印书馆 1983—1986 年版文渊阁《四库全书》，第 717 册。
4.《圣祖仁皇帝圣训》，台湾商务印书馆 1983—1986 年版文渊阁《四库全书》，第 411 册。
5.《康熙御批》，中国华侨出版社，2000 年版。
6. 魏裔介：《兼济堂文集》，中华书局，2007 年版。
7. 魏裔介：《圣学知统录》，《四库全书存目丛书》史部，第 120 册，齐鲁书社，1995 年版。
8. 魏裔介：《圣学知统翼录》，《四库全书存目丛书》史部，第 120 册，齐鲁书社，1995 年版。
9. 魏裔介：《论性书》，《四库全书存目丛书》子部，第 20 册，齐鲁书社，1995 年版。
10. 魏裔介：《希贤录》，《四库全书存目丛书》子部，第 154 册，齐鲁书社，1995 年版。
11. 魏裔介：《静怡斋约言录》，《四库全书存目丛书》子部，第 20

册，齐鲁书社，1995 年版。
12. 魏裔介：《樗林闲笔》，《四库全书存目丛书》子部，第 113 册，齐鲁书社，1995 年版。
13. 魏裔介：《樗林偶笔》，《四库全书存目丛书》子部，第 113 册，齐鲁书社，1995 年版。
14. 魏裔介：《格物致知解》，《四库全书存目丛书》子部，第 20 册，齐鲁书社，1995 年版。
15. 熊赐履：《经义斋集》，《四库全书存目丛书》集部，第 230 册，齐鲁书社，1997 年版。
16. 熊赐履：《澡修堂集》，《四库全书存目丛书》集部，第 230 册，齐鲁书社，1997 年版。
17. 熊赐履：《学统》，凤凰出版社，2011 年版。
18. 熊赐履：《下学堂札记》，《四库全书存目丛书》子部，第 22 册，齐鲁书社，1995 年版。
19. 熊赐履：《闲道录》，《四库全书存目丛书》子部，第 20 册，齐鲁书社，1995 年版。
20. 熊赐履、李光地：《御纂朱子全书》，台湾商务印书馆 1983—1986 年版文渊阁《四库全书》，第 720—721 册。
21. 李光地：《榕村语录续语录》，中华书局，1995 年版。
22. 李光地：《御纂性理精义》，台湾商务印书馆 1983—1986 年版文渊阁《四库全书》，第 719 册。
23. 库勒纳、李光地：《日讲春秋解义》，台湾商务印书馆 1983—1986 年版文渊阁《四库全书》，第 172 册。
24. 库纳勒、叶方蔼：《日讲四书解义》，台湾商务印书馆 1983—1986 年版文渊阁《四库全书》，第 208 册。
25. 汤　斌：《汤斌集》，中州古籍出版社，2003 年版。
26. 张伯行：《正谊堂文集附续集》，商务印书馆丛书集成初编本。
27. 张伯行：《困学录集粹》，中华书局，1985 年版。

28. 张伯行：《道统录》，中华书局，1985 年版。
29. 张伯行：《濂洛关闽书》，中华书局，1985 年版。
30. 张伯行：《学规类编》，《续修四库全书》，第 948—949 册，上海古籍出版社，2002 年版。
31. 张伯行：《续近思录》，中华书局，1985 年版。
32. 张伯行：《太极图详解》，学苑出版社，1990 年版。
33. 张伯行：《小学集解》，中华书局，1985 年版。
34. 赵尔巽等：《清史稿》，中华书局，1977 年版。
35. 《清史列传》，中华书局，1987 年版。
36. 南炳文、白新良：《清史纪事本末》，上海大学出版社，2006 年版。
37. 戴逸、王思治等：《清代人物传稿》（第一至十卷），中华书局等，1984—2001 年版。
38. 中国人民大学清史研究所编：《清史编年》，中国人民大学出版社，2000 年版。
39. 章开沅主编：《清通鉴》，岳麓书社，2000 年版。
40. 《清入关前史料选辑》，中国人民大学出版社，1985 年版。
41. 邓洪波、龚抗云：《中国状元殿试卷大全》，上海教育出版社，2007 年版。
42. 中国人民大学出版社清史研究所编：《清史研究集》，中国人民大学出版社等，1980—2005 年版。
43. 中国社会科学研究院历史研究所清史研究所编：《清史论丛》，中华书局等，1984—2010 年版。
44. 《太宗文皇帝实录》，中华书局，1985 年版。
45. 《世祖章皇帝实录》，中华书局，1985 年版。
46. 《圣祖仁皇帝实录》，中华书局，1985 年版。
47. 《康熙起居注》，中华书局，1984 年版。
48. 蒋良骐：《东华录》，中华书局，1980 年版。

49. 王先谦:《东华录》，续修《四库全书》史部，第369册，上海古籍出版社，2002年版。
50. 李清植:《文贞公年谱》，《北京图书馆藏珍本年谱丛刊》，第85册，北京图书馆出版社，1999年版。
51. 李清馥:《榕村谱录合考》，《北京图书馆藏珍本年谱丛刊》，第85册，北京图书馆出版社，1999年版。
52. 魏荔彤:《魏贞庵先生年谱》，《北京图书馆藏珍本年谱丛刊》，第73册，北京图书馆出版社，1999年版。
53. 张师栻、张师载:《张清恪公年谱》，《北京图书馆藏珍本年谱丛刊》，第86册，北京图书馆出版社，1999年版。
54. 熊赐履:《熊文瑞公年谱》，《北京图书馆藏珍本年谱丛刊》，第83册，北京图书馆出版社，1999年版。
55. 钱仪吉:《碑传集》，中华书局，1993年版。
56. 李元度:《国朝先正事略》，岳麓书社，1991年版。
57. 赵　珙:《蒙鞑备录》，中华书局，1985年版。
58. 昭　梿:《啸亭杂录》，中华书局，1984年版。
59. 杨　宾:《柳边纪略》，(上海)商务印书馆，1936年版。
60. 张缙彦:《宁古塔山水记域外集》，黑龙江人民出版社，1984年版。
61. 天台野叟:《大清见闻录》，中州古籍出版社，2000年版。
62. 方拱乾:《绝域纪略》，《丛书集成续编》史地类，第228册，新文丰出版公司，1988年版。
63. 王士禛:《池北偶谈》，中华书局，1982年版。
64. 吴振棫:《养吉斋丛录》，中华书局，2007年版。
65. 陈康祺:《郎潜纪闻》，中华书局，1984年版。
66. 谈　迁:《北游录》，中华书局，1960年版。
67. 计六奇:《明季北略》，中华书局，1984年版。
68. 徐　珂:《清稗类钞》，中华书局，1984年版。

69. 屈大均：《广东新语》，中华书局，1985 年版。
70. 江日升：《台湾外志》，齐鲁书社，2005 年版。
71. 李静庵：《栖霞阁野乘》，《清代野史》，中国人民大学出版社，2006 年版。
72. 梁章钜：《制艺丛话·试律丛话》，上海书店出版社，2001 年版。
73. 孙静庵：《明遗民录》，浙江古籍出版社，1985 年版。
74. 耿　介：《嵩阳书院志》，中州古籍出版社，2003 年版。
75. 黄宗羲：《明儒学案》，中华书局，1985 年版。
76. 江　藩：《国朝汉学师承记》，中华书局，1983 年版。
77. 江　藩：《宋学渊源记》，明文书局，1985 年版。
78. 黄嗣东：《道学渊源录》，明文书局，1985 年版。
79. 唐　鉴：《清学案小识》，商务印书馆，1935 年版。
80. 徐世昌：《清儒学案》，中国书店，1990 年版。
81. 刘宝楠：《论语正义》，《十三经注疏》，中华书局，1980 年版。
82. 焦　循：《孟子正义》，《十三经注疏》，中华书局，1980 年版。
83. 洪亮吉：《春秋左传诂》，《十三经注疏》，中华书局，1980 年版。
84. 陈　立：《公羊义疏》，《十三经注疏》，中华书局，1980 年版。
85. 孙星衍：《尚书今古文注疏》，《十三经注疏》，中华书局，1980 年版。
86. 班　固：《汉书·艺文志》，中华书局，1962 年版。
87. 脱脱等：《辽史·志第二·营卫志中》，中华书局，1974 年版。
88. 脱脱等：《金史·志第二十五·兵》，中华书局，1975 年版。
89. 宋　濂等：《元史·地理志二》，中华书局，1976 年版。
90. 张廷玉等：《明史》，中华书局，1974 年版。
91. 韩　愈：《韩愈集》，岳麓书社，2000 年版。
92. 周敦颐：《周敦颐集》，中华书局，2009 年版。
93. 张　载：《张载集》，中华书局，1978 年版。
94. 程颢、程颐：《二程集》，中华书局，1981 年版。

95. 胡 宏:《胡宏集》,中华书局,1987 年版。
96. 朱 熹:《四书章句集注》,中华书局,1983 年版。
97. 黎靖德:《朱子语类》,中华书局,1986 年版。
98. 陈荣捷编:《近思录详注集评》,华东师范大学出版社,2007 年版。
99. 陆九渊:《陆九渊集》,中华书局,1980 年版。
100. 许 衡:《许鲁斋集》,中华书局,1985 年版。
101. 王阳明:《王阳明全集》,上海古籍出版社,1992 年版。
102. 孙奇逢:《夏峰先生集》,中华书局,2004 年版。
103. 李 颙:《二曲集》,中华书局,1996 年版。
104. 黄宗羲:《黄梨洲文集》,中华书局,1959 年版。
105. 顾炎武:《顾亭林诗文集》,中华书局,1983 年版。
106. 顾炎武著、黄汝成集释:《日知录集释》,上海古籍出版社,2006 年版。
107. 王夫之:《船山全书》,岳麓书社,1988 年版。
108. 陆世仪著、张伯行辑:《思辨录辑要》,清同治正谊书局左氏增刻本。
109. 颜 元:《颜元集》,中华书局,1987 年版。
110. 朱之瑜:《朱舜水集》,中华书局,1981 年版。
111. 张履祥:《杨园先生全集》,中华书局,2002 年版。
112. 吕留良:《吕留良文集》,浙江古籍出版社,2011 年版。
113. 吕留良:《吕晚村先生四书讲义》,《续修四库全书》第 165 册,上海古籍出版社,2002 年版。
114. 张玉书:《张文贞集》,台湾商务印书馆 1983—1986 年版文渊阁《四库全书》,第 1322 册。
115. 张 烈:《王学质疑》,《正谊堂全书》,清同治正谊书局左氏增刊刻本。
116. 陆陇其:《三鱼堂文集》,《正谊堂全书》,台湾商务印书馆

1983—1986 年版文渊阁《四库全书》，第 1325 册。
117. 邵廷采：《思复堂文集》，浙江古籍出版社，2010 年版。
118. 方　苞：《方苞集》，上海古籍出版社，2008 年版。
119. 戴　震：《孟子字义疏证》，中华书局，1961 年版。
120. 萧公权：《中国政治思想史》，新星出版社，2005 年版。
121. 刘泽华、葛荃主编：《中国古代政治思想史》，南开大学出版社，1996 年版。
122. 刘泽华：《专制权力与中国社会》，吉林文史出版社，1998 年版。
123. 柳诒徵：《中国文化史》，商务印书馆，2000 年版。
124. 梁漱溟：《中国文化要义》，上海人民出版社，2005 年版。
125. 钱　穆：《中国文化史导论》，商务印书馆，1994 年版。
126. 冯天瑜、何晓明、周积明：《中华文化史》，上海人民出版社，2005 年版。
127. 何兆武、柳卸林主编：《中国印象——世界名人论中国文化》，广西师范大学出版社，2001 年版。
128. 胡　适：《胡适学术文集》，姜义华主编，中华书局，1991 年版。
129. 张君劢：《新儒家思想史》，中国人民大学出版社，2006 年版。
130. 冯友兰：《中国哲学史新编》，人民出版社，1998—1999 年版。
131. 张岱年：《中国哲学史大纲》，中国社会科学出版社，1982 年版。
132. 侯外庐、邱汉生、张岂之主编：《宋明理学史》，人民出版社，1984 年版。
133. 唐君毅：《中国人文精神之发展》，广西师范大学出版社，2005 年版。
134. 牟宗三：《从陆象山到刘蕺山》，学生书局，1992 年版。
135. 徐复观：《中国学术精神》，华东师范大学出版社，2004 年版。
136. 罗　光：《中国哲学思想史》，台湾学生书局，1990 年版。
137. 李泽厚：《中国古代思想史论》，人民出版社，1986 年版。
138. 蒙培元：《理学范畴系统》，人民出版社，1981 年版。

139. 卢钟锋：《中国传统学术史》，河南人民出版社，1998 年版。
140. 陈谷嘉：《宋代理学伦理思想研究》，湖南大学出版社，2006 年版。
141. 姜广辉：《理学与中国文化》，上海人民出版社，1994 年版。
142. 黄宣民、陈寒鸣：《中国儒学发展史》，文史出版社，2009 年版。
143. 张立文：《宋明理学研究》，人民出版社，2002 年版。
144. 陈　来：《朱子哲学研究》，华东师范大学出版社，2000 年版。
145. 杨国荣：《心学之思——王阳明的哲学阐释》，三联出版社，1997 年版。
146. 朱汉民：《宋明理学通论》，湖南教育出版社，2000 年版。
147. 向世陵：《理气性心之间——宋明理学的分系与四系》，湖南大学出版社，2006 年版。
148. 余英时：《朱熹的历史世界》，三联出版社，2004 年版。
149. 刘述先：《儒家思想开拓的尝试》，中国社会科学出版社，2001 年版。
150. 杜维明：《现代精神与儒家传统》，经联出版事业公司，1996 年版。
151. 蒋维乔：《中国佛教史》，上海古籍出版社，2004 年版。
152. 严耀中：《江南佛教史》，上海人民出版社，2000 年版。
153. 卿希泰、唐大潮：《道教史》，江苏人民出版社，2006 年版。
154. 唐大潮：《明清之际道家“三教合一”思想论》，宗教文化出版社，2000 年版。
155. 蔡方鹿：《中国道教简史》，人民出版社，2004 年版。
156. 刘师培：《清儒得失论》，中国人民大学出版社，2004 年版。
157. 梁启超：《中国近三百年学术史》，天津古籍出版社，2003 年版。
158. 钱　穆：《中国近三百年学术史》，商务印书馆，2005 年版。
159. 钱　穆：《中国思想史论丛》（第八卷），安徽教育出版社，2004 年版。

160. 嵇文甫：《晚明思想史论》，东方出版社，1996 年版。
161. 萧萐父、许苏民：《明清启蒙学术流变》，辽宁教育出版社，1995 年版。
162. 杨向奎：《清儒学案新编》，齐鲁书社，1985 年版。
163. 陈祖武：《清初学术思辨录》，中国社会科学出版社，1992 年版。
164. 陈鼓应、辛冠洁、葛荣晋：《明清实学思潮史》，首都师范大学出版社，1994 年版。
165. 王茂、蒋国保等：《清代哲学》，安徽人民出版社，1992 年版。
166. 龚书铎主编：《清代理学史》，广东教育出版社，2007 年版。
167. 杨　菁：《清初理学思想研究》，里仁书局，2008 年版。
168. 王俊义：《清代学术探研录》，社会科学出版社，2002 年版。
169. 黄爱平：《四库全书纂修研究》，中国人民大学出版社，1989 年版。
170. 陈其泰：《清代公羊学》，东方出版中心，1997 年版。
171. 郭康松：《清代考据学研究》，崇文书局，2001 年版。
172. 漆永祥：《乾嘉考据学研究》，中国社会科学出版社，1998 年版。
173. 马积高：《清代学术思想的变迁与文学》，湖南人民出版社，2002 年版。
174. 罗检秋：《近代诸子学与文化思潮》，中国社会科学出版社，1998 年版。
175. 林继平：《李二曲研究》，陕西师范大学出版社，2006 年版。
176. 张寿安：《以礼代理——凌廷堪与清中叶儒学思想之转变》，河北教育出版社，2001 年版。
177. 黄进兴：《优入圣域：权力、信仰与正当性》，陕西师范大学出版社，1998 年版。
178. ［英］艾尔曼：《从理学到朴学：中华帝国晚期思想与社会变化面面观》，赵刚译，江苏人民出版社，1995 年版。
179. ［日］沟口雄三：《中国前近代思想的演变》，索介然、龚颖译，中华书局，2005 年版。
180. 萧一山：《清代通史》，中华书局，1985 年版。
181. 李洵、薛虹等主编：《清代全史》，辽宁人民出版社，1991 年版。
182. 孟　森：《明清史讲义》，中华书局，1981 年版。
183. 王钟翰：《王钟翰清史论集》，中华书局，2004 年版。
184. 戴　逸：《简明清史》，人民出版社，2004 年版。
185. 陶希圣、沈任远：《明清政治制度》，台湾商务印书馆，1972 年版。
186. 赵秉忠、白新良：《经筵制度与康熙政治》，辽宁教育出版社，1992 年版。
187. 王汎森：《晚明清初思想十论》，复旦大学出版社，2004 年版。
188. 谢国祯：《明清之际党社运动考》，辽宁教育出版社，1998 年版。
189. 尚小明：《学人游幕与清代学术》，社会科学文献出版社，1999 年版。
190. 陈支平：《清代赋役制度演变新探》，社会科学文献出版社，1999 年版。
191. 赵　园：《明清之际士大夫研究》，北京大学出版社，1999 年版。
192. 刘小萌：《满族的社会与生活》，北京图书馆出版社，1998 年版。
193. 庄吉发：《萨满信仰的历史考察》，文史哲出版社，1997 年版。
194. 周远廉：《清太祖传》，人民出版社，2005 年版。
195. 孙文良、李治亭：《清太宗全传》，吉林人民出版社，1983 年版。
196. ［法］白　晋：《康熙皇帝》，黑龙江出版社，1981 年版。
197. 孟昭信：《康熙评传》，南京大学出版社，1998 年版。
198. 白新良：《康熙皇帝传》，百花文艺出版社，2007 年版。
199. 许苏民：《李光地传论》，厦门大学出版社，1992 年版。
200. 杨国桢等：《李光地研究》，厦门大学出版社，1993 年版。
201. 萧萐父、许苏民：《王夫之评传》，南京大学出版社，2002 年版。
202. 高　翔：《康雍乾三帝统治思想研究》，中国人民大学出版社，

1995 年版。

203. 杨念群:《何处是“江南”——清朝正统观的确立与士林精神世界的变异》，三联出版社，2010 年版。

204. 李天纲:《跨文化的诠释：经学与神学的相遇》，新星出版社，2007 年版。

205. 徐海松:《清初士人与西学》，东方出版中心，2007 年版。

206. 王钟翰:《康熙与理学》，《历史研究》1994 年第 3 期。

207. 陈祖武:《论康熙的儒学观》，《孔子研究》1988 年第 3 期。

208. 陈寒鸣:《康熙与清初庙堂儒学》，《孔子研究》，1996 年第 3 期。

209. 高　翔:《清初理学与政治》，《清史论丛》，2002 年号，中国广播电视出版社，2002 年版。

210. 王俊才:《论清初统治思想的演变》，《河北师范大学学报》1999 年第 1 期。

211. 赵秉忠、白新良:《经筵日讲与康熙政治》，《社会科学辑刊》1990 年第 1 期。

212. 王戎笙:《科举考试与明清政治》，《清史论丛》，中国广播电视出版社，2002 年版。

213. 陈祖武:《从经筵讲论看乾隆时期的朱子学》，《国学研究》，第 9 卷，北京大学出版社，2002 年版。

214. 康凯林:《论清初官方对胡安国〈春秋胡氏传〉的批评》，《汉学研究》，2010 年第 1 期。

215. 钟安西、楼毅生:《试论康熙的经济政策》，《中国古代史论丛》1981 年第 2 辑（明清史专号），福建人民出版社。

216. 成积春:《论康熙以“理”治国的理论与实践》，《齐鲁学刊》，2006 年第 2 期。

217. 潘志峰:《魏裔介的道统论》，《河北大学学报》，2003 第 3 期。

218. 高　翔:《熊赐履述论》，《清史论丛》，中国广播电视出版社，

2006 年版。
219. 杨　菁：《李光地与清初理学》，台湾东吴大学 2001 年博士论文。
220. 段润秀：《〈明史·王守仁传〉编纂考论》，《史学集刊》，2007 年第 3 期。
221. 张学智：《王夫之〈春秋〉学中的华夷之辨》，《中国文化研究》，2005 年夏之卷。
222. 陈祖武：《吕留良散论》，《清史论丛》（第 7 辑），中国广播电视出版社，1986 年版。
223. 陈祖武：《蕺山南学与夏峰北学》，《中国社会科学院研究生院学报》1998 年第 5 期。
224. 张天杰、肖永明：《从张履祥、吕留良到陆陇其——清初“尊朱辟王”思潮中一条主线》，《中国哲学史》，2010 年第 2 期。
225. 孔定芳：《明遗民与“博学鸿儒科”》，《浙江学刊》，2006 第 2 期。
226. 朱汉民：《中国古代“文化”概念的“软实力”内涵》，《湖南大学学报》，2010 年第 1 期。
227. 严　复：《严复集》，中华书局，1986 年版。
228. 章炳麟：《章太炎全集》（第 4 册），上海人民出版社，1985 年版。
229. 鲁　迅：《中国小说史略》，人民文学出版社，1973 年版。
230. 谢庆奎：《政府学概论》，中国社会科学出版社，2005 年版。
231. 俞吾金：《意识形态论》，上海人民出版社，1993 年版。
232. 来新夏：《结网录》，南开大学出版社，1984 年版。
233. 张国祚主编：《文化软实力蓝皮书——中国文化软实力研究报告（2010）》，社会科学文献出版社，2002 年版。
234. ［法］卢　梭：《社会契约论》，商务印书馆，1980 年版。
235. ［英］孟德斯鸠：《论法的精神》，商务印书馆，1961 年版。

236. ［英］亚当·斯密：《国民财富的性质和原因的研究》，商务印书馆，2004 年版。
237. ［美］狄百瑞：《中国的自由传统》，李弘祺译，中文大学出版社，1983 年版。
238. ［德］哈贝马斯：《交往与社会进化》，张树博译，重庆出版社，1989 年版。
239. ［德］马克斯·韦伯：《新教伦理与资本主义精神》，于晓、陈纲维等译，陕西师范大学出版社，2002 年版。

后记

本书为余博士论文修改而成。忆昔2006年冬某日，导师章启辉教授赴荷兰访学之前，在其家中为余定此“清初庙堂理学研究”之题目，构思谋划，谆谆教导，至今盖已七年有余矣。原博士论文存在问题颇多，错字、病句及史实等误间有之。今书将付梓，诸多缺漏大抵已作订正、弥缝。读者诸君若有参考，以斯书为准。

因原论文多错漏，故修订颇费心力。2012年秋，余已执教于黔中，课题“清初庙堂理学研究”获教育部立项，时又有幸受邀回岳麓书院参会。许静师妹供职于岳麓书社，会间来访，于明伦堂古枫下问余博士论文出版事。时余正有出书之意，故欣然应允。是年秋，即着手修改，本以为两三月即可完功，然时至而今已三年矣！

两年之中，书稿一改再改。每读之，见有不妥辄改之，而后乃心稍安；数日后，前稍安处又见其不妥，心又不安，乃再改而后心安；又数日读之，心又不安矣。乃知学术者，实未有止境也！屡修之后，该书与博士论文已多有不同。此次修订，添加史料若干，于议论芜杂处大力删减，如第二章原一万余字，今已并入《绪论》。他处芜杂重复处，亦皆尽行汰减。新添史料，各章皆有，尤以第四章为多。原有史料亦一一订正，庶几舛错已大减矣。

增添史料、删减芜杂议论，为博士论文答辩时肖永明教授建议；教育部课题开题论证会时，张新民教授、龚晓康教授、王进副教授亦多所指正，使本书稿思路更为清晰。三年中，与廖峰、赵永刚、阎平凡、陈艳波诸同人举读书会多次，探讨学问，颇受其益。间有余暇，即发二程、横渠、朱子、阳明、夏峰诸子书读之，神交古人，体认有渐。凡有所得，或多或少，皆构思注入书稿中。

书稿付梓之期屡延，中心焦虑。暑假、年节皆未回家一见父母，五千里外空余歉疚之情；余妻在博士论文答辩之际，亦挂心余书稿事，搜罗网络软件佐余校对，殷殷之情，见于此细微处。研究生王靖玮、于晓虹、韩金晶于书稿校对颇费心力，在此一并谢过。

书将付梓，忆昔博士论文之成，导师章启辉教授瘁尽心力，自确定题目始，指定书目，清理思路，至谋篇布局，甚而遣词造句，斟酌往复，岂可尽言哉！

之外，陈谷嘉、朱汉民、邓洪波、姜广辉、肖永明、陈成国、吴仰湘、钱永生诸师，谢丰、殷慧、姚艳霞、谢孝明、徐雷、刘克兵、戴金波、王小明、张天杰、胡好、阮春晖诸友，其教我者，皆详见博士论文《致谢》。余者愧不能一一道姓名，然心之所系皆匪浅也。

诸师中，邓洪波教授为余硕士生导师，书院研究称巨擘焉，从游其门，始知学问，受教实多；诸友中，天杰兄学问独出一格，登山临水之际，往复论学，不知其几，受益之多，亦难尽说，故一并再致意焉。

是书虽未能称尽善，然毕业以来，亦自力改读书时之浮漫，亡羊补牢，为时或未晚也。而振作自新，洗涤旧我，又非朝夕间所能奏功者，唯有于漫漫长路之中上下求索。

西历二〇一四年秋十月于花溪寓舍

图书在版编目(CIP)数据

清初庙堂理学研究/王胜军著. —长沙:岳麓书社,2015.9(2024.9重印)
ISBN 978-7-5538-0338-8

Ⅰ.①清... Ⅱ.①王... Ⅲ.①理学—研究—中国—清前期
Ⅳ.①B249.05

中国版本图书馆 CIP 数据核字(2015)第 008029 号

QINGCHU MIAOTANG LIXUE YANJIU
清初庙堂理学研究

作　　者:王胜军
责任编辑:刘　文
责任校对:舒　舍
封面设计:萧睿子
岳麓书社出版发行
地址:湖南省长沙市爱民路 47 号
直销电话:0731—88804152　88885616
邮编:410006
岳麓书社网址:www.yueluhistory.com
岳麓书社天猫网:http://lzfts.tmall.com
2015 年 9 月第 1 版　2024 年 9 月 第 2 次印刷
开本:890×1240　1/32
印张:13.25
字数:356 千字
ISBN 978-7-5538-0338-8/B·152
定价:128.00 元

承印:唐山楠萍印务有限公司

如有印装质量问题,请与本社印务部联系
电话:0731—88884129